国家物流与供应链系列报告

中国冷链物流发展报告

China Cold Chain Logistics Development Report

（2022）

中国物流与采购联合会冷链物流专业委员会
Cold Chain Logistics Committee of CFLP
国家农产品现代物流工程技术研究中心
National Engineering Research Center for Agricultural Products Logistics
深圳市易流科技股份有限公司
Shenzhen E6 Technology Co.，Ltd.
万纬冷链
VX Cold Chain Logistics
浙江星星冷链集成股份有限公司
Zhejiang Xingxing Refrigeration Co.，Ltd.

中国财富出版社有限公司

图书在版编目（CIP）数据

中国冷链物流发展报告. 2022 / 中国物流与采购联合会冷链物流专业委员会等编. —北京：中国财富出版社有限公司，2022.7

（国家物流与供应链系列报告）

ISBN 978-7-5047-7740-9

Ⅰ.①中… Ⅱ.①中… Ⅲ.①冷冻食品-物流管理-研究报告-中国-2022 Ⅳ.①F252.8

中国版本图书馆 CIP 数据核字（2022）第 120750 号

策划编辑	赵雅馨	**责任编辑**	白 昕 王新月	**版权编辑**	李 洋
责任印制	尚立业	**责任校对**	杨小静	**责任发行**	敬 东

出版发行	中国财富出版社有限公司		
社　址	北京市丰台区南四环西路 188 号 5 区 20 楼	**邮政编码**	100070
电　话	010-52227588 转 2098（发行部）		010-52227588 转 321（总编室）
	010-52227566（24 小时读者服务）		010-52227588 转 305（质检部）
网　址	http://www.cfpress.com.cn	**排　版**	宝蕾元
经　销	新华书店	**印　刷**	宝蕾元仁浩（天津）印刷有限公司
书　号	ISBN 978-7-5047-7740-9/F·3460		
开　本	787mm×1092mm 1/16	**版　次**	2022 年 8 月第 1 版
印　张	27.5 **彩　插** 2	**印　次**	2022 年 8 月第 1 次印刷
字　数	498 千字	**定　价**	280.00 元

《中国冷链物流发展报告（2022）》

编　委　会

熊星明　荣庆物流供应链有限公司董事 CEO

编委会委员（按姓氏笔画排序）

王　强　中国重型汽车集团有限公司集团公司品牌总监、产品策划与市场管理部副部长兼品牌推广室主任
王延波　中建三局第三建设工程有限责任公司党委书记、董事长
王瑞生　青岛海尔开利冷冻设备有限公司副总经理
王增鑫　济南维尔康实业集团有限公司副总裁
尤德超　深圳美团优选科技有限公司美团优选冷链负责人
方勇锋　重庆明品福物流有限责任公司董事长兼总裁
邓延洁　交通运输部水运科学研究院
史加波　中机十院国际工程有限公司副总经理
冯仁君　郑州凯雪冷链股份有限公司董事长
邢虎松　交通运输部水运科学研究院
毕烦雅　钟薛高食品（上海）有限公司副总裁
朱　鑫　常州市月仙冷藏设备有限公司总经理
朱生伟　蒙牛集团低温事业部物流总经理
朱林河　内蒙古伊利实业集团股份有限公司物流副总经理
刘　勇　北京康安利丰农业有限公司项目总经理
刘树强　天津港强集团有限公司董事长
刘曦泽　北京亚冷控股有限公司总裁、创始人
孙长胜　大连港毅都冷链有限公司常务副总
李　进　中铁特货物流股份有限公司冷链物流部副部长
李小红　湖南佳惠集团董事长
李永锋　金拱门（中国）有限公司策略采购高级总监
李佳享　南京卫岗乳业有限公司物流总经理
吴　君　大连鲜悦达冷链物流有限公司总经理
吴　翔　镇江恒伟供应链管理有限公司首席执行官
辛　明　中铁铁龙集装箱物流股份有限公司总经理
张青松　九州通医药集团物流有限公司总经理
张燕燕　星源（上海）贸易有限公司物流总监

《中国冷链物流发展报告（2022）》
编　辑　部

主　　编　秦玉鸣

副 主 编　刘　飞　李彦丽　于怀智　张长峰

编辑人员　李洋洋　王晓晓　韩文文　池华远　陈玉勇

赵一宁　高思雨　杨　雪　王　臻　纪桂英

曹　峰　王　松　王　黎　薛伯慧　高佳婧代

李志新　邢　娜　韩廉跃

前 言

《中国冷链物流发展报告（2022）》是中国物流与采购联合会冷链物流专业委员会（以下简称“中物联冷链委”）连续第十二年编写出版的冷链物流领域的专项行业研究报告。中物联冷链委十余载致力于冷链物流行业深耕，力求厘清行业现状，支撑推动行业发展，而《中国冷链物流发展报告》系列正是中物联冷链委行业研究成果的积累和沉淀。希望通过丰富、翔实的数据和文字，为各位冷链物流的行业同人提供专业性参考。

2021 年，经济复苏动力强劲。在疫情压力持续存在的情况下，生产、出口、消费等实物物流恢复保持良好势头，冷链物流总体呈现健康、快速、稳定的发展态势。一方面，居民消费需求随着经济复苏不断回暖，推动了冷链物流市场规模扩大；另一方面，《“十四五”冷链物流发展规划》等一系列重大规划政策文件的出台，标志着未来较长时期内冷链物流将迎来稳定利好的政策环境，冷链行业监管力度趋严，冷链标准化体系建设逐渐完善……这些都是报告涵盖并展现给读者的。

在结构布局方面，2022 年的报告共分为八章。第一章“2021 年冷链物流发展情况分析”，从冷链物流行业环境分析，冷链物流市场需求分析，冷链物流重点企业发展分析，冷链物流行业现状、问题与发展趋势四个方面对冷链物流整体宏观发展环境进行分析。第二章“2021 年全国食品冷链需求情况分析”，针对水果、蔬菜、肉类、水产品、乳制品、速冻食品六大品类分析其相应的产量、需求情况以及趋势。第三章“2021 年全国冷库市场情况分析”，详细介绍了冷库市场概况、冷库市场运行等情况。第四章“2021 年全国冷链运输市场情况分析”，在阐述冷链运输市场整体运行情况的基础上，主要进行了冷藏车市场、冷链公路运输及冷链铁路运输的分析。第五章“2021 年冷链物流技术发展概况分析”，对冷链专利技术发展、国家骨干冷链物流基地建设、公路及铁路冷链运输重点装备及技术进行了深入剖析。

第六章“2021 年冷链国际化发展”，阐述了跨境冷链发展情况、国外冷链行业及企业发展概述。第七章“2021 年冷链热门领域专题”，重点包括冷链智能化、冷链信息化建设、“双碳”背景下冷链物流企业发展等内容。第八章“冷链物流资料汇编”，主要介绍了近年来国家相关部委和各地政府出台的冷链相关政策及标准、2021 年冷链物流社会关注指数、星级冷链物流企业名单。

经过十余载的历练，中物联冷链委刻求研究报告内容的准确性和丰富性。《中国冷链物流发展报告（2022）》充分调研行业，结合多方之力，为行业未来发展献计献策。不断完善冷链物流数据体系，填补行业空白，解析行业发展密码。希望通过本报告为读者呈现出更加具体、更加全面、更加专业、更加严谨的冷链物流行业分析，如有疏漏与不足之处恳请批评指正。

中国物流与采购联合会副会长兼秘书长　崔忠付

2022 年 5 月 15 日

目　录

第一章　2021 年冷链物流发展情况分析

2021 年是“十四五”开局之年，《“十四五”冷链物流发展规划》等重大规划文件的出台，标志着我国冷链物流迈入高质量发展的新阶段。在此背景下，冷链物流行业迎来了重要的发展机遇。本章围绕 2021 年冷链物流发展状况，针对行业环境、市场需求、重点企业发展与行业现状及问题等方面进行深入分析。本章内容共分为四节，第一节从宏观经济形势、物流业运行情况、冷链物流发展政策和标准等方面对我国冷链物流行业的发展环境进行了分析；第二节对冷链物流行业宏观数据进行了统计测算，包括冷链物流需求量、冷链物流市场规模、冷藏车保有量、冷库容量等核心指标；第三节针对我国冷链物流企业发展情况进行了分析，包括冷链物流企业营收、主营业务、地域分布、发展方向等；第四节主要探讨了冷链物流行业的发展现状、现存问题与未来趋势。

第一节　冷链物流行业环境分析

一、宏观经济形势分析

2021 年，我国经济运行持续回暖，始终保持稳中向好的发展势头。其中，GDP 总量突破 110 万亿元，达到了 114.367 万亿元，按不变价格计算，比上年增长 8.1%。第一产业增加值达到 83086 亿元，增长 7.1%；第二产业增加值 450904 亿元，增长 8.2%；第三产业增加值 609680 亿元，增长 8.2%。分季度来看，第一季度至第四季度 GDP 增速分别达到 18.3%、7.9%、4.9%和 4.0%，经济运行稳中向好，展现出我国经济发展的强大韧性。

二、物流业运行情况

2021 年，我国经济复苏动力强劲，物流业呈现坚实复苏态势，实体经济持续稳定恢复拉动物流需求快速增长，物流供给服务体系进一步完善，供应链韧性提升，有力地促进宏观经济提质增效降本，物流实现“十四五”规划良好开局。

（一）复苏势头强劲

2021 年 1—12 月，中国制造业采购经理指数（PMI）均值为 50.5%，高于 2019 年和 2020 年全年均值；非制造业商务活动指数均值为 52.9%，表明我国非制造业恢复态势基本稳定。在疫情多点散发、自然灾害频繁出现、国际大宗商品价格持续上涨等不利因素的冲击下，我国经济和物流业取得良好成绩，复苏势头强劲。

2021 年全年我国物流业景气指数均值为 53.4%，较上年提高 1.7 个百分点，实现圆满收官。第一季度我国物流业景气指数为 53%，实现良好开局，第二季度回升至 55.9%，下半年受供应链上下游需求放缓和疫情多点散发的影响，物流业景气指数出现波动，第三季度回落至 51.3%，第四季度缓中趋稳回升至 53.2%。

据中国物流与采购联合会统计显示，2021 年我国物流需求规模再创新高，社会物流总额增速恢复至正常年份的平均水平。2021 年全年社会物流总额实现 335.2 万亿元，按可比价格计算，同比增长 9.2%，两年年均增长 6.2%。从年内走势看，下半年受疫情多点散发和上年同期基数较高等因素的影响，导致 2021 年社会物流总额增速呈现前高后低走势。第一季度同比增长 24.2%，上半年增长 15.7%，前三季度增长 10.5%。2011—2021 年我国社会物流总额情况如图 1－1 所示。

从社会物流总额与 GDP 对比来看，与疫情前的 2018 年、2019 年不同，2020 年以来社会物流总额增速持续高于 GDP 增速，物流需求系数持续提升。这显示在疫情压力持续存在的情况下，生产、出口、消费等实物物流恢复保持良好势头，实体经济是物流需求复苏的主要支撑。2020—2021 年社会物流总额及 GDP 增速如图 1－2 所示。

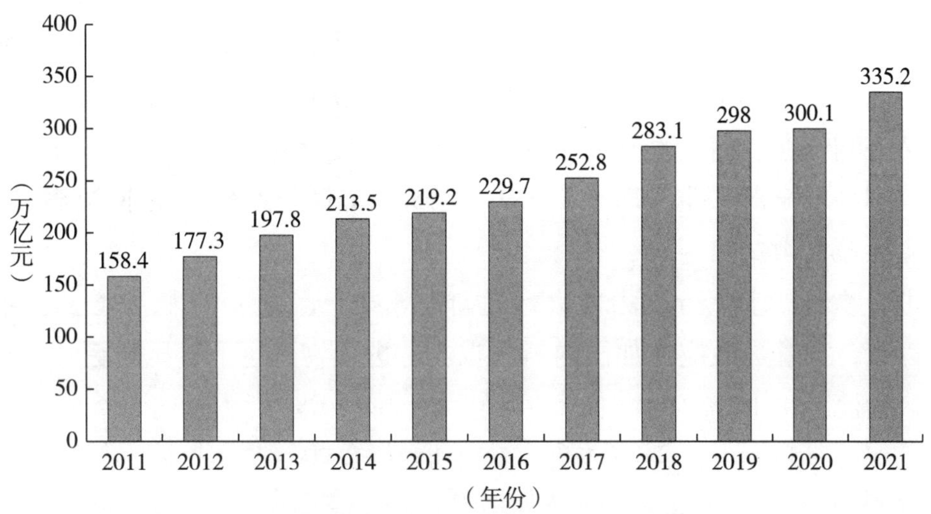

图 1－1　2011—2021 年我国社会物流总额情况

资料来源：中国物流与采购联合会、中国物流信息中心。

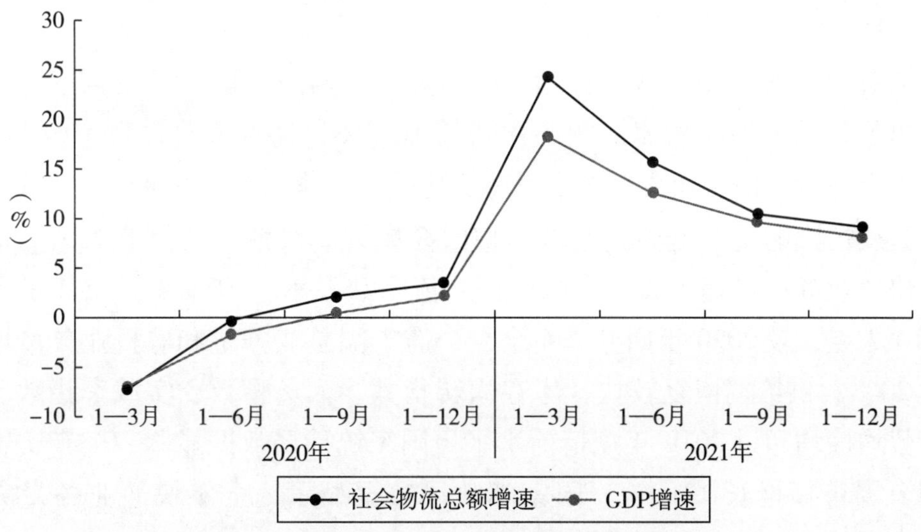

图 1－2　2020—2021 年社会物流总额及 GDP 增速

资料来源：中国物流与采购联合会、中国物流信息中心。

注：增速按可比价格计算。

（二）物流需求结构持续优化

从社会物流总额结构来看，物流需求结构随经济结构调整、产业升级同步变化。工业物流需求总体稳中有进，进口物流需求下行压力较大，消费物流需求保持恢复性增长。

工业物流需求总体保持较快增长速度。2021年，工业品物流总额同比增长9.6%，增速比上年提高6.8个百分点，两年平均增长6.1%，增速接近疫情前水平。其中，制造业中出口相关及高新制造业物流需求发展较好，全年装备制造业、高技术制造业物流需求分别比上年增长12.9%、18.2%，增速分别高于全部工业平均水平3.3个、8.6个百分点，是工业物流需求恢复的主要拉动力。

进口物流需求下行压力加大，高新技术类产品进口量稳步增长。第四季度以来，高基数效应叠加国内需求减弱，进口物流量下行压力趋升，2021年进口物流量由上一年的增长8.9%转为下降1.0%。从年内走势看，上半年各月保持平稳增长，第三季度以来由增转降。从结构来看，主要大宗进口量有所趋缓，其中，铁矿砂及其精矿、原油需求延续下跌趋势，分别同比下降3.9%、5.4%。高新技术类产品进口量则保持较快增长，有力支撑产业结构的升级转型，全年机电产品类、集成电路进口量分别同比增长38%、16.9%。

消费物流需求保持恢复性增长，新业态、新模式激发消费需求。2021年，单位与居民物品物流总额同比增长10.2%，连续多月保持10%以上。从年内走势看，民生物流总额增速有所趋缓，增速比前三季度回落3.6个百分点。疫情影响下，电商、网络购物已经成为居民消费的重要渠道，带动电商快递业务量加速扩张。中国电商物流指数显示，2021年总指数平均值为110.3点，较2020年回升2.4个点，需求端总业务量和农村业务量增速超过20%；供给端恢复较快，库存周转指数、人员指数、实载率指数、成本指数均值均超过2019年疫情前水平。国家统计局数据显示，全年实物商品网上零售额增长12.0%。国家邮政局数据显示，全年快递业务量完成1085亿件。

（三）社会物流总费用略有上升

2021年是构建新发展格局的起步之年，国际环境复杂严峻、国内疫情多发等因素倒逼我国物流运行效率、供应链响应水平加速提升，物流在畅通经济内外循环，保障产业链畅通稳定方面发挥了重要作用，助力单位物流成本稳中有降。从物流成本统计来看，2021年社会物流总费用为16.7万亿元，与GDP的比率为14.6%，比上年回落0.1个百分点，在连续三年持平后首次回落。2011—2021 年社会物流总费用与 GDP 的比率如图 1－3 所示。

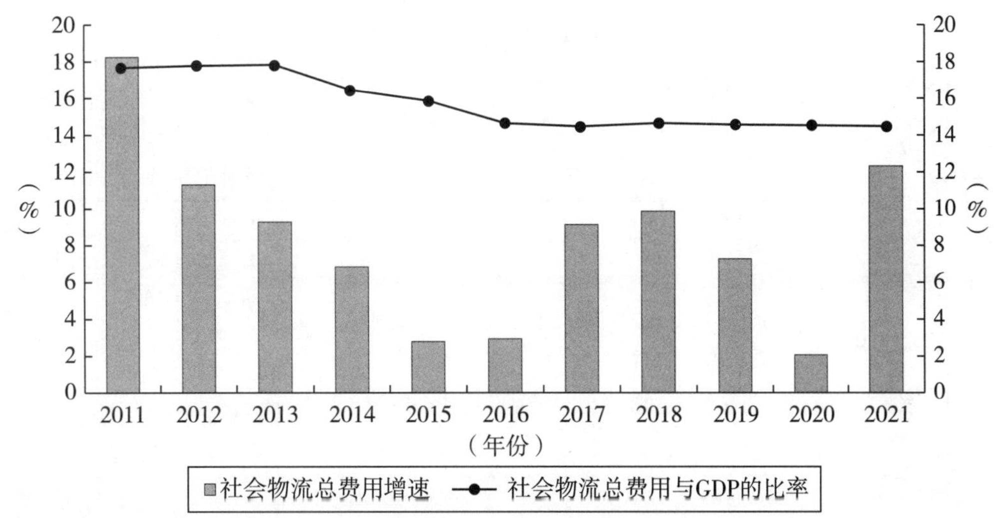

图 1－3　2011—2021 年社会物流总费用与 GDP 的比率

资料来源：中国物流与采购联合会。

结合近年经济数据的分析显示，国民经济产业结构调整对物流成本下降存在边际递减效应。“十三五”时期服务业增加值占 GDP 的比重每上升 1 个百分点，物流成本与 GDP 的比率仅下降 0. 1 左右。新冠肺炎疫情以来，服务业受到较大冲击，对我国物流成本与 GDP 的比率影响进一步减弱。在此背景下，这一比率的下降，更多来自物流自身运行效率的改善与提升。

三、冷链物流发展政策环境分析

（一）国家层面冷链政策

2021 年政府对冷链物流行业高度重视，冷链物流行业首份五年发展规划《“十四五”冷链物流发展规划》出台，以及一系列相关重要文件的发布，为冷链物流行业发展保驾护航。据不完全统计，2021 年国家层面出台的冷链相关政策、规划超过 68 项，从多维度指导部署推动冷链物流行业的健康发展，部分冷链物流相关政策如表 1－1 所示。

表 1－1　2021 年国家发布的部分冷链物流相关政策

序号	成文时间	发布机构	政策名称	内容摘要
1	2021－01	中共中央、国务院	《中共中央 国务院关于全面推进乡村振兴加快农业农村现代化的意见》	加快实施农产品仓储保鲜冷链物流设施建设工程，推进田头小型仓储保鲜冷链设施、产地低温直销配送中心、国家骨干冷链物流基地建设
2	2021－01	自然资源部、国家发展改革委、农业农村部	《自然资源部 国家发展改革委 农业农村部关于保障和规范农村一二三产业融合发展用地的通知》	引导农村产业在县域范围内统筹布局。直接服务种植养殖业的农产品加工、电子商务、仓储保鲜冷链、产地低温直销配送等产业，原则上应集中在行政村村庄建设边界内
3	2021－04	国务院办公厅	《国务院办公厅关于印发 2021 年政务公开工作要点的通知》	准确把握常态化疫情防控的阶段性特征和要求，重点围绕散发疫情、隔离管控、流调溯源、精准防控、冷链物流、假期人员流动等发布权威信息
4	2021－04	国家发展改革委	《国家发展改革委关于印发〈2021 年新型城镇化和城乡融合发展重点任务〉的通知》	在县乡村合理布局冷链物流设施、配送投递设施和农贸市场网络，畅通农产品进城和工业品入乡通道
5	2021－04	银保监会办公厅	《中国银保监会办公厅关于 2021 年银行业保险业高质量服务乡村振兴的通知》	加大对农田水利、农产品仓储保鲜冷链物流、防灾减灾和动植物疫病防控等现代农业基础设施领域的金融支持，推动提高农业生产及抗风险能力
6	2021－04	农业农村部、国家发展改革委、财政部、商务部、文化和旅游部、中国人民银行、中国银行保险监督管理委员会、国家林业和草原局、国家乡村振兴局、中华全国供销合作总社	《关于推动脱贫地区特色产业可持续发展的指导意见》	支持脱贫地区建设田头市场、仓储保鲜冷链物流设施，布局一批区域性冷链物流骨干节点。农产品仓储保鲜冷链物流设施建设工程加大对脱贫地区支持力度

续　表

序号	成文时间	发布机构	政策名称	内容摘要
7	2021－04	农业农村部办公厅、财政部办公厅	《农业农村部办公厅 财政部办公厅关于全面推进农产品产地冷藏保鲜设施建设的通知》	择优选择 100 个产业基础好、主体积极性高、政策支持力度大的蔬菜、水果等产业重点县，中央财政支持开展农产品产地冷藏保鲜整县推进试点
8	2021－05	财政部办公厅、商务部办公厅	《关于进一步加强农产品供应链体系建设的通知》	发展农产品冷链物流。支持农产品流通企业建设规模适度的预冷、贮藏保鲜等设施，加快节能型冷藏设施应用。鼓励农产品批发市场建设冷链加工配送中心和中央厨房等，增强流通主渠道冷链服务能力
9	2021－05	财政部、农业农村部	《关于实施渔业发展支持政策推动渔业高质量发展的通知》	支持水产品初加工和冷藏保鲜等设施装备建设
10	2021－06	国家发展改革委	《国家发展改革委关于印发〈城乡冷链和国家物流枢纽建设中央预算内投资专项管理办法〉的通知》	重点支持已纳入年度建设名单的国家物流枢纽、国家骨干冷链物流基地内的公共性、基础性设施补短板项目
11	2021－06	商务部、中央农办、发展改革委、工业和信息化部、公安部、财政部、自然资源部、住房和城乡建设部、交通运输部、农业农村部、文化和旅游部、人民银行、市场监管总局、银保监会、邮政局、乡村振兴局、中华全国供销合作总社	《商务部等 17 部门关于加强县域商业体系建设促进农村消费的意见》	实施农产品仓储保鲜冷链物流设施建设工程，支持新型农业经营主体建设规模适度的产地冷藏保鲜设施，加强移动式冷库应用，发展产地低温直销配送中心。加强农产品批发市场冷链设施建设
12	2021－06	商务部	《商务部关于印发〈“十四五”商务发展规划〉的通知》	加强农产品供应链建设，完善农产品冷链物流基础设施

续　表

序号	成文时间	发布机构	政策名称	内容摘要
13	2021－07	国务院办公厅	《国务院办公厅关于加快农村寄递物流体系建设的意见》	鼓励邮政快递企业、供销合作社和其他社会资本在农产品田头市场合作建设预冷保鲜、低温分拣、冷藏仓储等设施，缩短流通时间，减少产品损耗，提升农产品流通效率和效益
14	2021－07	工业和信息化部、中央网信办、国家发展改革委、教育部、财政部、住房和城乡建设部、文化和旅游部、国家卫生健康委员会、国务院国有资产监督管理委员会、国家能源局	《工业和信息化部 中央网络安全和信息化委员会办公室 国家发展和改革委员会 教育部 财政部 住房和城乡建设部 文化和旅游部 国家卫生健康委员会 国务院国有资产监督管理委员会 国家能源局关于印发〈5G应用“扬帆”行动计划（2021—2023年）〉的通知》	发展5G在农产品冷链物流、电商直播等领域应用
15	2021－07	最高人民法院	《最高人民法院关于为全面推进乡村振兴加快农业农村现代化提供司法服务和保障的意见》	依法审理农村地区农产品和食品仓储保鲜、冷链物流设施建设纠纷案件，支持乡村特色产业发展壮大
16	2021－08	农业农村部、国家发展改革委、财政部、生态环境部、商务部、银保监会	《农业农村部 国家发展改革委 财政部 生态环境部 商务部 银保监会关于促进生猪产业持续健康发展的意见》	鼓励和支持主产区生猪屠宰加工企业改造屠宰加工、冷链储藏和运输设施，推动主销区城市屠宰加工企业改造提升低温加工处理中心、冷链集配中心、冷鲜肉配送点，促进产销衔接
17	2021－11	交通运输部	《交通运输部关于印发〈综合运输服务“十四五”发展规划〉的通知》	加强综合货运枢纽建设，完善多式联运功能，加强枢纽港站集疏运体系及联运换装设施建设，统筹枢纽转运、口岸、保税、冷链物流、邮政快递等功能

续 表

序号	成文时间	发布机构	政策名称	内容摘要
18	2021－11	农业农村部	《农业农村部关于拓展农业多种功能促进乡村产业高质量发展的指导意见》	构建高效加工体系。扶持农民合作社和家庭农场发展冷藏保鲜、原料处理、杀菌、储藏、分级、包装等延时类初加工
19	2021－11	国务院办公厅	《国务院办公厅关于印发"十四五"冷链物流发展规划的通知》	到 2025 年，初步形成衔接产地销地、覆盖城市乡村、联通国内国际的冷链物流网络，基本建成符合我国国情和产业结构特点、适应经济社会发展需要的冷链物流体系
20	2021－12	国家铁路局	《国家铁路局关于印发〈"十四五"铁路科技创新规划〉的通知》	推进标准化、集装化、模块化货运装备、新型冷链、危险货物运输、驮背运输、双层集装箱运输等铁路专用车辆研发运用
21	2021－12	国务院	《国务院关于印发"十四五"现代综合交通运输体系发展规划的通知》	强化国家骨干冷链物流基地功能，完善综合货运枢纽冷链物流服务设施，加强不同运输方式冷链设施衔接，补齐集配装备和仓储设施短板

资料来源：中物联冷链委。

（二）全方位指导与疫情防控并行

（1）全方位指导。2021 年，我国各级政府推出了一系列政策，以推动冷链物流健康快速发展。在扶持力度方面，从鼓励冷链物流发展扩大至金融资金支持，冷链物流发展支持力度不断加大，支持措施不断落地；在指导范围方面，从冷链基础设施到建设循环共用冷藏箱，政策支持手段多样化，发展范围全方位覆盖；在品类上，着力支持包括肉类、水果、蔬菜、水产品、乳品、速冻食品及疫苗医药产品等在内的重点产品冷链物流发展，将冷链物流发展视为推动"运猪"转"运肉"的重要手段。

（2）疫情防控。持续出现的新冠肺炎疫情多点散发事件严重影响着冷链物流的正常运行，从而导致运作成本提升。预计未来较长一段时期内，强化疫情防控仍将成为冷链物流发展的重要关注点之一。

冷链物流政策演变如图 1－4 所示。

图 1－4　冷链物流政策演变

资料来源：中物联冷链委。

（三）重点政策解读——《国务院办公厅关于加快农村寄递物流体系建设的意见》

2021 年 8 月，国务院办公厅印发《国务院办公厅关于加快农村寄递物流体系建设的意见》（国办发〔2021〕29 号）。该政策对冷链物流体系建设提出了诸多建设性意见，对全面推进乡村振兴和谋划今后一段时期农村寄递物流体系建设的方向具有重要的指导意义，因此对该文件部分内容进行深度解读。

1. 出台背景

农村寄递物流是农产品出村进城、消费品下乡进村的重要渠道之一，对满足农村群众生产生活需要、释放农村消费潜力、促进乡村振兴具有重要意义。但目前农村寄递物流体系仍存在末端服务能力不足、可持续性较差、基础设施薄弱等一些突出问题。因此，《国务院办公厅关于加快农村寄递物流体系建设的意见》（以下简称《意见》）应运而生。

2. 建设目标

该《意见》提出的明确目标是：到 2025 年，基本形成开放惠民、集约共享、安全高效、双向畅通的农村寄递物流体系，实现乡乡有网点、村村有服务，农产品运得出、消费品进得去，农村寄递物流供给能力和服务质量显著提高，便民惠民寄递服务基本覆盖。其影响范围较广，涉及农村邮政体系、末端共同配送体系、协同发展体系、冷链寄递体系。

3. 思路解读

《意见》提出了体系建设的四个要求，包括：强化农村邮政体系作用；健全末端共同配送体系；优化协同发展体系；构建冷链寄递体系。

《意见》将构建冷链寄递体系作为强化农村寄递物流体系的重要举措之一，鼓励邮政快递企业、供销合作社和其他社会资本在农产品田头市场合作建设预冷保鲜、低温分拣、冷藏仓储等设施，缩短流通时间，减少产品损耗，提升农产品流通效率和效益。引导支持邮政快递企业依托快递物流园区建设冷链仓储设施，增加冷链运输车辆，提升末端冷链配送能力，逐步建立覆盖生产流通各环节的冷链寄递物流体系。支持行业协会制定推广电商快递冷链服务标准规范，提升冷链寄递安全监管水平。邮政快递企业参与冷链物流基地建设，可按规定享受相关支持政策。

与以往发布的《国务院关于新时代支持革命老区振兴发展的意见》《商务部等 17 部门关于加强县域商业体系建设促进农村消费的意见》《中国银保监会办公厅关于 2021 年银行业保险业高质量服务乡村振兴的通知》等不同，该《意见》进一步明确了以下几个方向。

第一，《意见》明确农村冷链基础设施建设主体为“邮政快递企业、供销合作社和其他社会资本”，旨在通过邮政快递企业、供销合作社和其他社会资本共同带动农村冷链基础设施建设。

第二，《意见》要求“引导支持邮政快递企业依托快递物流园区建设冷链仓储设施，增加冷链运输车辆，提升末端冷链配送能力，逐步建立覆盖生产流通各环节的冷链寄递物流体系”。充分发挥邮政快递企业在农村冷链基础设施建设中的支撑作用。

第三，《意见》提出“支持行业协会制定推广电商快递冷链服务标准规范，提升冷链寄递安全监管水平”。通过行业协会助推农村冷链物流标准化、规范化发展。

第四，《意见》强化配套支持措施，“邮政快递企业参与冷链物流基地建设，可按规定享受相关支持政策”。将补贴支持政策与农村冷链基础设施建设相挂钩，形成完整的配套支持措施。这一举措也与《中国银保监会办公厅关于2021年银行业保险业高质量服务乡村振兴的通知》中提出的“加大对农田水利、农产品仓储保鲜冷链物流、防灾减灾和动植物疫病防控等现代农业基础设施领域的金融支持”等内容相贴合。

与过往发布政策相比，该《意见》更具针对性和落地性，为冷链基础设施建设提出了具体明确的要求和完善的配套支持措施。

4. 重点任务解读

《意见》明确农村寄递物流体系的四项重点任务，分别是：分类推进“快递进村”工程；完善农产品上行发展机制；加快农村寄递物流基础设施补短板；继续深化寄递领域“放管服”改革。

总体而言，《意见》提出的四项重点任务，旨在疏导“消费品进村、农产品出村”通路，打通城乡间、区域间的寄递物流体系，真正实现释放农村消费潜力、促进乡村振兴、助力“双循环”的宏伟蓝图。

5. 总结

上半年国家密集出台多项政策支持农产品冷链基础设施建设，包括《国务院关于新时代支持革命老区振兴发展的意见》《国家发展改革委关于印发〈城乡冷链和国家物流枢纽建设中央预算内投资专项管理办法〉的通知》《商务部等17部门关于加强县域商业体系建设促进农村消费的意见》《中国银保监会办公厅关于2021年银行业保险业高质量服务乡村振兴的通知》《农业农村部办公厅关于做好2021年高素质农民培育工作的通知》《关于进一步加强农产品供应链体系建设的通知》等文件在内，从农业用地、循环周转箱、农村冷链物流人才培养、特色产业等多个维度支持冷链寄递体系建设。

结合历年的相关政策文件与近期出台的《意见》可以看出：随着乡村振兴进程的加快，农村冷链基础设施短板问题受到高度关注，各部委出台一系列政策支持农村冷链基础设施建设，且政策呈现出精准性更高、指向性更强、配套措施更明确的趋势。

随着农村冷链基础设施建设工作逐步落到实处，一方面，助推农村冷链物流体系完善，农产品出村进城和消费品进村的渠道完全打通；另一方面，将释放农村消费潜力、提供更多就业机会，引导社会资本流向农村基建，助推乡村振兴。对冷链企业而言，县乡冷链物流市场的竞争格局将越发白热化。

（四）重点政策解读——《国务院办公厅关于印发“十四五”冷链物流发展规划的通知》

发展冷链物流是保障人民群众食品药品消费安全、畅通城乡产品双向流通、全面推动乡村振兴的关键举措。2021 年发布的《国务院办公厅关于印发“十四五”冷链物流发展规划的通知》（简称《规划》），紧密围绕冷链物流体系、产地冷链物流、冷链运输、销地冷链物流、冷链物流服务、冷链物流创新、冷链物流支撑及冷链物流监管体系等方面，对冷链物流的全流程、全环节、全场景提出了更高的发展要求。同时，针对冷链物流“最先一公里”和“最后一公里”等行业难题提出了科学可行的指导方案。《规划》对“十四五”时期冷链物流高质量发展、健全现代冷链物流体系等具有重要的指导意义。

1.《规划》对推动冷链物流行业高质量发展意义重大

《规划》符合基本国情的发展要求。当前我国冷链物流步入高速发展阶段，但仍然存在一系列痛点问题亟待解决。《规划》全面贯彻新发展理念，深刻把握冷链物流行业发展现状，多维度分析冷链物流行业痛点、难点及卡点问题，精确判断冷链物流行业未来发展走势，做到以实际问题为导向，立足可持续性，全面指导“十四五”时期我国冷链物流健康有序发展。《规划》要求，充分发挥市场在资源配置中的决定性作用，坚持系统观念，注重科技赋能，统筹东中西部、南北方和城乡协调发展，顺应绿色生产生活方式发展趋势和推进碳达峰、碳中和需要。

《规划》指明了冷链物流新形势新格局下的发展方向。中共十九届六中全会强调，“立足新发展阶段、贯彻新发展理念、构建新发展格局、推动高质量发展”。恰逢“十四五”开局之年，面对疫情防控常态化、国际政治局势复杂多变、新消费新零售时代开启等多重因素影响，《规划》提出要建立健全城乡冷链物流网络，统筹区域冷链物流协调发展。同时推动冷链物流绿色化和智能化建设，强化冷链物流风险预警机制，适应国家“双碳”战略和疫情防控常态化需要。《规划》为国内冷链物流的未来，指明了发展的新方向。

《规划》是新时期冷链物流高质量发展的行动指南。冷链物流贯穿第一、第二、第三产业，连接生产端与消费端，发展潜力及空间巨大。但长期以来，国内冷链物流仍面临着诸多困境，区域发展失衡和物流体系不健全等问题依然突出，冷链物流发展缺乏系统性、科学性的总体规划指引。《规划》为进一步疏解冷链物流现实难题，推动新时期冷链物流高质量发展绘制了清晰的路径。

2. 现代冷链物流体系建设需要点面结合

数据显示，截至2020年，我国冷链物流市场规模超过3800亿元，连续多年保持两位数增长势头。为保障冷链物流持续健康发展，《规划》提出形成衔接产地销地、覆盖城市乡村、联通国内国际的国家骨干冷链物流网络和建立现代冷链物流体系的总体目标，并从以下五个方面对冷链物流发展做出了“点面结合”的总体部署。

（1）规划合理，全面布局，打造现代冷链物流体系。打造“四横四纵”国家冷链物流骨干通道网络，建立“321”冷链物流运行体系，健全冷链物流服务和监管体系，从设施建设、网络布局、行业监管、技术应用等方面对新时期冷链物流高质量发展提出了更高的要求。

（2）物畅其流，紧扣三大关键环节，构建冷链物流“产—运—销”新通路。其一，完善田间地头冷链物流设施，鼓励布局产地冷链集配中心，健全产地冷链物流服务体系，推动解决冷链物流“最先一公里”问题。其二，提高冷链运输服务质量，强化冷链一体化运作，推动冷链运输设施设备升级，发展冷链多式联运。其三，完善销地冷链物流网络，加快商贸冷链设施改造升级，鼓励城市冷链“近城不进城”，健全销地冷链分拨配送体系，通过发展中央厨房、夜间配送等新模式优化冷链配送资源，助力解决冷链物流“最后一公里”问题。

（3）服务为先，围绕细分品类，优化冷链物流服务。提高肉类、果蔬、水产品、乳品、速冻食品以及医药产品等“6+1”品类的冷链物流服务水平，重点关注多品类冷链物流配套设施和配送体系建设，提升冷链物流全品类、全链条服务保障水平，减少冷链流通损耗，强化多品类冷链物流质量管控。同时，进一步加强商品化处理、保鲜加工、检验检测检疫、渠道拓展、应急物流等多方面建设，综合提升全品类冷链物流服务水平，增强产品商品价值及安全保障。

（4）技术支撑，针对冷链物流智能化、绿色化，提出“五点新要求”。其一，开展数字化冷库试点工作，构建全国性、多层级数字冷库网络。完善冷链物流信息平台建设，打通冷链物流行业信息数据壁垒。其二，加强智能分拣、智能温控等冷链智慧技术装备应用，推动 5G、物联网、区块链等技术在冷链物流领域的广泛应用。其三，鼓励冷链物流企业加大绿色装备研发投入和基础设施改造，助力实现碳达峰、碳中和目标。其四，完善高品质农产品上行通道和高品质生鲜消费品下行通道，改善城乡冷链发展不均衡局面，推动城乡冷链网络双向融合。其五，打造冷链产业生态圈，创新“冷链物流 +”新生态和新场景。

（5）监管有度，强化冷链物流配套管理措施，完善冷链物流监管和支撑手段。推动冷链物流相关法律法规、标准规范落地实施，健全政府行政监管手段，严格执行冷链食品溯源凭证制度。借助全程温控设备、智能温度感知等手段实现冷链物流智慧监管。创新冷链物流监管手段，充分发挥信用体系、舆论监督和行业组织作用，进一步规范冷链物流操作，确保行业规范发展。

3. 现代冷链物流体系重点环节发展需要“精准施策”

《规划》在明确了未来冷链物流建设方向的同时，还重点针对国家骨干冷链物流基地建设、冷链物流补短板工程、骨干企业发展、人才梯队搭建及落地实施保障等关乎行业发展的重要环节作出要求。

《规划》要求将国家骨干冷链物流基地和产销冷链集配中心建设作为现代冷链物流体系的重要支撑。加快形成高效衔接的三级冷链物流节点设施网络，发挥国家骨干冷链物流基地、产销冷链集配中心的基础性作用，打造“三级节点、两大系统、一体化网络”融合联动的“321”冷链物流运行体系，构建起连接各城市群与重要主产区的“四横四纵”国家冷链物流骨干通道网络，推进形成冷链物流产业走廊，实现冷链物流高效化、智慧化、绿色化运转。

《规划》要求持续推进产地和销地基础设施补短板工程，实现冷链物流提质增效。聚焦农产品产地“最先一公里”冷链物流设施短板，结合实际需要在田间地头建设一批具备保鲜、预冷等功能的小型、移动仓储设施。面向城市“最后一公里”消费需求，引导农贸市场、商超等企业完善城市末端冷链物流设施。伴随着新基建政策的逐步深入，冷链物流两端的各类基础设施及服务体系将进一步完善，逐步向体系化、系统化方向沉淀，推动冷链物流产销两端基础设施供需平衡化及结构合理化发展。

《规划》要求培育并支持冷链物流骨干企业做大做强，促进冷链企业网络化专业化发展。培育冷链物流细分领域的“专精特新”企业，满足冷链产品个性化物流需求。鼓励冷链产品生产、流通和物流企业跨界融合，创新业态模式，优化供应链，延伸产业链，提升价值链，培育一批特色鲜明、创新发展的标杆企业。增强冷链物流骨干企业国际化竞争力，构建国内外衔接的冷链物流通道网络，完善境外冷链物流设施布局，促进国际国内双循环格局发展。

《规划》要求加大冷链物流专业人才培养力度，组建冷链物流人才梯队。支持有条件的院校开展冷链物流相关专业或课程，鼓励高等院校深入对接行业需求，完善政产学研用结合的多层次冷链物流人才培养体系。同时，加强院校和冷链物流相关企业、行业协会之间的合作，通过实训基地、订单班等多种方式，强化冷链物流人才实践能力及创新能力培养。开展国际交流合作，培养具有全球视野和供应链运作经验的高层次冷链物流人才，为冷链物流的高质量、可持续性发展，提供人才保障，奠定坚实基础。

《规划》要求将各项行动落到实处。冷链物流行业具有上下游产业覆盖范围广、涉及相关主管部门多、协调难度大等特点，为此，《规划》明确要求，“十四五”时期国家发展改革委将会同国务院有关部门建立冷链物流发展协调推进工作机制，统筹推进重点工程落地，完善支撑政策，强化评估督导，协调解决跨部门、跨区域问题，保障规划有序实施。同时，在资金渠道、土地使用、“绿色通道”、用电政策等方面加大支持力度，优化营商环境，保障各项便利政策落到实处。为广泛调动社会组织推动冷链物流行业发展，《规划》中鼓励冷链物流相关行业协会发挥桥梁纽带作用，充分开展行业调研，强化冷链物流理念的宣传引导，树立行业良好风气。中国物流与采购联合会高度重视冷链物流的发展，在2010年专门成立了冷链物流专业委员会，在推动《规划》落实过程中将按照有关部门的安排，主动做好相关工作，积极反映企业诉求，为推动冷链物流行业发展作出应有贡献。

（五）2021 年国家及地方冷链政策图解

2021 年中央及各部委多维度指导部署推动冷链行业健康发展，其中，国务院出台政策超过 9 项，国家发展改革委出台政策超过 18 项。近年冷链国家层面政策发布情况如图 1－5 所示。

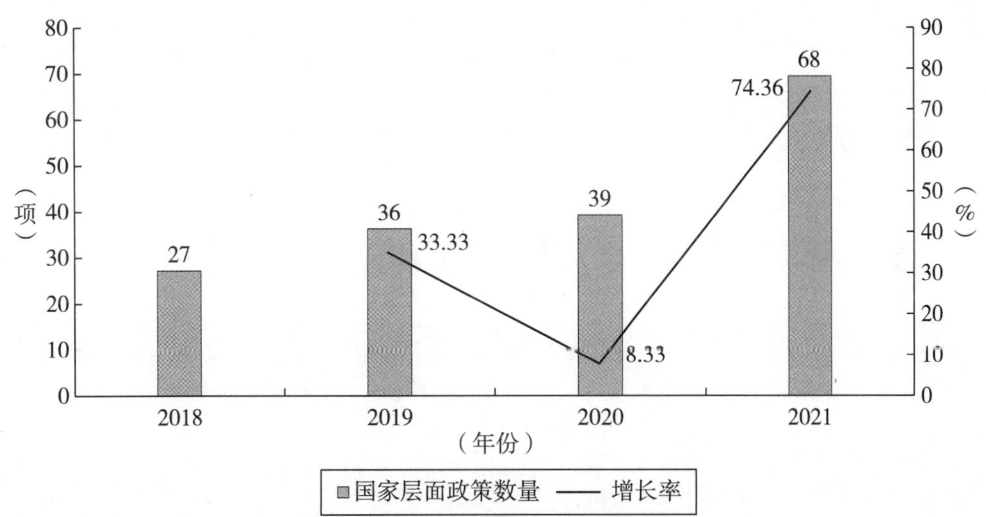

图 1－5　近年冷链国家层面政策发布情况

资料来源：中物联冷链委根据国务院、各部委网站数据整理得到。

注：根据中物联冷链委不完全统计，2021 年国家层面出台的冷链相关政策、规划超过 68 项，图中按 68 项进行分析。

梳理诸多国家政策可以发现，2021 年冷链政策存在比较明显的方向。第一是政府支持力度加大。作为“十四五”开局之年，2021 年国家对冷链行业的政策关注度持续提升，行业发展政策红利进一步释放。第二是冷链基础设施建设支持力度加大。2021 年国家冷链政策对冷库、冷藏车、仓储保鲜设施等基础设施高度关注，超过 36 项政策强调冷链基础设施建设。第三是冷链绿色环保发展。2021 年国家陆续发布冷链环保相关政策 8 项，尤其是倡导建立可循环物流周转箱体系和完善粮食绿色仓储体系。第四是产地端冷链体系建设。2021 年冷链政策对农产品产地基础设施建设提出了更高的要求，尤其是将农村冷链物流体系建设作为巩固脱贫攻坚成果、推动乡村振兴的重要举措之一。第五是严把疫情防控关。面临新冠肺炎疫情的复杂形势，国家政策对进出口冷链食品安全和疫情防控提出了更高的要求，国家市场监管总局等部门推动建设冷链食品信息追溯平台。第六是区域冷链物流建设。多地陆续出台相关政策，依托国家骨干冷链物流基地建设等重大发展战略打造区域性冷链物流集散中心。

2021 年 1—12 月，我国各地陆续出台冷链物流相关政策超过 581 项。与 2020 年相比，各地对冷链物流的关注程度显著提升，冷链物流基础设施建设、冷链疫情防控与“十四五”规划仍然是关注的焦点问题。2021 年各地冷链政策关键词如图 1－6 所示。

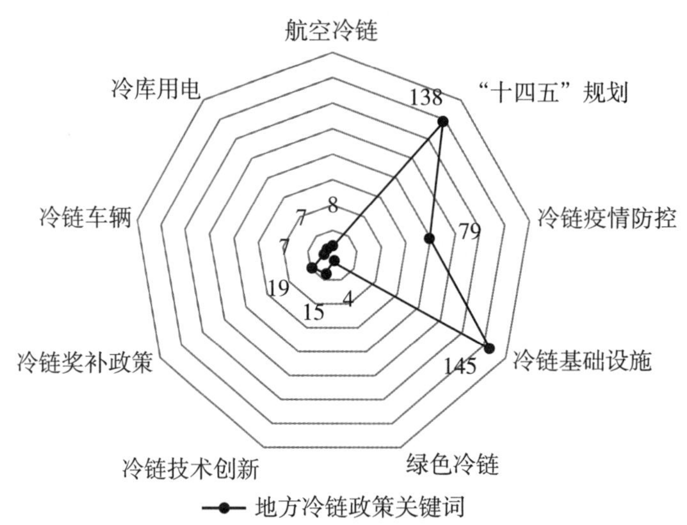

图 1－6　2021 年各地冷链政策关键词

资料来源：中物联冷链委根据各省市政府部门网站政策资料收集得到。

基础设施建设仍然是各地冷链政策的重点关注问题。2021 年地方冷链政策中有超过 145 项提及基础设施建设，包括农产品产地基础设施建设、畜禽冷链基础设施建设、脱贫地区冷链基础设施建设、县乡冷链基础设施建设等。

绿色化、智能化成为冷链新风向。与过往相比，2021 年政策中多次提及冷链科技创新和可循环物流周转箱体系建设等，中央厨房、冷链宅配等多种模式频繁出现，鼓励企业技术创新。

政策更加关注实际问题。2021 年冷链政策中关注解决冷库用电价格、冷链车辆通行优惠、冷链建设奖励补贴等企业切实面临的难题。

四、冷链物流标准环境分析

2021 年，国务院办公厅发布了《国务院办公厅关于印发“十四五”冷链物流发展规划的通知》（国办发〔2021〕46 号）。这是中华人民共和国成立以来我国第一个以国务院文件发布的冷链物流发展规划，是指导我国冷链物流发展的顶层设计和工作指南，也是推动冷链物流高质量发展和冷链物流标准化体系建设的基础依据。

（一）“十四五”背景下的冷链物流标准建设任务

值得注意的是，《国务院办公厅关于印发“十四五”冷链物流发展规划的通知》的第九部分“强化冷链物流全方位支撑”第二节“健全标准体系”中，对我国冷链标准体系建设的制标、融标（衔接）、贯标提出了明确要求。

一是加强冷链物流标准制修订。“加强冷链基础通用标准和冷链基础设施、技术装备、作业流程、信息追溯等重点环节以及冷链物流绿色化、智慧化等重点领域标准制修订，加快填补标准空白。制定一批强制性国家标准，守好冷链产品安全底线。加强冷链物流推荐性国家标准、行业标准推陈出新，支持地方因地制宜制定符合发展需要的地方标准，鼓励高起点制定团体标准和企业标准。积极参与冷链物流国际标准化活动，推动国内国际标准接轨。”

《规划》制修订任务包括：基础标准、基础设施、重点环节、重点领域；各类强标、行标、地标、团标、企标和国际标准等内容，要加快填补空白。

二是加强标准评估和执行力度。系统梳理现行冷链物流标准体系，加强评估和复审，及时修订或废止不适应经济社会发展需要、行业发展要求、技术进步趋势的标准，推动解决标准不统一、不衔接等问题。严格落实冷链物流强制性国家标准，强化推荐性国家标准、行业标准支撑与引导作用。充分发挥有关标准化技术委员会、行业协会、龙头企业作用，加强冷链物流标准宣贯，推动协同应用，提高推荐性标准采用水平。开展冷链物流标准监督检查和实施效果评价，充分发挥标准支撑冷链物流高质量发展的作用。

《规划》在加强标准评估和执行力方面，发挥全国物流标准化技术委员会冷链物流分技术委员会、行业协会和企业作用，及时修订或废止不适应发展需要、要求、趋势的标准，解决不统一、不衔接等问题。严格落实强标，强化推标、行标支撑引导作用。

三是提出了具体的标准体系建设工程。“研究建立冷链物流标准制修订工作机制，加强部门协调和政企沟通，2022 年底前完成现行冷链物流国家标准、行业标准、地方标准集中梳理工作，提出废止或制修订建议。结合标准梳理工作，在冷链物流设施、装备、载器具、标识、流程、管理与服务等领域，补充完善一批企业和行业急需的标准，形成全链条有机衔接的冷链物流标准体系。”

（二）我国冷链物流标准化体系建设现状

农业农村部办公厅、财政部办公厅发布《农业农村部办公厅 财政部办公厅关于全面推进农产品产地冷藏保鲜设施建设的通知》，并公布了 2021 年农产品产地冷藏保鲜整县推进试点名单（121 个）。农业农村部农产品冷链物流标准化委员会编写并发布了《农产品仓储保鲜冷链设施建设参考技术方案（试行）》。商务部、国家标准化管理委员会开展农产品冷链流通标准化示范工作，确定由 31 个试点城市和 285 家试点企业参与农产品冷链流通标准化示范。交通运输部印发《公路、水路进口冷链食品物流新冠病毒防控和消毒技术指南（第四版）》，文件指出，进一步强化公路、水路进口冷链食品物流疫情防控工作，督促从事进口冷链食品装卸、运输等作业的公路、水路冷链物流企业、港口码头、货运场站等经营单位和从业人员，严格落实疫情防控措施要求，切实保障从业人员身体健康，坚决防止新冠病毒通过冷链物流渠道传播。

我国在冷链物流相关政策出台、体系构建、标准制定、标准试点示范以及标准化协调管理机制方面取得了一定的成绩。在我国已颁布标准中，与农产品冷链物流相关的标准有 400 余项，涉及术语、管理与技术、设施设备等多个方面，为我国冷链物流产业健康发展提供了技术和工程保障。我国标准化工作采取政府主导的协调一致和分工协作相结合的管理模式，县级以上地方人民政府标准化行政主管部门统一管理本行政区域内的标准化工作，“标准化行政主管部门”与“有关行政主管部门”共同承担标准化工作的开展、考评、激励和监督等管理职责。目前，我国已建立部级、省级、市级以及县（区）级等多层级政府标准化工作的协调机制，提出促进标准化改革发展的方针政策，强化标准化工作各部门间的协作配合，统筹协调行政区域内标准化工作。各级政府部门通过开展试点示范、出台冷链物流体系发展规划等手段来推进农产品冷链物流标准化。在冷链物流标准化建设方面，为推进京津冀协同战略发展实施，天津市商务委员会、北京市商务委员会、河北省商务厅、天津市市场和质量监督管理委员会、北京市质量技术监督局、河北省质量技术监督局共同组织制定《冷链物流 温湿度要求与测量方法》《水产品冷链物流操作规程》《畜禽肉冷链物流操作规程》等系列标准，助推农产品冷链物流标准体系建设。

但是，由于我国幅员辽阔，区域气候温度差异大，农产品品类繁多，属性复杂，加之物流供应链链条长、环节多、冷链流程标准衔接要求精准度高以及产业主管部门多等原因，按照问题导向的思维方式分析，我国冷链物流标准体系建设确实还存在着诸多问题。

1. 各级冷链物流规划滞后

国家和各部委、省市冷链物流规划（或实施方案）是冷链物流标准体系建设的服务对象和责任实施主体。《规划》正式印发之前，国内尚未发布系统权威的冷链物流专项规划，各级政府的冷链物流规划缺乏系统科学的指导方案。多数省市和部委在《规划》的指导下推动冷链物流发展规划方案落地实施，包括河北等地在内的省市已经发布相关规划和落地实施政策。《规划》中也指出，冷链物流标准体系有待完善，强制性标准少，推荐性标准多，标准间衔接不够紧密，部分领域标准缺失，标准统筹协调和实施力度有待加强。

2. 标准制修订难度大，标准体系不完善

由于冷链标准制修订工作机制存在问题，现行冷链物流标准文本中有关基本术语、定义和同一关键性指标参数不一致，缺乏统一性，甚至存在矛盾。部分标准年代较远，更新周期较长，不能适应产业发展需求。部分标准的可操作性差，与企业实际情况脱节、抵触。标准结构性缺失，缺少关于农产品电子商务、预制菜加工流通、冷链央厨等新兴领域方面的标准。此外，农产品品类存在多样性，生物学属性具备特殊性，在流通时间、空间上存在多变性，这些因素导致了标准制修订的复杂性和低效率。食品和医药物流的防疫、食品安全、温控、追溯标准体系建设方面各自为战，平台数据无法实现共享共通。

3. 涉及部门多，标准制修订工作机制不健全

由于冷链物流行业具有交叉性、复合型等特点，涉及发改、农村、商务、交通、铁路、民航、邮政、工信、市场监督等诸多部门。从地方标准看，2021 年发布的 15 项山东省农产品冷链物流标准中，涉及山东省标准化研究院、山东省农业农村厅、山东省商务厅等 6 个归口单位。从行业标准来看，39 项 NY（农业）行业标准共涉及农产品加工标准化技术委员会、全国畜牧业标准化技术委员会等 6 个归口单位。冷链物流标准体系建设涉及部门众多，标准制修订工作机制不健全成为冷链物流标准体系建设的巨大障碍。

4. 标准交叉重复、不衔接等现象突出

现行的冷链物流相关标准文本涉及的作业环节、流程和操作工艺存在重复与交叉，不同作业环节的标准内容衔接性和兼容性较差，这些问题会导致行业秩序混乱，也间接导致标准的使用率低，贯标效果不明显。目前，在我国冷链物流标准的制定过程中，各产业技术组织、科研机构根据各自特点来制定各自的标准。不同地区的地方标准存在重复现象，部分国家标准、行业标准和地方标准三者之间关系混乱，在标准制定后，实施主体不明确，缺乏衔接性，内容上存在一定的重复性。部分品类的标准也存在一种产品两套标准、多套标准现象，标准的交叉、重复、不衔接、过时、空白等问题仍然存在。

5. 标准宣贯与评估工作有待加强

长期以来，我国冷链物流标准工作重制定、轻应用，将更多的精力投入标准制修订中，对标准宣贯和衔接工作重视程度不够，宣贯力度小且机制不灵活。又因食品冷链流通企业标准化意识淡薄、标准制定缺乏实践指导性，我国冷链物流“有标不依”“有标难依”的问题同时存在。

如仓储型、综合型与运输型国家物流标准化企业评估不匹配、不衔接问题，各部委标准宣贯不融合、不衔接问题等，导致标准发布后推广实施效果不明显。这与目前政府间协调工作机制和第三方机构推进机制、考核评价制度、激励机制、监督和问责机制等不完善都有一定关系。距离形成全链条有机衔接的冷链物流标准体系尚有一定差距。

6. 需要重视参与国际标准制定

随着经济全球化的发展，尤其是“一带一路”倡议的推广，我国与世界农业发展更为紧密，生鲜农产品的进出口越来越频繁，农产品冷链物流

也面临着全球化的进程。但我国农产品加工、流通相关标准多针对我国国情，与国际其他国家和地区的生产力发展水平不匹配，国际采标率极低，我国主导制定的国际标准仅占国际标准总数的 0.5%，存在同一种产品国内外指标不统一的问题，严重影响农产品的进出口贸易。新冠肺炎疫情暴发后，医药冷链物流的标准制修订国际化也亟待对接和完善。

（三）“十四五”冷链物流标准体系的发展目标

《规划》提出，基本建立“政府监管、企业自管、行业自律、社会监督”的监管机制。这种监管机制的实施，对冷链物流标准体系建设将起到重要的支撑作用。

《规划》中要解决的制约冷链物流发展的突出瓶颈和痛点难点、五个方面的原则目标、五个方面的工作安排、七个方面的重点任务和五个方面的保障要求，是我国全面构建“全链条、网络化、严标准、可追溯、新模式、高效率”的冷链物流标准体系的总服务方向、总建设领域和总支撑目标。

1. 打造“321”冷链物流运行体系的钢筋骨架

围绕优化冷链物流通道—枢纽—网络布局、促进冷链物流与产业融合发展、强化冷链物流信息化建设，打造铁、公、海、河多式联运冷链物流、应急物流等冷链物流标准体系，通过实施国家冷链物流和温控供应链双循环网格化基地建设工程、农产品仓储保鲜冷链物流设施建设（上行）工程、城市冷链配送与电商冷链快递建设（下行）工程和进出口国际（上下行）双循环温控产业链、供应链网络建设工程（平衡）的冷链物流标准体系。标准体系支撑布局建设 100 个左右国家骨干冷链物流基地，基本建成以国家骨干冷链物流基地为核心、产销冷链集配中心和两端冷链物流设施为支撑的三级冷链物流节点设施网络体系。

2. 聚焦标准体系服务各品类

规划聚焦“6 + 1”重点品类，包括肉类、水果、蔬菜、水产品、乳品、速冻食品等主要生鲜食品以及疫苗等医药产品，标准体系建设也应聚焦品类多和生物学属性差异大的突出瓶颈和痛点难点问题，优先制修订一批急需的“6 + 1”不同品类的共性和个性冷链物流标准，形成以解决痛点难点为目标的高质量标准体系。

3. 推进冷链物流全流程创新的标准体系建设

（1）加快数字化发展的标准体系建设。

（2）提高智能化发展的标准体系建设。

（3）加速绿色化发展的标准体系建设。

（4）提升技术装备创新标准体系建设。

（5）打造消费品双向冷链物流新通道标准体系建设。

（6）构建产业融合发展新生态标准体系建设。

研究编制冷链物流标准化创新发展综合性指数，科学、及时、标准统一、全面反映行业创新发展现状和趋势，为政府部门政策制定和企业创新发展提供参考。

4. 构建知识、人才、产业三位一体标准体系

支持有条件的大专院校和中高职院校开设冷链物流相关专业或课程，重点培养冷链产品供应链管理、冷链物流系统规划、冷链物流技术和企业运营等方面的专业人才。根据“十四五”冷链产业创新发展需求，与时俱进地完善教材和相关课程的标准化，完善政产学研用结合的多层次复合型冷链物流人才培养体系。根据“一带一路”倡议等国家战略需求，开展多层次、宽领域国际交流合作，培养具有全球视野和国际供应链运作经验的高层次冷链物流人才。

5. 创新冷链标准制修订机制，推进宣贯评估规范化

按照规划提出的“研究建立冷链物流标准制修订工作机制，加强部门协调和政企沟通，2022 年底前完成现行冷链物流国家标准、行业标准、地方标准集中梳理工作，提出废止或制修订建议。结合标准梳理工作，在冷链物流设施、装备、载器具、标识、流程、管理与服务等领域，补充完善一批企业和行业急需的标准，形成全链条有机衔接的冷链物流标准体系”的要求，进一步发挥冷标委和行业协会的作用，推进冷链标准制修订机制的规范化、制度化，尽快提出废止或制修订建议方案。加强宣贯评估规范化，加快冷链物流标准化评估，在现有国标框架下，推进星级冷链企业仓运一体化标准体系建设。

国家冷链物流标准体系建设是一项跨产业、跨区域、跨部门、跨学科、复杂而且艰巨的系统工程，是国家“十四五”冷链物流规划和创新发展“大厦”的钢筋骨架，是规划能否高质量实施和冷链物流高质量发展的重要基础。因此，需要有关部门建立冷链物流发展和标准体系建设的协调推进工作机制，统筹推进重点工程落地，完善支撑政策，强化评估督导，协调解决跨部门、跨区域问题，保障规划和冷链物流标准体系建设的有序实施。同时，各地结合发展实际，统筹制定本地区冷链物流发展规划或实施方案，加快推进冷链物流标准体系建设。

（作者：国家农产品现代物流工程技术研究中心）

第二节　冷链物流市场需求分析

2021 年，中国物流与采购联合会冷链物流专业委员会通过对蔬菜、水果、肉类、水产品、乳制品和速冻食品这六大类食品（其他食品产量较少或基本不采用冷链物流运输，故未计算在内）的年产量进行统计，并结合各品类的冷链流通率，测算 2021 年我国食品冷链物流需求总量为 3.02 亿吨，比 2020 年增长 0.37 亿吨，同比增长 13.96%。2017—2021 年我国食品冷链物流需求总量及增速如图 1－7 所示。

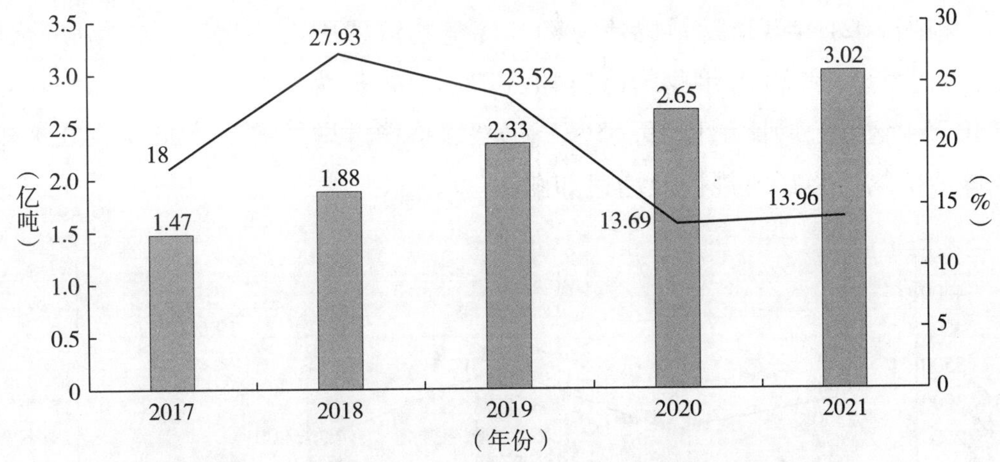

图 1－7　2017—2021 年我国食品冷链物流需求总量及增速

资料来源：中物联冷链委。

注：数据存在四舍五入，未进行机械调整。

其中，蔬菜冷链物流需求总量为 9000 万吨，水果冷链物流需求总量为 7618 万吨，肉类冷链物流需求总量为 5421.07 万吨，水产品冷链物流需求总量为 4282.18 万吨，乳制品冷链物流需求总量为 2045.64 万吨，速冻食品冷链物流需求总量为 1833.24 万吨。

按照冷链食品平均价格与2020年持平计算，2021年我国冷链物流总额约为8.04万亿元，同比增长15.09%，约占2021年社会物流总额的2.40%。2017—2021年我国冷链物流总额及增速如图1-8所示。

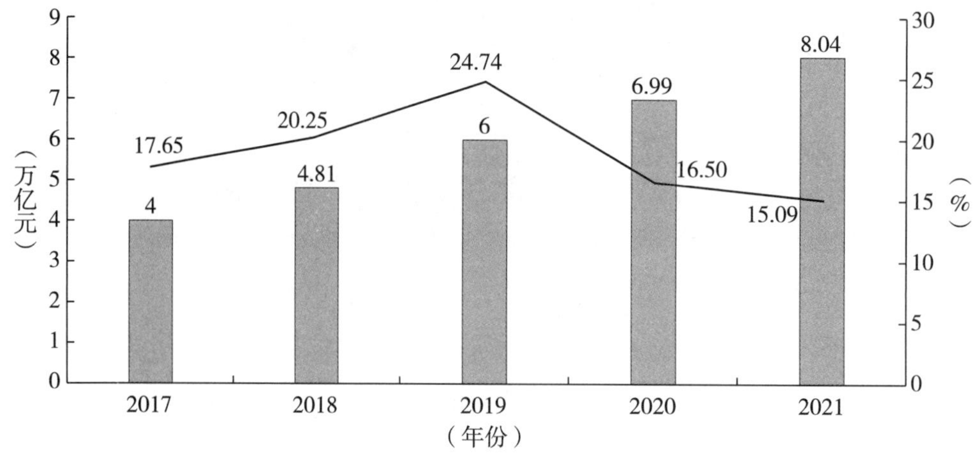

图1-8　2017—2021年我国冷链物流总额及增速

资料来源：中物联冷链委。

注：增速按可比价格计算。

根据2021年我国冷链物流总额和冷链物流费用占比情况，中物联冷链委分析测算得到2021年我国冷链物流市场总规模为4586亿元，比2020年增长754亿元，同比增长19.65%，仍然保持稳定增长势头。2017—2021年我国冷链物流市场总规模及增速如图1-9所示。

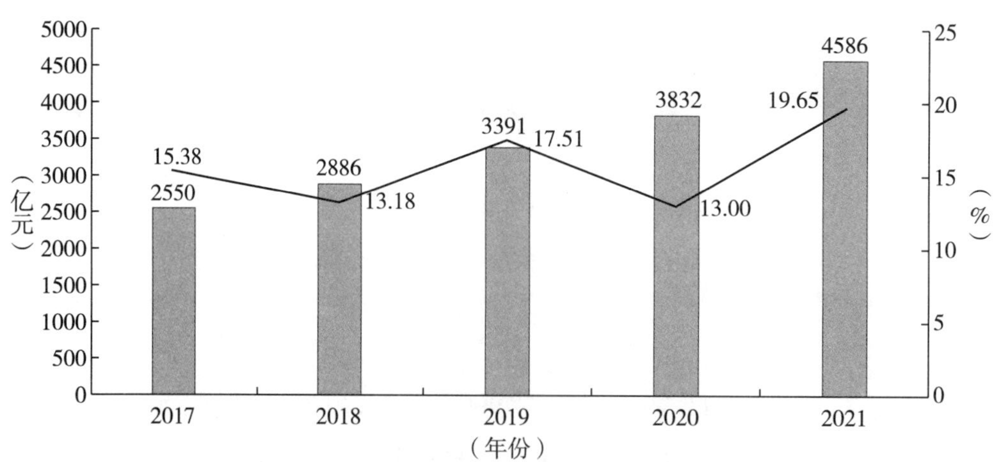

图1-9　2017—2021年我国冷链物流市场总规模及增速

资料来源：中物联冷链委。

注：数据存在四舍五入，未进行机械调整。

2021 年，全国冷藏车保有量达到 34.14 万辆，较上年增长 5.47 万辆，同比增长 19.08%。2017—2021 年我国冷藏车保有量及增速如图 1－10 所示。

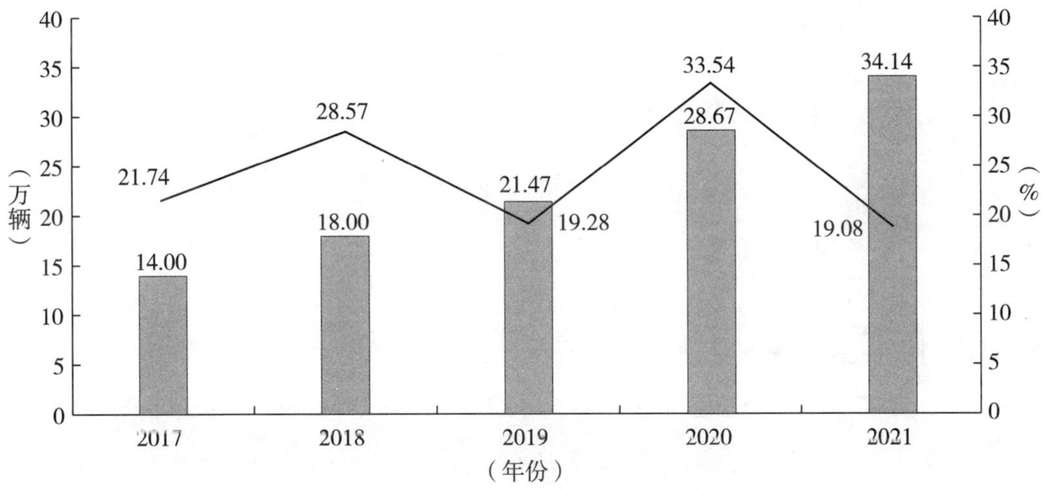

图 1－10　2017—2021 年我国冷藏车保有量及增速

资料来源：中物联冷链委。

据中物联冷链委不完全统计，2021 年全国冷库总容量达到 7858 万吨，折合 1.96 亿立方米，新增库容 778 万吨，同比增长 10.99%。2017—2021 年我国冷库总容量及增速如图 1－11 所示。

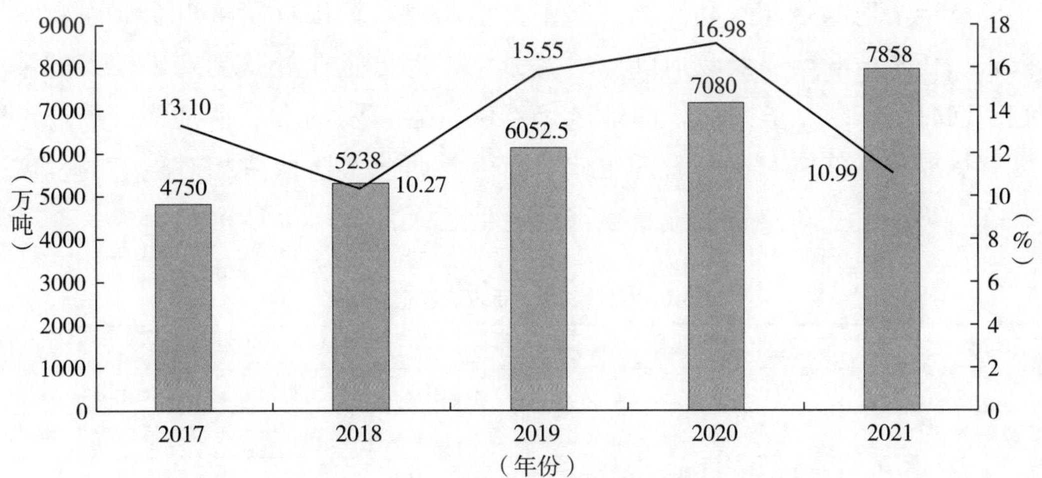

图 1－11　2017—2021 年我国冷库总容量及增速

资料来源：中物联冷链委。

第三节　冷链物流重点企业发展分析

一、冷链百家重点企业

（一）基本情况

在2020年中国冷链物流百家重点企业中，民营企业有72家，国有企业有10家，外资企业有2家，合资企业有10家，港澳台资企业有1家，其他企业有5家。民营企业仍是冷链物流百家重点企业的主要组成部分，各类性质企业比例仍基本保持不变，冷链物流市场始终保持在活跃度较高的运行状态。

2020年中国冷链物流百家重点企业中，原有的百家重点企业有76家，新晋百家重点企业有24家，新晋重点约占原有重点的30%，整体市场的企业竞争压力较大，企业发展稳定度一般。新冠肺炎疫情对于冷链物流企业的发展与经营，都造成了较大的影响。同时，也正是因为在疫情下，更多人看到了冷链物流发展的空间。新晋与跌出的冷链物流百家重点企业分布于各个名次阶段，但主要集中于31～60名和71～100名。通过变动情况可以看出，主要集中在排名的中/后段，前段百家重点企业相对稳定，企业发展呈现出逐步成长、逐渐做大做强的态势。在区域分布上，华东、华北、华中、华南地区整体变动较大，其中，华北地区跌出百家重点企业净数量较大。在疫情波动以及政府强监管背景下，部分企业经营受到了较大的影响。同时，华东、华中和华南地区仍然保持着较强的发展活性，市场稳定度有待提升。整体对比来看，东北、西南及西北地区保持相对稳定的发展状态。2020年中国冷链物流百家重点企业汇总如表1－2所示。

表1－2　　2020年中国冷链物流百家重点企业汇总

序号	企业名称	序号	企业名称
1	顺丰速运有限公司	6	上海光明领鲜物流有限公司
2	京东物流	7	漯河双汇物流投资有限公司
3	荣庆物流供应链有限公司	8	江苏卫岗集团有限公司
4	新夏晖	9	成都运荔枝科技有限公司
5	上海郑明现代物流有限公司	10	传胜供应链管理（上海）有限公司

续 表

序号	企业名称	序号	企业名称
11	北京首农东方食品供应链管理集团有限公司	45	北京中冷物流股份有限公司
12	济南维尔康实业集团有限公司	46	阳谷新纪元物流有限公司
13	中外运冷链物流有限公司	47	增益冷链（武汉）有限公司
14	大昌行物流（中国）	48	广东华雪冷链物流有限公司
15	江苏汇鸿冷链物流有限公司	49	河南大象物流有限公司
16	上海源洪仓储物流有限公司	50	大连鲜悦达冷链物流有限公司
17	云通物流服务有限公司	51	深圳市清湖冷链有限公司
18	北京澳德物流有限责任公司	52	嘉里志甄物流（上海）有限公司
19	上海世权物流有限公司	53	安徽大众冷链有限公司
20	青岛新协航国际物流有限公司	54	内蒙古昕海铭悦运输有限公司
21	南京天环食品（集团）有限公司	55	优合集团有限公司
22	深圳市泛亚物流有限公司	56	广州长运冷链服务有限公司
23	佛山市粤泰冷库物业投资有限公司	57	聊城市龙成物流有限公司
24	唯捷（厦门）供应链管理有限公司	58	上海鲜冷储运有限公司
25	北京博华物流有限公司	59	上海蒙盛物流有限公司
26	重庆公运同程配送有限公司	60	河南华鼎供应链管理有限公司
27	上海绝配柔性供应链服务有限公司	61	河南汇普物流有限公司
28	上海鑫源供应链管理有限公司	62	江苏极地熊冷链有限公司
29	上海快行天下供应链管理有限公司	63	红星冷链（湖南）股份有限公司
30	北京亚冷控股有限公司	64	广州保事达物流有限公司
31	重庆雪峰冷藏物流有限公司	65	小码大众（北京）技术有限公司
32	镇江恒伟供应链管理股份有限公司	66	青岛汇通丰源供应链管理有限公司
33	大连港毅都冷链有限公司	67	吴忠市茂鑫通冷藏运输有限公司
34	黑龙江昊锐物流有限公司	68	辽渔集团有限公司
35	广东新供销天业冷链集团有限公司	69	山东海派冷链物流有限公司
36	宇培供应链管理集团有限公司	70	福建信运冷藏物流有限公司
37	武汉金控现代供应链管理有限公司	71	山东盖世国际物流集团有限公司
38	广州拓领物流有限公司	72	河北宝信物流有限公司
39	福建恒冰物流有限公司	73	汇通图腾国际物流有限公司
40	湖南云冷冷链股份有限公司	74	广州蓝链集团有限公司
41	江西玉丰实业有限公司	75	漯河市翔通物流有限责任公司
42	北京快行线冷链物流有限公司	76	浙江统冠物流发展有限公司
43	阳谷鑫源物流有限公司	77	江西鲜配物流有限公司
44	广州鑫赟冷冻运输有限公司	78	湖南惠农物流有限责任公司

续 表

序号	企业名称	序号	企业名称
79	上海平文物流有限公司	90	郑州华夏易通物流有限公司
80	成都银犁冷藏物流股份有限公司	91	漯河金顺物流有限公司
81	石家庄冰峰冷藏物流有限公司	92	福建省羊程冷链物流有限公司
82	河南藏金源仓储有限公司	93	海南罗牛山食品集团有限公司
83	三亚佳翔航空货运服务有限公司	94	上海广德物流有限公司
84	美源供应链（苏州）有限公司	95	漯河市恩远物流有限公司
85	上海众萃物流有限公司	96	上海敬诚物流有限公司
86	漯河市顺安运输有限责任公司	97	黑龙江沃野风华运输有限公司
87	佛山市鼎昊冷链物流有限公司	98	山绿农产品集团股份有限公司
88	武汉市梦园冷链物流有限公司	99	北京京隆伟业供应链管理有限公司
89	山西万鑫冷链集团有限公司	100	上海鲜林供应链管理有限公司

资料来源：中物联冷链委。

（二）业务布局

2020 年中国冷链物流百家重点企业中，着重布局的前三名业务分别是：冷链仓储、干线运输、城市配送。为了能够增强企业客户黏性，综合性业务得到了进一步扩展，供应链业务、冷链园区以及其他增值服务都成为新的业务增长点。大部分冷链物流企业涉及 3 ~5 项业务，在新冠肺炎疫情的影响下，各大企业在扩充自身业务范围的同时，更加注重自身核心业务的稳定和发展。百家重点企业将自身资源主要集中在 4 项核心业务上，在整体资源可控的情况下，考虑拓展业务范围。

按区域入围企业数量排序：华东 > 华中 > 华南 > 华北 > 东北 > 西南 > 西北。华东区域入围企业数量最多，是冷链物流最为集中的区域。按区域百家重点企业营收排序：华东 > 华北 > 华南 > 华中 > 西南 > 东北 > 西北。华东区域入围企业总营收最高，占区域百家重点企业总营收的比例为 46.5%，2019 年这一数据为 51.3%，华东区域性优势相对减弱；华北区域排名较 2019 年进步一位，区域整体行业营收能力提升较为显著；按区域百家重点企业营收均值排序：华北 > 西南 > 华东 > 华南 > 华中 > 东北 > 西北。华北区域入围企业平均营收最高，西南区域营收均值排名提升较高，区域整体行业平均营收能力提升较为显著。2020 年中国冷链物流百家重点企业区域营收情况如图 1 －12 所示。

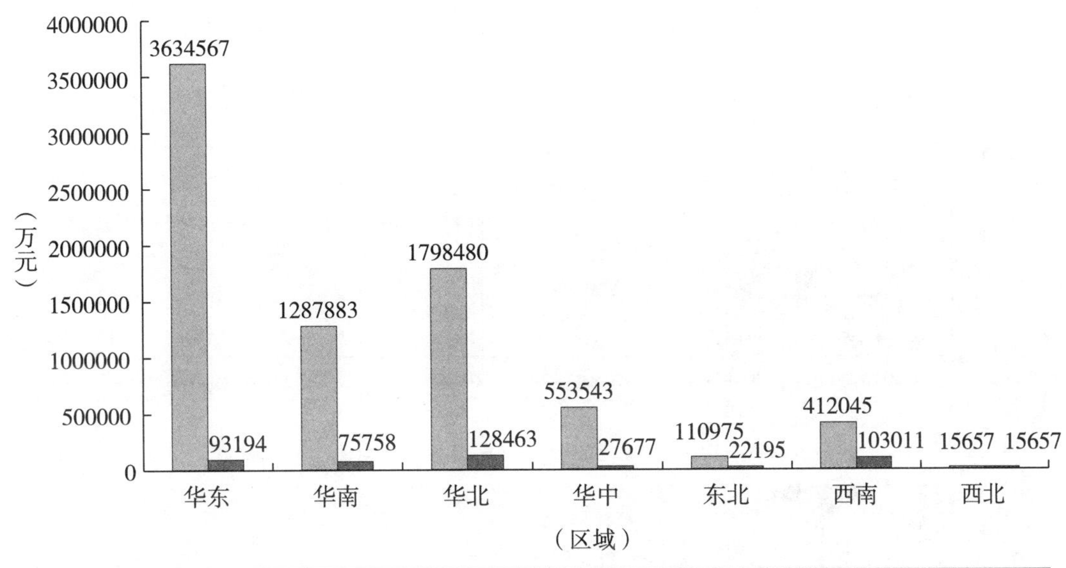

图 1-12　2020 年中国冷链物流百家重点企业区域营收情况

资料来源：中物联冷链委。

（三）集中度

近 5 年来冷链业务发展迅速，百家重点企业营收规模不断扩大。2020 年，百家重点企业冷链业务营业收入合计达到 781.32 亿元，同比增长 42.12%，占 2020 年冷链物流市场规模的 20.39%，百家重点企业市场占有率相较于 2017 年 10.19%、2018 年的 13.79%、2019 年的 16.21% 逐年增长，冷链市场集中度不断提高，2020 年首次突破 20%。

就冷链物流百家重点企业来看，冷链物流百家重点企业前 5 名的营收达到 267.66 亿元，占重点企业总营收的 34.26%；前 10 位企业的营收达到 419.33 亿元，占重点企业总营收的 53.67%，头部集聚效应进一步提升。冷链物流百家重点企业后 50 位的营收只占重点企业总营收的 9.28%，中小企业依然占据多数，冷链物流行业仍然呈现散、小、杂的特点。2020 年冷链物流百家重点企业整体营收水平进一步提升，重点企业前 5 位营收同比增长 25.39%，前 10 位营收同比增长 24.60%，前 30 位营收同比增长 53.58%，前 50 位营收同比增长 45.31%。2015—2020 年冷链物流百家重点企业总营收变动情况如图 1-13 所示。

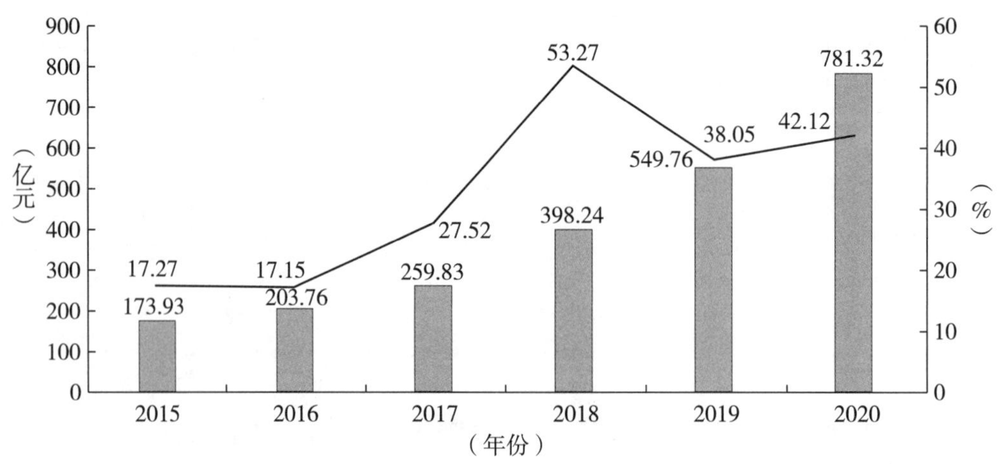

图 1－13　2015—2020 年冷链物流百家重点企业总营收变动情况

资料来源：中物联冷链委。

（四）趋势变化

2020 年，冷链物流百家重点企业入围门槛为 9875 万元，较上年提高 914 万元，涨幅达到 10.20%。除 2016 年受经济形势影响入围门槛有所下降外，其余年份冷链物流百家重点企业入围门槛保持逐年上升，表明冷链物流企业竞争越来越激烈，同时整体冷链物流企业不断发展壮大，企业营收水平逐年提升。

在新冠肺炎疫情以及其他因素的影响下，冷链物流发展热度进一步提升，但整体行业发展速度趋于理性，给行业同人带来了更多重新思考的机会。在此发展背景下，冷链物流百家重点企业中有 13 家企业出现收入负增长现象，其中最高降幅超过 50%。行业发展环境严峻，但大部分企业仍然在挑战中寻求新的发展机遇，冷链物流百家重点企业中有 87 家呈现出稳步提升的发展势头。

调研数据显示，企业收入呈现负增长主要是受疫情等突发事件所带来的消极影响。新冠肺炎疫情暴露出行业发展以及企业经营等一系列问题，如企业业务结构单一化以及抗风险能力相对较弱等。此次出现收入负增长的 13 家企业中，有多家企业反馈存在重点客户业务衰退或流失等情况，这也再次暴露出群体以及业务结构单一所带来的发展隐患。

根据调查数据发现，2020 年中国冷链物流百家重点企业收入实现增长的三大核心原因分别是：业务体量增长、业务范围扩大、市场需求旺盛。

这也可以梳理出冷链物流企业实现可持续发展以及提升抗风险能力的两大重要途径：一是横向突破，开拓新业务市场，业务范围向冷链产业上下游环节延展，提升客户业务黏性；二是纵向延伸，通过开发新网点和完善网络布局，提升冷链物流企业在单一业务市场的竞争力。

二、冷链物流行业人力资源供需分析

与飞速发展的市场规模相比，冷链物流行业各岗位人才呈现供不应求局面。新冠肺炎疫情的暴发放大了冷链物流行业专业人才紧缺和基础岗位招工难的现象。专业型人才紧缺和基础岗位员工储备不足正在逐渐成为制约我国冷链物流快速发展的瓶颈之一。

为了缓解冷链物流用工难问题，推动冷链物流向专业化方向发展，《“十四五”冷链物流发展规划》明确提出“完善专业人才培养体系”和“健全专业技能培养培训模式”，鼓励高等院校、企业、行业协会等多种主体深化合作，完善冷链专业型人才梯队建设。

（一）人才需求缺口

中物联冷链委对冷链物流行业人力资源供需情况进行深入分析。为了全面展现2021年国内冷链物流市场人才供需格局，中物联冷链委研究团队对国内冷链物流行业人才需求数据进行收集分析，其中，样本企业共8073家，清洗整理后得到人才需求数据21446条。样本企业人员规模分布如图1－14所示。

存在用工缺口的冷链物流相关企业多为中小型规模，其中，人员规模为100～499人的样本企业数量占比最多，达到27%；人员规模为20～99人的样本企业有1939家，占比达到24%；人员规模为0～20人的样本企业有1129家，占比达到14%；人员规模超过1000人的样本企业数量占比为15%。整体来看，目前冷链物流相关企业中存在大量的人才需求，尤其是以中小型企业为代表。

除此之外，收集得到的人才需求信息中存在一个非常明显的趋势：岗位对于知识和技术水平的要求在不断提高。样本企业招聘的学历需求分布如图1－15所示。

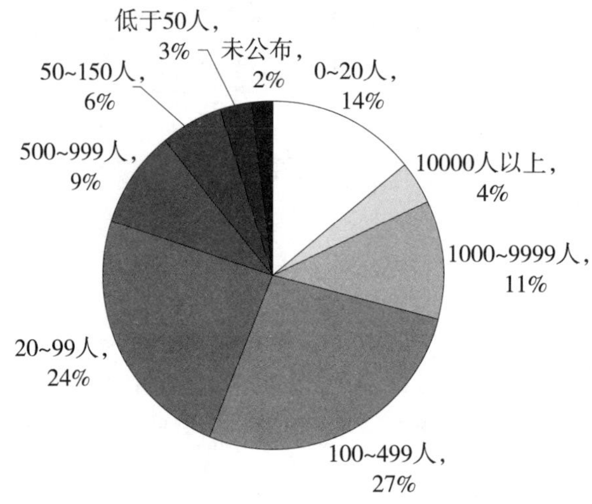

图1－14　样本企业人员规模分布

资料来源：中物联冷链委。

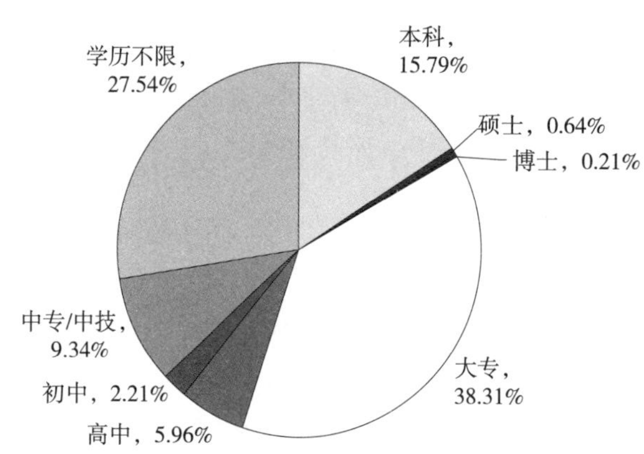

图1－15　样本企业招聘的学历需求分布

资料来源：中物联冷链委。

从图1－15可以看出，2021年在招的所有岗位中，对于学历要求普遍较为明确。其中，学历要求为大专的岗位数量最多，共有8215个，占比为38.31%；学历不限的岗位有5906个，占总需求的27.54%；学历要求为本科的岗位有3387个，占比为15.79%；学历要求为硕士的岗位有138个，占总需求的0.64%；学历要求为博士的岗位有44个，占比为0.21%。未来随着冷链物流企业智能化和信息化程度不断提高，对于员工的技能和知识水平将会提出更高的要求。招聘岗位对工作经验的要求如图1－16所示。

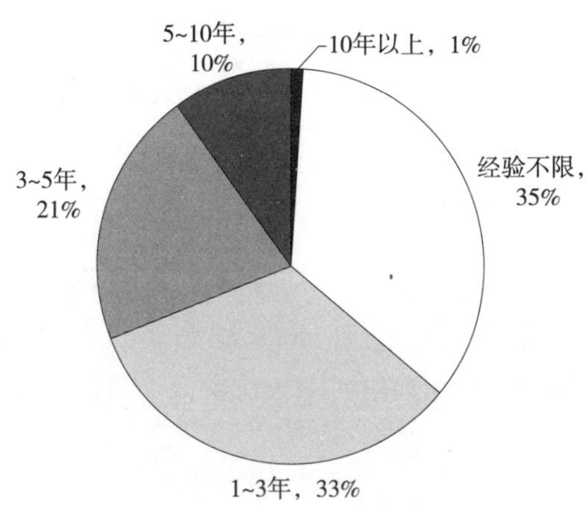

图 1－16　招聘岗位对工作经验的要求

资料来源：中物联冷链委。

从工作经历来看，2021 年冷链物流相关岗位对工作经验的要求不高。工作经验要求 1～3 年的岗位有 7127 个，占比为 33%；经验不限的岗位有 7506 个，占比为 35%；工作经验要求 5 年以上的岗位有 2320 个，占比仅为 11%。总体来看，多数冷链物流相关岗位对工作经验的要求较低。一方面，这体现出了冷链物流行业对人才需求的缺口较大；另一方面，这也侧面反映出了经验丰富、具备成熟知识技能水平的冷链物流专业人才仍然较为稀缺。技能经验与岗位需求金字塔如图 1－17 所示。

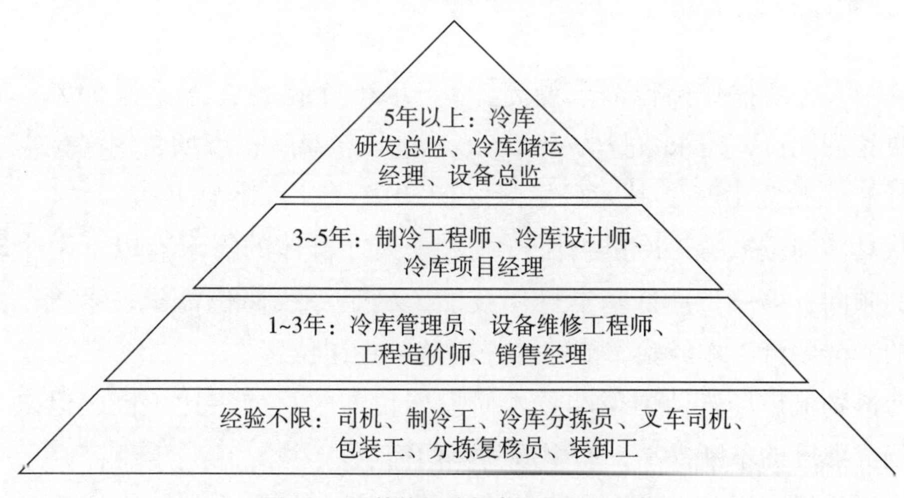

图 1－17　技能经验与岗位需求金字塔

资料来源：中物联冷链委。

参考全国物流职业教育教学指导委员会的分类原则，按照生产与流通环节来看，冷链物流行业的技术技能岗位主要包括冷链采购、冷链运营、冷库管理、冷链运输、质量管理、物流信息管理及流程优化等岗位；按照工作性质又可分为一线操作、市场营销、技术研发和行政管理岗位。中物联冷链委研究团队对收集得到的岗位需求信息进行分类整理，将冷库工、冷藏货运司机等划归为一线操作人员；将销售经理、招商专员、销售工程师、客户经理等划归为市场营销人员；将制冷设计师、能源应用研发人员、冷库设计师、结构设计师等划归为技术研发人员；将品控经理、仓储经理、财务负责人等划归为行政管理人员。2021 年冷链物流行业不同岗位需求如图 1 – 18 所示。

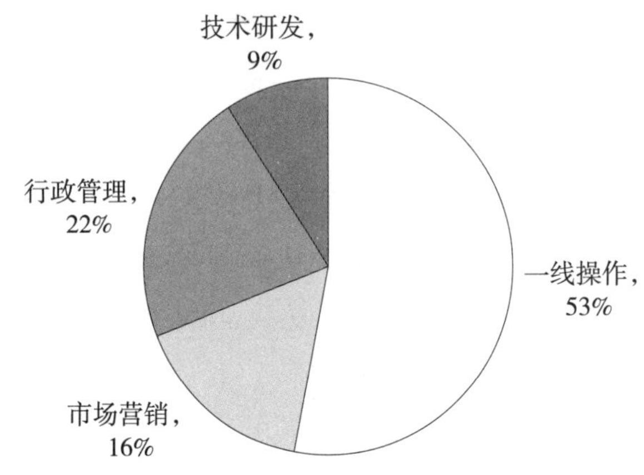

图 1 – 18　2021 年冷链物流行业不同岗位需求

资料来源：中物联冷链委。

其中，一线操作岗位需求最高，有 11436 个岗位，占比为 53%；其次是行政管理岗位，需求数量为 4677 个，占比为 22%；市场营销岗位需求为 3314 个，占比为 16%；技术研发岗位有 2019 个，占比为 9%。

从具体岗位来看，冷链物流行业对于人才群体的需求有以下两个较为明显的倾向：第一，具备基本操作技能，满足一线岗位需求；第二，具备丰富的冷链物流工作经验，能够胜任团队管理岗位。

冷链物流市场营销岗位和技术研发岗位需求目前占比不高，但未来随着市场成熟度的不断提高，有望成为热门需求。

在一线操作岗位需求中，冷链物流司机需求岗位数量有 1883 个，占比最多。2021 年，各地冷库受到新冠肺炎疫情零星散发态势的影响，导致一线操作人员尤其是冷藏货运司机缺口巨大，冷链物流出现“用工荒”和“招工难”现象。2021 年国内部分城市冷链人才需求情况如表 1 – 3 所示。

2021 年国内部分城市招聘需求量如图 1－19 所示。

表 1－3　　2021 年国内部分城市冷链人才需求情况　　单位：个

城市	招聘岗位数
北京市	1377
上海市	1948
广州市	1183
深圳市	814
天津市	419
杭州市	527
南京市	463
济南市	537
重庆市	263
长春市	107
石家庄市	187
太原市	112
呼和浩特市	56
沈阳市	350
哈尔滨市	191
合肥市	416
福州市	384
南昌市	229
郑州市	529
武汉市	583
长沙市	405
南宁市	169
海口市	86
成都市	653
贵阳市	98
拉萨市	14
西安市	211
兰州市	138
西宁市	24
银川市	60
乌鲁木齐市	70

续 表

城市	招聘岗位数
台北市	1
青岛市	539
苏州市	542
东莞市	397
佛山市	305
宁波市	158
厦门市	261

资料来源：中物联冷链委。

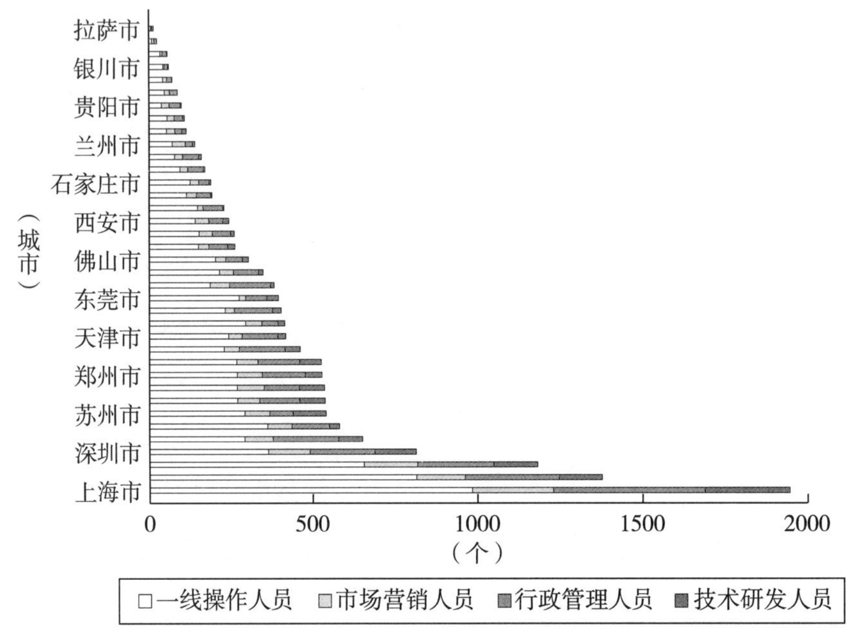

图1－19　2021年国内部分城市招聘需求量

资料来源：中物联冷链委。

此外，国内冷链物流人才需求呈现地区分布不均的局面，需求岗位多集中在北京、上海、广州、深圳等大中城市群。这些城市消费水平较高，冷链物流需求量较大，因此冷链物流产业相对集中。其他城市也存在较高的人才需求，比如：济南、合肥、郑州、武汉、成都、青岛、苏州等地。一方面，这些城市多为大中型城市和省会城市，经济相对处于较为发达水平，冷链物流人才需求旺盛；另一方面，这种区域间人才需求差异格局与冷链物流重点企业分布的区域间差异基本保持一致，综合反映出区域间冷链物流发展水平存在不均衡。

（1）按学历/工作经验划分的行业薪酬水平与岗位需求量。

按学历划分的行业薪酬水平与岗位需求量如表 1 –4 所示。

表 1 –4　　按学历划分的行业薪酬水平与岗位需求量

岗位学历要求	平均薪资水平（元/月）	岗位需求量（个）
不限	6808.53	5906
中专/中技	5300.80	2004
初中	5742.00	474
高中	5741.35	1278
大专	8662.43	8215
本科	9877.47	3387
硕士	11985.40	138
博士	19795.45	44

资料来源：中物联冷链委。

从学历要求与薪酬水平的交叉分析来看，学历要求为硕士、博士的岗位平均月薪为 11900 元至 19795 元。学历要求从高中至大专、本科之间存在分水岭，平均月薪差距接近 3000 元。按工作经验划分的行业薪酬水平与岗位需求量如表 1 –5 所示。

表 1 –5　　按工作经验划分的行业薪酬水平与岗位需求量

岗位工作经验要求	平均薪资水平（元/月）	岗位需求量（个）
不限	6411.45	7506
1～3 年	6282.72	7127
3～5 年	10245.73	4493
5～10 年	11800.69	2032
10 年以上	17652.78	288

资料来源：中物联冷链委。

从工作经验要求与薪酬水平的交叉分析来看，其他岗位的经验要求与薪酬水平呈较为明显的正相关关系。3 年与 10 年工作经验是两个明显的分水岭，其前后的薪酬水平存在较大的差距。

（2）按地域划分的行业薪酬水平与岗位需求量。

①京津冀地区。

京津冀地区共有岗位需求数据 2461 条，提供的冷链物流岗位平均月薪超过 8587.54 元。

北京市的冷链物流岗位需求共有 1377 个。其中，一线操作岗位 815 个，市场营销岗位 148 个，行政管理岗位 285 个，技术研发岗位 129 个。从薪酬水平来看，北京市冷链物流一线操作岗位的平均月薪为 7891.65 元，市场营销岗位的平均月薪为 9054.05 元，行政管理岗位的平均月薪为 13348.75 元，技术研发岗位的平均月薪为 11921.26 元。

天津市的冷链物流岗位需求共有 419 个。其中，一线操作岗位 243 个，市场营销岗位 42 个，行政管理岗位 110 个，技术研发岗位 24 个。从薪酬水平来看，天津市冷链物流一线操作岗位的平均月薪为 5493.83 元，市场营销岗位的平均月薪为 8142.86 元，行政管理岗位的平均月薪为 9045.45 元，技术研发岗位的平均月薪为 10833.33 元。

河北省的冷链物流岗位需求共有 665 个。其中，一线操作岗位 412 个，市场营销岗位 107 个，行政管理岗位 121 个，技术研发岗位 25 个。从薪酬水平来看，河北省内的冷链物流人员需求中，一线操作岗位的平均月薪为 7015.22 元，市场营销岗位的平均月薪为 7018.69 元，行政管理岗位的平均月薪为 10638.66 元，技术研发岗位的平均月薪为 6520 元。

②长三角地区。

长三角地区（上海市、江苏省、浙江省、安徽省）共有冷链物流岗位需求 5518 个，提供的冷链物流岗位平均月薪超过 8336.39 元。

上海市的冷链物流岗位需求共有 1948 个。其中，一线操作岗位 985 个，市场营销岗位 245 个，行政管理岗位 461 个，技术研发岗位 257 个。从薪酬水平来看，上海市冷链物流一线操作岗位的平均月薪为 7172.23 元，市场营销岗位的平均月薪为 9337.45 元，行政管理岗位的平均月薪超过 13008.77 元，技术研发岗位的平均月薪达到 11073.93 元。

江苏省的冷链物流岗位需求共有 1803 个。其中，一线操作岗位 917 个，市场营销岗位 227 个，行政管理岗位 355 个，技术研发岗位 304 个。从薪酬水平来看，江苏省冷链物流一线操作岗位的平均月薪为 6037.32 元，市场营销岗位的平均月薪超过 7766.52 元，行政管理岗位的平均月薪超过 10767.71 元，技术研发岗位的平均月薪超过 7979.93 元。

浙江省的冷链物流岗位需求共有 1077 个。其中，一线操作岗位 544 个，市场营销岗位 146 个，行政管理岗位 282 个，技术研发岗位 105 个。从薪酬水平来看，浙江省冷链物流一线操作岗位的平均月薪为7069.42元，市场营销岗位的平均月薪为8381.94元，行政管理岗位的平均月薪超过11216.31元，技术研发岗位的平均月薪超过8019.05元。

安徽省的冷链物流岗位需求共有690个。其中，一线操作岗位397个，市场营销岗位144个，行政管理岗位104个，技术研发岗位45个。从薪酬水平来看，安徽省冷链物流一线操作岗位的平均月薪超过5458.44元，市场营销岗位的平均月薪超过6756.94元，行政管理岗位的平均月薪超过16115.38元，技术研发岗位的平均月薪超过7466.67元。

③珠三角地区。

2021年广东省共释放了3243个冷链物流岗位需求，平均月薪超过7912.87元。其中，广州市岗位需求有1183个，深圳市岗位需求有814个，其他地市共有岗位需求1246个。

广州市的冷链物流岗位需求共有1183个。其中，一线操作岗位657个，市场营销岗位161个，行政管理岗位232个，技术研发岗位133个。从薪酬水平来看，广州市冷链物流一线操作岗位的平均月薪超过6616.56元，市场营销岗位的平均月薪为8662.5元，行政管理岗位的平均月薪超过11056.03元，技术研发岗位的平均月薪超过8560.60元。

深圳市的冷链物流岗位需求共有814个。其中，一线操作岗位366个，市场营销岗位126个，行政管理岗位198个，技术研发岗位124个。从薪酬水平来看，深圳市冷链物流一线操作岗位的平均月薪超过6910.36元，市场营销岗位的平均月薪为9008.20元，行政管理岗位的平均月薪为14031.41元，技术研发岗位的平均月薪超过12427.42元。

除了广州市和深圳市外，广东省内其他地市共有冷链物流岗位需求1246个。其中，一线操作岗位805个，市场营销岗位114个，行政管理岗位230个，技术研发岗位97个。从薪酬水平来看，一线操作岗位的平均月薪超过5619.17元，市场营销岗位的平均月薪超过6419.23元，行政管理岗位的平均月薪为9548.25元，技术研发岗位的平均月薪超过8061.86元。

④成渝经济圈。

2021年四川和重庆地区的冷链物流岗位需求超过1145个，地区岗位平均月薪超过7712.03元。其中，成都的冷链物流岗位需求有653个，重庆的冷链物流岗位需求有263个。

具体来看，成都的一线操作岗位 293 个，市场营销岗位 87 个，行政管理岗位 200 个，技术研发岗位 73 个。从薪酬水平来看，一线操作岗位的平均月薪为 5339. 10 元，市场营销岗位的平均月薪为 6344. 82 元，行政管理岗位的平均月薪为 10740 元，技术研发岗位的平均月薪超过 8986. 30 元。

重庆的一线操作岗位 149 个，市场营销岗位 32 个，行政管理岗位 59 个，技术研发岗位 23 个。从薪酬水平来看，一线操作岗位的平均月薪为 5610. 74 元，市场营销岗位的平均月薪为 8281. 25 元，行政管理岗位的平均月薪超过 9881. 36 元，技术研发岗位的平均月薪超过 7217. 39 元。

（二）冷链物流人才供给情况

教育部数据显示，2017—2019 年，高职冷链物流技术与管理专业的专业点数、招生数、在校生人数、毕业生人数逐年递增。中职冷链物流服务与管理专业于 2019 年正式开始招生，2020 年在校生人数为 540 人。2017—2019 年全国中、高职院校冷链物流行业相关专业培养情况如表 1 –6 所示。

表 1 –6　2017—2019 年全国中、高职院校冷链物流行业相关专业培养情况

年份	数据名称	中职		高职		合计
		冷链物流服务与管理	物流服务与管理	冷链物流技术与管理	物流管理	
2017	专业点数	0	617	8	924	1549
	招生数	0	31172	272	59866	91310
	在校生人数	0	88905	553	203307	292765
	毕业生人数	0	29110	173	69619	98902
2018	专业点数	0	596	12	912	1520
	招生数	0	30135	250	57675	88060
	在校生人数	0	85622	701	190899	277222
	毕业生人数	0	29695	89	71892	101676
2019	专业点数	1	560	15	900	1476
	招生数	44	28534	552	72567	101697
	在校生人数	44	82882	1047	197790	281763
	毕业生人数	0	27049	180	65846	93075

资料来源：教育部发展规划司、全国物流职业教育教学指导委员会。

全国物流职业教育教学指导委员会调研数据显示，2017 年全国开设冷链物流技术与管理专业的三所院校共有毕业生 173 人，就业率为 84.6%，就业对口率为 59.6%；2018 年共有 6 所院校的毕业生 89 人，就业率为 89.5%，就业对口率为 63.3%；2019 年共有 16 所院校的毕业生 180 人，就业率为 91.8%，就业对口率为 65.1%。毕业生逐年增加，三年平均就业率达到 88.6%，但是对口率偏低。毕业生转行的主要原因包括冷链物流相关岗位的工作地点偏远、低温工作环境较差、薪资待遇低和工作压力大等。

冷链物流类专业应届毕业生人数逐年递增，但是远远无法满足快速上升的冷链物流岗位需求。这就意味着，现有的中高职专业培养规模供不应求，冷链物流行业存在巨大的人才供需缺口。为了持续推动企业发展，冷链物流企业不得不依靠社会招聘来满足岗位需求，这无形中增加了企业的培训成本和用工成本。

（三）结论与展望

（1）专业型人才需求大。

与我国冷链物流飞速发展形成鲜明对比的是，冷链物流人才的缺口巨大。行业发展离不开人才的支撑，未来专业型人才的缺乏可能会成为制约冷链物流发展的一大瓶颈。通过调研结果可以比较清楚地看到，目前市场上冷链物流企业在招聘相关岗位时并未对冷链物流技能与经验有严格要求，这不意味着冷链物流企业不需要技术与经验并存的专业型人才，而是市场上同时具备这些条件的人才数量远远无法满足企业的需求量，因此冷链物流企业只能选择降低标准，通过增加人员培训成本来满足岗位需求。

（2）基础岗位“招人难”。

与专业型人才相比，分拣、司机等一线操作岗位是支撑冷链物流企业正常运作的基础力量，因此企业对这些基础岗位需求量最大。同时这些岗位具有操作难度低、需求量大等特性。随着冷链物流企业快速发展，对基础人员岗位的需求也在不断扩大，但受到新冠肺炎疫情等复杂因素的影响，大量劳动力对冷链物流操作岗位兴趣不大，导致冷链物流企业基础岗位面临“用工荒”现象。

（3）地域差异较大。

北京、上海等地由于经济较为发达、冷链物流起步较早，冷链物流企业较多，因此冷链物流人才需求量大。在人才需求结构中，对基础岗位的需求比重较小，而对市场营销、行政管理和技术研发岗位的需求比重相对较高。而在我国多数内陆城市，由于冷链物流市场发展相对滞缓，对于冷链物流人才的需求结构较为单一，基础岗位人员需求占比较高。且不同城市对冷链物流人才的薪酬水平、技能要求和经验要求也存在较大差异，总体与我国冷链物流行业发展面临的“东多西少”格局相一致，这也是影响我国冷链物流发展的重要因素。

第四节　冷链物流行业现状、问题与发展趋势

一、冷链物流行业现状

2021 年冷链物流行业总体呈现出以下发展特点。

（一）冷链发展蓝图绘就

中共十九届六中全会强调“立足新发展阶段、贯彻新发展理念、构建新发展格局、推动高质量发展”。冷链物流已经逐渐向智能化、科技化、自动化方向转型升级，企业开始加大冷链物流技术方面的资源投入。据中物联冷链委不完全统计，2021 年国家层面出台冷链相关政策规划超过 68 项，地方层面出台冷链相关政策超过 581 项。《“十四五”冷链物流发展规划》是首次由国务院办公厅发文公布的冷链物流发展规划，也是指导我国“十四五”时期冷链物流发展的顶层设计，充分彰显了党和国家在新时代背景下对冷链物流的高度重视，是冷链物流政策环境持续优化的重要标志，推动我国冷链物流行业迈入高质量发展阶段。通过系统梳理可以发现，2021 年冷链政策存在以下几个比较明显的趋势。第一是政府支持力度加大。作为“十四五”开局之年，2021 年国家对冷链行业的政策关注度持续提升，行业发展政策红利进一步释放，尤其是国务院办公厅发布《“十四五”冷链物流发展规划》，更是将冷链物流建设上升到了国家层面。第二是冷链基础设施建设支持力度加大。2021 年，国家冷链政策对冷库、冷藏车、仓储保鲜设施等基础设施高度关注，超过 31 项政策强调冷链基础设施建设。第三

是冷链绿色环保发展。2021 年，国家陆续发布冷链环保相关政策 8 项，尤其是倡导建立可循环物流周转箱体系和完善粮食绿色仓储体系。第四是产地端冷链体系建设。2021 年，冷链政策对农产品产地基础设施建设提出了更高的要求，尤其是将农村冷链物流体系建设作为巩固脱贫攻坚成果、推动乡村振兴的重要举措之一。第五是严把疫情防控关。面临新冠肺炎疫情的复杂形势，国家政策对进出口冷链食品安全和疫情防控提出了更高的要求，国家市场监管总局等部门推动建设冷链食品信息追溯平台。第六是区域冷链物流建设。多地陆续出台相关政策，依托国家骨干冷链物流基地建设等重大发展战略打造区域性冷链物流集散中心。

（二）国际标准中国起航

为了打造温控冷藏配送服务的国际标准，国际标准化组织 ISO 于 2018 年 1 月批准成立 ISO/PC 315，开展《间接温控冷藏配送服务：具有中间转移的冷藏包裹陆上运输》国际标准的研制工作。中物联冷链委代表中国参与了标准的起草，并多次参加世界性研讨会，分享中国冷链物流标准化现状。此项标准已于 2020 年 5 月由 ISO 正式发布，其标准号为 ISO 23412：2020，由中国、日本、英国、法国、德国等 20 个国家共同参与起草。借此契机，ISO 于 2021 年 1 月，正式成立“国际标准化组织冷链物流技术委员会（ISO/TC 315）”（简称“ISO/TC 315”），负责冷链物流国际标准化工作。中国物流与采购联合会已于 5 月成为其国内技术对口单位，并推动首个中国主导制定的《无接触式冷链物流服务要求》国际标准的成功立项。同时，中物联冷链委秘书长秦玉鸣担任 ISO/TC 315/AHG2 召集人，推动冷链物流术语的研究工作，自 7 月起，连续召开 10 余次线上会议，此任务组计划于 2022 年年初提出冷链物流术语国际标准提案。冷链物流国际标准化水平不断提升，从参与《间接温控冷藏配送服务：具有中间转移的冷藏包裹陆上运输》国际标准的制定，再到 ISO/TC 315 的建立，我国在冷链国际标准制定中发挥着越来越重要的作用，在国际上展现中国冷链物流领域内的技术能力和标准化水平。

（三）行业发展热潮不减

伴随着社会经济的不断发展以及居民生活水平的持续提升，生鲜食品市场规模持续稳步增长。2021 年全年我国社会消费品零售总额达到 440823 亿元，比上年同期增长 12.5%。其中，在实物商品网上零售额中，吃类和用类商品零售额增速较快，分别增长 17.8%和 12.5%，居民消费需求得到持续释放。随着城乡居民消费水平和消费能力不断提高，冷链物流的需求持续旺盛。自 2010 年起，我国冷链物流市场需求开始逐步扩大，冷链物流总体呈现健康、快速、稳定的发展态势，基础设施规模进一步增加，设施建设更趋理性，冷链物流体系不断完善，行业发展模式日趋多元化。2021 年，经初步测算我国食品冷链物流需求总量将达 3.02 亿吨，比 2020 年增长 3727 万吨，同比增长 13.96%。十年间，我国食品冷链物流需求总量增幅超过了 300%。2021 年，冷链物流市场规模突破 4586 亿元，同比增长 19.65%。伴随着国家陆续出台支持冷链物流发展的相关政策，包括冷藏车、冷库在内的冷链物流基础设施得到完善，冷链产业成为健全城乡双向流通体系、推动乡村振兴和共同富裕的重要抓手。2021 年，国内冷库总容量突破 1.96 亿立方米，冷藏车保有量超过 34 万辆。在冷链新基建政策逐步深入的发展背景下，冷链物流两端及流通环节的各类基础设施及服务体系进一步完善，未来冷链基建的投资建设还需谨慎考虑，避免出现建设过热等现象，造成资源浪费。

（四）绿色冷链未来已来

2020 年 9 月，在第七十五届联合国大会一般性辩论上的讲话中，习近平总书记首次提出要在 2030 年前实现碳达峰，2060 年前实现碳中和的目标与承诺。2021 年 10 月 14 日至 16 日，第二届联合国全球可持续交通大会在北京召开。会上习近平总书记强调，要大力发展智慧交通和智慧物流，推动大数据、互联网、人工智能、区块链等新技术与交通行业深度融合，使人享其行、物畅其流。中国交通把推动绿色低碳转型作为可持续交通发展的战略性任务，追求以最少资源投入、最小环境代价，最大限度满足社会经济发展和人民出行需要，为建设美丽中国贡献力量。绿色冷链不仅是经济与社会发展的客观要求，也是物流发展的必然选择。进入 2021 年，更多的冷链物流企业将绿色环保作为自身发展的核心战略之一，并在此领域进一步深耕和探索。例如，在产品的低温储藏、配送、运输过程中采用共同配送、科学管理等方式提高运输效率，降低环境污染；通过新技术降低冷库、冷藏车的能量消耗、噪声污染，提高周转率、装载率等。绿色冷链是绿色物流的一部分，是未来冷链技术的新趋势。绿色冷链对企业来讲，关键的一点是采用先进的技术和设备，提高核心竞争力。社会进步进一步推动了绿色冷链的发展。世界各国普及环境教育和人民环保意识的不断提高，为实现绿色冷链创造了发展基本条件。

二、冷链物流存在的问题和难点

冷链物流贯穿第一、第二、第三产业，连接生产端与消费端，发展潜力及空间巨大。但长期以来，国内冷链物流仍然面临诸多困境，具体问题体现如下所示。

（一）疫情风暴依旧严峻

新冠肺炎疫情防控常态化背景下，冷链物流行业将会持续遭遇疫情冲击。冷链信息溯源、冷链消杀、进口集中监管等问题热度持续，储运成本上升、管理复杂度提高等正在影响冷链物流行业的发展路径，这也意味着在未来较长一段时期内，更加严格的标准规范、符合防控要求的技术装备和精细化的管理手段会成为冷链物流行业转型升级的必然要求。冷链产品安全保障和疫情防控强化是对于冷链物流提出的新要求，冷链产品的交付品质直接关系着人民群众的身体健康和生命安全。在 2021 年，由于进入疫情防控的常态化阶段，部分企业对于防控管理意识逐步淡化，最终造成了疫情触发以及大范围扩散传播事故，给国家的疫情防控工作带来了不良影响。当前，我国冷链物流“断链”“伪冷链”等问题突出，与此相关的产品质量安全隐患较多，特别是新冠肺炎疫情发生以来，冷链物流承担着保障疫苗安全配送和食品稳定供应的艰巨任务。这就要求提高冷链物流专业服务和应急处置能力，规范市场运行秩序，完善全程追溯体系，更好地满足城乡居民消费安全需要。

（二）实施政策翘首“企”盼

2021 年，诸多冷链物流发展规划及管控等政策、标准文件相继出台，进一步推动行业正轨发展，同时也让冷链物流企业看到了未来发展的希望。但与此同时，面对行业发展的顶层设计，企业更加关注各项政策、标准如何实际落地执行。对于此问题，具体体现在以下三个方面。一是各项规划文件是否有配套的行动计划作为支持。行动计划作为规划文件的重要实现路径，直接影响着业务一线的执行与操作。如果缺乏有效的行动计划支持，规划文件则更像是“空中楼阁”。二是行动计划是否符合规划文件及当地发展实际情况。脱离了实际业务场景以及规划目标导向，不仅无法实现预期成果，还会造成资源浪费，不利于行业的良性发展。三是行动计划是否可以切实落地执行。应确保有效的行动计划真正落地执行，各环节及各单位应切实按照要求操作，保证实际实施效用。因此，在顶层设计逐步完善的同时，有效的行动计划能否及时跟进和落实，将是未来发展需要重视的关键问题。

（三）技术应用需要从“口头”变为“手头”

随着科技的不断进步，新技术将为冷链物流赋予更高价值。伴随着“新基建”等相关政策落地实施，互联网、大数据、区块链等在物流专业领域逐步渗透，冷链物流全链条进一步实现技术赋能，逐步构建智能化冷链物流体系。面对冷链行业存在的痛点难点，企业转变发展理念，强化质量意识，依托智慧冷链、绿色冷链，助推冷链行业高质量发展。但在此过程中，部分投机者看到了冷链物流发展火热下的机遇，将冷链“智能化”发展作为一种企业发展的口号，却并未将真正的技术应用到实处。所谓技术赋能，并非简单地搭建系统或是单纯地使用自动化设备。其发展的根本，应该是在于将合适的技术应用在恰当的环节，通过技术手段，实现提升全链运作效率、降低全链运作成本的核心目标。就目前而言，多数冷链企业没有建设冷链物流资源交易运营平台或者管理系统，冷链数据的动态采集、处理及决策分析功能缺失。冷库、冷藏车等基础设施的自动化、智能化程度不高，冷链物流企业对技术研发的投入力度有待增强。

（四）支持体系底气不足

我国冷链物流市场发展时间较短，虽然近年来保持 14% 以上的增速，但市场标准化及企业合规经营尚不规范，尤其是冷链运输市场的“劣币驱逐良币”现象依然存在，对企业经营带来较大困扰。国家层面的逐步深化介入，也在进一步提升行业规划及管理水平，树立行业标杆，建立行业规范，推动冷链物流行业逐步趋于正轨。同时，目前冷链物流行业人才缺口较大，一线操作员工、中层管理人员、专业技术人员以及高级管理人员均存在缺口。受新冠肺炎疫情影响，冷链物流的疫情防控始终是社会关注的热点问题之一。冷链物流从业人员存在一定的工作压力，一线操作岗位尤其是运输司机出现招工困难等问题。此外，随着冷链物流信息化和自动化水平的不断提高，国内冷链物流专业人才储备不足的问题也日益凸显。据不完全统计，目前全国开设“冷链物流技术与管理专业”的院校仅有 10 所，大数据分析显示，2019—2020 年，以上 10 所高校冷链物流技术与管理专业毕业生人数与头部冷链物流企业冷链岗位招聘量的供需比为 1∶4，具备全链设计能力的专业人才更是严重匮乏，冷链相关领域的创新活力呈现回落趋势。

三、冷链物流行业发展趋势

（一）“实施指南”将成为 2022 年度政策主线

伴随着《“十四五”冷链物流发展规划》的正式发布，2022 年已成为明确行动方向及方式的关键之年。明确将国家骨干冷链物流基地和产销冷链集配中心建设作为现代冷链物流体系的重要支撑。加快形成高效衔接的三级冷链物流节点设施网络，发挥国家骨干冷链物流基地、产销冷链集配中心的基础性作用，打造“三级节点、两大系统、一体化网络”融合联动的“321”冷链物流运行体系，构建起连接各城市群与重要主产区的“四横四纵”国家冷链物流骨干通道网络。在此背景下，2022 年整体政策内容势必将围绕各板块具体实施及管控指南等重点领域展开。同时，各区域也将围绕国家整体规划，确定各地方发展方向及实施路径。综上所述，“推动‘十四五’冷链物流发展规划落地的具体举措”（以下简称实施指南）将成为冷链物流行业政策主线，各地如何落地推动，也将在 2022 年进一步清晰。伴随着国家相关政策、标准的相继出台，行业发展标准及监管要求日益提升，加之“国家队”及“行业大鳄”的入局，也将进一步推动冷链物流行业的正规化发展，“劣币驱除良币”的情况也将逐步得到缓解。在未来，正规化经营的企业将会得到更为广阔的发展空间，而反之，不符合行业标准的企业也将逐步被市场所淘汰。

（二）技术赋能继续深化延展

互联网时代的科技创新日新月异，5G、大数据、云计算、区块链、人工智能等新技术正在深刻地改变着冷链物流行业，在“十三五”时期，数字化、标准化、绿色化的冷链物流基础设施装备研发应用加快推进，新型保鲜制冷、节能环保等技术加速应用。冷链物流追溯监管平台功能持续完善，冷链快递、冷链共同配送、“生鲜电商 + 冷链宅配”“中央厨房 + 食材冷链配送”等新业态新模式日益普及，冷链物流跨界整合和集成创新能力显著提升。科技创新的力量正在推动冷链物流摆脱传统的运行方式，向智能化、科技化、自动化方向转型升级，智慧化、无人化催生“新基建”热潮方兴未艾，冷链物流全链条进一步实现科技赋能，将强力推动行业驶入高质量发展快车道。随着科技的不断进步，新技术将为冷链物流赋予更高价值。应加强智能分拣、智能温控等冷链智慧技术装备应用，推动物联网、区块链等技术在冷链物流领域的广泛应用。鼓励冷链企业加大绿色装备研发投入和基础设施改造，为实现“碳达峰、碳中和”目标作出重要贡献。同时，“粗犷式”的管理模式在竞争压力日趋激烈的当下已成为过去式，越来越多的冷链物流企业开始进行精益化管理转型。从企业自身运营及管理模式，再到各类资源及技术的投入应用等，都在向高质量发展迈进。“科学化”“技术化”“高效化”已成为现代冷链物流企业精益化管理的核心要点。同时，增强供应链管理能力，也将进一步提升企业的核心竞争力。

（三）冷链物流进入细分场景化发展阶段

近年来，生鲜电商、社区团购等新消费场景出现。这些新场景、新业态对冷链行业的格局将会带来全新的变化。我国已转向高质量发展阶段，产业加快迈向全球价值链中高端，现代农业、食品工业、医药产业、服务业全面升级，对高品质、精细化、个性化的冷链物流服务需求日益增长。“十四五”时期，随着城乡居民消费结构不断升级，超大规模市场潜力将加速释放，为冷链物流提高供给水平、适配新型消费、加快规模扩张奠定坚实基础，创造广阔空间。坚持实施更大范围、更宽领域、更深层次对外开放，特别是深入推进共建“一带一路”和推动构建面向全球的高标准自由贸易区网络，将进一步优化区域供应链环境，有效发挥我国超大规模市场优势，深化与相关国家贸易往来，扩大食品进出口规模，推动国内国际冷链物流标准接轨，借鉴推广先进冷链物流技术和管理经验，促进冷链物流高质量发展。围绕冷链物流形成“冷链 +”产业集聚新格局。依托“冷链 + 智能装备”“冷链 + 大数据”“冷链 + 智慧生活”，推进冷链物流产业走廊建设。鼓励冷链物流企业创新业态模式，优化供应链，延伸产业链，提升价值链。充分发挥冷链物流在服务经济发展和便利人民生活中的积极作用。在当下开放式的市场环境下，冷链物流企业必须进一步强化自身核心竞争力。而在这其中，专业化技能则是其发展的关键要素之一。企业通过对于行业认知的专业水平提升，进一步寻找核心痛点。企业提升自身专业水平，才可具备解决痛点问题的能力。此类持续改进的管理思维，也是建立在专业化水平不断提升的基础之上。因此，专业化企业在未来将更加具备创新及可持续性发展的能力。

（四）疫情防控仍是行业管控红线

冷链物流衔接生产消费、服务社会民生、保障消费安全的能力属性，对调节农产品跨季节供需、稳定市场供应、平抑价格波动、减少流通损耗等方面的作用越来越重要。特别是在抗击新冠肺炎疫情中，冷链物流对保障疫苗等医药产品的流通安全作出重要贡献，这些均证明了冷链物流的基础支撑作用会越来越显著。但是由于冷链物流操作的特殊性，对于疫情防控及消毒消杀工作的重要程度更为关键。虽然国内疫情逐步得到控制，但是国外疫情依旧严峻，并且国内疫情时有发生。因此，在未来的实际运营过程中，针对冷链货品的疫情防控工作依旧不可放松警惕。强化冷链食品（进口和国内）全链路追溯和监管，建立全链抽检监察机制，确保全链可控，针对重点品类及环节，实施重点监控，如一品一码等；明确冷链货品接收过程查验标准，确认各类所需材料及操作，保证货品均由正规渠道进入市场，且货品质量可以得到保障；加强规范各冷库企业和市场内的冷链消毒消杀工作，完善管理制度，必要时可引入专业公司托管；针对可疑或异常货品，应建立完备的隔离及处理流程，同时打造及时的信息传递通道，确保问题可在第一时间发现并得到有效控制；建立人员防疫监察制度，对于进出市场以及长期在市场内工作的人员，需做好定期检测、日常监测及流调监控等，降低人员传播扩散风险。

第二章　2021 年全国食品冷链需求情况分析

本章共分为六节，依次研究水果、蔬菜、肉类、水产品、乳制品、速冻食品六大品类的产量、消费、进出口贸易及产业结构等情况，分析了各品类的冷链物流需求趋势。

第一节　水果冷链需求情况分析

一、我国水果生产情况

近五年来，我国水果种植面积逐步扩大，水果总产量持续增加。根据国家统计局数据，2021 年我国水果总产量约为 2.93 亿吨，同比增长 5.02%。根据 2021 年我国水果产量和冷链流通率测算，2021 年全国水果冷链需求量达到 7618 万吨，同比增长 13.77%。2016—2021 年全国水果产量如图 2－1 所示。

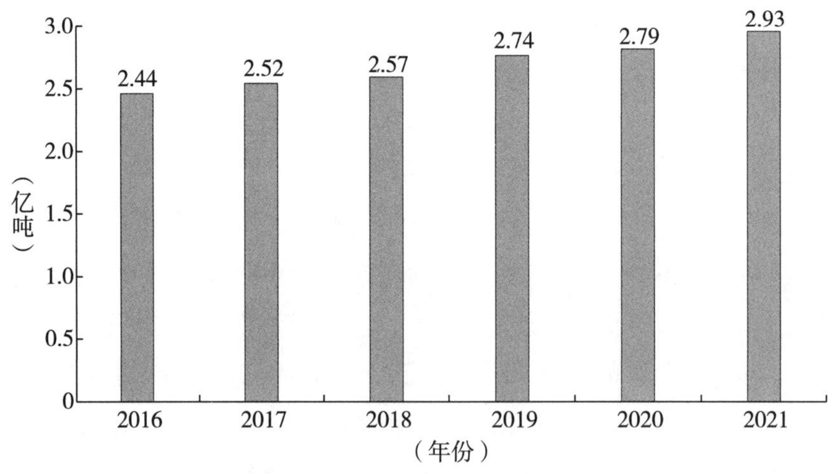

图 2－1　2016—2021 年全国水果产量

资料来源：国家统计局。

二、水果进出口情况分析

农业农村部和海关总署数据显示，2021 年我国水果进口量为 757.91 万吨，较上年增长 12.6%，进口额为 144.15 亿美元，同比增长 30.7%。水果出口量为 491.46 万吨，较上年减少 6.3%，出口额达到 75.10 亿美元，较上年减少 10.1%。

我国干鲜瓜果及坚果进口总量达 731 万吨，同比增长 11.8%，进口额为 152.2 亿美元，同比增长 30.7%；出口总量 361 万吨，同比下降 6.8%，出口额为 60.6 亿元，同比下降 11.3%。贸易逆差 91.6 亿美元，较 2020 年增加 93.6%。2021 年我国水果进口额分品类占比如图 2－2 所示。2021 年我国水果进口额分国家（地区）占比如图 2－3 所示。

2021 年，我国干鲜瓜果及坚果中进口额较高的水果品类是鲜榴梿和鲜樱桃，这两种水果的进口额占我国水果进口总额的 29% 和 15%。进口国家方面，进口额最大的国家（地区）是泰国，占比 49%，东盟五国（泰国、越南、菲律宾、柬埔寨、马来西亚）合计占比超过 60%。2022 年 1 月，《区域全面经济贸易协定》（RCEP）正式生效，未来我国与东盟的水果贸易往来将得到进一步扩大。

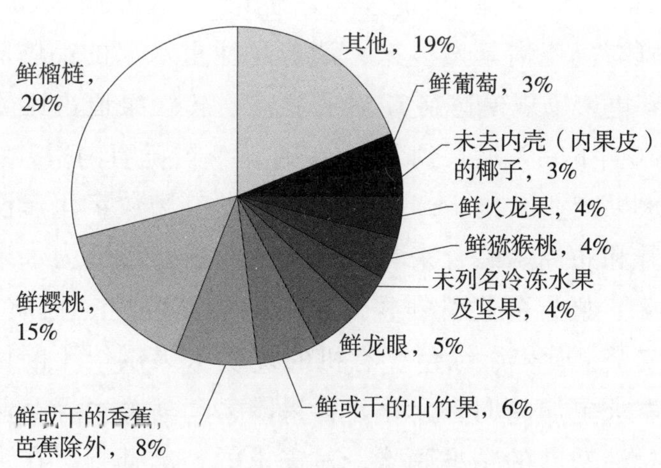

图 2－2　2021 年我国水果进口额分品类占比

资料来源：海关总署。

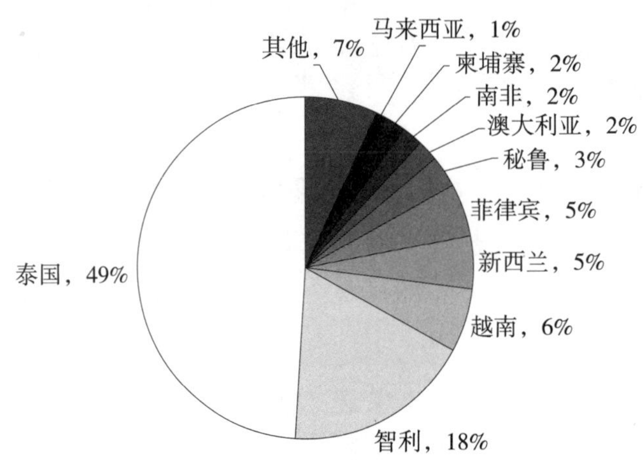

图 2－3　2021 年我国水果进口额分国家（地区）占比

资料来源：海关总署。

三、水果冷链需求分析

由于我国生鲜果蔬消费在地域分布、产品种类、消费层次各方面具有多样性，形成了批发商、农产品批发市场及大型专业化果蔬服务商并存的竞争局面，市场化程度较高。其中，批发商以个体经营为主，由于资金及管理能力等方面的限制，通常集中于某个区域或某类产品的采购销售，其市场份额逐渐被农产品批发市场及大型专业化果蔬服务商取代。而农产品批发市场及大型专业化果蔬服务商之间的竞争有相对集中的趋势，逐渐出现一些规模较大的企业。

此外，新冠肺炎疫情暴发以来，消费者注重水果的品牌和质量。2021 年，我国水果零售市场规模达到 1.28 万亿元，传统渠道占比 78%，线上零售占比则从 2016 年的 8% 增长到 2021 年的 22%。随着消费升级和线上消费的快速发展，水果产业结构、产品品质和批发市场数字化建设等方面将会得到进一步提升和布局。综合来看，高质量发展已经成为水果全产业链的主线。在供给端，龙头企业引领整体行业向着“稳产、提质、优化结构”的目标前进，安全、营养、绿色、有机的优质水果供给不断增加。在需求端，水果消费需求更加趋向多元化，百果园、盒马鲜生等企业通过大数据正在逐步实现对消费者的精准画像、对需求的精准捕捉。在水果供应链体系建设方面，前置仓、田间冷库等冷链物流基础设施日渐完善，水果的冷链流通率、冷藏运输率不断提升，流通腐损率显著降低，“从田间地头到餐桌”的全程质量追溯体系筋骨已具、羽翼渐丰。

第二节　蔬菜冷链需求情况分析

一、我国蔬菜生产情况

随着我国乡村振兴战略的不断深入，蔬菜产业已经成为广大农村地区的支柱型产业。依托各地的特色气候和生产条件，各类专业蔬菜种植基地层出不穷。2021 年我国蔬菜产量为 75000 万吨，根据 2021 年我国蔬菜产量和冷链流通率测算，2021 年我国蔬菜的冷链需求总量为 9000 万吨。2016—2021 年我国蔬菜产量如图 2 -4 所示。

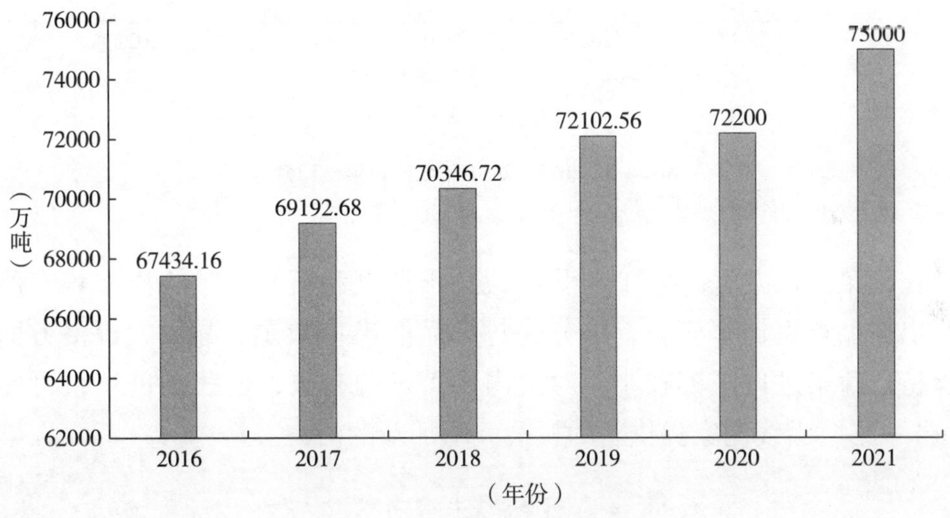

图 2 -4　2016—2021 年我国蔬菜产量

资料来源：农业农村部。

二、蔬菜出口情况分析

2021 年，在国内国外双循环和疫情散发的复杂形势下，我国蔬菜进出口产业发展相对平稳，蔬菜出口额与贸易顺差均比上年增加。农业农村部和海关总署数据显示，2021 年我国蔬菜进口量为 48. 57 万吨，较上年增长 4. 1%；蔬菜进口额为 12. 09 亿美元，较上年增长 16. 2%。2021 年我国蔬菜出口量达到 1111. 24 万吨，较上年减少 7. 3%，出口额为 157. 74 亿美元，较上年增长 32%。

根据海关总署数据，2021 年我国冷鲜或冷藏蔬菜出口量达到 590 万吨，同比下降 8.7%；冷鲜或冷藏蔬菜出口额为 59.6 亿美元，同比增长 3.29%。2017—2021 年我国蔬菜出口额如图 2－5 所示。

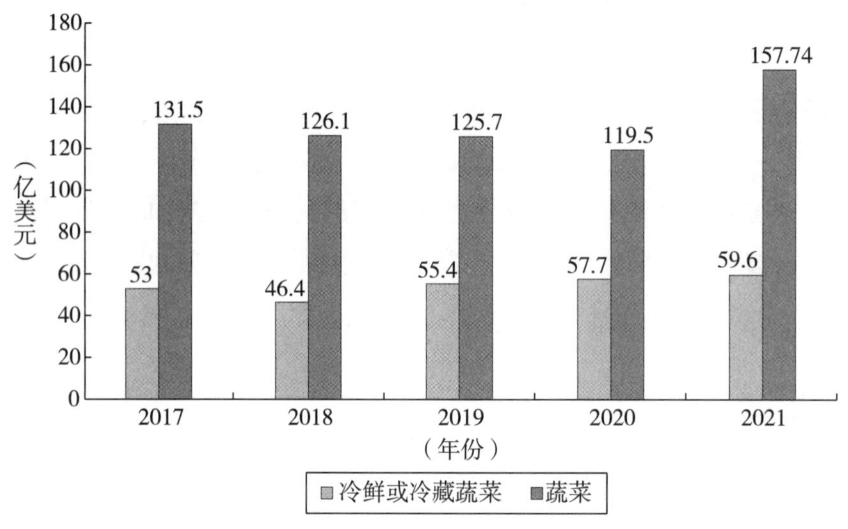

图 2－5　2017—2021 年我国蔬菜出口额

资料来源：农业农村部、海关总署。

在蔬菜出口方面，2021 年我国蔬菜出口额和贸易顺差均比上年有所增加。出口品类更加多样化，部分优势产品的出口数量、品质、价格方面得以保持。蔬菜进口规模较小，对国内供需影响有限，但蔬菜进口很可能给“一带一路”沿线国家提供新的机会，增加新的活力。

三、蔬菜冷链需求分析

近年来，我国蔬菜生产总体稳中有进，始终保持稳定增长势头。预计到 2025 年全国蔬菜产量可达 7.69 亿吨、到 2029 年可达 7.96 亿吨，年均增幅 1.2% 左右。当下消费者对蔬菜品质要求不断提高，也在间接推动着蔬菜冷链物流需求的扩大。蔬菜冷链物流发展面临以下两大趋势。

一是全渠道融合趋势。随着生鲜果蔬电商新消费模式的快速发展，蔬菜线上线下融合发展趋势明显，极大弥补了传统批发市场的不足。这种多渠道模式的发展也在影响着蔬菜冷链物流向网格化方向发展，产地仓、前置仓等终端节点冷链设施不断完善，解决蔬菜冷链物流“最先一公里”和“最后一公里”。

二是智能化、绿色化趋势。果蔬冷链物流智能化发展，即在高度信息化条件下，实现果蔬冷链各个环节的无缝衔接。绿色冷链包装盒在不同的果蔬品类中推广，形成一个完整的体系框架。

第三节　肉类冷链需求情况分析

一、我国肉类产量情况分析

根据国家统计局数据，2021 年我国猪牛羊禽肉产量 8887 万吨，比上年增长 16.3%。其中，猪肉产量 5296 万吨，增长 28.8%；牛肉产量 698 万吨，增长 3.7%；羊肉产量 514 万吨，增长 4.4%；禽肉产量 2380 万吨，增长 0.8%。[①] 禽蛋产量 3409 万吨，下降 1.7%。牛奶产量 3683 万吨，增长 7.1%。2021 年年末生猪存栏 44922 万头，比上年年末增长 10.5%；全年生猪出栏 67128 万头，比上年增长 27.4%。

根据 2021 年我国肉类产量和冷链流通率测算，2021 年我国肉类的冷链需求总量为 5421.07 万吨。2016—2021 年我国肉类产量如图 2－6 所示。2016—2021 年我国猪、羊、牛肉产量如图 2－7 所示。

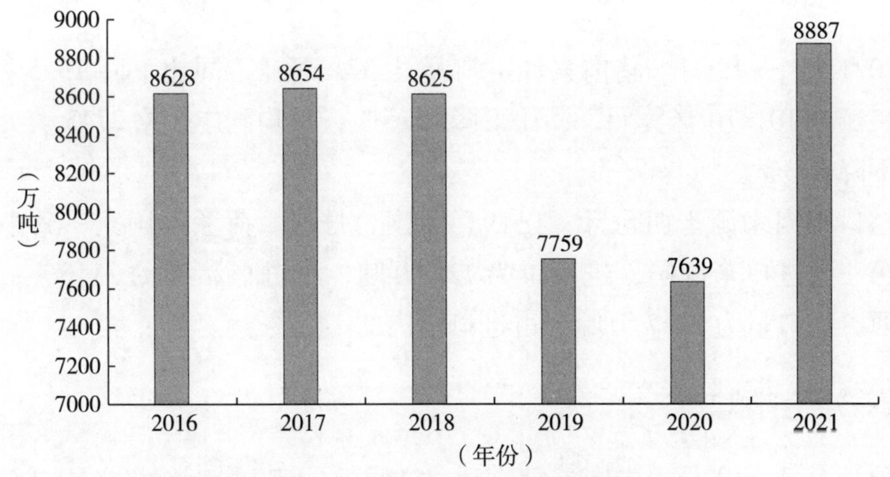

图 2－6　2016—2021 年我国肉类产量

资料来源：国家统计局。

---

① 数据存在四舍五入，未进行机械调整。全书同。

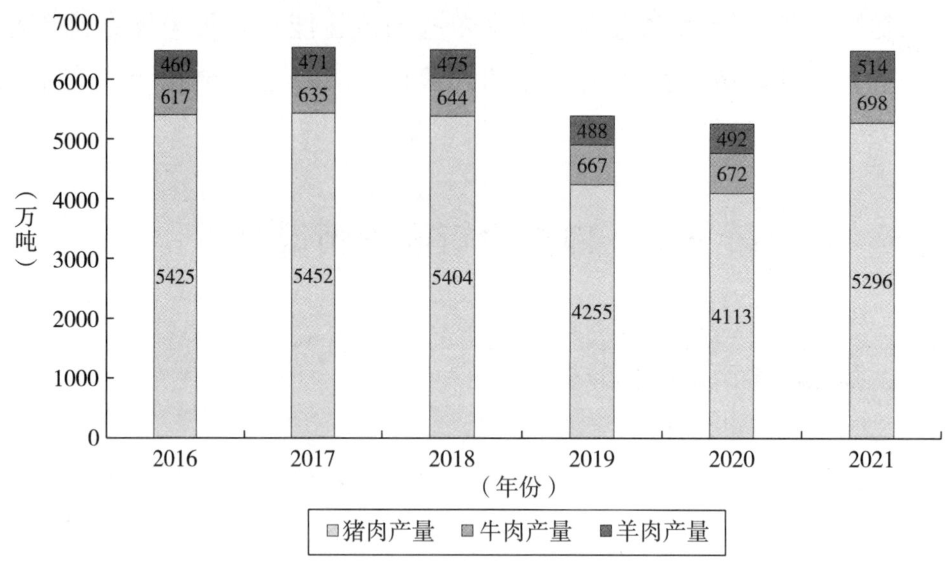

图 2－7　2016—2021 年我国猪、羊、牛肉产量

资料来源：国家统计局。

二、肉类进出口贸易分析

根据海关总署发布的数据，2021 年我国肉类（含杂碎）累计进口 938 万吨，同比下降 5.4%，累计进口额 321.57 亿美元，同比增长 4.6%。

（一）猪肉进口

2021 年 1—12 月，猪肉累计进口量达 371 万吨，同比下降 15.5%，累计进口额达 101.76 亿美元，同比下降 15.5%，平均到岸价格 2743 美元/吨，同比下降 6.3%。

进口猪肉来源于西班牙、巴西、美国、丹麦、荷兰等国家，其中西班牙是第一大进口来源国，进口量为 115 万吨，占进口猪肉的 31.0%；其次是巴西，进口量为 54.7 万吨，占进口猪肉的 14.7%。

（二）牛肉进口

2021 年 1—12 月，牛肉累计进口量为 233 万吨，同比增长 10.1%，累计进口额 124.89 亿美元，同比增长 22.7%。其中 12 月进口量为 21 万吨，同比下降 1.4%。

2021 年我国进口牛肉的省（市）共 30 个，其中，上海进口牛肉数量达

51.45 万吨，排名第一；山东以 41.17 万吨的进口量排名第二；天津和广东依次位列第三、第四位，进口量分别为 27.9 万吨、27.09 万吨。

（三）羊肉进口

2021 年 1—12 月，我国羊肉累计进口量达 41.06 万吨，同比增长 12.5%，累计进口额为 23.77 亿美元，同比增长 36.3%；其中 12 月进口量为 2.97 万吨，同比增长 3.6%。

分省（市）来看，2021 年，山东进口羊肉的进口额为 61752.9 万美元，占全国羊肉进口总额的 26.0%，占比最大；黑龙江进口羊肉的进口额为 38915.7 万美元，占全国羊肉进口总额的 16.4%；天津进口羊肉的进口额为 29680.0 万美元，占全国羊肉进口总额的 12.5%；辽宁进口羊肉的进口额为 25385.2 万美元，占全国羊肉进口总额的 10.7%；湖南进口羊肉的进口额为 17170.4 万美元，占全国羊肉进口总额的 7.2%。

从进口来源国家/地区来看，我国主要从新西兰、澳大利亚、乌拉圭、智利、阿根廷等地进口羊肉，2021 年我国从新西兰进口羊肉的进口额为 145784.84 万美元，占全国羊肉进口总额的 61.3%，占比最大；从澳大利亚进口羊肉的进口额为 79158.49 万美元，占全国羊肉进口总额的 33.3%；从乌拉圭进口羊肉的进口额为 10781.34 万美元，占全国羊肉进口总额的 4.5%；从智利进口羊肉的进口额为 1544.75 万美元，占全国羊肉进口总额的 0.7%；从阿根廷进口羊肉的进口额为 486.59 万美元，占全国羊肉进口总额的 0.2%；从冰岛进口羊肉的进口额为 8.03 万美元，占全国羊肉进口总额的 0.003%。

三、肉类冷链需求分析

2021 年，国家发展改革委印发《城乡冷链和国家物流枢纽建设中央预算内投资专项管理办法》，明确提出“重点支持服务于肉类屠宰加工及流通的冷链物流设施项目（不含屠宰加工线等生产设施），公共冷库新建、改扩建、智能化改造及相关配套设施项目”。畜禽养殖及肉类冷链格局发生深刻变化，规模养殖快速发展，呈现龙头企业引领、集团化发展、专业化分工的发展趋势，组织化程度和产业集中度显著提升。生猪屠宰行业整治深入推进，畜禽运输和畜产品冷链物流配送网络逐步完善，加工流通体系持续优化升级。

未来较长时期内，肉类产品消费仍将持续增长，受新冠肺炎疫情、非洲猪瘟等的冲击，猪牛羊肉等产品保供稳产的难度加大，产业发展面临的风险更加凸显。周边国家和地区动物疫病多发常发，内疫扩散和外疫传入风险依然存在，"猪周期"有待破解，猪肉价格起伏频繁，市场风险加剧。这种复杂发展形势对肉类冷链物流提出了更高的要求，应建设现代肉类流通体系，加快发展冷链物流，支持肉类产品仓储保鲜和冷链物流设施建设，稳步提高居民肉类消费水平。

第四节　水产品冷链需求情况分析

一、我国水产品产量情况分析

国家统计局数据显示，2021 年全国水产品产量达到 6693 万吨，比上年增长 2.2%。根据 2021 年我国水产品产量和冷链流通率测算，2021 年水产品冷链物流需求量为 4282.18 万吨。2016—2021 年我国水产品产量如图 2－8 所示。

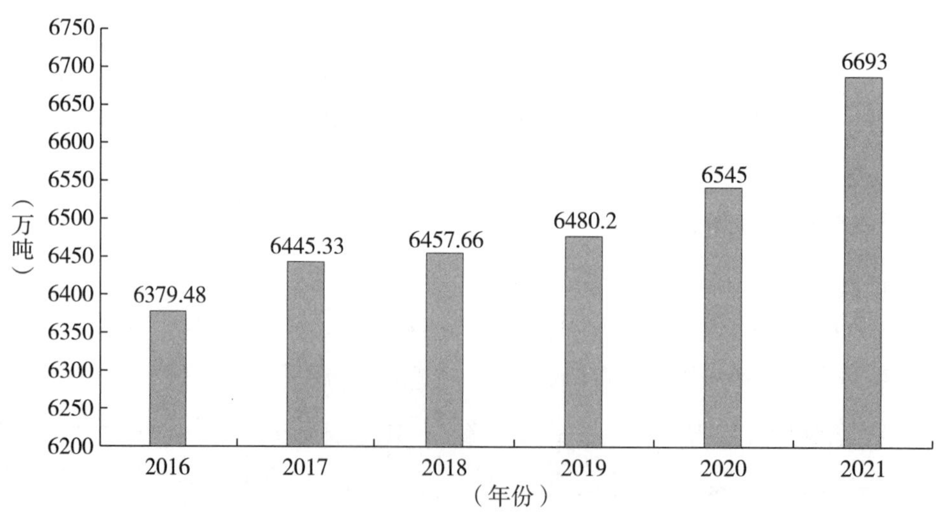

图 2－8　2016—2021 年我国水产品产量

资料来源：国家统计局。

二、水产品进出口贸易分析

海关总署数据显示，2021 年我国水产品进出口总量为 738 万吨，同比下降 5.0%；进出口总额达到 360.37 亿美元，同比增长 13.7%。其中，进口量为 363 万吨，同比下降 9.6%；进口额为 144.52 亿美元，同比增长 11.8%；出口量 375 万吨，同比下降 0.1%；出口额为 215.85 亿美元，同比增长 15.1%。2021 年受疫情防控形势好转的影响，贸易顺差为 71.33 亿美元。2016—2021 年我国水产品进口额如图 2－9 所示。2016—2021 年我国水产品出口额如图 2－10 所示。

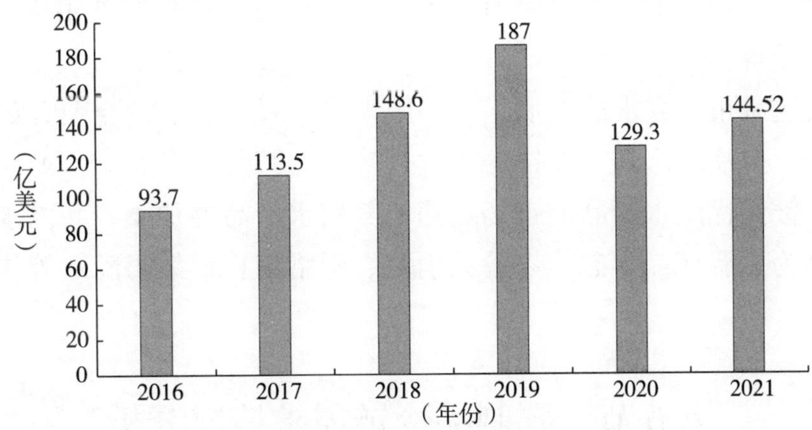

图 2－9　2016—2021 年我国水产品进口额

资料来源：海关总署。

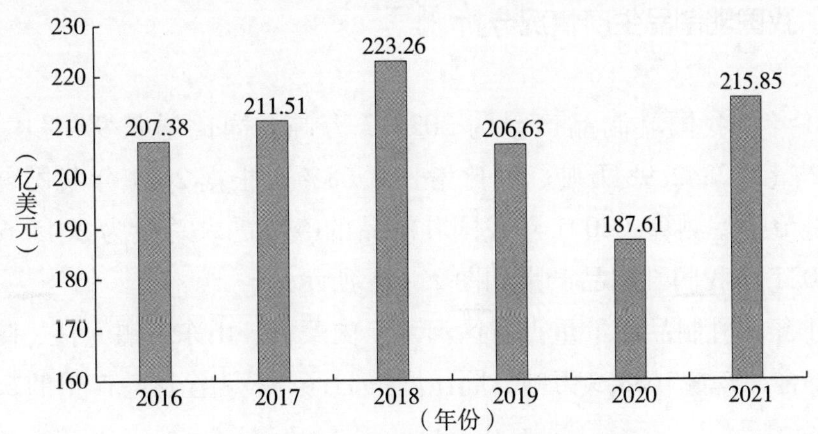

图 2－10　2016—2021 年我国水产品出口额

资料来源：海关总署。

三、水产品冷链需求分析

近几年，水产品消费端市场得到快速发展，并拉动水产品产业链发展态势的转变和产业的质量升级。传统的水产品是以鲜活鱼为主的产品形态和市场形态。然而，随着社会和经济发展进入新时期，一是方便、快捷的水产速食分割产品（如鱼片）、加工产品（如鱼丸）的需求显著增加，这不仅体现在家庭消费的需求，更有餐饮，尤其是连锁餐饮，以及大中型食堂、中央厨房、各类食材配送中心等的需求，导致水产品由鲜活鱼转向了加工、分割产品；二是质量消费成为主流，对水产品消费质量提出了更高的要求，包括鲜活的、加工的水产品具有更好的感官质量、更高的食用质量、更高的安全质量等。

顺应这种市场需求的发展，一些原来以饲料为主业的企业开始调整产业的布局，关注水产品产业链的关键环节，尤其是投资养殖水产品加工和消费端，涉足优质水产品的市场流通、养殖水产品的加工，并以水产速食分割产品为主要产品形态，以餐饮消费、网络销售、集团配送等作为主要市场。

第五节　乳制品冷链需求情况分析

一、我国乳制品生产情况分析

2021 年，我国乳制品产量为 3031.7 万吨，同比增长 9.4%①。其中，液体乳产量为 2842.98 万吨，同比增长 9.68%。根据 2021 年我国乳制品产量和冷链流通率测算，2021 年我国乳制品的冷链需求总量为 2045.64 万吨。2015—2021 年我国乳制品产量如图 2－11 所示。

2021 年，乳制品产量重点省区河北、内蒙古、山东、黑龙江、陕西、河南、宁夏合计产量 1688.9 万吨，同比增长 11.6%，占全国总产量的 55.7%。

① 增速按可比口径计算。

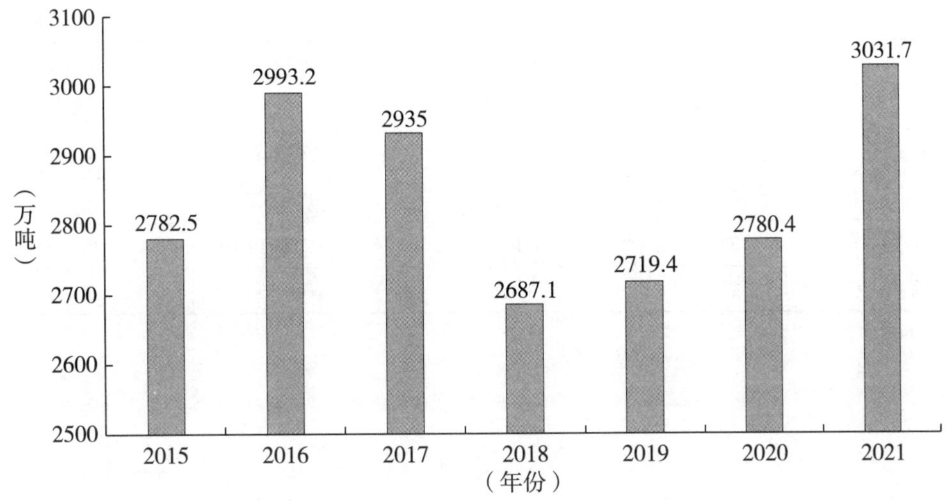

图 2－11 2015—2021 年我国乳制品产量

资料来源：国家统计局。

二、乳制品进口情况分析

根据海关数据，2021 年我国乳制品进口量为 395 万吨，同比增长 18.5%。2021 年我国乳制品进口额为 138.26 亿美元，同比增长 13.9%。① 2021 年 1—12 月我国乳制品进口量及进口额如表 2－1 所示。2016—2021 年我国乳制品进口量及进口额如图 2－12 所示。

表 2－1　2021 年 1—12 月我国乳制品进口量及进口额

时间	进口量（万吨）	进口量同比增长（%）	进口额（千美元）	进口额同比增长（%）
1 月	51	46.1	1600520	33.5
2 月	25	－3.4	815657	－19.6
3 月	38	53.7	1243780	30.4
4 月	33	25.5	1070026	－3.2
5 月	39	65.3	1314275	39.3
6 月	31	21.6	1185013	25.6
7 月	33	12.7	1154319	8.3
8 月	35	29.6	1238552	30.1

① 数据存在四舍五入，未进行机械调整。增速按可比口径计算。全书同。

续　表

时间	进口量（万吨）	进口量同比增长（%）	进口额（千美元）	进口额同比增长（%）
9 月	26	-1.9	968248	-0.4
10 月	25	-6.2	936953	3.7
11 月	31	1.5	1210614	17.1
12 月	27	-13.9	1089360	3.7

资料来源：海关总署。

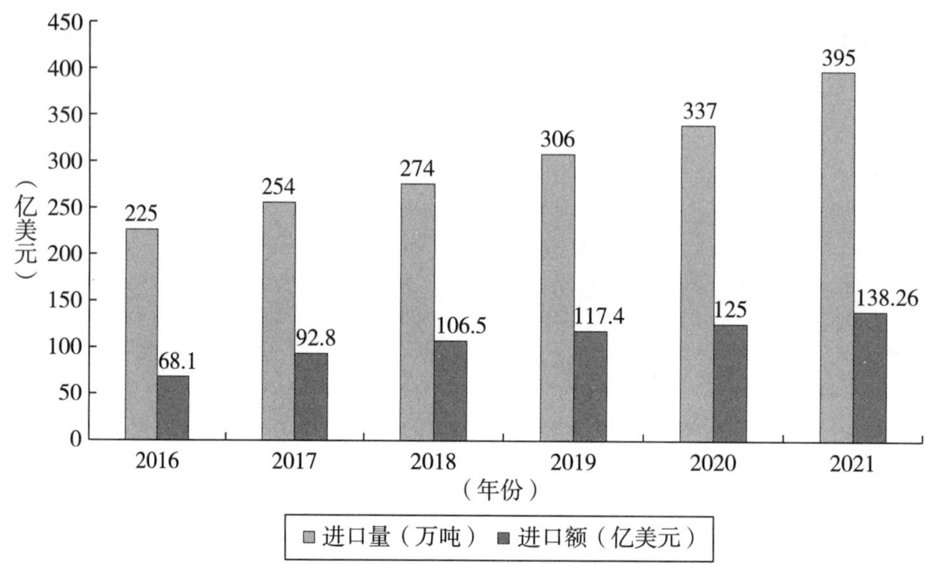

图 2-12　2016—2021 年我国乳制品进口量及进口额

资料来源：海关总署。

其中，进口干乳制品 265.12 万吨，同比增长 17.4%；进口液态奶 129.61 万吨，同比增长 20.9%。

三、乳制品冷链需求趋势

近年来，随着我国人民生活水平的不断提升，乳制品作为优质的蛋白质产品，消费需求进一步放大。乳制品冷链物流是保证乳制品质量、降低成品损耗率的基础，目前国内乳制品冷链物流建设还存在巨大空间。一方面，冷藏车数量少，冷库规模得不到保障，冷库的技术和工艺落后；在冷链物流中部分设施陈旧老化，不利于实现低温乳制品的高效运输。另一方面，乳制品冷链物流产业配套设施落后，尤其是现代冷藏、冷冻车辆严重短缺，此外乳制品冷链企业的人才培养和流失问题也成为制约低温乳制品快速发展的障碍。

第六节　速冻食品冷链需求情况分析

一、我国速冻食品产量情况分析

近年来随着冷链物流的发展，2016—2021 年，我国速冻食品行业市场规模持续扩大，据中商产业研究院公开数据显示，2021 年我国速冻食品的市场规模接近 1850 亿元。

从产品品类上看，在速冻食品市场中，速冻米面制品和速冻火锅料占据了主要的份额，其中，速冻米面制品是最大的品类，占到速冻食品的 52. 4%；速冻火锅料为第二大品类，占比约为 33. 3%；而其他速冻食品仅占到 14. 3%。我国速冻食品市场占比情况如图 2 – 13 所示。

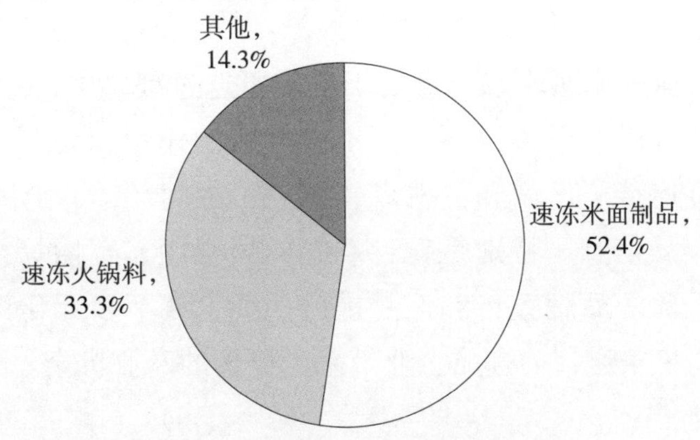

图 2 – 13　我国速冻食品市场占比情况

资料来源：中商产业研究院。

二、速冻食品冷链需求趋势

在新零售背景下，速冻食品市场的渗透率不断攀升。调查数据显示，2021 年超过 90% 的消费者购买过速冻食品。速冻食品既要保证高标准化食材，又要满足大众的个性化需求，同时，还要顺应餐饮行业规模化、流程化的需求，向标准化供应品牌方向前进。新冠肺炎疫情的出现给速冻食品带来了新的发展方向，头部企业在推动连锁品牌的标准化，相应的食品采购会要求标准化和规模化，这也为速冻食品冷链物流带来了发展机遇。冷链物流是速冻食品打通“最后一公里”的重要手段，随着速冻食品市场的不断成熟，速冻食品冷链物流将会实现快速发展。

随着生活水平的提高，消费者对食品安全的关注度越来越高，社会舆论对食品安全的监督作用越来越强。国家为了促进食品行业的健康发展，不断完善食品安全法律法规体系，制定了相应的准入标准，并出台了一系列监管政策。日趋严格的食品安全监管体系提高了行业门槛，促进了速冻食品行业的优胜劣汰，速冻食品行业的整体水平得到提升，有利于行业持续稳定健康发展。

经济水平的变化会促使人口结构、消费习惯发生变化。我国现阶段已呈现出独居群体占比提升、下厨比例下降、年轻群体对食品便捷及品质要求提升等特征，市场需求越发个性化、差异化，市场也越来越细分、多元。根据第一财经商业数据中心消费大数据发布的《2021 方便速食行业洞察报告》，女性是方便食品的主力消费群体，未来随着新兴群体进一步壮大及消费习惯演变，方便食品行业将持续扩容。

速冻食品行业的流通业态一直处于不断更迭过程之中，除传统的经销、商超等线下渠道，线上渠道也在发挥不可替代的作用。线上渠道打破了原有的模式，直接连接了厂商和消费者，减少了中间环节，有利于消费者更加便利地获得产品信息。特别是新近崛起的短视频、直播等新业态，天然适合方便食品厂商的品牌宣传和产品推广。线上线下多元化渠道共存，有利于行业拓宽销售渠道，为食品企业带来了更多的商业机会。

第三章　2021 年全国冷库市场情况分析

本章共分为四节，依次对于冷链市场资源投建情况，冷库市场日常运营情况，冷链仓储业务实际运营情况，产地、流通、销地、港口冷库未来发展趋势等内容进行阐述。

第一节　冷库市场概况

一、冷库容量变化情况

2021 年以来，冷库等设施建设依旧火热。但随着冷链行业专业水平的不断提升，加之全球经济局势的持续动荡，国内整体投资建设逐步回归理性。据中物联冷链委不完全统计，2021 年全国冷库容量达到 1.96 亿立方米，新增库容 0.19 亿立方米，同比增长 10.99%，如图 3 – 1 所示。

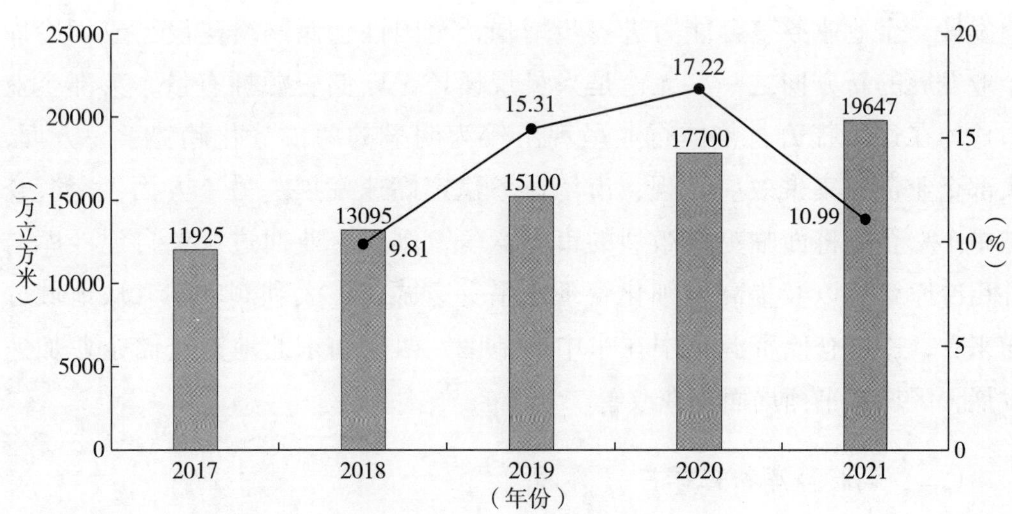

图 3 – 1　2017—2021 年全国冷库容量

资料来源：中物联冷链委。

注：数据存在四舍五入，未进行机械调整。

二、国内冷库发展特点

（一）盲目跟风建设情况逐步缓解

在前几年的冷链发展浪潮下，冷链资源投入被进一步刺激扩大，冷库建设项目更是在全国范围内遍地开花。冷链物流的发展受到全社会各级群体的关注，对于推动行业发展来说，迎来了千载难逢的机会。但是从另一方面来看，由于前期行业发展缺乏整体性的顶层引导，部分冷库建设缺乏专业性规划和把控，盲目跟风及补贴引导建设情况屡见不鲜，最终造成建设效用无法满足实际业务需求，导致资源利用率不足等问题。伴随着近期冷链相关政策文件的陆续出台，有关部门对于行业发展的监管力度进一步深入，冷链物流也初步趋向正规化发展，冷库建设方面逐步回归理性。就2021年冷库库容增长情况来看，从2020年的17.22%，下降至11.00%，国内冷库建设仍然保持着较为强劲的发展劲头，但整体增速回归至更加正常的发展状态，盲目跟风现象进一步缓解。

（二）企业规模化、管理精益化、区域均衡化

总体来看，冷库企业正在经历从多、小、散、乱向规模化、集中化方向发展，企业业务整合能力进一步增强，全国性仓储网络建设已成为冷库企业发展的新方向之一。无论是人员规模还是仓储资源拥有量，头部企业占比均在逐步提升，整体行业呈现出较为明显的两极分化趋势。一方面，头部企业资源集聚效应显现，市场业务稳定高速发展。另一方面，冷链仓储中小型企业将面临更加激烈的市场竞争，倒逼企业通过调整自建冷库与外租冷库结构以及提高精细化管理水平等方式，扩大利润空间。从地域分布来看，冷链仓储资源集中在东中部地区，西南和东北地区仓储企业加速发展，区域不平衡局面正在改善。

（三）高标冷库初露锋芒

相较于以往的单纯价格竞争，冷链仓储业务逐步呈现出品质需求日益提升的发展态势。尤其在一线城市及行业优质客户方面，已不再是一味

地追求低价，而是对于冷链仓储环节优先提出业务品质保障需求，在确保冷链仓储操作合规性的基础上，寻求更优成本把控的综合型解决方案。加之双碳政策影响的逐步深化，符合国家绿色发展战略的新型高标智能化冷库，成为现在冷链龙头企业建设冷库标杆项目的首选，越来越多的高标冷库开始引领国内冷库行业的发展，冷链仓储业务步入高标准发展阶段。

（四）科技赋能，冷库持续创变升维

在冷链物流发展的过程中，全链科技赋能进一步深化，科技性的体现成为企业发展的核心竞争力之一。其中，冷库更是成为冷链技术重要的孵化器之一。从制冷剂、制冷技术、保温材料、建筑结构、自动设备等多个领域，为冷库发展提供了更大的发展空间和更多的发展可能性。在科技持续赋能的背景下，冷库被赋予了更加完备的功能性职能，也为冷链物流全链发展创造了更大的价值，进一步推动了行业降本增效的核心发展目标的达成。

三、推动冷库发展的因素

（一）顶层设计逐步完善，对冷库建设提出新要求

2021 年，多项冷链物流相关政策陆续出台，逐步规范冷链物流行业发展。在 2021 年年底，更是正式发布了《“十四五”冷链物流发展规划》，为冷链物流绘就出了未来发展的新蓝图。在这一系列相关政策的指引下，对于冷链物流的发展提出了更加明确的要求，同时也为冷库的建设和管理赋予了新的使命。从绿色发展，到智慧冷链，再到打造现代化冷链物流体系，对于冷库的发展要求逐步清晰。在此背景下，进一步推动冷库的升级再造。

（二）生活水平提升和消费升级，推动冷链需求量持续增长

自 2010 年起，我国冷链物流市场需求开始逐步扩大，冷链物流总体呈现健康、快速、稳定的发展态势，基础设施规模进一步增加，设施建设更

趋理性，冷链物流体系不断完善，行业发展模式日趋多元化。十年间，我国食品冷链物流需求总量增幅超过了300%，同时冷链食品的万亿级市场体量还在不断扩大，我国冷链物流总额增长量超过5万亿元。跨越式增长对于冷链物流提出了更高的要求和挑战。作为保障基础民生的关键环节，在守护万千百姓生命线的前提下，冷链物流还需适应时代发展的新要求。“降本增效”“提质保量”“绿色环保”都是时代背景下，对于冷链物流发展所提出的更高层次的需求。在此过程中，冷库的建设无论从质还是从量的角度来看，都在经历着跨越式变革。

（三）行业标准体系逐步完善，行业门槛更加清晰

从十年前全国物流标准化技术委员会冷链物流分技术委员会正式成立到今天，行业标准体系逐步完善，从填补冷链物流标准的空白转变为促进国际标准化水平的提升。十年间，《冷链物流分类与基本要求》等国家标准，《餐饮冷链物流服务规范》等行业标准纷纷落地。2021年，我国首个冷链物流领域强制性国家标准《食品安全国家标准 食品冷链物流卫生规范》（GB 31605—2020）的正式实施，不仅弥补了我国冷链物流领域内强制性国家标准的空白，而且有助于形成行业共识，统一行业规范，为食品安全保驾护航，同时也标志着冷链物流的标准化管控进入了全新阶段。伴随着我国参与冷链国际标准制定的逐步深入，更多符合全球冷链发展的要求和标准也将逐步进入国内，冷库也将在此过程中持续优化。

（四）全国化冷链仓储网络布局已成趋势

为了能够进一步提升自身规模效益，同时增强客户黏性，提升自身冷链物流业务服务能力，部分冷链仓储企业开始进行全国性的仓储网络布局规划。各大冷链仓储企业根据自身业务及资源情况，进行跨区域的冷链物流仓库规划，整体采用自建和租赁的形式，构建全国性冷库网络。据中物联冷链委不完全统计，2021年全国在建及投产冷库主要集中在山东、广东、江苏、河南、四川等地。2021年全国部分在建及投产冷库情况如表3－1所示。

表 3－1　　2021 年全国部分在建及投产冷库情况

序号	省份	项目名称	规模
1	四川	威远县渝威国际农批冷链项目一期	14 万平方米
2	甘肃	华中农业蔬菜冷链物流产业园项目二期	5 万吨
3	上海	亚冷上海嘉定园区	36000 平方米
4	山东	济南加州·通达国际冷链产业园一期	30 万吨
5	上海	宁华供应链·青浦项目二期	16400 托
6	北京	天时丰益新项目启动定制一期	5500 平方米
7	北京	九运顺供应链双温高台冷库	3000 平方米
8	山东	青岛汇通丰源供应链冷链物流项目	6 万余吨
9	山东	济南新建高标准货架库	5000 平方米
10	山东	济南万纬高新物流园	—
11	河南	郑州万吨冷链仓储物流项目	1 万吨
12	云南	凤庆核桃冷链物流仓储暨托管交易中心	92 亩
13	广东	越秀冷链佛山南海物流园	16500 托
14	河南	洛阳通河农副产品物流产业园三期项目	3 万吨
15	江苏	海安万吨冷链港一期冷库项目	20 万吨
16	山东	田源汇返乡创业园冷库	5000 吨
17	广东	海通国际冷链中心	3 万吨
18	四川	乐山西部冷链物流园区项目一期	—
19	湖北	飞猫云仓武汉仓	5000 平方米
20	江苏	中国涟水冷鲜城项目	5 万吨
21	江苏	耀岭昆山冷链物流中心	18000 平方米
22	江苏	耀岭常州冷链物流中心	18900 平方米
23	江苏	耀岭南通冷链物流中心	15000 平方米
24	江苏	耀岭海门冷链物流中心	12000 平方米
25	江苏	江苏皋德食材冷库	6000 平方米
26	广东	粤港澳大湾区“菜篮子”产品肇庆配送分中心	—
27	河南	驻马店开发区恒兴仓储物流项目一期	—
28	河北	河北天环现代商贸智慧物流一期	20 万吨
29	广东	玉湖国际冷链项目产品交易中心中国总部项目	15 万吨
30	重庆	西部智慧冷链基地项目	9000 平方米
31	浙江	丽农批库容十万立方米冷链物流配送项目	17000 平方米
32	四川	中国供销西南冷链物流达州基地一期项目	—
33	山东	鲁担（沂水）城乡智慧冷链仓储物流产业园一期项目	160000 平方米
34	四川	“一带一路”亚蓉欧（成都）国际冷链物流贸易产业园一期 1、2、3 号低温库	63000 平方米

续　表

序号	省份	项目名称	规模
35	四川	外运冷链成都公司	100000 平方米
36	湖北	外运冷链武汉公司	15000 平方米
37	河南	河南雪球冷链物流有限公司	7000 平方米
38	吉林	磐石冷链物流及云仓储项目	21700 平方米
39	四川	毅恒·明月冷链物流中心项目一期	15 万平方米
40	江西	江西康怡冷链物流中心项目	1 万吨
41	江苏	滨海丰硕农业园区冷链物流建设项目	30000 立方米
42	广东	广东锦邦冷链仓储物流园	10 万吨
43	新疆	伊宁县特色优势农产品加工冷链物流建设项目	4500 吨
44	辽宁	鲜生活冷链东北供应链基地项目	35000 余吨
45	山西	襄汾县家家信农业科技有限公司冷库项目	3000 平方米
46	安徽	芜湖旷云智慧产业园一期	10000 平方米
47	江苏	美源供应链太仓冷链基地	263760 立方米
48	山东	鸢之味冷链 50000 吨冷库项目一期	10000 吨
49	广东	国通智能冷库及加工中心	12000 平方米
50	江西	江西供销（于都）冷链物流园项目	3 万吨
51	山东	周公河智慧冷链物流项目	5 万余吨
52	甘肃	华中农业蔬菜冷链物流产业园二期项目	5 万吨
53	广东	广州南沙国际冷链物流中心（南区）	22.7 万吨
54	湖南	中节科技二期 5 万吨容量现代化标准大型冷库项目	5 万吨
55	重庆	国通（西南）智慧冷链产业园	—
56	山东	新壹盛冷链物流园一期	—
57	江苏	荣庆物流太仓新基地	19000 平方米
58	河南	河南新开元冷链一期冷库	2 万吨
59	山东	中国外运（上合）智慧物流园	15000 平方米
60	湖北	智慧型冷链仓储中心润吉物流冷库	—
61	山东	万纬冷链济南高新园区冷库二期	6000 平方米
62	浙江	宁波梅山国际冷链供应链平台项目一期	15 万平方米
63	山东	普洛斯济南天桥冷链及供应链管理项目	—
64	辽宁	北黄海冷链物流基地建设项目	—
65	广西	南宁·清川肉禽集散中心冷链物流中心	3 万吨
66	新疆	叶城县冷链仓储物流基地	5 万吨
67	湖北	云鸟冷库基建项目	5 万吨
68	广西	柳州宁铁冷链物流中心	10000 平方米

续　表

序号	省份	项目名称	规模
69	山西	山西烨兴晋南农产品（冷链）物流基地项目	20 万立方米
70	广东	东莞市万丰冷链物流冷库	15000 平方米
71	辽宁	鑫荣懋（沈阳）仓储冷链物流基地	10 万吨
72	湖南	湖南湘雪冷链物流有限公司冷链物流项目一期	10000 吨
73	四川	美库成都青白江冷链供应链中心项目	92000 平方米
74	河南	河南省万里物流港冷库项目一期	16000 立方米
75	山西	大同国际陆港山西北肉冷链加工产业园项目	3 万吨
76	宁夏	满城春天冷链物流中心项目一期	1 万吨
77	吉林	中新吉林食品区冷链仓储孵化基地项目	2.3 万平方米
78	山东	果品冷链物流交易中心	5 万吨
79	河南	原阳县金豫河冷链物流园建设项目一期	5.4 万吨
80	湖北	湖北太辉农产品深加工冷链产业园项目	33600 平方米
81	山西	盐湖区金井乡晋果鲜智能库	7500 吨
82	北京	启橙北京顺义冷链中心	6400 平方米
83	天津	万纬天津东疆港冷链园	152680 板
84	江苏	苏州天辰新建冷链仓储及产品配送综合展示中心项目	15 万吨
85	江西	江西供销（共青城）冷链物流园	2 万吨
86	广东	广东揭阳新建冷链物流产业园	—
87	新疆	尉犁县冷链产业园 10 万吨冷库建设项目	10 万吨
88	云南	罗平县农产品冷链物流建设项目	59816.16 平方米
89	湖南	绝配供应链长沙自建仓	5000 平方米
90	上海	美库上海松江新浜冷链产业园	—
91	广东	乐禾增城冷链物流园	8200 平方米
92	江西	景德镇现代冷链物流配送中心（一期）	20775 平方米
93	内蒙古	龙辰农业冷链物流及仓储中心项目	—
94	广东	揭阳惠来冷链物流中心项目	—
95	辽宁	大连港毅都冷链全球中心仓项目	30 万吨
96	河北	首衡智慧冷链物流园项目一期	20 万吨
97	山东	山东云仓冷链物流加工项目	40 万吨
98	河南	河南省万里物流港冷库项目二期	74000 立方米
99	河南	郑州锦和冷链仓储基地一期 1#高位立体库项目	3.8 万托
100	贵州	松桃县 15 万吨肉食品冷链物流库建设项目	—

资料来源：中物联冷链委和链库网不完全统计。

第二节　冷库市场运行情况

一、冷库供需情况分析

根据中物联冷链委和链库网不完全统计，2021 年全国冷库可出租面积超过 442.34 万平方米，主要集中在广东、山东、河北、北京、湖南等地。2021 年全国冷库求租面积达 139.54 万平方米，一线城市需求明显，主要集中在上海、广东、北京、广西、安徽等地。2021 年部分省区市冷库出租面积如表 3－2 所示。2021 年部分省区市冷库求租面积如表 3－3 所示。

表 3－2　　**2021 年部分省区市冷库出租面积**　　单位：平方米

序号	省区市	出租面积
1	山东	555360
2	广东	927800
3	湖北	180000
4	上海	199300
5	北京	222087
6	江苏	212400
7	福建	38936
8	辽宁	168000
9	河南	207250
10	四川	168250
11	山西	116000
12	浙江	141100
13	天津	51255
14	江西	186350
15	安徽	26751. 68
16	甘肃	31600
17	广西	15000
18	贵州	6000
19	海南	1000
20	河北	484700
21	黑龙江	22300

续　表

序号	省区市	出租面积
22	湖南	218385
23	吉林	8000
24	内蒙古	32400
25	陕西	83500
26	新疆	8500
27	重庆	108417
28	云南	2800

资料来源：中物联冷链委和链库网不完全统计。

表 3－3　　**2021 年部分省区市冷库求租面积**　　单位：平方米

序号	省区市	求租面积
1	山东	40265
2	广东	163390
3	湖北	26090
4	上海	172230
5	北京	163225
6	江苏	77061
7	福建	28473
8	辽宁	52200
9	河南	38020
10	四川	60912
11	山西	6750
12	浙江	67383
13	天津	55125
14	江西	44740
15	安徽	78350
16	甘肃	10350
17	广西	88555
18	贵州	16600
19	海南	20700
20	河北	16845
21	黑龙江	34000
22	湖南	39960
23	吉林	5600
24	内蒙古	6500
25	陕西	31200

续　表

序号	省区市	求租面积
26	新疆	450
27	重庆	20020
28	宁夏	10000
29	云南	20400

资料来源：中物联冷链委和链库网不完全统计。

二、部分地区冷库价格行情分析

据中物联冷链委与链库网调研数据显示，深圳、东莞、海口等地的冷库租金较高，其次是北京、武汉、上海等地区，冷库租金高于5元/（托·天）。总体来看，东部地区冷库资源相对紧缺，冷库价格（即冷库租金）相对较高。郑州、济南等城市冷库租金都有不同程度的增长，对合规冷库的需求不断增加，价格也会随之上涨；深圳、西安、昆明等城市的冷库价格波动较大。2021年全国部分城市冷库价格行情如图3－2所示。

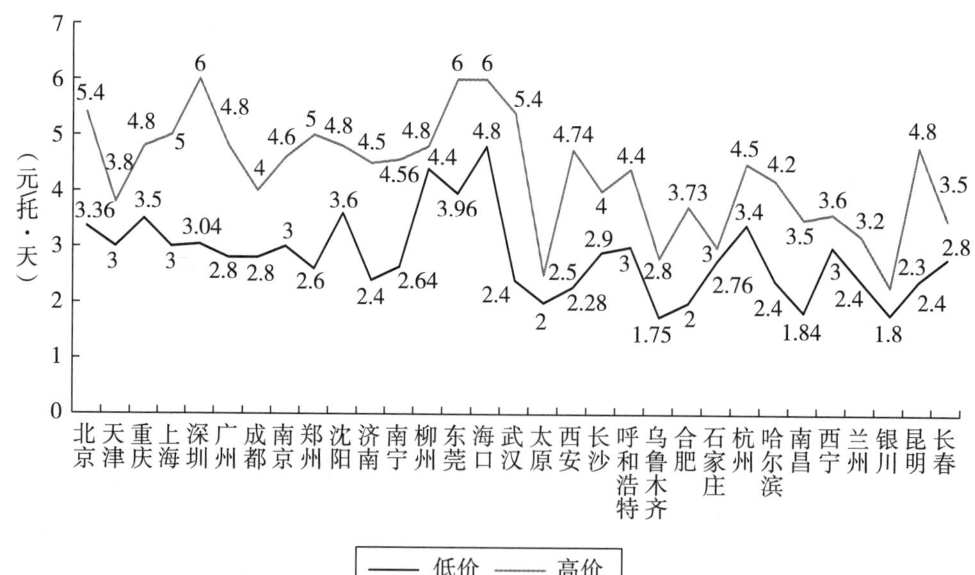

图3－2　2021年全国部分城市冷库价格行情

资料来源：中物联冷链委、链库网。

注：图中冷库价格包含电费及物管费，但不包括装卸、分拣、贴标、抄码等操作的增值服务费用。

三、冷库安全运营分析

据中物联冷链委与链库网不完全统计，2021 年冷库主要安全事故达到 13 起。经初步分析，整体起火事故主要集中在因为各类监管不力而引发保温层起火，最终造成火灾事故，甚至造成人员伤亡。安全无小事，冷链物流由于其作业环境的特殊性，操作人员及设施设备长期处于相对恶劣的作业环境当中，加之保温材料等均为易燃物品，若出现火情，往往难以及时得到控制，对于人员及货品安全造成巨大隐患。做好日常设备点检、防灾防控预案、应急演练等都能够有效缓解冷库安全事故的发生。2021 年部分冷库事故情况如表 3－4 所示。

表 3－4　　2021 年部分冷库事故情况

时间	地点	事故详情	事故原因
2021－01－14	山东・济南	济南市历下区姚家路银座圣洋物流副产品批发市场的冷库发生火灾，过火面积约 500 平方米，火灾现场搜救出一名被困者，已无生命体征	火灾原因初步调查为施工人员电焊切割冷库设备时不慎引发火灾
2021－01－22	山东・烟台	1 月 22 日早晨，招远市毕郭镇一冷库失火，冷库里存放着苹果，损失超过千万元	—
2021－02－03	菲律宾・纳沃塔斯	菲律宾大马尼拉地区纳沃塔斯市一家制冰厂发生液氨泄漏事故，导致 2 人死亡、90 多人受伤或生病，数百名居民紧急逃离至安全地带	纳沃塔斯市市长田格科表示，调查人员正在确定此事是由于管道泄漏还是半满的水箱爆炸后导致的
2021－02－03	河南・长垣	河南长垣市 S308 道南侧的中原新发地大型农副产品批发市场发生火灾，一座建筑面积 5000 平方米的冷库被完全烧毁坍塌，现场一片狼藉。火灾未造成人员伤亡	—

续 表

时间	地点	事故详情	事故原因
2021－03－02	广东·东莞	3月2日16时53分许，东莞市大岭山镇莞长路某工业园冷库发生安全生产事故，通报称，该事故是在装修施工过程中，因违规电焊引发，事故造成2人死亡	官方通报：系冷库装修违规电焊
2021－03－27	四川·成都	3月27日傍晚，四川成都郫都区安靖镇海霸王西部食品物流园食品区24栋一库房突发大火，现场火光四起，浓烟滚滚。成都消防救援人员第一时间调派力量前往处置，火势很快得到控制，没有出现人员伤亡，但经济损失惨重	—
2021－04－22	黑龙江·大庆	4月22日10时许，萨尔图区卡尔加里路中兴北街，一冷库院内失火。起火点在一家冷库院内，现场浓烟滚滚，火苗蔓延到了墙体外侧。消防人员赶到现场后，将大火扑灭，现场无人员伤亡。院内存放的冰柜烧成了黑色，已成“空壳”	冷库内冰柜起火
2021－05－16	陕西·西安	5月16日12时57分，方欣市场库房着火，着火具体位置位于方欣市场东北角，仓库处于装修阶段，准备改为冷库，里面存放大量保温泡沫板，无人员被困，着火面积约为20平方米	保温板起火
2021－06－16	上海·闵行区	2021年6月16日下午，在闵行区挂“康丰食品厂”字样招牌的厂区内，有一个冷库发生一起火灾，冷库内部浓烟滚滚，伸手不见五指，消防队员接报后迅速赶往现场处置，所幸，并无人员伤亡。该冷库中堆放着许多纸箱装的食品原料，部分货物已被烧毁，靠近冷库上方的氟利昂制冷设备也被烧焦、电线线路脱落。冷库中的货物或被烧毁，或被淋湿，对该公司造成了万元左右的货物损失	火灾可能因制冷设备的电线短路导致

续　表

时间	地点	事故详情	事故原因
2021－07－23	湖南·长沙	7 月 23 日 15 时 50 分，湖南省长沙市雨花区博创电工器材有限公司冷库内一存放冷冻食品和腊制品的仓库冒出黄色浓烟。24 日 6 时 30 分，现场明火全部扑灭，无人员伤亡	—
2021－08－09	上海·普陀区	8 月 9 日下午，位于上海千阳路 271 弄金江工业园区内的一个冷库冒出滚滚浓烟，据现场的消防人员介绍，起火的是一间冷库，仓库内存放的是一些农副食品。火灾发生前，楼里的人员都及时疏散了出来，并没有人员伤亡	—
2021－12－31	辽宁·大连	12 月 31 日 11 时许，大连市鞍山路 104 号（新长兴市场）地下二层停车场发生火灾。产生大量有毒气体致 8 人窒息遇难，1 名消防员壮烈牺牲	企业违法建设冷库、违规使用易燃保温材料、违规使用电焊动火作业，造成保温材料着火

资料来源：中物联冷链委、链库网。

第三节　冷链仓储业务运营情况

冷链仓储是利用温控设施创造适宜的温湿度环境并对商品实施储存与保管的行为，只有让储存商品处于规定的最佳温湿度环境下，才能保证其品质和性能，防止变质、减少损耗。

冷链仓储也是一个以冷冻工艺学为基础、以制冷技术为手段的低温仓储过程。如果对冷链仓储过程的控制不够准确，将会导致商品品质降低、组织结构改变、颜色改变、碰撞挤压中的损伤以及微生物的繁殖等问题。

因此，需要完善冷链仓储过程中的包装与储存形式、储运与管理手段、温湿度记录仪或者温湿度监控系统、冷链数据管理平台等高效运营模式，有效改善和优化冷链仓储管理流程并使之符合相关法规与标准，使企业在运营成本和质量控制间找到最佳的平衡点，以充分保障商品品质。

一、冷链仓储作业说明

（一）冷链仓储作业流程

冷链仓储作业流程如图 3－3 所示。

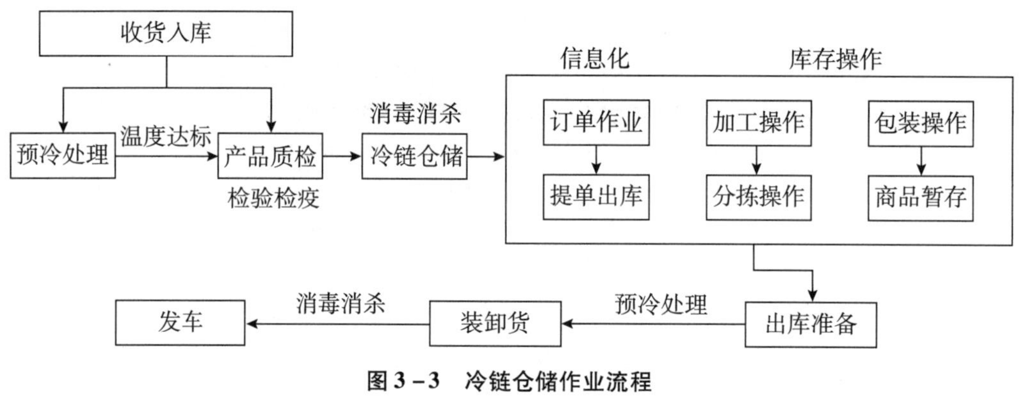

图 3－3 冷链仓储作业流程

资料来源：中物联冷链委。

（二）冷链仓储主要环节

1. 收货入库

到货后，收货员根据送货单进行收货确认，匹配送货时间、接单时间、卸货地址、送货数量、批次信息等信息，针对质检合格的产品，进行收货上架。

2. 预冷处理

在入库及出库交接时，商品要存放在暂存区等待，根据不同货品的不同温湿度要求，进行预冷处理，保证冷链货品在下一个阶段没有较大温度浮动。

3. 冷链仓储

利用温控设施创造适宜的温湿度环境，并对商品实施储存和保管。只有让储存的商品处于规定的最佳温湿度环境，才能保证储存商品的品质和性能，防止变质，减少损耗。

4. 冷链传输

在一定温度条件下，通过对所需的传输机械设备、器具等的使用，实现对生鲜农产品的分类拣选、包装等操作。

5. 冷链装卸

冷链装卸时要进行物品温度检测。冷藏、冷冻物品的装卸时间需要按规定要求，对装卸车辆与仓库进行密封处理，保证装卸期间物品温度升高控制在允许范围。且作业中断时，要及时关闭运输设备厢体门，确保制冷系统保持正常运转。

6. 检验检疫和消毒消杀

冷链检疫检验需要建立规范有序的食品检疫检验工作流程，安排专人管理仓储量大、物流活性高和污染概率高的储存器具，做好常规清洗、消毒等卫生处理，并落实冷链物流的实时监控和温度记录工作，确保食品在仓储过程中质量状态符合要求，保障食品安全卫生。

7. 冷链信息化控制

通过系统信息平台的支撑，易于实现对企业全部资源的战略协同管理，降低冷链物流成本，提升冷链物流企业市场竞争力，提高冷链物流企业管理水平。冷链物流信息化系统关键技术包括以下几个方面的内容：信息采集与跟踪技术、信息传输与交换技术、信息处理技术。

（三）冷链仓储环节中易出现的异常环节

（1）在仓库管理方面，可能存在由第三方仓库的管理人员执行操作的现象，这些并不在货主方的管理体系内，对于仓库内的货物温度控制、货物码放等情况，货主方无法实时有效确认其是否达标。

（2）在温度的确认方面，常以制冷机组温度是否达标为主要判断依据。实际上，制冷机组温度探头常安装在制冷机回风口位置，而一个独立温仓空间内的温度，会受到制冷机性能、仓库空间分布及货物堆放情况等因素影响，温仓内不同角落的温度是存在差异的。

（3）无法优化租赁仓库的现有空间结构和部署。在仓库施工方面，若涉及对墙体、电气等内容的改动，很大程度上需以仓库主的意见为主导。

（4）网络信号不佳。仓库所处地段及建筑结构与工厂类似，其内部无线网络信号极差或无信号也是常态，这给物联网监管带来了一定的影响。

（5）制冷技术问题。冷链技术的落后、专业从事冷链技术开发的企业少等因素，导致目前我国一些高端冷链设备还主要依靠进口。此外，高端冷链设备的缺失也直接导致无法形成一套行之有效的冷链管理标准体系，物流企业对于物流的事前、事中及事后管理还存在比较大的漏洞，服务水平还较低。

二、国际重点仓储企业运营情况分析

每年，国际冷藏仓库协会（IARW）都会发布IARW全球冷藏仓储和物流供应商25强名单。该清单由IARW仓库成员运营的温控空间的总库容决定。2022年IARW全球冷藏仓储和物流供应商25强名单如表3－5所示。

表3－5　　2022年IARW全球冷藏仓储和物流供应商25强名单

序号	公司名称	容量（立方英尺）	容量（立方米）
1	Lineage Logistics	2595591444	73498895
2	Americold Logistics	1411281320	39962999
3	United States Cold Storage，Inc.	423328669	11987322
4	NewCold Cooperatief U. A.	215124000	6091628
5	Nichirei Logistics Group，Inc.	199145220	5639159
6	Interstate Warehousing，Inc.	115735371	3277258
7	Frialsa Frigorificos S. A. De C. V.	108613318	3075584
8	VersaCold Logistics Services	105530974	2988302
9	VX Cold Chain Logistics	97710919	2766862
10	Constellation Cold Logistics	87840968	2487377
11	Superfrio Logistica Frigorificada	75763988	2145395
12	Serbom Armazen Gerais Frigorificos	67922752	1923356
13	Conestoga Cold Storage	64313826	1821163
14	Congebec Logistics，Inc.	60866880	1723556
15	RLS Logistics	59028604	1671502
16	Burris Logistics	58887444	1667505
17	Emergent Cold LatAm	47063960	1332702
18	Friozem Armazens Frigorificos Ltda.	37292288	1055999
19	Magnavale Ltd	36543970	1034809

续　表

序号	公司名称	容量（立方英尺）	容量（立方米）
20	Confederation Freezers – Brampton	34495000	976789
21	Trenton Cold Storage，Inc.	34277373	970626
22	Nor – Am Cold Storage	34071792	964805
23	Agri – Norcold A/S	30547875	865019
24	Frigoscandia	28874100	817623
25	METCOLD Supply Network Management Limited	26337519	745，795

资料来源：IARW，数据截至 2022 年 3 月。

就目前公开数据可知，2022 年 IARW 全球冷藏仓储和物流供应商 25 强名单中，共有万纬、美库两家中国企业上榜，分别居第 9 位和第 25 位。按照上榜企业所属国家来看，中国企业占比约为 8%。结合容量数据，上榜的两家中国企业总库容达到了 351.27 万立方米，占 25 强企业总库容的 2.05%。中国冷链物流企业持续发力，不断提升国家排名和国际影响力，在国际冷链物流的舞台上展现中国企业风采。

截至 2022 年 3 月，全球冷藏仓储和物流供应商 25 强企业总库容达到了 1.71 亿立方米。与 2021 年中国冷库容量 1.96 亿立方米相比，占中国冷库容量的 87.24%。由此可见，冷链物流作为资源导向型产业，对于资源的依赖程度较高，有效的资源把控决定着自身业务规模的大小。以目前国内冷链物流企业发展情况来说，企业主体仍呈现出“杂、小、散”等特性，整体行业也还处于起步成长期，对于未来而言还有较长的路要走。资源有效整合、业务形成规模、管理水平提升、专业能力强化等都是对于冷链物流企业发展的核心要求。

三、国内重点仓储企业运营情况分析

（一）基本情况

2020 年中国冷链仓储 50 家重点企业中，民营企业有 33 家，国有企业有 6 家，外资企业有 2 家，合资企业有 6 家，其他类型企业有 3 家。民营企业仍是冷链仓储重点企业的主要组成部分，冷链物流市场始终保持在活跃度较高的运行状态，具体企业汇总如表 3 – 6 所示。

表 3－6　　2020 年中国冷链仓储 50 家重点企业汇总

序号	企业名称	序号	企业名称
1	万纬冷链物流	26	德州飞马冷链物流有限公司
2	上海郑明现代物流有限公司	27	广州长运冷链服务有限公司
3	北京亚冷控股有限公司	28	重庆雪峰冷藏物流有限公司
4	上海快行天下供应链管理有限公司	29	大连港毅都冷链有限公司
5	南京天环食品（集团）有限公司	30	江西玉丰实业有限公司
6	宇培供应链管理集团有限公司	31	江西阿顺供应链有限公司
7	北京首农东方食品供应链管理有限公司	32	辽渔集团有限公司
8	江苏极地熊冷链有限公司	33	山东海派冷链物流有限公司
9	成都运荔枝科技有限公司	34	广州蓝链集团有限公司
10	上海益商仓储服务有限公司	35	山西万鑫冷链集团有限公司
11	福建丰大集团有限公司	36	传胜供应链管理（上海）有限公司
12	顺丰速运有限公司	37	武汉晟隆腾瑞冷链物流有限公司
13	济南维尔康实业集团有限公司	38	上海世权物流有限公司
14	广东新供销天业冷链集团有限公司	39	湖南云冷冷链股份有限公司
15	北京易冷供应链管理有限公司	40	镇江恒伟供应链管理有限公司
16	增益冷链（武汉）有限公司	41	中铁铁龙冷链发展有限公司
17	青岛鲁海丰冷链物流有限公司	42	海南罗牛山食品集团有限公司
18	优合集团有限公司	43	成都银犁冷藏物流股份有限公司
19	山东盖世国际物流有限公司	44	福建顺翃农产品冷链物流有限公司
20	荣庆物流供应链有限公司	45	上海光明领鲜物流有限公司
21	宁华供应链	46	广西五洲金桥农产品有限公司
22	河南港新冷链物流有限公司	47	福州易鲜冷链物流有限公司
23	京东物流	48	北京天时丰益物流有限公司
24	山东中凯兴业贸易广场有限公司	49	大昌行物流（中国）
25	云通物流服务有限公司	50	青岛新协航国际物流有限公司

资料来源：中物联冷链委。

（二）业务布局

中物联冷链委调研数据显示，2020 年冷链仓储前十位重点企业冷库容量分布较为集中，冷库资源中心放在以北京、上海、广州和成都等城市为核心的辐射圈内。冷链仓储前十位重点企业冷库容量分布情况如图 3－4 所示。

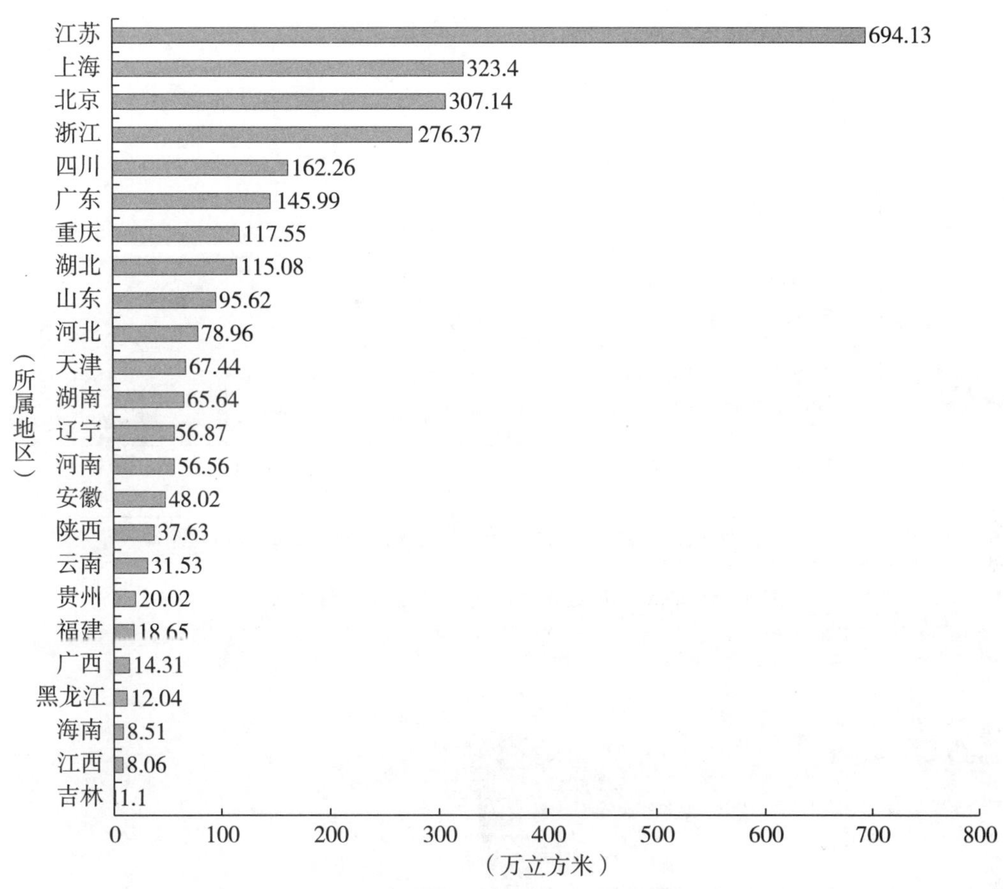

图 3－4　冷链仓储前十位重点企业冷库容量分布情况

资料来源：中物联冷链委。

2020 年冷链仓储 50 家重点企业中，按区域入围企业数量排序：华东 > 华南 > 华北 > 华中 > 东北 = 西南 > 西北。华东区域入围企业数量最多，同时也是冷链仓储资源最为集中的区域。

企业经营主体布局与市场情况、营商情况、资源分布等多种因素相关，冷链仓储 50 家重点企业集中在华东地区，东部营商环境和消费市场优势依旧突出，物流行业作为服务产业，企业主体布局优先选择贴近市场及主体客户。2020 年冷链仓储 50 家重点企业仓储资源分布如图 3－5 所示。

50 家重点企业仓储资源规模合计达 4779.3 万立方米，占国内冷库总市场的 27.0%，前 10 位企业的仓储资源在 50 家重点企业仓储资源总规模中的占比达到 55.9%，仓储资源呈现出全局分散、头部集中的态势。2020 年冷链仓储 50 家重点企业仓储资源地区分布占比如图 3－6 所示。

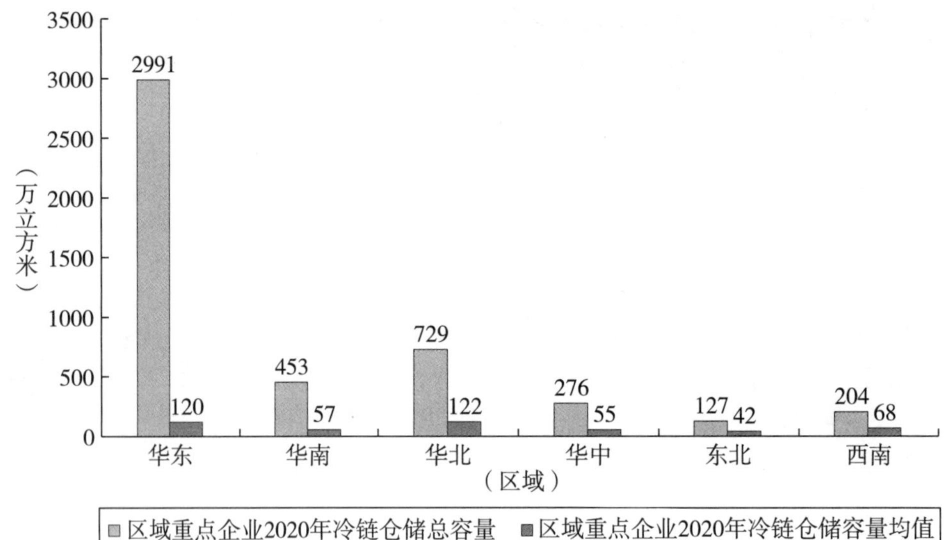

图 3－5　2020 年冷链仓储 50 家重点企业仓储资源分布

资料来源：中物联冷链委。

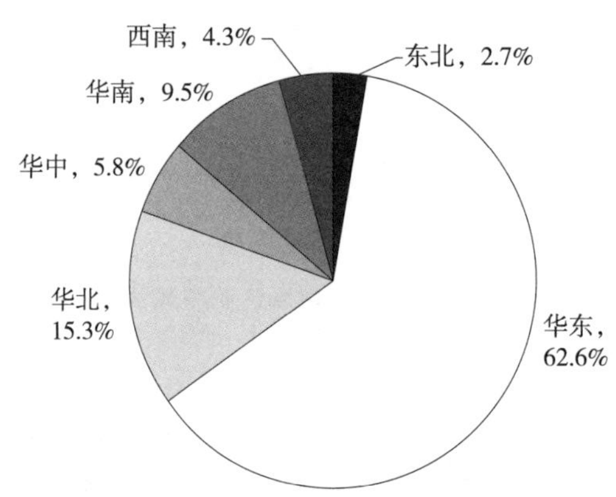

图 3－6　2020 年冷链仓储 50 家重点企业仓储资源地区分布占比

资料来源：中物联冷链委。

注：数据存在四舍五入，不进行机械调整。全书同。

（三）集中度

2020 年特殊的发展环境，推动了冷链仓储重点企业地域格局上的深化变革。从地域分布来看，冷链仓储重点企业多分布在东南部沿海地区，包括山东、北京、上海和广东等地。中部和东北地区冷链仓储重点企业也在持续加速，逐步形成了沿海向内陆深化的发展链路。

值得注意的是，冷链仓储 50 家重点企业的冷库资源中，有 62% 属于自建库容，其余 38% 为租赁库容，自建冷库仍为主流，冷库使用的可控度较高，冷链仓储业务稳定性相对较强。

（四）趋势变化

在多方突发因素影响之下，行业发展更加求稳，企业投资战略回归理性。在冷链仓储 50 家重点企业中，纯自建、自建 + 租赁、纯租赁三种模式并行。其中，选择纯自建模式的企业占比为 46%，选择自建 + 租赁模式的企业占比为 40%，选择纯租赁模式的企业占比为 14%。自建模式仍为主流模式，但在理性发展的前提下，自建 + 租赁或成为企业资源投入的首选模式。综合来看，作为重资产行业，冷库投资门槛依然较高，企业结合自身发展情况调整资源结构不失为明智之举。冷链仓储 50 家重点企业建设模式占比情况如图 3 – 7 所示。冷链仓储模式比较分析如表 3 – 7 所示。

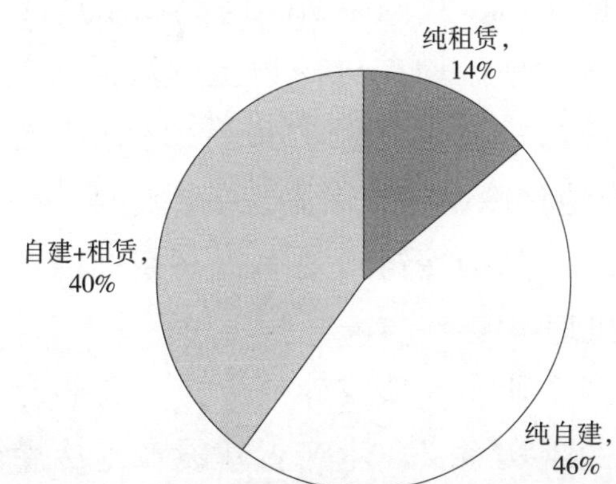

图 3 – 7　冷链仓储 50 家重点企业建设模式占比情况

资料来源：中物联冷链委。

表 3 – 7　冷链仓储模式比较分析

模式	重资产型	轻资产型	均衡型
说明	纯自建	纯租赁	自建 + 租赁
优点	资源把控度高 资源改造便捷	资源灵活度高 支持小批量/短期使用	可根据业务灵活配置 与业务及企业发展匹配
缺点	资源投入大 建设完成后变动性较差	不稳定性风险较高 库房内部改造难度大	—
适用场景	适合资金实力雄厚且 客户群体相对稳定的企业	适合资金实力较差且 业务短期相对稳定的企业	适用于各类场景， 可根据业务灵活布局

资料来源：中物联冷链委。

第四节 冷库建设发展趋势分析

一、产地冷库建设

（一）产地冷库建设意义

随着城乡居民对生鲜农产品的消费升级需求日益增长，生鲜电商、新零售、新餐饮等新业态新模式也亟须冷链物流作为供应链保障。虽然我国农产品冷链物流市场需求快速增长，但国内生鲜食材的流通渠道仍是以传统批发市场—零售商—消费者的模式为主，流通渠道环节断链严重，配套设施不完善，再加上消费群体冷链意识的薄弱，造成我国农产品的冷链流通率低。据商务部数据显示，我国果蔬、肉类和水产品的综合冷链流通率不到40%，与欧美等发达地区均在90%以上的数据相差甚远。尤其是冷链物流链条的两端，“最初一公里”及“最后一公里”经常出现断链现象，“最初一公里”缺乏产地预冷设施、保温包装设施等，“最后一公里”冷冻质量难以保障。我国农产品的冷链流通率提高空间巨大，给冷链企业、冷链项目的发展提供了机遇。

扶持农产品的生产企业、种植或养殖大户、农业合作社等农产品生产者自建冷库具有重大的现实意义。生产者建设产地冷库既能从根本上稳定农产品供应，也能增强其在农产品供应链中的议价能力，还能从源头完善农产品冷链物流体系，保证农产品顺利出村，高质量进城，提升农产品物流效率。

产地冷库是冷链源头的网络基点，根据不同的农产品冷藏储存需求，分区、分片整合各地域资源，依托县、区布局相应的产地冷库，可以有效改善公共冷库设施条件，强化产地预冷、仓储保鲜等农产品商品化处理前端工艺。

围绕特色农产品优势产区，可以通过产地冷库拓展冷链物流基地的仓储、分拣、加工、产地直销等功能，建立交易展示、安全检测、溯源查询、统仓统配等功能，增强农产品品控能力，完善绿色食品、有机农产品、地理标志农产品等认证配套，着力打造地域性特色鲜明、品质一流的农产品品牌。

1. 产地冷库发展有助于补齐我国冷链物流短板

目前我国产地冷链物流设施建设不充分、不平衡问题比较突出，田间地头预冷、冷链加工、冷藏设施普遍不足，机械化、自动化程度低，农产品出村进城渠道不畅、效率低，“最先一公里”成本高，产地冷链物流是我国冷链物流的短板和痛点。《“十四五”冷链物流发展规划》也提出了产地冷链物流设施布局、产地冷链服务网络、产地冷链物流组织模式等方面的具体工作，并规划了产地保鲜设施建设工程、移动冷库推广应用工程等产地冷链物流设施补短板工程。发展产地冷库有助于解决我国冷链物流的短板和痛点，也符合我国冷链物流体系总体布局方向。

2. 产地冷库发展助力乡村振兴，促进农民增收

我国农产品产后耗损严重。据专家测算，我国农户储粮、马铃薯、水果、蔬菜的产后损失率分别为7%～11%、15%～20%、15%～20%和20%～25%，远高于发达国家的平均损失率。折算经济损失在3000亿元以上。而在发达国家，果蔬损失率一般控制在5%以下，其中，美国的农产品全产业链以冷链物流为支撑，果蔬从田间到餐桌过程中的损失率仅有1%～2%。同时，生鲜农产品在成熟旺季集中上市，受保鲜储运能力制约，“卖难”和价格季节性波动的问题突出，农民增产不增收的情况时有发生。发展产地冷库，既可以有效降低损失率，减少产后耗损；又可以实现错峰错季上市，延长销售期，促进农民稳定增收。

3. 产地冷库发展有助于建立冷藏储备和应急保供机制，保障重要农产品有效供给

市场失灵常导致部分农产品出现短期供需失衡、价格大幅波动，依托产地建立冷藏储备和应急保供等机制，有效调节市场供给，缓解供需矛盾，稳市场、惠民生。发展农产品冷链物流，带动农产品跨季节均衡销售，解决农产品供给周期性和消费连续性之间的矛盾；降低农产品产后耗损，保障市场有效供应量，稳定价格，避免出现“菜贱伤农、菜贵伤民”的情况。

4. 形成农产品流通产业集聚效应，推动相关产业联动发展

农产品冷链与农业生产种植、食品加工业、零售餐饮业、交通运输业、设备制造业等具有极强的关联性。产地冷库的建设能够带动上下游相关产业的发展，通过产业集群、协同效应等产生大于甚至数倍于冷链投入的整体经济效益。发展产地冷库，有利于构建从田间到餐桌的全程服务体系，有助于推动农产品生产、加工及服务环节的纵向一体化，形成以城带乡、以销促产、城乡融合的农产品生产和经营格局，促进产销对接、团购直配等新流通服务方式发展。另外，产地冷库的建设还可以指引农业产业发展，衍生与农产品交易相关的金融行业，可以有效解决农产品交易双方信息不流通的问题，促成生产商与批发商的商品交易，保障双方利益，解决农产品丰产不丰收等问题。

（二）产地冷库建设困局

目前我国产地冷库的容量严重不足、规模小、功能单一，在建设中还面临土地、资金、人才、管理等因素的制约，存在缺少建设用地、资金和运营所需的人才等方面的问题。

1. 缺少冷库建设用地

我国农村的土地分为农用地、建设用地和未利用土地。大部分都属于农用地，包括耕地、林地、草地、水利设施用地和养殖水面等。国家实行土地用途管制制度，土地必须按规划的用途使用，严格限制农用地转为非农用地。中大型冷库建设需要占用大面积的土地，这些土地还必须具备交通、电力、给排水、通信等基础设施，同时既要接近生产基地，还要远离污染、低洼、疏松等地区，其性质还属于工业或商业用地。在农村要同时满足这些条件的大块土地极度稀缺，即使有，其地价可能也是农业企业或合作社难以承受的。

2. 相关冷链物流设备短缺

由于我国大部分农产品产量过多以及农村地区的冷库数量极少，致使许多地方只能在露天或者常温环境下保存农产品。而且，这些易腐烂的生鲜农产品大多数都是用普通交通工具进行运输，没有低温保护冷藏措施和防腐措施，如果运输途中遇到暴晒环境就用帆布或棉被遮挡。造成这种情况出现的原因就是各地区提供的冷库不足，设备不齐全。虽然我国已经在扩建冷库，但是较为偏远的农村地区极为缺乏相关冷链物流设备。另外，购买设备的资金较大，导致冷链设备分布不均衡。有的地方拥有整套的全新设备，有的地方却是设备老旧甚至没有，因此在运输过程中农产品就会经历极冷和极热的交替环境，缩短了农产品变质腐烂的周期。

3. 缺少运营与操作的专业技术人才

冷库使用的专业设备较多，技术性要求高。平时除了要专门人员负责看护和操作冷库控制系统之外，还要配备专门的技术人员进行设备的维护与保养；同时，还需要熟练掌握库内堆放的操作员和能制定安全制度并进行安全监督的管理人员。目前我国大多数农村留守人员老龄化严重，劳动力有所缺乏，熟悉冷库运营与操作的专业技术人才就更为稀缺。

4. 库容利用率和周转率低

目前我国建设的大部分冷库都是平房库，有些冷库内由于未使用货架，直接堆垛码放，受堆放层数限制，造成库容的上半部分空闲；有些库内规划不合理，巷道、理货区、设备区占用面积过大造成了空间浪费等，从而降低了库容利用率。另外，对于只存放一种农产品的冷库，每年农产品收获时，就会满仓收储，然后全年逐渐出库，到下一年收储时正好库存清空。这样的仓库，1 年只周转 1 次，平均库存量只有满库容的一半，一年之中有一半的库容是闲置的。

5. 冷库专业认知不足

一方面，气调保鲜，必须有一个稳定、小区间的浓度波动环境，才能保证农产品的有效储存。以欧洲为例，目前能够采用气调方式进行长期仓储的冷库，空气浓度波动均有效控制在 M ±0.1% 或者 M ±0.05%；而在国内，因为设备真实脱除能力不足、库体气密泄露过重，加之对气调工艺参数不确认，往往库内的气体浓度不能满足果品“稳定”休眠所需要的环境状态。从前端的技术人员开始，大多数人盲目地认为只要配置气调设备，实时对冷库环境进行浓度调整，就是合理设计和配置，往往忽视了冷库围护结构气密性不良导致的冷库内部空气浓度波动剧烈。当前行业内常见通过发泡、凡士林等产品进行二次辅助密封，本身就存在很大的气密隐患，更无法实现有效的气密或者气调配套。

另一方面，众所周知制冷系统本身即具备强力的除湿能力，而除湿能力往往又是农产品长期保鲜的“绊脚石”，所以仅凭气调设备或者说加湿系统来弥补冷库内的湿度，往往是一大败笔，除了能够额外增加冷库内的制冷负荷需求，并不能带来足够的正向功能。常规冷库在设计过程中，往往过于关注如何降低初始投资成本、快速促使环境温度达到设计温度，而没有考虑到风速、风量、盘管蒸发温度不匹配带来的环境露点温度降低等因素，导致其存在失水剧烈的隐患。普通冷藏库多是为了保证中转需求，具有年化4%以上的失水率，在以周和月为单位的储存过程中，相关问题往往被用户忽略。

6. 自动化、信息化程度不足

产地农产品除了具备“鲜”“活”等特色之外，更会因为当年果季的气候环境如降雨、寒流等，或者因为灌溉、日照、肥药等因素，导致每年的农产品都具有一定的当季特色，进而不能以生鲜类肉食或者低温包装食品等产品的储存理念沿用统一的储存模式，甚至气调环境参数也有一定的差异。

在当前气调技术应用更为广泛的欧洲，目前冷库系统早已突破常规自控运行体系，已于前些年逐步开始向工业4.0升级，在已有的机械及自动化控制工艺下，通过逐年储存过程中汇总积累的不同地域、不同产品、不同季节的大数据资源池进行各项对比，可以在最短的时间内提供当前产品最佳的数据参考。

（三）产地冷库建设趋势

为了满足我国农产品对冷链物流的需求，未来产地冷库的容量必将有大规模增长。同时，随着科技的发展，冷库本身也将会有很大的变化，如更加自动化、智能化、低能耗等。随着农产品供应链的完善，产地冷库的建设和经营也会呈现体系化和联盟化的趋势。

1. 农村电商蓬勃发展拉动冷链物流基础设施需求

随着人们对高品质生鲜农产品需求的加大，农村冷链物流基础设施建设的重要性越发凸显。一方面，是中国农产品农业的快速发展，对相应的冷链物流配套基础设施提出了更高要求。另一方面，以蔬菜、水果为代表的生鲜农产品具有高复购率和强客户黏性等特点，近年来一直紧紧吸引着各大电商平台的目光，成为竞相争夺的重点领域，而电商平台比拼的能力中，冷链物流是必不可少的一环。更重要的是，随着农村快递服务网络的不断完善，对农村冷链物流基础设施的需求必然进一步加大农村电商的蓬勃发展，特别是直播带货新模式的兴起，为生鲜农产品市场打开一扇新的大门，也带来了许多新需求。

随着农村互联网的普及以及相关基础设施的广泛建设，农村电商迎来快速增长。总体来看，包括直播带货、扶贫助农在内的各种电商模式，让消费者走出菜市场的局限，看到了越来越多的田间地头和枝上的生鲜农产品，但是否能够“所见即所得”，让生鲜农产品以“最佳状态”到达消费者手中，必须依赖于冷链物流的保驾护航。

2. 产地仓储品质还将继续提升

当前行业内定义的“冷库”，以温度达到所需状态为主，并未深入考虑到农产品的特性，进而导致大量常规的冷库无法储存、储存后效果不佳、无法有效实现反季仓储的需要。因此，改善产地冷库为建而建、盲目推广、冷库运营性能与农产品严重不匹配的问题，是当前产地冷库发展的第一要务。产地冷库应以农产品为主要服务对象，同时要考虑到农产品的特性差异，避免出现想当然的一库百用模式，必须结合农产品的自身特性，进行产地冷库的设计及建设工作。

3. 冷库技术水平将不断提高

随着新材料、新技术的应用，冷库的隔热性能、密封性能都将得到一定程度提升，能耗也会随之下降，同时安全性会大幅提升。随着信息技术的发展，冷库内每个储位空间的温度、湿度、货物状态及统计数据等信息，保温、库门、地坪、设备运行、系统性能状态、能量迁移以及库内气流组织的信息采集会更加详细、精准。将这些信息整合到一个控制平台上，可使用高级分析、机器学习和人工智能方法对其进行分析，从而实现自动调控。冷库内部控制系统还能通过网络与库存管理系统、客户管理系统、客户的信息系统等相连接根据客户的要求，自动完成冷库加工、入库、出库等操作。

4. 农产品产地冷库建设与经营体系化和联盟化

围绕产地冷库，可以通过升级产地冷库的体系建设，并根据区域产品的特性，有针对性地进行冷库设施配置及投产，最终形成个性化、品质化的产地冷库运营模式，确保冷链仓储产品品质及储存周期满足终端客户的需求，进而带动农产品供给侧的改革。以产地冷库为核心，打造贯通中转、分配、流通及终端消费的冷链产业园区，完善冷链产业配套体系，最终实现上下游的产销衔接。

农产品产地冷库建设的体系化是指为了满足农产品冷链物流的需要，随着冷库规模的扩大，在产地冷库中按照完整的业务流程规划各个功能区域，安装先进的设备，使之具有检验、称重、预冷、分级、清洗、加工、包装、装箱、冷藏等所有功能。农产品产地冷库经营的体系化是指这些冷库也需要加入完整的农产品冷链物流体系中，成为某一农产品线上线下融合的冷链物流体系中的一部分。农产品产地冷库建设与经营的联盟化，是指小、散、杂的农产品生产者结成联盟，共建功能齐全的中大型冷库，共享冷库设施，共同参与农产品冷链物流体系，提升专业化水平，增强自身的竞争力，获得稳定的订单。

作为供给侧农产品供应链闭环中的冷链仓储环节，可以集成农产品储存、加工及采购分销环节，同时辅助现代物流及运营管理理念，推动先进仓储行业及现代农业的深度融合，将农产品种植、仓储、加工、分销有机融合和关联，进而以流通加工为基础，衔接农产品种植、加工和分销，实现三产融合和渗透，延长农业产业链条，发展具备当地自有特色的现代产业，为现代化农业与工业制造、服务行业关联提供基础。

以县、区为单位，围绕当地特色农产品种植，通过产业融合，再造种植端产业链条。以农产品种植及加工为基础，衍生以休闲农业、乡村旅游及民宿经济一体化为主的生产性服务业发展道路。通过农产品仓储保鲜和冷链物流服务设施的建设，引导地域性的第三产业集聚发展，从而带动当地区域经济增长。

5. 农产品冷链物流标准化体系建设

国内人均消费能力的提升对生鲜农产品品质提出更高要求，对冷链标准认知加强，同时互联网平台也倒逼农产品冷链物流标准落地。另外，生鲜农产品电商的竞争使得冷链服务标准越来越透明化、标准化，互联网、物联网、区块链等信息技术实时监控冷链物流各环节，打通生产商、供应商、销售商以及消费者之间的信息壁垒，让冷链物流资源利用率最大化，降低冷链物流各环节人力物力成本，提高冷链物流运行管理效率。同时，伴随着国内政策标准和监管措施进一步完善，农产品产地冷链物流将呈现标准化的发展态势。

［作者：广东新供销天业冷链集团有限公司、
德和资（北京）人工环境技术有限公司］

二、流通冷库建设

（一）流通冷库建设意义

经过几十年的快速发展，当前我国农产品流通主要存在以下三种渠道。

（1）以批发市场为核心的流通渠道。大部分农产品经由批发市场分销，农产品批发市场（以下简称农批市场）仍然是农产品流通的主渠道，是我国农产品流通体系的枢纽和核心。

（2）以企业或合作社为主体的农超对接和产地直销流通渠道。预估该渠道承担了全国 20% 以上的农产品流通量。

（3）近年来蓬勃发展的农产品电商渠道。2020 年受新冠肺炎疫情影响，全国农产品电商交易增长速度进一步加快。

农产品的储存和流通需要稳定的冷冻冷藏设施，持续的低温环境才能抑制微生物和酶分解腐败，在一定程度上降低农产品的损失。很多农产品在采摘下来之后，如果保存方式不当，会造成产品损耗，其新鲜度将大打折扣，等运输到其他地方后，就失去了产品原有的价值。所以，农产品冷链在降低农产品流通损耗上扮演了重要的角色。

当前农产品流通渠道的冷链物流网络不完善，尤其在关键流通节点上，如农批市场等，冷链发展及冷库建设等方面仍存在较大短板。而此环节对于生鲜农产品流通而言，更是关键要素之一。农产品批发市场是我国农产品流通的主渠道，是城市的核心功能设施，是实现农产品在区域间城乡连接的纽带和桥梁。新冠肺炎疫情期间，农批市场及冷链行业充分发挥了有效保障居民生活必需品供应的功能，成为农产品保障供给稳定物价、解决卖难与买难的重要平台。但疫情的暴发和反弹，也暴露了农批市场与冷链行业当前存在的问题。具体表现出其脆弱性、碎片性和链条易断性。

（二）流通冷库建设困局

尽管冷链物流近年来受到了广泛关注，但是我国冷链物流的发展程度仍然较低，行业统一的标准体系还没有建立，完整独立的冷链系统尚未形成。就流通环节而言，冷库建设方面主要存在以下四点问题。

1. 宏观引导不到位

没有部门深入研究、指导、推动全市场的冷链物流工作。在政府层面上缺乏对冷链物流行业的引导和支持；社会层面上也没有相关行业协会协调、指导，完全依靠企业自行盲目经营、发展，难免造成体系建设上的不到位或者局部的资源浪费和重复性建设。

2. 冷链物流系统观念缺失

冷链物流没有形成系统的观念，各环节的企业虽然在一定程度上接受了冷链的概念，但在操作上大多是个体行为，不能对整个冷链物流体系进行有效控制。在农批市场的上下游企业中，冷链实施的系统集成管理能力还很弱。

3. 冷链物流整体规划欠缺

规划工作不完善，基础设施不配套，重复性建设繁多，资源浪费严重。对于企业个体来讲，没有足够的能力完成全程供应链的冷链系统建设，在经济利益驱动下，它们只在自己所在的环节中千方百计地降低成本，自行组织生产，没有整体观念。现实中的冷链物流很多情况是脱离冷链的，"断链"现象经常发生，没有形成冷冻加工、冷冻储藏、冷冻运输与配送、冷冻销售的完整产业链，难以实现规模经济、发挥整体效益。

4. 冷链系统信息化体系不完善

冷链信息系统应囊括冷链生产的各个环节，能够产生整体效益。我国食品冷链物流的信息化建设比较落后，没有形成健全的信息网络，造成冷链食品生产、流通的盲目性。信息系统建设不完善还会大大影响生鲜农产品冷链物流的在途质量、准确性和及时性，造成信息不对称、仓储运输系统的效能比较低。目前，国内市场上几乎没有经过统一规划设计的信息系统，只有提供少部分功能的类似于财务管理或库存管理的软件，企业还没有完全意识到系统信息化的重要性。供应链管理缺乏信息平台的支持，在大生产、大市场的环境下势必造成信息流、商流传递不流畅，不仅会阻碍生鲜农产品冷链物流的发展，更会造成社会生产成本的提高和资源的浪费。

（三）流通冷库未来建设趋势

通过对目前生鲜农产品冷链物流的运营模式及其面临的各种问题的分析，可以看出：应从多方面入手来解决发展冷链物流的问题。

1. 加强冷链物流工作中政府和相关协会的扶持力度

生鲜农产品冷链物流体系需要政府、行业协会的支持和企业的配合来共同构建。政府可出台一系列政策措施，来促进生鲜农产品冷链物流的发展，如土地政策、税收政策来鼓励冷库、配送中心等基础设施的建设，并支持行业协会的建立，倡导企业对冷链设施的使用，以此不断提高服务质量。出台生鲜农产品冷链物流企业的优惠政策，支持冷链物流企业的发展。

2. 提高从业人员的专业素养

要重视冷链物流专业人才的培养，这是冷链物流系统化经营的关键所在。加强冷链物流领域高技能人才的培养与使用，尤其是要加强在职人员的农产品冷链物流的培训，发挥行业协会组织的作用，建设农产品冷链物流实习基地和编制农产品冷链物流的实训手册，培养冷链物流领域的实用人才。

3. 用全局观念进行冷链物流网络规划

整合社会资源对大宗生鲜农产品主产区和特色农产品基地开展冷链物流体系建设，建立从产区到消费区的冷链物流规范模式。选择基础条件较好的集团企业，建成集生鲜农产品交易、仓储、加工、配送、展销、电子商务于一体的，拥有现代化配套设施的冷链物流中心。注重对农产品实施“从农田到餐桌”的全过程规划，便于实现全过程管理。

4. 加强行业及大型供应商信息化体系建设

在冷链物流行业中引入信息系统，可以充分利用现有的设施，降低物流成本。通过先进技术可以做到上下游企业信息共享，通过信息平台对信息进行处理和传递，对生鲜农产品的上下游信息及各种冷藏车辆和冷库进行全面动态监控，及时掌握生鲜农产品供应、运输动态和库存信息，确保生鲜农产品的质量与安全，实现冷链一体化管理。

三、销地冷库建设意义

（一）销地冷库建设意义

随着国民生活水平的不断提高，生鲜农产品的发展也越来越迅速，但

“新鲜”永远是人们对生鲜农产品的第一要求，若是没有合适的环境进行储存、运输，必会导致生鲜农产品的品质发生改变。因此，冷链物流起到了至关重要的作用。

销地冷库作为更加贴近终端消费者的关键物流节点，承载着满足人们日常生活需求及特殊情况下基础民生保障的重要职能。同时在“互联网＋”及“消费升级”等多重因素的影响下，销地冷库成为推动相关产业升级再造的关键性资源。加之城区用地规划的吃紧以及安全、环保等标准的日益提升，对于销地冷库的合理化布局及规划也提出了更高的要求。

（二）销地冷库建设困局

1. 城市规划中冷链物流相关用地紧缩

在现有城市规划中，对于冷链物流用地的相关规划仍显不足。这也造成城市冷库建设推进速度受限，尤其是在大中型城市中更为凸显。即使有相关规划，但是在实际落地实施以及区位布局时，仍然会存在诸多不便，对于后续的冷库及相关业务的规划和操作易造成不利影响。

2. 安全事故频发，逐步推动冷库向城市边缘圈转移

冷库相较于常规普货仓库，其工艺结构更为复杂，且安全风险更高。制冷剂及日常管理疏忽，易发生安全事故。加之新冠肺炎疫情的影响，更是多次波及城市冷库。在多重因素的共同影响下，冷库被逐步推向城市边缘圈，甚至被迁移至城市外围。

3. 销地冷库资源共享性差，独立自主运营仍为主流

目前销地冷库仍然集中于以各企业独立运营使用为主，跨企业间的共享互用性仍然较差。加之目前城市冷库资源相对匮乏，各企业资源分散且规模受限，因此共享使用的可能性更小。此类杂、小、散的城市冷库资源，不仅不利于实际使用，同时对于有关部门的监管也造成了较大难度，增加了管控事故风险。

（三）销地冷库未来建设趋势

1. 推进销地冷链集配中心建设

在消费规模和物流中转规模较大的城市新建和改扩建一批销地冷链集配中心，集成流通加工、区域分拨、城市配送等功能。在符合规划的前提

下，研究利用绕城高速公路沿线可开发地块等建设“近城而不进城”的销地冷链集配中心，提高冷链干线与支线衔接效率。密切销地冷链集配中心与存量冷链设施的业务联系，引导冷库等设施向销地冷链集配中心集中，推进城市冷链设施布局优化。

2. 加快商贸冷链设施改造升级

推动农产品批发市场冷库改造，配套建设封闭式装卸站台等设施，完善流通加工、分拨配送、质量安全控制等功能。鼓励商超、生鲜连锁店加大零售端冷链设施改造升级力度，提高冷链物流服务能力。引导城市商业街区、商圈、农贸市场共建共享小型公共冷库。淘汰关停不合规、不合法冷库。

3. 完善末端冷链设施功能

加大城市冷链前置仓等“最后一公里”设施建设力度。鼓励移动冷库、智慧冷链自动售卖机、冷链自提柜等在城市末端配送领域广泛应用。推动末端冷链配送服务站点建设改造，完善新能源冷藏车充电设施布局，扩大城市冷链网络覆盖范围。

4. 强化区域分拨功能

扩大国家骨干冷链物流基地分拨服务范围，重点完善面向区域内销地冷链集配中心、冷链配送网点的区域分拨服务网络，以及销地冷链集配中心面向大型商超、农贸市场等的分拨服务网络。推动城市群、都市圈销地冷链集配中心共用共营，构建高效分拨服务圈。

四、港口冷库建设

（一）港口冷库建设意义

港口作为全球贸易中的关键节点，更是对于生鲜供应链的发展起到了至关重要的作用。港口作为国家门户，其主要功能就是对人和物进行有效出入境管理。根据交通方式，港口可划分为海港、陆港和空港。而现阶段，海港和空港对于跨境生鲜供应链的发展有着重要意义。同时，搭载临港冷链物流园，可实现港口功能的进一步延伸，主要表现在信息管理、清关服务、货品流通服务、贸易代理以及销售渠道等。

（二）港口冷库建设困局

我国港口冷链物流已获得较大发展，但是依然有很大的发展空间，同时也存在一些问题制约其健康发展。

1. 基础设施不够完善

制约港口冷链物流发展的因素之一是冷链设施和冷链设备不足。一是冷藏箱堆场箱位数、装卸机械等不够充足，会影响冷藏箱堆场的年通过能力，而冷库的建设能够弥补这一不足，以冷库为基础的冷链物流中心通常具备储存、拆装箱、检验检疫、零散销售等多种功能；二是冷库容量不足，我国冷库拥有率水平低于大部分国家，人均冷库容积为 0. 1 ~ 0. 3m^3，服务于港口的冷库容量与需求不匹配。

2. 信息化和标准化建设有待加强

冷链物流的质量把控依赖于全过程的温度控制管理，而若要实现全程温度控制管理，必须要有较高的信息化水平作为支撑。因此，先进的信息技术必不可少。现阶段，港口并未实现冷藏箱装卸、搬运全过程的温控管理，与之配套的信息化建设亟待加强。另外，港口对于某些产品在冷链物流中的管理缺乏统一的标准，如装卸速度、各环节低温对接要求等。冷链物流的标准化发展尚不充分，导致港口冷链物流过程的增值效应还不够明显。

（三）港口冷库未来建设趋势

1. 整合资源，合理布局

近几年，随着去产能的推进，港口整合势在必行，有些省市已完成港口整合，有的正在进行。在港口整合过程中，可考虑冷链运输资源的整合，且综合考虑冷库的布局，使港口冷链物流产业布局更加合理，避免恶性竞争的出现。同时，加强港口冷链基础设施的建设，推进临港冷链产业链的发展，拓展港口冷链服务范围。

2. 推进标准化、专业化、信息化建设

2017 年 11 月《中华人民共和国标准化法》修订出台，标准化工作上了一个新台阶。对于冷链物流行业来说，标准化工作尤为重要，关系到整个行业的规范经营。制定科学合理的标准后，还应积极进行宣贯执行。专业化方面，首先要培育一批经营管理理念先进、技术水平高、竞争力强的冷链物流企业；其次，企业要注重员工培训，建立长期稳定的培训制度，不仅要培养掌握冷链物流和冷链技术的管理人才，还要注重对设备操作人员的培训。信息化建设对港口冷链物流的发展也至关重要，对冷藏箱作业的实时控制、冷链全程的温度控制、冷链物流监控系统等都需要以信息化建设为基础。积极推进冷链的标准化、专业化、信息化建设才能更好地实现全过程冷链，提高港口冷链物流服务质量。

3. 加大冷链政策支持力度

港口冷链物流的发展离不开政策的支持。首先，国家层面需要提前规划，统一协调，促进港口冷链物流的有序发展，避免重复建设和无序竞争。其次，在财政、用地等方面加大对港口发展冷链物流的支持，对重点冷链物流企业给予适度优惠，对冷链物流人才的引进和培养进行适当补贴。最后，鼓励创新发展，以先进技术和先进管理模式引领港口冷链物流的发展。

第四章　2021 年全国冷链运输市场情况分析

本章共分为三节，依次对于冷藏车市场概况、冷链运输业务运营情况，以及冷链主要运输方式发展情况等内容进行阐述。

第一节　冷藏车市场概况

一、冷藏车市场增长情况分析

（一）冷藏车保有量、增量与公路货运量分析

据不完全统计，截至 2021 年全国冷藏车保有量已突破 34 万辆，达到 34. 14 万辆。2021 年增速逐步回归理性，与 2020 年的 28. 67 万辆相比，同比增长 19. 1%，如图 4 －1 所示。

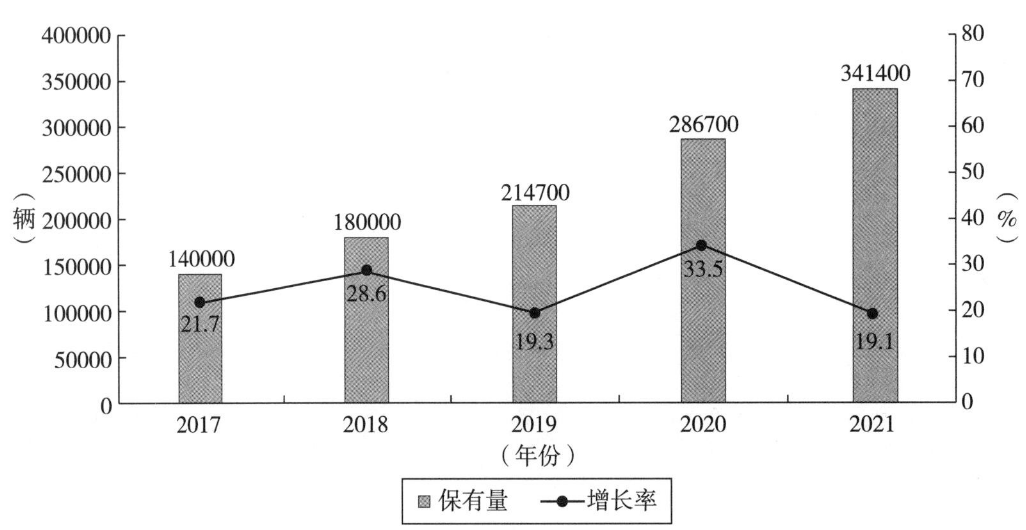

图 4 －1　2017—2021 年全国冷藏车保有量及增速

资料来源：中物联冷链委。

交通运输部公布了 2021 年全年公路货物运输量（即货运量），2021 年全年，全国公路货物运输量累计 3913889 万吨，同比增长 14.2%（见图 4－2），全年货物周转量累计 61553398 万吨公里，同比增长 14.8%。

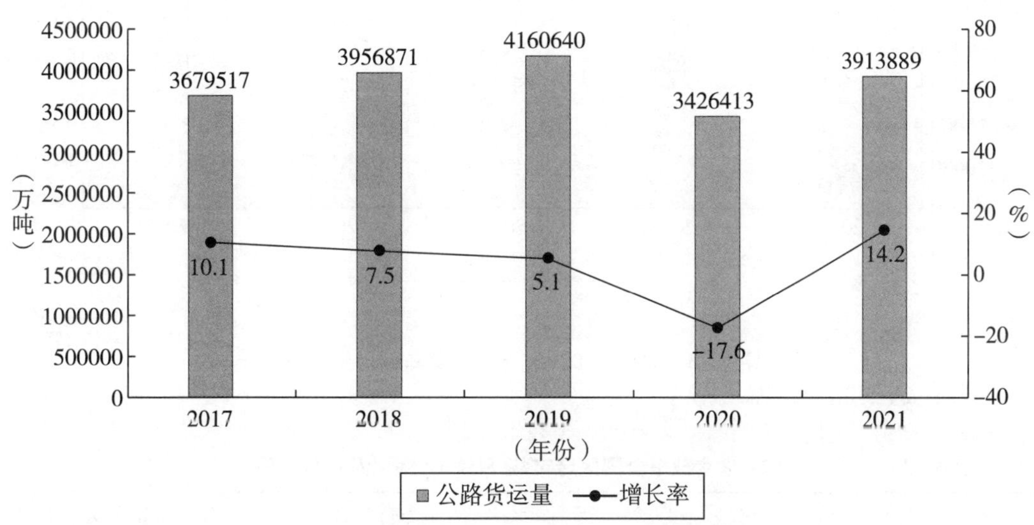

图 4－2　2017—2021 年全国公路货运量及增速

资料来源：交通运输部。

分省份来看，货运量累计排名前五的省份为：山东 291196 万吨、广东 267489 万吨、安徽 259044 万吨、河北 227203 万吨、河南 226447 万吨。同比货运量增速排名前三的省份为湖北 41.1%、新疆 34.7% 和青海 30%。

（二）冷藏车销售情况分析

据终端上牌数据不完全统计，2021 年冷藏车终端销量为 79895 辆，同比（2020 年冷藏车终端销量为 67205 辆）增长近 2 成（18.9%），比 2021 年货车大盘增速高近 27.5 个百分点，成为 2021 年货车市场中一道亮丽的风景线。2017—2021 年全国冷藏车销量及增速如图 4－3 所示。

根据终端上牌信息，2021 年冷藏车全国区域市场 TOP 10 销量及市场份额具体如表 4－1 所示。

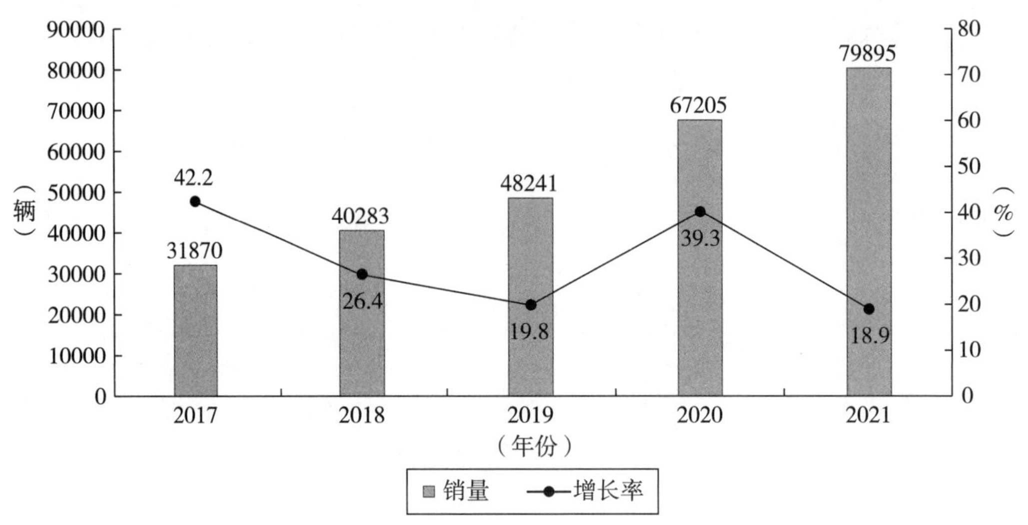

图 4－3　2017—2021 年全国冷藏车销量及增速

资料来源：商用汽车总站。

表 4－1　2021 年冷藏车全国区域市场 TOP 10 销量及市场份额

排名	区域	销量（辆）	市场份额（%）
1	广东	7950	9.95
2	北京	6152	7.70
3	山东	6144	7.69
4	江苏	5832	7.30
5	湖北	5672	7.10
6	安徽	4914	6.15
7	浙江	4634	5.80
8	河南	4234	5.30
9	辽宁	3995	5.00
10	河北	3875	4.85
合计		53402	66.84

资料来源：商用汽车总站。

2021 年冷藏车在各区域市场销量分布不均，其中广东拔得头筹，累计销售 7950 辆，占比为 9.95%；北京、山东分别获得亚军和季军。TOP 10 累计占比近 7 成。

从车型来看，轻型冷藏车销量占比近 7 成，是拉动 2021 年冷藏车市场增长的主要“原动力”，同时微型冷藏车同比增速最快，如表 4－2 所示。

表 4 – 2　　2021 年全国冷藏车车型增长数量情况

项目	重型	中型	轻型	微型	合计
2021 年销量（辆）	17656	6392	54650	1197	79895
2020 年销量（辆）	15793	5041	45699	672	67205
销量同比增长（%）	11.8	26.8	19.6	78.1	18.9
2021 年销量占比（%）	22.1	8.0	68.4	1.5	100.0
2020 年销量占比（%）	23.5	7.5	68.0	1.0	100.0
2021 年销量占比同比增减（%）	–1.4	0.5	0.4	0.5	0

资料来源：商用汽车总站。

2021 年各细分车型冷藏车销量呈现以下特点。

（1）轻型冷藏车（含轻卡和轻客）累计销量 54650 辆，同比增长 19.6%，销量占比近 7 成，且占比同比增加 0.4 个百分点，因此可以看出轻型冷藏车仍为目前冷链运输市场的主力车型，是拉动 2021 年冷藏车市场增长的主要资源要素。

（2）微型冷藏车累计销量 1197 辆，同比增长 78.1%，是同比增速最快的细分车型，但占比最小。

（3）重型冷藏车累计销量 17656 辆，同比增长 11.8%，占比为 22.1%，居第二位，但占比同比下降 1.4 个百分点，是占比同比下降最多的细分车型。

（4）中型冷藏车累计销量 6392 辆，同比增长 26.8%，占比为 8.0%，且占比同比增加 0.5 个百分点。

根据电车资源统计数据，2021 年累计销售新能源冷藏车 1736 辆，同比增长 256%，成为 2021 年冷藏车市场新的增长点。2021 年新能源冷藏车销量结构如表 4 – 3 所示。

表 4 – 3　　2021 年新能源冷藏车销量结构

项目	纯电动	混合动力	燃料电池	合计
2021 年销量（辆）	1187	522	27	1736
占比（%）	68.4	30.0	1.6	100.0

资料来源：中国商用车总站网。

按技术路线划分，2021 年新能源冷藏车销量结构中，纯电动冷藏车占比近 7 成（68.4%），居于主体地位，其次是混合动力冷藏车，占比为

30.0%；最后是燃料电池冷藏车，占比只有1.6%。

新能源冷藏车品牌销量数据显示，吉利商用车居新能源冷藏车销量榜首，TOP 5车企总销量占据总销量的72%。2021年新能源冷藏车销量TOP 5车企如表4-4所示。

表4-4　　2021年新能源冷藏车销量TOP 5车企

排名	车企	2021年新能源冷藏车销量（辆）	市场占比（%）
1	吉利商用车	621	35.8
2	瑞驰新能源	294	16.9
3	广西汽车	175	10.1
4	东风汽车	88	5.1
5	玉柴新能源	71	4.1
TOP 5总销量		1249	72.0
新能源冷藏车总销量		1736	100.0

资料来源：中国商用车总站网。

在2021年新能源冷藏车销量TOP 5车企中，吉利商用车累计销售621辆，占比为35.8%，一家独大，位居榜首。根据终端数据，吉利商用车2021年销售的新能源冷藏车中，主要配套的电池品牌是国轩高科（329辆），占比52.98%；其次是宁德时代电池，配套155辆，占比为24.96%；再次是亿纬锂能电池，配套116辆，占比为18.68%；其他品牌的电池配套21辆，占比较小（3.38%）。瑞驰新能源累计销售294辆，占比为16.9%，位居行业第二。根据终端信息，瑞驰2021年销售的294辆新能源冷藏车配套的电池品牌均为国轩高科。广西汽车累计销售175辆，占比为10.1%，位居行业第三。根据终端信息，广西汽车销售的175辆新能源冷藏车中，109辆配套的电池是力神动力，占比为62.3%；66辆配套的是宁德时代电池，占比为37.7%。TOP 5累计销售1249辆，市场集中度超过7成（72.0%）。

二、冷藏车市场发展因素分析

一是政策强力支持，为冷藏车快速增长提供了坚实的基础。

近年来，国家不断发布鼓励冷链基础设施建设的产业政策，使得政策红利加速释放，引发了冷链物流运输基础建设的新热潮。特别是2021年国家对冷链物流运输基础建设的支持力度更大。比如在 2021 年，国家发展改革委设立了城乡冷链和国家物流枢纽建设中央预算内投资专项，将国家骨干冷链物流基地范围内公共性、基础性设施补短板项目建设纳入重点，首批 17 个基地相关项目建设获得资金支持。另外通过优先纳入地方政府专项债项目备选清单、推荐给相关金融机构等方式，加大了对 2021 年我国城市和乡村冷链物流运输基础设施建设的扶持力度。这些对 2021 年冷藏车市场的快速增长不但起到了保驾护航的作用，也为冷藏车市场的进一步发展夯实了基础。

二是冷链物流市场规模不断扩大，拉动了冷藏车销量的增长。

随着城镇化进程的加快、人们生活水平质量的提高，城市配送需求也随之大幅度增长。冷链配送是城配中的重要一环，特别是在新冠肺炎疫情之后，生鲜电商和医药冷链等需求不断增加，近年来，我国冷链物流行业的市场规模在逐年扩大。冷链物流市场规模的扩大，必然带动作为冷链物流的核心运载工具——冷藏车销量的增长。

三是国内部分地区新冠肺炎疫情出现反复，推动了国内对冷藏车需求的增加。

2021 年我国部分地区新冠肺炎疫情出现反复（比如江苏部分地区和陕西西安等），为了有效防控新冠肺炎疫情的扩散，这些地区对新鲜食品的需求迅速上升，而新鲜食品主要依靠冷藏车等运载工具来运输，因此在一定程度上促进了 2021 年冷藏车需求的增长。

四是海外部分国家新冠肺炎疫情形势严峻，拉动我国冷藏车出口贸易。

由于 2021 年海外部分国家新冠肺炎疫情较严重，为了保证食品的新鲜和安全，其中一些国家需要从我国进口更多的冷藏车，这使得我国出口冷链物流运输市场的规模也在不断扩大。根据海关数据，2021 年 1—12 月我国仅轻卡就出口 239825 辆，同比增长近 1 倍，其中轻卡类冷藏车出口 18572 辆，同比增长 123%，有力推动了 2021 年我国冷藏车市场的增长。

五是我国生鲜零售市场规模不断扩大，对冷藏车需求增加。

根据 Euromonitor 数据，2019 年我国生鲜零售市场总额为 4.98 万亿元，2020 年为 5.14 万亿元，2021 年达到 5.3 万亿元，可见近年我国生鲜零售市场规模呈现平稳增长态势，而这些增加的生鲜零售市场份额必然需要依靠更多的冷藏车进行运输，因此带动了 2021 年冷藏车市场的增长。

三、冷藏车市场发展趋势

（一）基建热潮仍将持续

冷链物流建设涉及国计民生，对提高人民生活水平和改善生活质量起到了重要的作用，各级政府近两年高度重视完善冷链基础设施，相继出台“国家骨干冷链物流基地”等各项政策措施引导产销地冷链物流基础设施建设。预计到2023年，中国冷藏车保有量将超过35万辆。未来较长一段时间内，冷链运输设备市场将持续保持增长态势。

（二）冷藏车监管趋严

据统计，目前冷藏车的国家标准主要是《道路运输 食品与生物制品冷藏车安全要求及试验方法》，涉及生鲜、冷藏食品、冷冻食品等，明确了温度分类和冷藏车分类的对应关系，对冷藏车的功能要求作了明确规定。保鲜、冷鲜、冷冻三类冷藏车标准法规逐步完善，推动了冷藏车市场的发展。

（三）冷链运输绿色化发展

由于新能源冷藏车技术发展的不成熟、电池技术落后以及政策补贴降低等相关影响，新能源冷藏车当前发展进程较为缓慢，但长远来看，在环保大势下新能源必定是冷藏车未来发展潮流。绿色物流、环保节能是当前发展的重要方向，冷藏车行业也将向绿色高效的方向不断前进。

（四）城配市场迅速崛起

传统式知名品牌企业、连锁店零售业/餐饮业对冷链运输的市场需求不断增多，以生鲜电商为代表性的增量用户持续增长。市场需求驱动下，城配市场增长快速，年复合增长率保持在20%，高过仓储服务的15%及干线运输10%的年复合增长率。预计2022年城配市场规模将达到1800亿元，约占整体冷链运输市场的40%。

（五）物流信息技术应用领域升级

物联网技术在温度监测、智能电子围栏等全过程监控及安全管理措施中多有实施，关键实施效果取决于运输管理效率及运输标准监控的提高。随着冷链运输机器设备越来越广泛性地接入物联网，其将在远程操作、实时控制方向落地大量应用。近年来，随着移动互联网技术的发展，将原来分散型管理的部分环节进行统筹管理已成为可能，其对整体管理效率提升、成本管控都有裨益。将来随着互联网大数据及人工智能技术的发展应用，路线优化、订单整合等功能将不断加强，其在规模化企业的应用有望广泛推进，助力企业经营管理效率更上一层楼。

（六）平台模式探寻实践

效仿其他行业撮合/统筹类平台的成功实践，平台模式在冷链行业也出类拔萃，且不断地探求巧用社会资源的方式。现在，应用平台有两种模式。一种是平台为供需双方提供交易撮合收取服务费；另一种是统筹冷链资源统一提供服务收取服务费。其他平台往往还提供相关增值服务，如金融业等增值服务，并收取额外费用。因此，平台模式纳入社会第三方的冷链运输资源，可以提升企业对于客户的服务范围及服务深度。

（七）发展冷链物流多式联运

完善冷链多式联运设施。鼓励国家骨干冷链物流基地等完善吊装、平移等换装转运专用设施设备，加强自动化、专业化、智慧化冷链多式联运设施建设。因地制宜增强国家物流枢纽、综合货运枢纽冷链物流服务功能，推进港口、铁路场站冷藏集装箱堆场建设和升级改造，配套完善充电桩等设施设备。优化冷链多式联运组织。培育冷链多式联运经营人，统筹公路、铁路、水运、航空等多种运输方式和邮政快递，开展全程冷链运输组织，积极发展全程冷链集装箱运输。依托具备条件的国家骨干冷链物流基地等开展中长距离铁路冷链运输，串接主要冷链产品产地和销地，发展集装箱公铁水联运。依托主要航空枢纽、港口，加强冷链卡车航班、专线网络建设，提高多式联运一体化组织能力。大力发展冷链甩挂运输，鼓励企业建立“冷藏挂车池”，有机融入公路甩挂运输体系，完善冷藏车和冷链设施设备共享共用机制，提高冷链甩挂运输网络化发展水平。鼓励现有多式联运公共信息平台集聚整合运输企业、中介等的冷链物流相关信息，拓展完善冷链物流服务功能，提高货源、运力、仓储等冷链资源供需匹配效率。

第二节　冷链运输业务运营情况

冷链运输是指在温控环境下运输的全过程中，在装卸搬运、变更运输方式、更换包装设备等环节，都使所运输货物始终保持在一定温度环境下进行操作。冷链物流运输环节主要集中在干支线、城市揽收和城市配送等流通场景。冷链运输方式可以是单一的公路运输、水路运输、铁路运输、航空运输，也可以是多种运输方式组成的综合运输方式。冷链运输是冷链物流的一个重要环节，冷链运输成本高，而且包含了较复杂的移动制冷技术和保温箱制造技术，冷链运输管理包含更多的风险和不确定性。

一、冷链物流的流通环节示意图

冷链流通环节示意如图 4－4 所示。

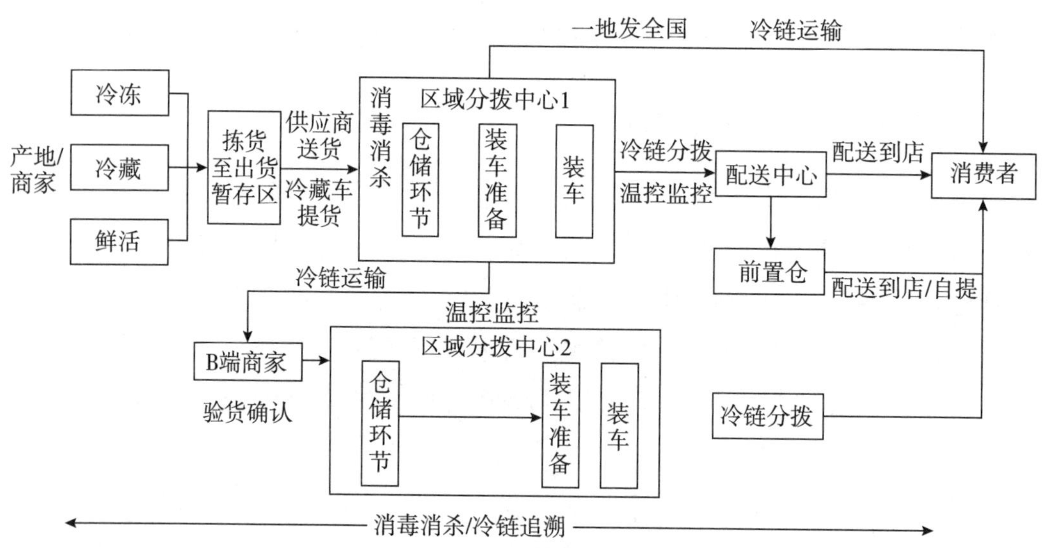

图 4－4　冷链流通环节示意

资料来源：中物联冷链委。

二、冷链运输主要环节

（一）拣货至出货暂存区

从冷冻库或冷藏库拣货出来后，会被放置于出货暂存区。一般情况下，

冷冻库的温度在 -25 ~ -23℃，食品的中心温度在 -18℃左右，冷冻品出货暂存区的温度要求在0℃左右，且冷冻食品在暂存区的存放时间不宜超过半个小时。由于对温层的需求不同，冷冻食品与冷藏食品不宜在同一温层的出货暂存区暂存。

（二）装车前准备工作

低温运输车辆在装车前，应首先将车厢内温度降温，一般冷冻品车厢温度要降至 -10℃以下时方可进行装车，冷藏车温度要降至7℃以下、冻结点以上时方可进行装车。同一车辆不可以既装冷冻品又装冷藏品，除非该冷藏车为双温层车辆。冷藏车降温时间与车辆的性能及所需降至的温层相关，一般情况下开始降温时间应与拣货时间相配合。最好的状态是，冷藏车厢体温度降到指定温度时，低温食品刚拣货完成并搬运至出货暂存区。

（三）装车

低温车辆降温至指定温度时，应将后车厢门打开，车辆缓慢后靠至码头门罩达到与码头库门气密衔接状态后，再打开码头库门，调整码头调节板至车厢体。在此过程中，低温车辆应保持制冷机组正常运行，继续处于降温状态。冷冻车辆一般将车厢内温度降至 -18℃以下，并在运送过程中保持此低温。生鲜食品应使用物流容器配送，比如使用笼车或栈板装车，这样做第一可在最短时间内装车完成，第二可最大限度地减少装卸车过程中对生鲜食品造成的损耗，第三可避免生鲜食品与车厢体接触，以减少污染。装车完成后，应首先收回码头调节板、关闭码头库门，再将低温车辆开离后，关车厢门，依指定路线出货配送。

（四）运输环节

低温车辆离开冷藏加工物流中心后，制冷系统应保持正常运转状态，全程温度应控制在指定的温度范围内。例如，冷冻产品运输车辆全程温度应保持在 -18℃以下，冷藏产品运输车辆全程温度应保持在 2 ~ 8℃，冷藏车温度具体依产品而定。配置较好的冷冻（藏）车一般都有 GPRS 装置和温度跟踪记录系统，可让业主时时追踪到车辆的动向及车厢体内的温度控制情况。

（五）配送到店

低温车辆到达门店后，至门店理货人员开启车厢门卸货前，车辆的制冷系统应保持正常运转状态，并保证车厢体内的温度达标。一般门店很少规划有卸货码头、密闭设施及调节设备，在门店卸货应快速进行。

（六）验收

验收在开启冷冻（藏）车厢门时就已开始。打开车厢门，首先应检测车厢体内的温度是否符合要求，再快速卸货，当生鲜食品进入门店冷冻库或是冷柜后，再查验食品的数量、质量、中心温度等。

三、冷链运输中的关键环节

（一）如何全程保持一个温度

与一般的保温技术不同的是，冷链运输的保温技术要求保温材料既要轻薄，又要具有良好的隔热效应，要求密封材料密封效果好，要求在车厢打开搬运装卸作业条件下也应该尽量做到保温效果。

（二）如何全程监控温度情况

通过无线温度监控系统，对冷链车进行全透明式的监控管理。比如温湿度监控设备，集 GPS 定位和温湿度监控为一体，无须布线，方便部署，可灵活拆装；采用数字化温度传感器，高精度、高可靠性；GPS 和 AGPS 双定位，使定位更加精准；离线补传机制，保证数据的完整。尤其是对于车辆不固定的企业，便携式温度监控设备是其最优之选。

四、运输环节中易出现的异常环节

目前冷链物流运输环节常见的问题主要有如下几种。

（1）受仓库环境限制，货物直接在常温月台装卸。

（2）车内未达到指定预冷温度就进行装卸货，或是在装卸货过程中冷机未处于运行状态。

（3）为了实现单次载货量最大化，货物码放非常紧凑，货物与车厢壁、车顶之间未留有一定空间，有的货物甚至码放高度已基本到车厢顶部。

（4）运输过程温度不明了，途中司机是否持续打冷，打冷是否达标，车厢体内前中后端的温度控制是否符合所需。

（5）在货主方验收环节，个别货主验收货物温度方式是采用开车门上车检测货物包装箱表面温度值来确认车内温度是否达标。

（6）货主方和运输方常以制冷机组仪表显示温度作为厢内温度参考，但实际上，仪表显示温度仅表示回风口温度，无法代表出风口、车中段、车尾段温度情况。这种温度差异，越是在炎热的夏天就越严重。另外，国内改装冷藏车产业兴盛，如果改装时，其探头安装不规范、位置选择不合理，也会导致车厢内整个温度存在严重偏差。

（7）在城配环节，仍可以看到采用常温车运输，货物通过冰块冷藏运输的情况。

五、重点运输企业经营情况分析

（一）基本情况

2020 年冷链运力 50 家重点企业中，民营企业有 36 家，国有企业有 8 家，外资企业有 1 家，合资企业有 3 家，其他类型企业有 2 家。民营企业在冷链运输市场的活力得到持续释放。具体企业汇总如表 4 –5 所示。

表 4 –5　　2020 年冷链运力 50 家重点企业汇总

序号	企业名称	序号	企业名称
1	漯河双汇物流投资有限公司	9	大连鲜悦达冷链物流有限公司
2	成都运荔枝科技有限公司	10	聊城市龙成物流有限公司
3	荣庆物流供应链有限公司	11	黑龙江昊锐物流有限公司
4	上海世权物流有限公司	12	福建信运冷藏物流有限公司
5	漯河市顺安运输有限责任公司	13	漯河市恩远物流有限公司
6	济南维尔康实业集团有限公司	14	北京新冷明航运输有限公司
7	福建恒冰物流有限公司	15	北京澳德物流有限责任公司
8	石家庄冰峰冷藏物流有限公司	16	京东物流

续 表

序号	企业名称	序号	企业名称
17	广州鑫赟冷冻运输有限公司	34	安丘市瑞功物流有限公司
18	阳谷鑫源物流有限公司	35	广东燕塘乳业股份有限公司
19	上海郑明现代物流有限公司	36	北京金成宸盛信息技术集团股份有限公司
20	沈阳鹏瑞合兴冷藏物流有限公司	37	重庆雪峰冷藏物流有限公司
21	阳谷新纪元物流有限公司	38	北京首农东方食品供应链管理集团有限公司
22	江苏卫岗集团有限公司	39	北京博华物流有限公司
23	内蒙古锦辉物流有限公司	40	上海帅圣供应链管理有限公司
24	上海光明领鲜物流有限公司	41	唯捷（厦门）供应链管理有限公司
25	一重新能源发展集团有限公司黑龙江省分公司	42	北京京隆伟业供应链管理有限公司
26	福建省羊程冷链物流有限公司	43	上海惠呈物流有限公司
27	飞猫云车物流科技有限公司	44	宁波方桥三江物流有限公司
28	嘉里志甄物流（上海）有限公司	45	重庆公运同程配送有限公司
29	上海华赋冷链物流有限公司	46	山东得益物流供应链有限公司
30	厦门波山食品有限公司	47	内蒙古昕海铭悦运输有限公司
31	山西万鑫冷链集团有限公司	48	上海鼎耀供应链管理有限公司
32	上海交荣冷链物流有限公司	49	北京稽首供应链管理有限公司
33	黑龙江沃野风华运输有限公司	50	北京康安利丰农业有限公司

资料来源：中物联冷链委。

（二）业务布局

按区域入围企业数量排序：华东 > 华北 > 东北 > 西南 > 华中 > 华南 > 西北。华东区域入围企业数量最多，是冷链运力最为集中的区域。按区域重点企业运力资源排序：华东 > 西南 > 华中 > 华北 > 东北 > 华南 > 西北。华东和西南区域运力资源相对集中，华南和西北区域运力资源较为分散。从运力均值来看，西南区域平均运力资源最高，其次是华中区域。综合重点企业分布和运力资源分布情况来看，西南区域和华中区域虽然重点企业相对较少，但是运力资源较为丰富，区域市场集中度相对较高，华东区域和华北区域运力资源丰富且运输市场竞争激烈。冷藏车市场分布较为分散，西南区域产地运力资源集中且消费市场持续培育，带动了西南运力市场的发展。2020 年冷链运力 50 家重点企业区域运力分布如图 4－5 所示。2020 年冷链运力 50 家重点企业运力资源区域分布占比如图 4－6 所示。

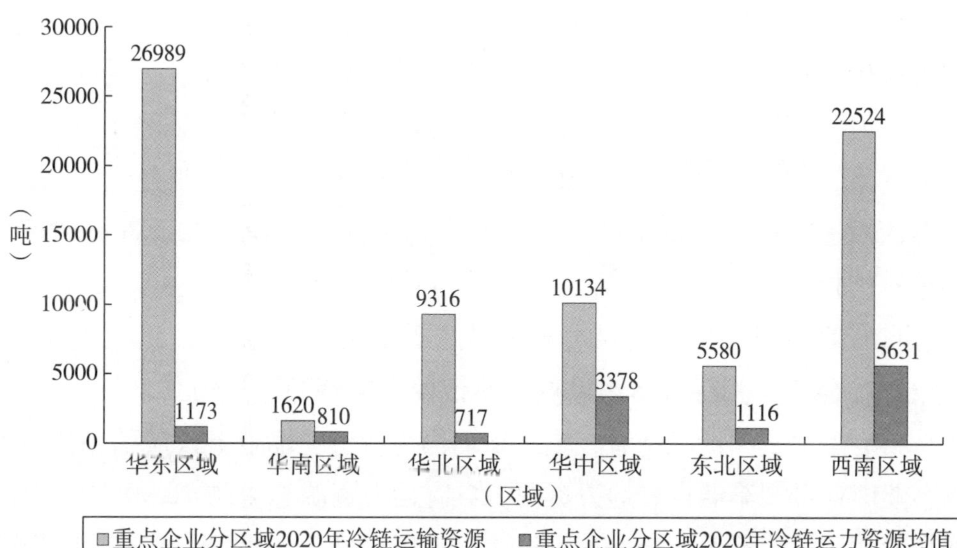

图 4－5 2020 年冷链运力 50 家重点企业区域运力分布

资料来源：中物联冷链委。

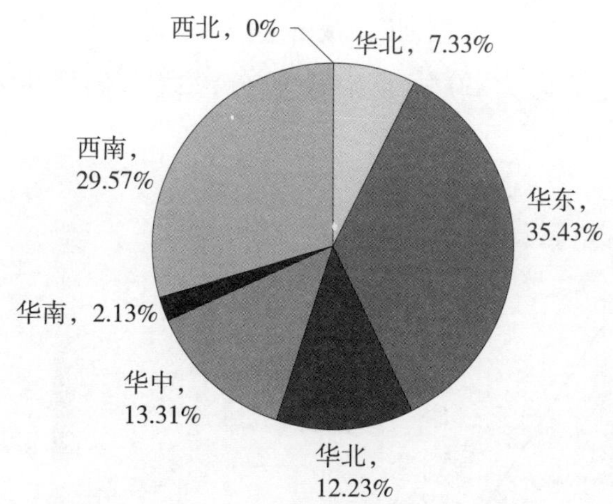

图 4－6 2020 年冷链运力 50 家重点企业运力资源区域分布占比

资料来源：中物联冷链委。

注：数据存在四舍五入，未进行机械调整。

（三）集中度

从冷链运力资源来看，50 家重点企业差异显著，前 10 位企业运力资源在 50 家重点企业运力资源总规模的占比达到 64.36%，冷链运力资源集中。

近年来冷链运输业务发展迅速，2020 年 50 家重点企业冷链运力资源规模合计达 76686 吨，干线运力资源集中。

从行业视角来看，2020 年重点企业总运力数量为 119723 辆，重点企业把控行业核心运力资源。另一个重要特征是运力资源的共享。目前重点企业冷链运力共享特性突出，即头部企业的自有车辆占比相对较小。对于这样一个现象，主要有如下两点原因。第一，虽然冷链运输业务量在持续扩张，但面对运输市场竞争压力及业务的不稳定性，企业资源投资更加理性，对于重资产投入更加慎重。第二，冷链运输企业的轻资产运营趋势进一步深化，自有运力与外租运力结合模式成主流，且头部企业外租运力比例逐步扩大。综合来看，冷链运输重点企业把控丰富资源，运力共享特性突出。

从自有运力资源情况来看，重型车辆仍为冷链运输业务发展的主流资源。重点企业中，重型车辆自有运力资源占自有运力资源总量的 41. 90%。在城配业务高速发展的背景下，轻型车辆仅次于重型车辆，占比 28. 16%。头部企业自有运力资源，主要集中在重型和中型，而城配业务所需的轻型运力则是目前冷链运输市场普遍优先投入的车型。冷链干支线业务的运力资源集中，对重型车辆及司机的需求量增加，城配业务发力带动了冷链轻型车辆的需求上升。2020 年冷链运力 50 家重点企业分区段运力资源拥有量如图 4 –7 所示。

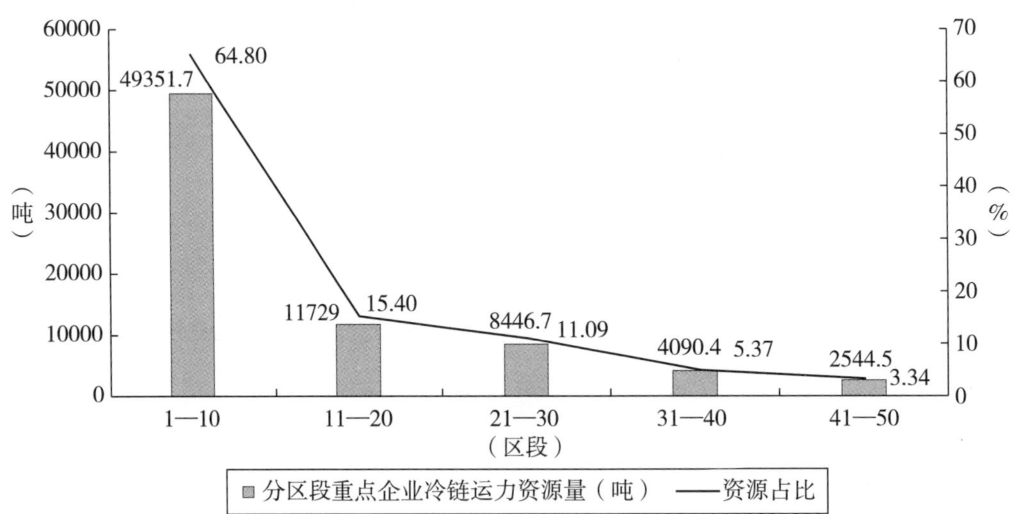

图 4 –7　2020 年冷链运力 50 家重点企业分区段运力资源拥有量

资料来源：中物联冷链委。

（四）趋势变化

全国冷链运力市场较为分散，产销两端运力资源集中，人力资源需求量大，司机招工难现象依然存在。2020 年重点企业共吸纳劳动力 41426 人，其中 TOP 10 企业提供 17509 个就业机会，吸纳劳动力占比 42. 27%。相较于仓储领域，运输环节人员需求量更大，且需求分布与资源分布情况一致。在新冠肺炎疫情影响下，冷链行业招工难问题越发突出。未来一段时期内，冷链运输司机尤其是重型车辆司机的需求或将持续扩大。

行业未来将呈现出集约化、平台化发展态势。精细化管理对于行业发展及企业运营能力影响程度逐步凸显。2020 年特殊的发展环境，推动了冷链自有运力重点企业发展格局上的变化。与仓储资源相比，冷链运力市场分布较为分散，超过六成的运力资源集中在头部企业，其他企业差距不大，冷链干线业务的运力资源丰富、运力共享特性凸显、市场竞争越发激烈、人员缺口扩大。

从地域分布来看，西南和东部沿海地区冷链运力资源较丰富，中部地区冷链自有运力重点企业相对较少，产地端运力资源需求量不断增加。未来随着县乡下沉市场冷链设施的进一步完善，冷链设施资源的空间错配格局将得到进一步改善。

除此之外，在物流智能化和数字化浪潮的推动下，冷链运力市场数字化、智能化趋势方兴未艾，无人驾驶、新能源冷链车辆未来可期。

第三节　冷链主要运输方式发展情况

一、公路冷链运输

（一）运输特点

公路冷链运输主要以冷藏汽车为运输工具，是目前冷链运输中最主要、最普遍的运输方式。公路运输的优点是灵活机动、速度较快、可靠性高、可实现“门到门”运输，缺点是货量相对较小。

从冷链的运输方式来看，我国冷链运输以公路为主，根据中物联冷链委统计，我国90%的冷链物流货运量是由公路冷链运输来完成，究其原因主要是公路冷链运输相对灵活、时效性强，在短途货物集散运转上，公路冷链运输比其他运输方式具有更大优势，尤其在可以实现“门到门”的运输中。然而公路的运输效率已经达到巅峰状态，长距离运输可以做到24小时无休，速度达到了极致，提升空间很小，而且长距离运输还存在太多的不确定性。

（二）主要短板

运输环节不规范现象普遍存在。公路冷链运输过程中，制冷能耗成本高，部分司机为了节省开支，存在中途不打冷的操作。此外，冷藏车运输价格高于常温运输，因此常温运输、盖棉被的“土保温”运输成为普遍现象。冷链运输的不规范，造成冷链断链现象普遍，导致生鲜货品品质不一、腐损率高。

二手海柜改装冷藏箱占据重型冷藏车市场。目前，因二手海柜改装价格低廉，公路冷藏集装箱市场占比缩水，在冷藏集装箱挂车中，真正的冷藏半挂不到10%，绝大多数由二手海柜改装而成。而改装的冷藏箱，保温性能差、制冷效果不佳，货物品质难以保证，制冷能耗成本较高。

机械制冷温度波动大、货品干耗高。公路冷藏车主要采用机械制冷方式（压缩机＋冷风机）对车辆内部进行制冷，车辆内温度波动较大，对货物品质保证有一定影响。同时，为了冷量更好循环，在采用风机送风的同时，也加快了车内货品的水分散失，导致货品干耗高。

在末端城配中，新能源冷藏车续航面临双重挑战。城市配送“最后一公里”，纯电动冷藏车成为各方必争之地，由于一线城市燃油车保有量逐年上升，达到饱和状态，纯电动冷藏车成为最佳方案，国家政策也有所支持。在节能减排环保的大趋势下，新能源冷藏车是解决冷链物流和保护环境的极好方案，将成为主流发展方向。目前，我国新能源冷藏车仍处于探索阶段，在电池行业技术水平有限、电池能量密度不高的前提下，市场中主流应用的新能源续航里程在200公里左右，最高续航不超过220公里，对于城市配送和快递网点配送而言，基本满足需求，但因制冷机的超高耗电，大大缩减了新能源冷藏车的整车续航里程，其也成为制约新能源冷藏车的主要因素之一。

（三）前景预测

运输规范性将进一步提升。随着消费水平的不断提高，消费者对商品的时效性、品质越来越重视，一些传统的假冷链、土保温冷藏运输将被逐步取代。同时，随着国家关于冷链运输的规范和标准陆续颁布实施，公路冷链的规范性将得到提升。

新技术、新装备将成为发展方向。与消费需求相适应，冷链装备的保温性能、保鲜性能提升也成为必然趋势，为新技术、新装备的发展提供了空间和机遇。低保温性能、高能耗、货品品质无保证的二手海柜改装冷藏箱市场份额将逐步降低，这也是政府政策不断规范的必然。此外，对于制冷技术的创新应用以及相应装备必然成为发展趋势，相变蓄冷技术以及蓄冷式冷链装备近年来已经引起市场关注，各型装备已经逐步出现，温度波动低、品质保证好的优势明显，相信未来会有更多技术、装备不断涌现。

装备绿色环保化需求逐步提高。随着“双碳”目标的逐步落地，绿色环保将对装备提出更高要求。一方面，天然气驱动的公路冷链运输车占比将会进一步提高；另一方面，冷藏车机械制冷的方式将有所改变，无源冷藏车将会占据一定市场份额。

二、铁路冷链运输

（一）运输特点

铁路冷链运输主要以冷藏列车和冷藏集装箱为运输工具。铁路运输的优点是可以以相对较低的运价长距离、大批量地运送货物，具有较高的连续性、可靠性和安全性，缺点是因铁轨、站点、运营时间表的限制，灵活性较差。

铁路冷链运输业务开始于 1953 年，历史上铁路在冷链运输市场中发挥了积极作用，1991 年铁路冷链运输规模达到 1699 万吨的运量高峰，占全国冷链总运量的 70% 以上。然而随着我国高速公路网络的迅猛发展以及国家公路“绿色通道”免费政策扶持等因素影响，铁路冷链物流不具优势，铁路冷链运量及占比大幅降低。

从运输特点来看，为保护货品、方便转运，铁路冷链运输依靠冷藏集装箱和冷藏列车开展，这就造成单次货运量大，对目的地消费能力要求较高；铁路冷链运输无法单独实现“门到门”的服务，需要借助公路运输来实现。

（二）当前发展所处的历史阶段

近年来，国家和国铁集团高度重视铁路冷链物流的发展，开始重新思考和定位铁路冷链物流的发展，将大力发展冷链物流业务作为企业未来发展的重点和亮点，在装备投入、人力物力等方面给予了倾斜。同时，加强与中车、中集及科研院校的合作，加快了新型铁路冷藏装备更新换代的步伐，目前铁路冷链物流正处于重新发展的起步阶段。

（三）铁路冷链政策环境

一是国家政策环境在朝着有利于铁路冷链物流发展的方向改善。中共中央、国务院把实现“碳达峰、碳中和”作为全面贯彻落实新发展理念的重大战略决策，强调加快推进低碳交通运输体系建设，提高铁路、水路在综合运输中的承运比重，这为铁路冷链物流发展指明了方向。冷链物流行业是高能耗行业，特别是在运输环节，采用大量大型公路车辆进行干线运输，不仅不利于冷链物流行业实现“碳达峰、碳中和”目标，而且也对城市交通拥堵、城市环保产生较大影响。根据相关研究测算，在同等运量下，铁路、公路、航空的能耗比为1∶9.3∶18.6，铁路运输具有明显的节能环保优势。因此，铁路应该在我国的冷链物流行业发展中占据重要席位，积极引导铁路和公路冷链的合理分工，完善相关政策，推动中长距离、大批量的冷链运输向铁路转移，公路主要服务于中、短途运输以及两端配送。

2021年3月11日，由中华人民共和国国家卫生健康委员会、国家市场监督管理总局发布的《食品安全国家标准 食品冷链物流卫生规范》（GB 31605—2020）正式实施，改变了食品冷链物流行业标准缺位的状况，为新冠肺炎疫情下的铁路冷链物流发展提供了新的规范。2021年12月12日，国务院办公厅发布了《国务院办公厅关于印发“十四五”冷链物流发展规划的通知》，制定了发展铁路班列、推广铁路装备、推进场站建设和升级改造、开展中长距离铁路冷藏运输、开展国际冷链物流合作等举措，为铁路冷链物流加快发展铺平了道路。随着铁路冷链物流发展政策环境的逐步改善，铁路冷链物流发展的新格局正在逐步形成。

二是冷链物流行业成为资本关注的热门赛道。2021 年 1 月，鲜生活冷链完成6 亿元 A 轮融资，随即9 月启动 B 轮融资，融资后估值将达到100 亿元。2021 年 8 月，科技驱动的冷链物流服务平台瑞云冷链宣布完成过亿元 Pre－A 轮融资。2021 年 12 月，冷链信息平台前海粤十完成 3. 9 亿元融资。2021 年 12 月 6 日，中国物流集团正式成立，将着力发展冷链物流等业务，中远海、中外运、深国际、玉湖集团等企业的入局，无疑会给冷链物流行业发展格局带来质的改变。在全社会高度关注的发展热潮下，冷链物流成为资本关注的热点领域之一。

三是餐饮相关行业新业态催生冷链物流新服务业态。2021 年，我国餐饮相关行业新业态发展迅速，预制菜和速冻食品等上游市场发展迅猛，生鲜零售＋餐饮的新型消费场景受到消费者追捧，冷链物流传统的上游、下游客户正在快速变化，在餐饮终端、零售终端及消费终端逐步互融互通的发展背景下，对冷链物流模式及运营提出了更高的要求。终端主体的结构变化，势必将引发冷链物流新一轮的模式再造，也将继续产生新的服务业态支撑产业升级。

四是多式联运成为跨境冷链新通路。2021 年，受国际疫情反复和国内肉禽养殖周期等影响，我国进口牛肉有所增加，但猪肉、水产品、水果出现下滑，进口冷链业务结构发生变化。与此同时，受全球供应链波及，航运冷藏集装箱一箱难求、海运价格一涨再涨。铁路冷链方面，2021 年玉溪—万象蔬果铁路冷链新通道正式开通，通过阿拉山口、满洲里、凭祥等铁路口岸的进出口冷链运量稳步增长，在一定程度上分担了航运冷链的压力。在“十四五”冷链物流发展规划下，多式联运将成为助力跨境冷链物流业务开展的关键通路。

（四）铁路冷链主要短板

1. 经营绩效改善压力大

铁路冷链物流作为我国冷链物流行业的一支国家队，一直严格遵循食品冷链和铁路运输相关规章的相关要求，按照高标准、高品质的服务理念为客户提供冷链物流服务，运输品质得到了客户的认可。但由于我国冷链物流行业利润率普遍较低，食品生产企业又逐年压缩物流成本，对冷链运输品质要求相对放松，公路冷链运输车辆多为个体司机，单独面对食品企业物流成本压缩的议价能力较弱，大多通过超劳、超载、不制冷、土保温、使用防腐剂等措施压低经营成本来实现微薄盈利，导致整个行业物流价格较低，铁路的市场竞争力较低。因此，建议进一步加强冷链物流经营的行业指导，制定强制执行的冷链物流标准，严格监管，促进冷链物流行业逐步走向正轨。

2. 各级冷链规划未综合考虑铁路运输方式

近年来，国家各级政府对冷链物流高度重视，规划设计了大量冷链物流园，也出台了很多扶持政策。但绝大部分冷链规划以及冷链物流园设计都没有规划或设计铁路运输方式，没有铁路专用线进入物流园，造成铁路冷链运输不能直接实现“门到门”运输，两端增加了两次装卸和短途运输，不仅增加了铁路冷链的作业环节和经营成本、降低了铁路冷链的作业效率，也增加了铁路冷链货损的风险。因此，建议在国家及地方政府出台冷链物流规划的时候要充分考虑铁路运输方式的融入，预留铁路专用线。特别是在国家骨干冷链物流基地，铁路可以发挥大批量运输的优势，并且铁路具有节能环保的优势，应作为国家骨干冷链物流基地的重要运输方式，建议新建或改扩建国家骨干冷链物流基地时应积极引入铁路专用线。

（五）发展趋势及前景预测

出台铁路冷链“绿色通道”扶持政策。1995 年，国家出台公路“绿色通道”扶持政策后，公路运输鲜活农产品的成本大幅压缩，这对我国稳定农产品供应和价格稳定作出了贡献。但由于没有出台相应的铁路“绿色通道”扶持政策，铁路运输市场竞争力大幅下降，造成目前果蔬等鲜活农产品铁路运量几乎为零。铁路是我国经济运行的大动脉，不应缺席我国的农产品物流领域，特别是在新冠肺炎疫情期间，铁路发挥了高度社会责任感、高度集中统一指挥、运输稳定等优势，为抗疫作出了积极贡献，也凸显了铁路在冷链行业不可或缺的地位。因此，建议国家相关部委牵头出台相关扶持政策，建立比公路更加有竞争力的铁路“绿色通道”政策。

（作者：中铁特货物流股份有限公司）

三、水路冷链运输

（一）运输特点

水路冷链运输主要以冷藏船和冷藏集装箱为运输工具。水路运输的优点是成本低、运量巨大，缺点是用于长距离、低价值、高密度的货物运输，灵活性差。

全球航运咨询公司德鲁里（Drewry）分析显示，自新冠肺炎疫情开始，海运易腐品贸易受到酒店业关闭的影响，落叶水果和冷冻马铃薯等冷冻品的需求量大为减少，而新冠肺炎疫情的防控措施也减少了作物产量和鱼类捕捞量。不过海运易腐品贸易的总体收缩幅度要比干货集装箱贸易低很多，这表明冷藏货物的贸易对经济下行冲击的抵御能力要更强。海运冷藏运输量在 2021 年上半年开始回升，同比增长 4.8%，主要由肉类、柑橘等货物贸易领涨。有专业公司预测，从 2022 年开始，更多的运输方式份额增长和旺盛的货运需求将使集装箱冷藏运输的增长速度超过干货集装箱贸易。

（二）主要短板

（1）冷链意识较薄弱。许多航运企业尚未意识到发展冷链运输的重要性，对冷藏货运投资较少，与冷链上的其他企业缺乏协作。

（2）冷链运力不足。从全球范围来看，过去以冷藏船为主的冷藏货运模式正在迅速转变为以冷藏箱为主的货运模式，而目前我国现有的冷藏箱设备仅占市场需求总量的 20% ~30%。

（3）多式联运衔接不顺畅。由于国际冷藏品运输距离远、时间长，大多需要转运和进行多式联运，因而参与方较多，如托运人、货主、码头经营人、相关承运人等。目前，我国航运企业与码头经营人和铁路部门之间的沟通协作较少，使得冷链多式联运衔接不够顺畅，削弱了冷链多式联运的优势。

（4）市场占有率低。全球航运大户如马士基、达飞轮船、汉堡南方、美国总统轮船、韩进海运等都较早开始投资与策划冷链运输，并已经拥有一定的市场份额。相比之下，国内航运企业发展冷链运输起步较晚，市场占有率低。

（三）前景预测

1. 扩充冷链运力

（1）调整船队结构，扩大冷箱船队规模。

冷藏运输市场主要有两种运输模式：一种是传统的冷藏船运输，另一种是冷藏集装箱船运输。与冷藏船相比，冷藏集装箱船的优势主要是操作灵活、运输便利且周转快，可以更好地完成“门到门”和小批量冷藏货物运输，装载量通常要大于冷藏船。而巴拿马运河的拓宽可以让更大的集装箱船通过，这必然会加速冷藏集装箱的发展。由于冷藏集装箱船具有独特的优势，许多经营冷藏品运输的航运企业已经开始调整自己的船队结构，增加冷藏集装箱船舶数量。

（2）在订造新的集装箱船舶时，设计更多冷藏箱位。

由于冷藏集装箱（即冷藏箱）的快速发展，近几年全球集装箱船队运力中的冷藏箱位数量以年均10%的速度增长。许多航运公司逐渐把承运冷藏集装箱作为业务的主要增长点，在订造新船时，设计的冷藏箱专用电力插座常常占总载箱量的25%。而作为世界领先的冷藏集装箱承运人，马士基班轮公司更是于2008年订造16艘TEU型集装箱船舶，每艘船舶均有冷藏箱插头，冷藏箱位数量约占总箱位的一半。该批船舶现已投入远东至南美洲东岸航线运营中。马士基此后建造的绝大部分新型集装箱船舶中约有一半箱位运力可以载运冷藏集装箱。

航运企业在订造新的集装箱船舶时，应根据今后可能的冷藏货运量需要，设计更多的冷藏箱位，这也是扩充冷链运力投资少、见效快的途径之一。

（3）添置新型节能环保的冷箱设备。

许多远洋承运人如马士基、汉堡南方、达飞轮船、长荣海运、韩进海运、以星航运等对于投资购置自有集装箱设备一向态度积极，尤其重视冷藏集装箱设备的购置。马士基每年增加10%的冷藏集装箱保有量，大约投资4亿美元，这相当于每年增加8艘高专业化冷藏船。这些冷箱设备大部分是马士基自己投资建造的，还有一些是从第三方购买的。

近年来，新型冷藏集装箱的研制取得不小的成绩。冷藏集装箱的绝热性能和冷冻机械的性能有了很大提高，现代冷藏集装箱有能力将箱内温度保持在－6℃至0℃的低温，并能控制箱内气流速度，确保装载货物的新鲜度。另外，节能环保已成为船舶和集装箱设计的新理念。近几年，海运业不断强化环保对策。此外，由于原油价格暴涨，所有集装箱船的节能步伐都在进一步加快，因此，现代冷藏集装箱制冷系统的节能环保性能得到极大提高。航运企业在添置冷箱设备时应注意集装箱的节能环保性能以及较高的技术标准。

2. 优化航线

经营冷藏货物运输的航运企业应根据世界各主要国家和地区冷藏货物贸易需求的增长情况适时开辟新航线或调整现有航线。目前，值得注意的是，冷箱班轮航线主要是泛亚地区航线。

四、航空冷链运输

（一）运输特点

航空冷链运输主要以装载冷藏集装箱为运输手段。航空运输的优点是运输速度快，缺点是运量相对较小、成本高、受天气影响大、可靠性较差。

截至2020年年底，我国航空冷链物流规模接近300亿元，其中主要的业务涵盖鲜切花、果蔬、医药和生鲜电商。航空冷链物流是个系统工程，其参与主体多元化、链条衔接复杂，需要航空公司、机场、货运代理、地面分拨、海关和检验检疫部门协同合作，才能保障航空冷链物流的高效运转。

航空冷链物流也对温度有详细划分，例如，室温在15～20℃，冷藏温度在2～15℃、冰温在－2～2℃、冷冻在－10～－2℃，深冷冻在－10℃以下。航空冷链物流温度范围如表4－6所示。

表4－6　航空冷链物流温度范围

分类	运输代码	温度范围
室温	AMBT	15～20℃
冷藏	COOL	2～15℃
冰温	ICE Temp	－2～2℃
冷冻	COLD	－10～－2℃
深冷冻	FROZ	－10℃以下

资料来源：根据公开资料整理得到。

航空冷链的运输，主要利用具有货舱的飞机或者全货机，装载与其相兼容的ULD（Unit Load Device，集装设备）或保温集装箱，借助冷却媒介、控温运输工具、相关的辅助材料完成空中运输，以冷藏卡车等地面运输为延伸，扩大航空冷链的覆盖范围。航空冷链具有以下特点。

（1）时效性强。航空冷链运输是冷链物流中效率最高的运输方式，相对于铁路、公路、海运，航空节约了更多的时间，降低了运输过程中的其他成本。

（2）运输成本高。相较于其他运输方式，航空冷链运输成本较高，适合时效性要求高、品质要求高、货品价值高的冷链货品运输。

（二）主要短板

信息化程度低。我国航空物流企业采集温敏物资状态的信息普遍仍以人工录入的方式为主，而国外普遍采用RFID（无线射频识别）技术的产品能够大幅度提高温敏物资状态的录入效率。

运输装备有待提升。我国航空运输温敏物资的ULD都是被动制冷ULD，目前主动制冷ULD还未被批准使用并未通过适航认证。而对比国外航空冷链运输普遍采用主动制冷ULD的产品，对箱内温度控制的精确度更高，满足更多疫苗、医药等温度敏感货物的航空冷链需求。

专业货运运力建设不足。长期以来的航空市场“重客轻货”及中国产业结构，使得高时效需求不足等问题导致专业货运机队运力建设不足，需要通过产业引导基金和财税杠杆等稳步推进货运机队建设。

机场投建不足。我国航空冷链运输多注重中间运输环节，机场缺乏冷链转运及中转冷库等设施设备，不能真正实现冷链不断链。

（三）前景预测

生鲜冷链物流和医药冷链物流（特别是生物医药物流）增长极具潜力。伴随着新零售和社区团购的到来，大多电商巨头逐渐加快布局生鲜电商的步伐，促使我国生鲜冷链物流快速崛起。2020年，新冠肺炎疫情使得医药电商逆势增长，并推进医疗冷链物流向专业化、一体化、标准化的方向发展。

信息产业技术创新促使航空冷链物流信息化。在RFID技术应用方面，我国物流发展应用 RFID 技术普遍化趋势已经十分明显，航空冷链物流作为物流的重要一环，也将促使 RFID 技术在我国航空冷链运输中不断得到应用。在航空物流信息系统和航空物流信息平台建设方面，航空冷链物流的发展对信息系统的完善将有更高的需求。在国外先进信息系统建设和我国电子客票顺利成功实施的背景下，未来航空冷链物流信息系统建设将不断得到完善。

装备产业技术创新促使航空冷链物流便捷化。冷藏集装箱的广泛应用和无人机配送货物的相关探索，为冷链企业提高运作效率、降低成本、减少物流中转环节作出了巨大贡献，未来航空冷链物流便捷化已经成为必然趋势。

产业演化助推航空冷链物流标准化内涵逐渐丰富。在航空冷链快速发展的进程中，航空冷链物流发展越来越需要规范化管理，在国外航空冷链物流标准化基本实现的背景下，我国航空冷链物流标准化涉及众多的环节，航空冷链物流标准化的内涵也逐渐丰富。

航空冷链物流标准化建设如图 4 –8 所示。

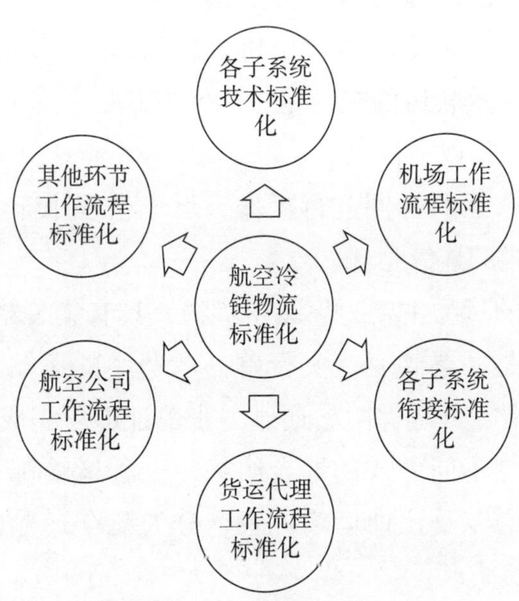

图 4 –8　航空冷链物流标准化建设

资料来源：根据公开资料整理得到。

产业发展助推航空冷链物流标准化建设逐步完善。2009 年 11 月 30 日，国家冷链物流标准化委员会成立，我国冷链物流标准化步入法制化建设轨道，冷链物流标准数量不断增加，标准建设逐渐步入正轨。航空冷链物流标准化是一个动态的标准化过程，是一个持续改进的标准化进程。

航空冷链物流一体化核心要素促进发展。设施设备要素、信息技术要素、管理体制要素是航空冷链物流一体化的三大核心要素。随着航空冷链物流的发展，航空冷链物流发展管理体制趋于一体化、航空冷链的基础设备趋于统一、信息平台逐渐实现一站式服务，促使我国航空冷链物流发展趋于一体化。

五、多式联运冷链运输

（一）运输特点

多式联运是指由两种及其以上的交通工具相互衔接、转运而共同完成的运输过程，统称为复合运输，我国习惯上称之为多式联运。《联合国国际货物多式联运公约》对国际多式联运所下的定义是：按照国际多式联运合同，以至少两种不同的运输方式，由多式联运经营人将货物从一国境内接管货物的地点运至另一国境内指定交付货物的地点。而《中华人民共和国海商法》对于国内多式联运的规定是：运输方式之一必须为海运。

多式联运特点包括以下四点。

（1）根据多式联运的合同进行操作，运输全程中至少使用两种运输方式，而且是不同方式的连续运输。

（2）多式联运的货物主要为集装箱货物，具有集装箱运输的特点。

（3）多式联运是一票到底，实行单一运费率的运输。发货人只要订立一份合同、一次付费、一次保险、通过一张单证即可完成全程运输。

（4）多式联运是不同方式的综合组织，全程运输都是由多式联运经营人组织完成的。无论涉及几种运输方式、分为几个运输区段，由多式联运经营人对货运全程负责。

（二）发展情况

根据交通运输部资料，2020 年，前三批 70 个多式联运示范工程完成集装箱多式联运量约 480 万标箱。全国港口完成集装箱铁水联运量 687 万标箱，同比增长 29.6%。

但目前国内多式联运规模较小，与发达国家相比仍有较大差距，进一步推进多式联运发展，强化多式联运系统建设，推动多式联运运行水平的提升，依旧是“十四五”期间我国交通和物流领域的重要任务。预计未来几年，国内多式联运市场还有较大增长空间。

多式联运是依托两种及以上运输方式有效衔接，提供全程一体化组织的货物运输服务，具有产业链条长、资源利用率高、综合效益好等特点，对推动物流业降本增效和交通运输绿色低碳发展、完善现代综合交通运输体系具有积极意义。

1. 多式联运行业政策

当前，我国多式联运发展水平仍然较低，协同衔接不顺畅、市场环境不完善、法规标准不适应、先进技术应用滞后等问题较为突出。为进一步加快多式联运发展，构建高效顺畅的多式联运系统，国家层面发布一系列政策措施促进行业发展。2017—2021 年 1 月中国多式联运行业发展相关政策汇总如表 4－7 所示。

表 4－7　2017—2021 年 1 月中国多式联运行业发展相关政策汇总

发布时间	政策	主要内容
2017 年 1 月	《交通运输部等十八个部门关于进一步鼓励开展多式联运工作的通知》	优化市场监管方式；加快公路货运市场治理；严格规范涉企收费行为；加强市场运行监测
2018 年 7 月	《国务院关于印发打赢蓝天保卫战三年行动计划的通知》	大力发展多式联运。依托铁路物流基地、公路港、沿海和内河港口等，推进多式联运型和干支衔接型货运枢纽（物流园区）建设，加快推广集装箱多式联运
2018 年 9 月	《国务院办公厅关于印发推进运输结构调整三年行动计划（2018—2020 年）的通知》	深入实施多式联运示范工程。加大对多式联运示范工程项目建设的支持力度，加强示范工程运行监测，推动运输组织模式创新。深入推进天津至华北、西北地区等六条集装箱铁水联运示范线路建设。鼓励骨干龙头企业在运输装备研发、多式联运单证统一、数据信息交换共享等方面先行先试，充分发挥引领示范作用。支持各地开展集装箱运输、商品车滚装运输、全程冷链运输、电商快递班列等多式联运试点示范创建

续 表

发布时间	政策	主要内容
2019年11月	《交通运输部 发展改革委 财政部 自然资源部 生态环境部 应急部 海关总署 市场监管总局 国家铁路集团关于建设世界一流港口的指导意见》	以铁水联运、江海联运、江海直达等为重点，大力发展以港口为枢纽、“一单制”为核心的多式联运
2020年8月	《交通运输部关于推动交通运输领域新型基础设施建设的指导意见》	引导建设绿色智慧货运枢纽（物流园区）多式联运等设施，提供跨方式、跨区域的全程物流信息服务，推进枢纽间资源共享共用
2021年1月	《交通运输部关于服务构建新发展格局的指导意见》	深化多式联运示范工程，推广多式联运运单，推进多式联运“一单制”

资料来源：前瞻产业研究院。

近年来，国内一系列突破性的政策和举措以空前力度推动多式联运快速发展。从政府到企业、从沿海到内陆、从航运到铁路、从硬件到软件，正在逐步打破物流和运输领域多年来的僵局。在众多政策利好、示范工程和技术创新合力作用下，多式联运正在进入全面发展时期。

2. 示范工程项目

截至2021年3月初，交通运输部共公布三批次共70个多式联运示范工程项目。具体名单如表4－8至表4－10所示。

表4－8　中国第一批多式联运示范工程项目名单

序号	地区	第一批示范工程项目
1	北京	驮背运输（公铁联运）示范工程
2	河北	河北省“东部沿海—京津冀—西北”通道集装箱海铁公多式联运示范工程
3	辽宁	大连东北亚国际航运中心“亚太—东北地区”通道集装箱海铁公多式联运示范工程
4	辽宁	辽宁省“东南沿海—营口—欧洲”通道集装箱公铁水联运示范工程
5	江苏	江苏省新亚欧大陆桥集装箱多式联运示范工程
6	浙江	“宁波舟山港—浙赣湘（渝川）”集装箱海铁公多式联运示范工程
7	山东	青岛“一带一路”跨境集装箱海铁公多式联运示范工程
8	河南	河南省郑欧国际货运班列“一干三支”铁海公多式联运示范工程
9	湖北	湖北省武汉市推进“一带一路战略、长江经济带战略”集装箱铁水联运示范工程
10	广东	中外运（广东）“东盟—广东—欧洲”公铁海河多式联运示范工程
11	广西	贯通欧亚大陆的公铁联运冷链物流通道示范工程

续　表

序号	地区	第一批示范工程项目
12	重庆	重庆市渝新欧多式联运示范工程
13	四川	四川省成都国际铁路港集装箱铁公水多式联运示范工程
14	云南	云南省“昆明—东南亚、长江经济带、广西北部湾”一心三支“点轴辐射型”集装箱公铁海多式联运示范工程
15	甘肃	兰州南亚国际班列公铁联运示范工程
16	新疆	新疆生产建设兵团丝绸之路国际多式联运示范工程

资料来源：交通运输部、国家发展改革委。

表 4-9　　中国第二批多式联运示范工程项目名单

序号	地区	第二批示范工程项目
1	天津	天津港中蒙俄经济走廊集装箱多式联运示范工程
2	河北	河北省长久物流商品车公铁水联运示范工程
3	山西	太原铁路局“一核两网三联四通”铁海公集装箱多式联运示范工程
4	山西	山西方略保税口岸型国际内陆港“一园双网两级多维”大宗货物集装箱多式联运示范工程
5	山西	“西北地区—京津冀区域”铁路多功能车智慧公铁水多式联运示范工程
6	内蒙古	液体化工（甲醇、成品油）罐式集装箱铁公海多式联运示范工程
7	吉林	吉林省华航集团打造一汽物流供应链服务体系多式联运示范工程
8	黑龙江	黑龙江省牡丹江国际（国内）陆海联运通道集装箱多式联运示范工程
9	江苏	南京区域性航运物流中心“连长江、通欧亚、对接沿海、辐射中西部”多式联运示范工程
10	浙江	顺丰航空集装器空陆联运示范工程
11	安徽	依托长江黄金水道、立足皖江城市带马鞍山多式联运示范工程
12	福建	联通“一带一路”的厦门东南国际航运中心海铁多式联运示范工程
13	江西	赣州港“一带一路”多式联运示范工程
14	山东	环渤海鲁辽公铁水滚装联运示范工程
15	河南	河南省机场集团打造“空中丝绸之路”空陆联运示范工程
16	河南	服务自贸区战略构建中原“米”字型高铁物流网络铁公空多式联运示范工程
17	湖北	长江中游黄石新港“打造一体化铁路港前站服务港产协同发展”铁水公联运示范工程
18	湖南	湖南城陵矶新港水公铁集装箱多式联运示范工程
19	广东	广东省盐田港亚太—泛珠三角—欧洲国际集装箱多式联运示范工程
20	广西	广西服务“一带一路”倡议“西南—北部湾—东盟/中国沿海”点线并举、境外布局多式联运示范工程

续　表

序号	地区	第二批示范工程项目
21	四川	四川省“空中+陆上”丝绸之路国际空铁公多式联运示范工程
22	重庆	重庆果园港服务长江经济带战略铁水联运示范工程
23	贵州	贵州省贵州国际陆港联通川贵地区—粤港海大湾区集装箱铁水联运示范工程
24	云南	云南省面向南亚东南亚的“一核、三轴、多节点”国际多式联运示范工程
25	陕西	西安港建设“一带一路”内陆中转枢纽陆海空多式联运示范工程
26	甘肃	甘肃省兰州新区空铁海公多式联运示范工程
27	甘肃	“东部沿海—宁蒙地区（石嘴山）—中阿国家”集装箱公铁海多式联运示范工程
28	新疆	新疆“东联西出”集装箱公铁水联运示范工程
29	新疆	新疆（奎屯）双向开放、多点支撑的“两主两拓展X型”物流大通道多式联运示范工程
30	新疆	新疆生产建设兵团大宗物资国际多式联运示范工程

资料来源：交通运输部、国家发展改革委。

表4－10　　中国第三批多式联运示范工程项目名单

序号	地区	第三批示范工程项目
1	北京	中国物流“三区六品”多式联运示范工程
2	北京	中欧班列集装箱多式联运信息集成应用示范工程
3	河北	河北黄骅港“西北内陆—东南沿海”集装箱海铁联运示范工程
4	河北	安通控股打造“国内一流、国际知名”的“陆海河联动、内外贸融合”网络化多式联运示范工程
5	黑龙江	哈尔滨局“一核心两网络三通道”多式联运示范工程
6	上海	安吉物流沿江沿海经济带商品车滚装多式联运示范工程
7	江苏	打通大宗物资供应链经济走廊，构建“陆港一体”多式联运示范工程
8	江苏	苏南地区集装箱公铁水多式联运示范工程
9	浙江	助力浙江海洋经济示范区发展、提升台州湾区经济产业集聚效应公铁水多式联运示范工程
10	安徽	公铁两用挂车运输支撑沿长江物流通道建设多式联运示范工程
11	山东	服务新旧动能转换综合试验区建设 推动“陆港海港联动、公铁两用车创新”智慧绿色铁海公多式联运示范工程
12	山东	服务“调结构、保民生、赢蓝天”液化天然气（LNG）罐式集装箱网络化陆（江）海多式联运示范工程
13	湖北	长江三峡枢纽“大分流、小转运”水铁公多式联运示范工程
14	湖北	武汉打造长江经济带粮食物流核心枢纽与供应链金融服务平台多式联运示范工程
15	湖北	武汉长江中游航运中心鄂州三江港区国际物流铁水公空一体化多式联运示范工程

续　表

序号	地区	第三批示范工程项目
16	湖南	传化智联打造“互联共享，网络全国、辐射国际”的商品车及集装箱铁水公联运示范工程
17	湖南	武陵山片区四省联动共推“一带一路”、长江经济带战略集装箱公铁水联运示范工程
18	广东	顺丰铁联多式联运平台示范工程
19	广东	打造粤港澳大湾区“7＋5”多层节点网络多式联运示范工程
20	重庆	国际陆海贸易新通道（南向通道）集装箱多式联运示范工程
21	四川	中国西部汽车物流多式联运示范工程
22	贵州	渝黔联动公铁水集装箱多式联运示范工程
23	陕西	陆海联动、多点协同的集装箱多式联运智能骨干网建设示范工程
24	宁夏	银川公铁物流港“通欧亚、对接沿海、辐射宁蒙陕甘毗邻（华北）地区”多式联运示范工程

资料来源：交通运输部、国家发展改革委。

从多式联运示范工程项目区域分布来看，涉及 28 个省/直辖市，其中湖北省多式联运示范工程项目数量最多，共有 5 个；其次是广东、河北、江苏、山东、新疆均有 4 个多式联运示范工程项目。中国多式联运示范工程项目区域分布情况如图 4－9 所示。

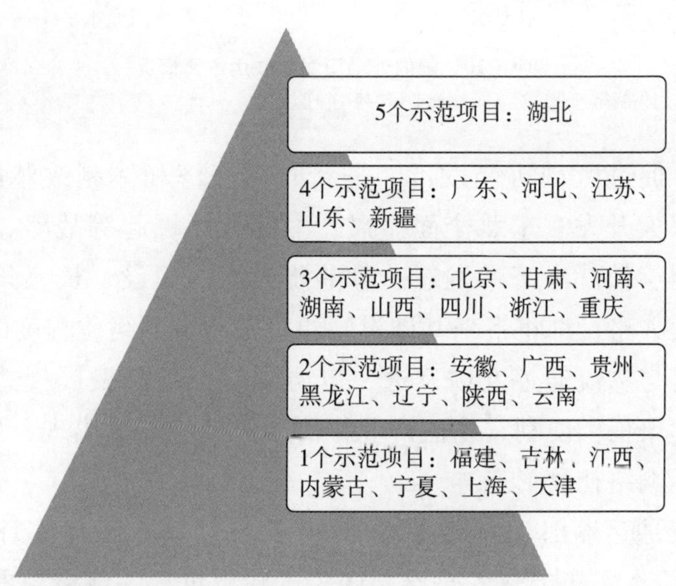

图 4－9　中国多式联运示范工程项目区域分布情况（单位：个）

资料来源：前瞻产业研究院。

3. 行业增长空间较大

2020 年，前三批 70 个多式联运示范工程完成集装箱多式联运量约 480 万标箱。全国港口完成集装箱铁水联运量 687 万标箱，同比增长 29.6%。中铁成都局集团铁江联运“一单制”、山东申易内陆港联程转关“一单制”等积极探索，联运服务加快创新。

目前国内多式联运规模较小，与发达国家相比仍有较大差距，行业市场仍然具有较大增长空间，预计海铁联运、国际铁路联运等细分市场将保持强劲增长态势。国内外港口海铁联运占比情况如图 4－10 所示。

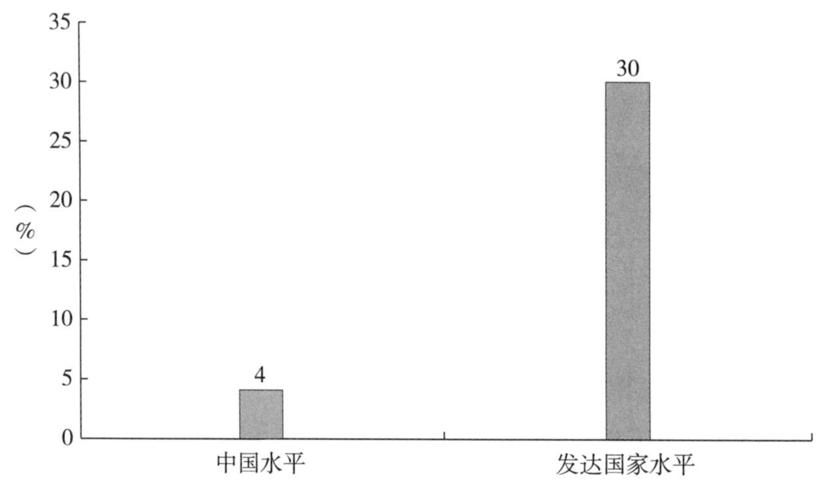

图 4－10　国内外港口海铁联运占比情况

资料来源：中国集装箱行业协会、前瞻产业研究院整理。

近年来，促进区域协调发展，是新时期经济和体制改革的重要工作。统筹推进西部大开发、东北全面振兴、中部地区崛起等战略，加快实施京津冀协同发展、长江经济带发展、粤港澳大湾区建设、长三角一体化发展等区域化发展战略，都将带来基础设施建设密度和网络化程度的全面提升。

运输通道与物流通道互联互通、以协同带创新的发展模式将为多式联运要素快速集聚提供便利，物流产业集群规模效应开始出现，“点轴式”的区域多式联运网络初具形态。

根据《交通运输部 发展改革委 财政部 自然资源部 生态环境部 应急部 海关总署 市场监管总局 国家铁路集团关于建设世界一流港口的指导意见》，规划到 2025 年，全国集装箱、干散货重要港区铁路进港率在 60% 以上，矿石、煤炭等大宗货物主要由铁路或水路集疏运；到 2035 年，重要港区基本实现铁路进港全覆盖，港口集装箱铁水联运比例显著提升。预计未来几年国内多式联运货量将大幅攀升。

（三）主要组织形式

根据不同的原则，对多式联运可以有多种分类形式。但就其组织方式和体制来说，基本上可分为协作式多式联运和衔接式多式联运两大类。

1. 协作式多式联运

协作式多式联运是指两种或两种以上运输方式的运输企业，按照统一的规章或商定的协议，共同将货物从接管货物的地点运到指定交付货物的地点的运输。

协作式多式联运是目前国内货物联运的基本形式。在协作式多式联运下，参与联运的承运人均可受理托运人的托运申请，接收货物，签署全程运输单据，并负责自己区段的运输生产；后续承运人除负责自己区段的运输生产外，还需要承担运输衔接工作；而最后承运人则需要承担货物交付以及受理收货人的货损货差的索赔。在这种体制下，参与联运的每个承运人均具有双重身份。对外而言，他们是共同承运人，其中一个承运人（或代表所有承运人的联运机构）与发货人订立的运输合同，对其他承运人均有约束力，即视为每个承运人均与货方存在运输合同关系；对内而言，每个承运人不但有义务完成自己区段的实际运输和有关的货运组织工作，还应根据规章或约定协议，承担风险、分配利益。

根据开展联运的依据不同，协作式多式联运可进一步细分为法定（多式）联运和协议（多式）联运两种。

(1) 法定（多式）联运。它是指不同运输方式的运输企业之间根据国家运输主管部门颁布的规章开展的多式联运。铁路、水路运输企业之间根据《铁路和水路货物联运规则》开展的水陆联运即属此种联运。在这种联运形式下，有关运输票据、联运范围、联运受理的条件与程序、运输衔接、货物交付、货物索赔程序以及承运之间的费用清算等，均应符合国家颁布的有关规章的规定，并实行计划运输。

这种联运形式有利于保护货方的权利和保证联运生产的顺利进行，但缺点是灵活性较差、适用范围较窄，它不仅在联运方式上仅适用于铁路与水路两种运输方式之间的联运，而且对联运路线、货物种类、数量及受理地、换装地也做出了限制。此外，由于货方托运前需要报批运输计划，给货方带来了一定的不便。法定（多式）联运通常适用于保证指令性计划物资、重点物资和国防、抢险、救灾等急需物资的调拨。

（2）协议（多式）联运。它是指运输企业之间根据商定的协议开展的多式联运。比如，不同运输方式的干线运输企业与支线运输或短途运输企业，根据所签署的联运协议开展的多式联运，即属此种联运。

与法定（多式）联运不同，在这种联运形式下，联运采用的运输方式、运输票据、联运范围、联运受理的条件与程序、运输衔接、货物交付、货物索赔程序，以及承运人之间的利益分配与风险承担等，均按联运协议的规定办理。与法定（多式）联运相比，该联运形式的最大缺点是联运执行缺乏权威性，而且联运协议的条款也可能会损害货方或弱小承运人的利益。

2. 衔接式多式联运

衔接式多式联运是指由一个多式联运企业（以下简称多式联运经营人）综合组织两种或两种以上运输方式的运输企业，将货物从接管货物的地点运到指定交付货物的地点的运输。在实践中，多式联运经营人既可能由不拥有任何运输工具的国际货运代理、场站经营人、仓储经营人担任，也可能由从事某一区段的实际承运人担任。但无论如何，他都必须持有国家有关主管部门核准的许可证书，能独立承担责任。

在衔接式多式联运下，运输组织工作与实际运输生产实现了分离，多式联运经营人负责全程运输组织工作，各区段的实际承运人负责实际运输生产。在这种体制下，多式联运经营人也具有双重身份。对于货方而言，他是全程承运人，与货方订立全程运输合同，向货方收取全程运费及其他费用，并承担承运人的义务；对于各区段实际承运人而言，他是托运人，他与各区段实际承运人订立分运合同，向实际承运人支付运费及其他必要的费用。很明显，这种运输组织与运输生产相互分离的形式，符合分工专业化的原则，由多式联运经营人“一手托两家”，不但方便了货主和实际承运人，也有利于运输的衔接工作，因此，它是联运的主要形式。在国内联运中，衔接式多式联运通常称为联合运输，多式联运经营人则称为联运公司。我国在《中华人民共和国合同法》颁布之前，仅对包括海上运输方式在内的国际多式联运经营人的权利与义务，在《中华人民共和国海商法》和《国际集装箱多式联运管理规则》中做了相应的规定，对于其他形式下国际多式联运经营人和国内多式联运经营人的法律地位与责任，并未做出明确的法律规定。《中华人民共和国合同法》颁布后，无论是国内多式联运还是国际多式联运，均应符合该多式联运合同中的规定，这有利于我国多式联运业的发展壮大。

（四）前景预测

进一步推进多式联运发展，强化多式联运系统建设，推动多式联运运行水平的提升，依旧是“十四五”期间我国交通和物流领域的重要任务。未来行业发展趋势主要有以下几方面。

1. 技术驱动行业运行模式创新

政策层面鼓励多式联运技术装备的创新和信息化进步。结合智慧化港口建设、智慧运输装备升级、无纸化单证使用，系统性地解决多式联运信息化和装备智能化的问题。

2. “公转铁”“散改集”政策持续推进

政府及企业逐渐开始重视公铁联运，重视“散改集”业务，既让货主企业受益，也保证运量的提升。产业政策层加大对内贸公铁联运的支持，让公路、铁路形成合理的比价关系，支持“公转铁”任务目标的实现。

3. 多式联运纳入区域物流服务体系规划

随着物流通道和物流枢纽建设的推进，通道经济和枢纽经济成为新一轮区域经济发展的引擎。多式联运是通道和枢纽的基础，依托内循环、强化大循环，以多式联运系统建设为核心，构建双循环的区域物流体系，形成高效、稳定、安全的供应链服务能力。

（五）多式联运冷链运输发展

冷藏集装箱的出现为冷链多式联运创造了条件，扩大了冷链运输范围。作为一种标准化运输工具，技术水平方面，既具备普通集装箱功能，还具有良好的隔热性、气密性，货物可以不间断地保持在要求温度范围内。同时冷藏集装箱可以整箱吊装，实现不同运输工具间的无缝衔接，适用于冷链多式联运。适箱货物方面，冷藏集装箱可以运输其他冷链运输装备适合运输的所有货物。目前冷藏集装箱类型大体分为耗用冷剂式冷藏集装箱、机械式冷藏集装箱、制冷加热集装箱、隔热集装箱、气调冷藏集装箱以及其他冷藏集装箱。

冷藏集装箱多式联运是以冷藏集装箱为运载工具，多式联运经营人凭借多式联运合同，将冷藏集装箱货物从接收地以两种以上不同的运输方式运送到指定交付人手中。由于运输商品的特殊性，在运输过程中对运输温度有较高的要求，因此冷链多式联运过程中需要多种设备配合，如冷藏集装箱、冷藏库、制冷机组、电机等，确保冷链多式联运全程不断链。冷链多式联运流程如图 4 – 11 所示。

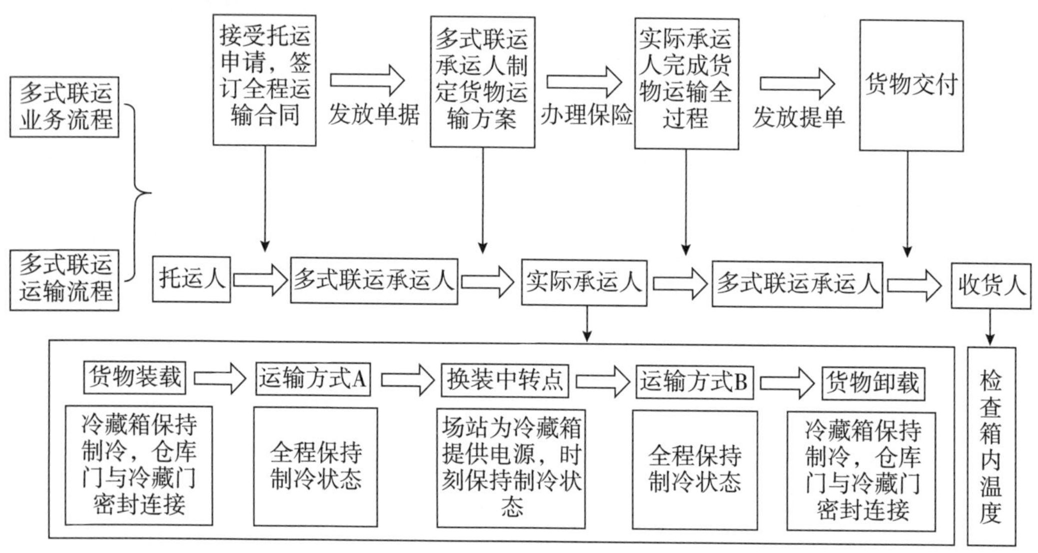

图 4 – 11　冷链多式联运流程

资料来源：中物联冷链委。

冷链多式联运的关键在于是否使运输商品全程都保持在最佳适温状态，因此首先要保证冷藏集装箱在运输过程中保持制冷状态，首先，对箱内进行全程温度监控。其次，保证冷藏集装箱在中转换装过程中的正常工作状态，确保冷藏集装箱在中转过程中实现“不断链”。最后，在货物交接过程中，检查箱内温度是否符合要求，从而保证冷链多式联运货物的质量。

第五章　2021 年冷链物流技术发展概况分析

冷链物流作为一项系统工程，涉及的技术领域非常广泛。在技术方面，现代物流技术仍然是冷链物流技术发展的基石，信息化、自动化的仓运配物流技术是支撑整个冷链物流体系运作的基础。冷链标准技术和认证技术是整个冷链物流技术体系的核心，在现代物流技术、冷链标准和认证技术保障的前提下，冷链物流保鲜技术和节能技术的发展才得以实现和创新。冷链物流技术架构如图 5－1 所示。

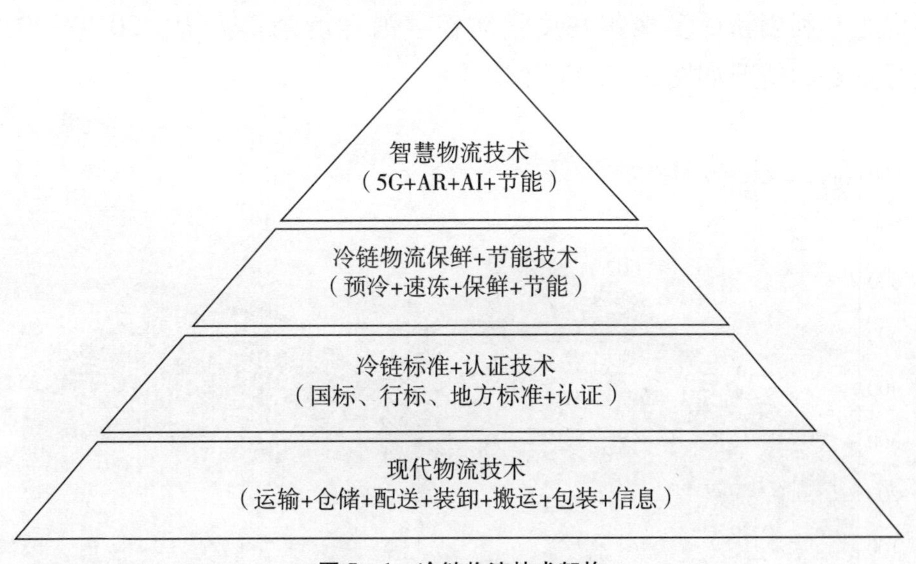

图 5－1　冷链物流技术架构

资料来源：中物联冷链委。

近年来，以人为本向以心为本的需求核心转变都在驱动着冷链物流技术向智慧化、智能化升级，如大数据云计算技术、柔性供应链技术、物联网技术、AI 技术和区块链技术等也将会成为冷链物流技术的重要组成部分。

第一节　冷链专利技术发展概况

一、2019—2020 年冷链专利情况

据中物联不完全统计，2019 年 1 月—2021 年 5 月，我国冷链行业专利申请量超过 4126 件，其中冷链行业材料相关专利申请量超过 1568 件。冷链行业材料相关专利申请量波峰主要集中在 2019 年第三、第四季度和 2020 年第二、第三季度。

2019 年正值冷链行业高速发展时期，冷链行业相关材料创新产品层出不穷，因此造就了第一波高峰时期。

新冠肺炎疫情给我国经济秩序带来了较大冲击，相关医药、疫苗等运输工作引起社会广泛关注，这也推动了第二波高峰时段的到来，这一时期冷链行业专利创新更多聚焦在疫情防控、消毒消杀等方面。2019—2020 年冷链行业专利情况如图 5－2 所示。

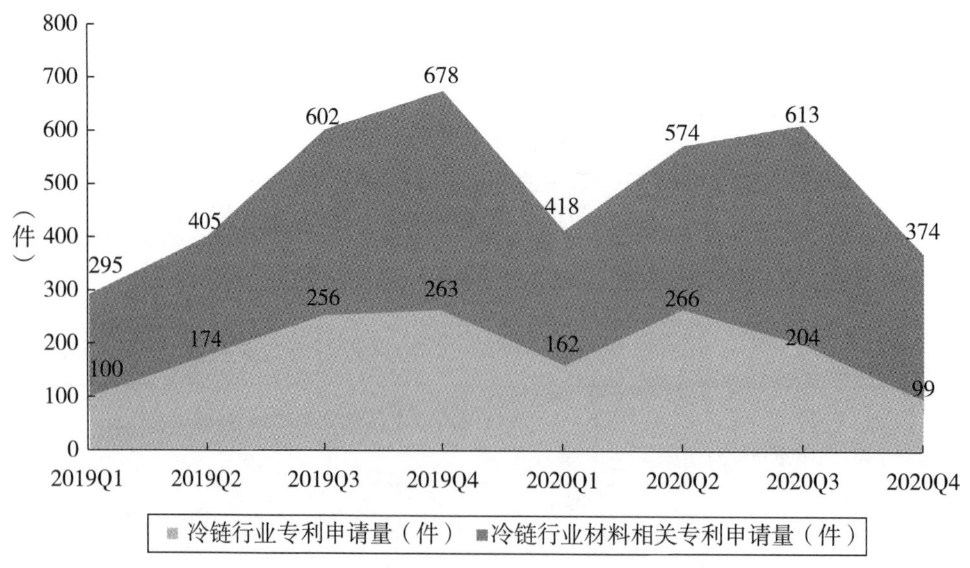

图 5－2　2019—2020 年冷链行业专利情况

资料来源：中物联冷链委根据国家专利数据库整理得到。

注：Q1 为第一季度，Q2 为第二季度，Q3 为第三季度，Q4 为第四季度。

二、2021年冷链专利总体情况

2021年，在新冠肺炎疫情防控背景下，众多冷链技术取得新突破，尤其是以进口冷链消杀技术、冷藏集装箱等为代表的新型冷链技术推动冷链智能化发展。包括车企、物流企业、冷链数字化企业在内的众多主体参与到冷链新技术的研发与突破中。据中物联冷链委不完全统计，2021年冷链相关技术专利累计申请量超过1903件，涉及冷链物流运输车辆设备、消毒消杀装备技术等方面。除此之外，冷链数字平台建设和冷链信息追溯系统建设成为新的发展热点。2021年公布冷链相关专利数量如图5－3所示。

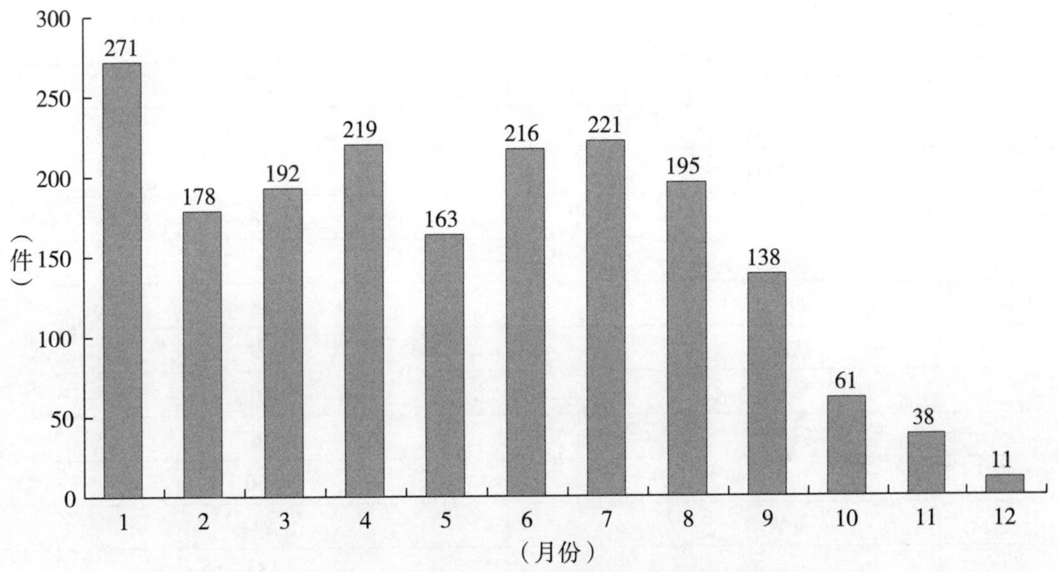

图5－3 2021年公布冷链相关专利数量

资料来源：中物联冷链委根据国家专利数据库整理得到（数据截至2022年2月10日）。

从专利所有者的地域分布来看，专利主要集中在广东、江苏、山东、上海、北京、浙江等冷链物流较为发达的地区，与中国冷链物流重点企业分布情况基本吻合。需要说明的一点是，由于76项专利为个人拥有，暂未公布其所属地区，因此将该部分数据所属区域划归为“未公开”。2021年专利所属地区分布及数量如表5－1所示。

表 5－1　　**2021 年专利所属地区分布及数量**

所属省区市	专利数量（件）
河北省	17
山东省	163
辽宁省	40
黑龙江省	14
甘肃省	10
吉林省	13
青海省	1
河南省	97
江苏省	268
湖北省	54
湖南省	35
浙江省	125
江西省	22
广东省	292
云南省	46
福建省	62
海南省	18
山西省	6
四川省	48
陕西省	29
贵州省	10
安徽省	46
北京市	150
重庆市	21
上海市	154
天津市	54
内蒙古自治区	7
广西壮族自治区	15
西藏自治区	0
新疆维吾尔自治区	3
宁夏回族自治区	6
台湾省	1
未公开	76

资料来源：中物联冷链委。

三、2021年冷链专利合作网络

2021年，在中物联冷链委统计得到的超过1903件冷链专利中，仅有86件专利为合作研发产生，约占总量的4.5%，冷链专利创新合作存在较大的发展空间。具体来看，目前冷链创新研发合作存在较为明显的三个特征：地域性、内部性、产学研结合。

第一是地域性。2021年冷链合作研发产生的86件专利中，有63件为同省区市内部企业合作创新，且这些成果集中在江苏、上海、安徽、福建、广东、北京、山东、浙江、天津等东部沿海地区，中西部地区相对较少。企业在地理距离上的通达性在一定程度上影响着冷链创新合作的格局。

第二是内部性。通过2021年冷链专利合作网络可以比较清晰地发现：部分合作成果出现在同一企业内部不同区域子公司之间，这对冷链物流跨区域创新合作提供了一些新的思路，依托企业原有的雄厚力量实现不同区域间分支组织的合作创新，为各地区冷链创新能力提供源源不断的动力。

第三是产学研结合。高校作为技术创新的强大动力，成为冷链跨区域合作的强力黏合剂。尤其是在远距离跨区域的组织间合作创新中，高校发挥着巨大的作用。在2021年冷链专利合作网络中，有51.16%的成果是由高校参与的，“科研院所+企业”成为冷链物流创新的强大力量，冷链物流产学研相结合成效显著。

第二节　国家骨干冷链物流基地建设概况

一、国家骨干冷链物流基地建设意义

国家骨干冷链物流基地作为区域内冷链物流设施群组和冷链物流组织中心，主要面向农产品优势产区，为农产品加工、流通企业提供集冷链中转、分拨配送功能于一体的配送专业服务，提高农产品产业化发展水平。

“十四五”期间，将围绕支撑构建“四横四纵”的国家冷链物流骨干通

道网络，结合农产品生产、流通空间格局、大型消费市场以及冷链物流基础设施区域分布，依托国家骨干冷链物流基地承载城市开展基地建设。到2025 年，布局建设 100 个左右国家骨干冷链物流基地，基本建成以国家骨干冷链物流基地为核心、产销冷链集配中心和两端冷链物流设施为支撑的三级冷链物流节点设施网络，带动提升冷链物流规模化、集约化、组织化、网络化运行水平，推动农产品产运销一体化运作，全程“不断链”水平明显提高，有效发挥冷链物流在支撑农产品规模化生产、调节跨季节供需、减少流通环节损耗浪费、平抑市场价格波动、扩大优质供给等方面的重要作用。

国家骨干冷链物流基地建设是贯彻落实中共中央、国务院决策部署的重要举措，有利于加快传统冷链物流转型升级，促进冷链物流新模式新业态发展，深入推进物流降本增效；有利于减少生鲜农产品产后损失，延伸农业产业链，提高生鲜农产品增值能力；有利于扩大高品质生鲜农产品市场供给，保障食品安全，促进居民消费升级。有效发挥国家骨干冷链物流基地在冷链物流体系运行和生鲜农产品生产流通中的重要作用，为提高冷链物流发展水平、培育新的经济增长点、促进形成强大国内市场奠定坚实基础，为国家重大战略提供有力支撑。

二、国家骨干冷链物流基地功能定位

（一）联动上中下游环节的关键节点

国家骨干冷链物流基地应该优先定位为冷链物流环节联动上中下游协同运作、共同发展的关键节点，打造成为联动上中下游各类企业主体的纽带桥梁；并充分发挥自身中心区位的节点优势，对于上下游企业相关操作进行规范，从而引领冷链物流行业标准化运营体系的搭建。

（二）涵盖一二三产业的综合产业带

国家骨干冷链物流基地在目前国内发展的经济环境下，应该优先将其定位为涵盖一二三产业的综合产业带。增加一二三产业的协同发展黏性，同时实现对货品在流通环节的加工赋能，增加货品的附加值，提升产业链价值。

（三）具备应对波动能力的应急中心

鉴于冷链物流对于基础民生环节保障的关键作用，以及国内对于应急物流体系搭建的迫切需求，应将国家骨干物流基地打造成为具备应对各类特殊情况能力的应急中心。当紧急情况发生时，可对于其自身所在地区提供供给支持，同时各个基地之间也可形成有效联动机制，保证在紧急状态下，全国各类基础民生物资的灵活调配供给。

（四）支持区域内外双循环运作的物流枢纽

尽可能优化冷链及农产品相关供应链环节布局，促进短链建设，是目前相关从业者所关注的发展方向。建设短链供应链，对于产品追溯以及成本把控都具有十分积极的发展意义。因此国家骨干冷链物流基地的建设，应该优先定义其集散作用。对于自身所在区域，积极推动内循环体系搭建，减少货品不必要的长链流转。同时在区域以外，形成全国性调动网络，对相关货品实现有效的区域间灵活调配，提高整体供应链运转效率。

（五）数字化管控及综合交易平台

依托国家骨干冷链物流基地，将进一步推进信息化管控平台的建设，在货品全流通环节实现信息管控。加强各个基地间的信息互通和联动，形成一体化的信息管理平台，实现货品的统一调配。同时打造线上交易平台，通过平台实现统一管理，提升整体交易效率。

（六）冷链新业务及新技术应用孵化器

国家骨干冷链物流基地的建设，应该具备行业发展的引领作用和创新性。应该加强冷链相关技术研发的投入和应用的尝试，实现对于冷链物流全环节的技术赋能，并通过落地实践，形成可参考、可复制的技术经验，从而实现技术推广。

（七）企业协同互助共享发展的示范园区

国家骨干冷链物流基地建设发展过程中，在进行自身产业布局时，应积极探索各类企业间的有效联动和合作方式。根据各产业间操作流程和布局需求，联合企业特性，建立适合产业发展且符合当地区位布局的企业分布和合作模式。

（八）专项类别领域的标杆基地

根据目前所掌握到的国家骨干冷链物流基地的名单来看，不同区域所申报的企业类别、性质、操作主体、集散受众等多方面均存在差异性。因此还应根据其自身各类类别，对于冷链物流相关产业进行定义。并将对应的国家骨干冷链物流基地建立成为该专项类别下的标杆基地，从而引领其他企业的共同发展。

（九）专业人才培育的实践摇篮

冷链物流专业人才缺口情况严重，不仅仅缺乏冷链物流一线员工，管理及规划人员的缺口更加严重。通过国家骨干冷链物流基地的建设，打造专业人才培养及实践基地，实现对于冷链物流行业专业人才的补给。

三、国家骨干冷链物流基地建设现状

（一）福建福州——建设国际生鲜农产品冷链产业集群

福州依托丰大元洪食品城建设国家骨干冷链物流基地，基地坚持“诚信为本、客户至上、互惠互利、开拓创新”的企业宗旨，紧抓国家“一带一路”建设战略机遇，充分把握福建省作为21世纪海上丝绸之路核心区的政策优势，结合福建丰大集团自身资源优势，秉承“立足福建、服务全国、辐射全球”的战略定位，助力福州新区和元洪国际食品产业园建设。注重机制体制创新、技术创新、管理创新、业态创新和模式创新，以国际食品产业园冷链物流基础设施群为依托，以铸造完整冷链物流链条和推进生鲜农产品产业化供给侧结构性改革为主线，着力打造集生鲜农产品与国际食品储运、加工、展示、体验、交易、结算等于一体的全产业链物流基地。以绿色智能化发展为方向，致力于整合集聚福州市冷链物流市场供需、存量设施以及农产品流通、生产加工等产业资源，提高区域冷链物流规模化、组织化、网络化水平，促进生鲜农产品产业化发展，提高冷链物流应急响应和快速保障能力，增强保障区域消费安全，促进城乡居民消费升级。

基地项目一期于 2018 年 6 月 6 日正式动建，一期总投资 25 亿元建设农产品冷链物流中心。其中，包括 45 万吨冷库，目前 1#至 8#分拣车间、1#至 4#冷库（24 万吨）已经投入使用，5#和 6#冷库是超低温智能化冷库，预计 2022 年年底验收投产。3#冷库为海关入境肉类指定监管场地，已通过了福州海关验核。4#冷库为福州进口冷链食品福清集中监管仓，承担区域进口冷链食品检验检疫任务。目前基地内已经开通的业务包括元洪码头远洋作业卸货点、海关监管作业仓、福清进口冷链集中监管仓等。

基地项目二期投资 10 亿元，主要建设 5 万吨高温冷藏库、商业办公楼、互联网 + 研发中心、商务中心和配套生活区。目前 1 号高温库已经建成，2、3、5、9、10、11、12 号交易楼也已完工，通过五方验收。配套生活区计划于 2022 年动工建设。

基地项目三期计划投资 65 亿元，主要建设 55 万吨的冷库和 47 万平方米的多功能冻品、活鲜、果蔬交易区。该项目计划 2022 年开始动建，2025 年完成建设。项目完工后，丰大元洪—国际食品展示交易中心冷库库容将达到 105 万吨，年转运量可达 1200 万吨。

目前园区的运营产品种类主要以水产品为主、肉类为辅。致力于建设智慧冷链物流园，搭建物流信息化、科技化管理平台，与福港集团、顺丰、京东、福嘉冷链等物流企业达成战略紧密合作，充分利用各自在码头、公路运输等优势，实现资源共享，为园区商户提供从下单、运力获取、在途监控、运输结算等全流程科技赋能服务。建立园区可视化管理体系，实现全区智能化管理，积极提升园区冷链物流车辆预约、入园、停靠、装卸、出园的全流程监管能力，为电商客户提供各项增值服务。

（二）北京平谷——打造服务首都的综合性冷链物流基地

北京市蔬菜需求旺盛，每年需要消费各类蔬菜超过 1000 万吨。在所消耗的蔬菜中，北京本地供给占 30%，其余 70% 均由外部省区市调运并通过新发地进行集散，全市蔬菜保供、交通和环境压力巨大。平谷区是北京市生态涵养区之一，也是农业大区，优势在农业，全区农业生产在北京市本地农业生产中有着举足轻重的地位，所以平谷区农业稳产对于北京市蔬果等农副产品的自我供给意义重大。

2020 年 6 月新发地新冠肺炎疫情暴发，平谷物流基地成为北京市内唯一进京蔬果中转站，中转生产生活物资 1100 吨，虽然总量不高，但在特殊时期为首都农副产品市场的保供稳价发挥了重要作用。2020 年 7 月，平谷物流基地获批成为华北地区唯一国家骨干冷链物流基地，承担着深度整合区域冷链物流资源、改造冷链物流等存量设施设备，创新业务流程和经营模式，发挥示范引领作用，并结合先试先行，探索先进经验的重要任务。这两项重大政治任务使基地迎来了新的发展机遇，也迫使康安利丰等企业认真思考实现绿色智慧新型农副产品市场的路径。

冷链物流基地位于京平公转铁综合物流枢纽产业园区北场区，面积约 126 亩，其中包括立体冻品仓储中心、食材共配中心、流通加工中心、品控中心等核心功能区。目前基地已经建成冻品立体库（1. 8 万吨冷库）并投入运营，正在稳步推进 1 万平方米食材共配中心、1 万平方米流通加工中心等项目建设。项目建成后，将形成集流通加工、食材共配、冷链运输等多功能于一体的食材全产业链条，进一步强化国家骨干冷链物流基地功能，带动食材供应链上下游企业共同发展，形成产业集聚，缩短流程、节约成本，实现农副产品从田间地头到市民餐桌的中间环节加价率和损耗率双降低，让产业链的两端都受益，从而更好地发挥服务首都的综合性冷链物流基地功能。

在运输方面，康安利丰目前拥有 4. 2 米和 5. 2 米冷藏运输车 60 余辆，可以实现食材配送全程冷链运输，确保蔬菜肉类的品质。根据公司发展战略与业务布局预测，到 2025 年，预计康安利丰全年营收可达 30 亿元，年均增长率为 27. 56%（2021—2025 年，下同）；公司利润总额、净利润分别达到 2256. 50 万元和 2038. 02 万元，净利润年均增长率为 36. 26%；销售净利润率达到 0. 68%，年均值为 0. 74%；公司净资产总额将达到 1. 29 亿元，年均增长率为 18. 17%，净资产收益率为 15. 76%；资产负债率为 82. 73%。

在重点仓储物流设施建设方面，康安利丰将完善华北市场的食材加工配送服务体系作为着力点，加强在食材“存、拣、配”设施方面建设，使公司在北京及周边的各类业务设施布局更加合理，实现功能互补衔接，最终形成餐饮食材加工配送产业集群，为华北地区业务增长提供更好的支持。重点建设“首都食材共配中心、流通加工中心暨蔬菜动态储备库”项目。

该项目建设进度如下所示。

（1）食材共配中心项目。建筑面积 9976. 59 平方米，高 21. 5 米，共三层，划分为装卸区、集货暂存区、分拣区、储存区等，分层分区管控。该项目于 2021 年 4 月开工建设。项目建成后，将通过连廊联通北侧 C、D 库，利用传送带传送，应用智能化设备、仓拣配系统等新技术，实现系统自动分拣共配、统一运输的全过程智能供应链，可实现年蔬菜周转能力 3 万吨、冷冻肉类储备能力 5000 吨，年配送能力达到 5 万吨，更好地适应不断增长的市场需求。

（2）流通加工中心项目。总建筑面积 9715. 79 平方米，高 23. 9 米，共三层，主要建设冷库（低温库房 0 ~ 5℃）、常温库（15 ~ 20℃）。该项目于 2021 年 9 月启动地基施工。建成后，将拥有 3000 平方米的仓储场地，并具备近万吨的蔬果储备能力，大大提高了农副产品的储藏、加工能力，并与食材共配中心有效联动，实现由配送中心直接配送到社区销售终端的目的，降低中间环节的成本和产品销售价格，使消费者成为最终受益人。

（3）信息化建设项目。推进并加强公司运营管理信息化建设，不断完善生产协同供应链管理系统开发与应用。以提升已有业务操作体验与满足新增业务操作需求为导向，开发应用系统新的功能，从而支持公司进一步扩大业务范围、增加业务总量、增强客户服务能力。在“仓拣配”设施方面，应用现代仓储物流技术和理念，建设以“自动化设备、标准化器材”为主要内容、以“全自动化作业”为目标的仓储物流设施，构建包括“现代化场地、自动化控制设备、作业机器人、标准设备器材”的现代化仓拣配作业场景。进一步提高仓拣配作业效率，降低作业成本。继续深入开发和应用生产协同供应链管理系统，密切公司各部门间的协调与配合，提高公司生产经营管理整体效率，提高公司对客户的服务质量和水平。公司依托流通加工中心、研发中心、品控中心和冷库四大要素，构建集采购、加工、检验、仓配、分拣功能于一体的流通加工新模式，具备常态与应急场景下的服务能力，实现农副产品稳定供应、食品安全、全程溯源和应急保障的目标。

（4）城市绿色配送层面。公司计划在自有 60 余辆冷藏运输车的基础上，积极采用新能源等绿色运输装备，构建集中规模化的共同配送方式。

（三）山东济南——打造区域性冷链产品集散中心

维尔康冷链物流园作为国家骨干冷链物流基地的核心园区，发挥着重要的示范引领作用。维尔康冷链物流园（维尔康肉类水产批发市场）由维尔康集团投资建设，自 1997 年开业至今，按照“依托冷库建市场、发展市场促流通”的发展战略思路，现已发展成为国内农产品批发行业运营管理规范，园区交易规模、冷链物流等配套服务功能领先的一级批发市场。维尔康冷链物流园是全国肉类水产冻品价格指数风向标，市场肉类水产冻品年交易量、交易额连续多年在全国同行业排名首位。济南总部冷链物流园区，占地面积 526 亩，拥有 11 座大型低温冷库，冷藏储存能力 27 万吨，居全国同行业首位；现有三座配有冷暖空调的商品交易大厅，入驻全国各地经营商户 1600 余家，从业人员 2 万余人。市场经销全球猪牛羊禽肉类、各种水产品、速冻调理食品、酒店用品等几万种商品，经营商品辐射全国各地。现已成为全国肉类、水产品冷链物流批发贸易的核心枢纽。

在基础设施建设方面，维尔康冷链物流园拥有冷藏车 1000 多辆，开通冷链物流专线 200 余条；每天进出维尔康冷链物流园配货的冷藏车 5000 余辆，在全国冷链经销网点有 500 多个，市场商品经营辐射全国各地。市场是商务部生活必需品重点监测市场、农业农村部定点市场、农业农村部肉类冷库运营重点监测市场、中国商品市场百强、全国农产品综合批发十强市场。市场商品年交易量、交易额连续多年在全国同行业排名首位，已成为全国肉类水产冻品价格指数风向标。

在食品安全监测方面，维尔康集团高度重视食品安全，投资成立山东康维食品检测有限公司，取得第三方食品检测 CMA 资质证书；是全国冷链物流园区行业首家专为市场配套服务的第三方食品检测机构。

在济南市委、市政府关心支持和济南海关帮助指导下，维尔康集团投资 2 亿元，建设并运营由海关总署监管的内陆口岸——济南维尔康进口肉类指定监管场地（以下简称维尔康口岸），于 2019 年通过了海关总署的验收通关运营。这填补了济南市没有进口肉类水产冻品口岸的空白，极大提升了济南进口肉类水产品的通关便利，带动了济南市进口冷链食品产业的发展。国外的优质肉类水产品以原集装箱、原铅封方式从到岸港口直接运输到维尔康口岸，实现进口商品直达交易场所。口岸运营后每年可通关进口肉类水产冻品 2 万多条货柜，为带动社会就业，促进济南市外经贸影响力和快速提升农产品冷链物流产业，持续产生经济效益和社会效益，作出突出贡献，也为山东省内乃至周边省市提供进口便利。

2022 年 2 月至 2023 年 12 月，位于济南的维尔康冷链物流园计划新建两座 4 层低温大型冷库及其附属设施，项目总投资 2 亿余元。目前项目开工所需的手续已办理完成，正在紧张施工中。

四、国家骨干冷链物流基地现存问题

一是高额成本投入成为制约园区发展的巨大障碍。以福建丰大为例，目前，园区初期投入已达 30 亿元，日常的运营成本也远远高于普通仓库。同时，冷库运营耗电量巨大，每平方米冷库的月耗电成本至少为 20 元。除冷库建设和运营，冷链运输成本也比普通车辆高出 40% ~60%。冷链物流设施、设备的专用性较强，一旦企业因冷链技术的发展或者企业经营业绩不佳而转产或破产，其设施、设备很难转用或转卖，沉没成本高。从康安利丰的角度来看，在物流成本高企的背景下，冷链物流企业人力成本上升，物流作业的信息化和自动化水平较低，基础设施折旧成本高昂等仍然是导致食材流通成本居高不下的重要因素。

二是运输方式缺乏成为严重影响园区未来运营发展的巨大瓶颈。以福建丰大为例，园区运营发展方向提出了“全球买，全球卖”，冷库库存量现已达到 20 万吨，未来三年内将达到 60 万吨，预计日均货物吞吐量 1 万余吨，需要顺畅的海运、陆运和空运综合运输体系来保障。目前，园区仅有公路一种运输方式，缺乏码头和铁路延伸线规划建设，成为园区未来运营发展的巨大瓶颈。对于康安利丰而言，冷链配送环节基础设施落后、冷藏车辆短缺、冷链作业环节衔接不到位等问题仍然是制约冷链配送高效运作的瓶颈。

三是目前我国冷链物流行业法律规章不够健全。由于我国冷链物流发展起步较晚，行业标准落实还不到位，企业可依据和参考的国家标准单一。这造成目前冷链物流市场管理缺少制度和监控手段，也缺乏协调机制和规范，冷链物流市场及其体系建设总体上仍处于粗放型的发展和运行阶段。维尔康集团认为，当前行业标准不规范，对从事冷链物流运输的设施设备及从业人员没有明确规定和标准是制约行业发展的一大瓶颈。

五、“十四五”时期国家骨干冷链物流基地发展展望

（一）总体展望

国家骨干冷链物流基地建设的 7 方面重点任务：一是整合集聚存量资源，优先支持利用存量冷链物流设施资源建设国家骨干冷链物流基地，结合实际加强存量冷链物流设施改扩建；二是推动基地互联成网，加强与产销冷链集配中心等的高效联通，构建干支线运输和两端集配一体化运作的区域冷链物流服务网络；三是促进相关产业发展，依托基地促进农产品产业链上下游联动整合，打造冷链物流与产业融合发展新生态；四是支撑城乡居民消费，畅通特色农产品出村进城通道，推动冷链物流服务网络向中小城镇和具备条件的农村地区下沉，打造“上行下行一张网”；五是加快数字化发展步伐，推动基地存量冷链物流设施数字化升级，加快传统冷库等设施设备智慧化改造升级；六是提高绿色低碳发展水平，鼓励基地对在用设施开展节能改造，推广合同能源管理、节能诊断等模式，鼓励使用绿色、安全、节能、环保冷藏车及配套装备设施；七是强化安全保障能力，完善基地应急检验检测检疫预案，保障食品药品消费安全，建立基地疫情监测预警机制，筑牢疫情外防输入防线。

提升县域级农产品上行“最先一公里”能力。加强骨干网络经营网点、仓储物流配送设施的共享共用，加快建设县、乡、村三级物流配送体系。强化县域物流配送中心集散中转、仓储配送功能，推行“一点多能、一网多用”，整合和集聚乡村冷链基础设施，延伸冷链网末端网点，大力发展面向各类终端的共同配送及揽收，打通农产品冷链物流“最先一公里”，逐步形成全程不脱冷的冷链物流闭环链条。

拓展农产品市场流通主渠道冷链服务能力。在“十四五”期间，应大力改善农产品市场的卫生条件，提高市场的交易电子化透明化水平，提高市场的物流计划统筹调度能力，使之真正成为商流和物流的核心节点，进一步巩固和发挥农批市场的地位和作用。建设多层次的农产品市场体系，改造或新建一批农产品市场，争取支持运营管理一批公益性市场，加快形成布局合理、高效顺畅、联结产地到消费终端的农产品市场体系。建设产

地集配中心和田头市场，完善冷链、仓储加工、物流配送等重点设施。在重要物流节点建设集散地批发市场，打造农产品集散中心和展销中心。

强化城市农产品“最后一公里”能力。加快形成布局合理、高效顺畅、联结产地到消费终端的农产品市场体系。打造以食材团餐、产品加工、冷冻冷藏、能源配套、仓储物流、食材团餐配送、家禽家畜定点屠宰、商业配套为一体的农产品一站式仓储加工、交易中心。建设农贸市场、社区菜店等多类型的零售市场，形成与批发市场相互衔接的销地市场网络。进一步巩固提升生鲜农产品配送中心和连锁门店建设，加强终端网点建设和维护，做好“最后一公里”的有效衔接。

培育一批以冷链物流为支撑的龙头企业。针对全产业链进行分类梳理，大体可划分为产地种植养殖及生产加工企业、流通型企业（包含供应链型企业、物流型企业、农批市场、进出口贸易企业等）、终端型企业（包含餐饮企业、农产品电商平台、商超零售企业等）、技术装备型企业（国内外运输技术装备、仓储技术装备、冷库集成商、保鲜技术、包装技术、信息化服务等相关技术装备企业）以及科研型机构（包含研究机构、院校、金融投资、咨询企业、政府机构等）五类企业。从全国及区域角度，分别梳理各类型相关龙头企业。鼓励企业整合兼并，做大做强。支持龙头企业发展，实现企业引领行业水平提升。

推进“供应链 +”业务模式发展。推动冷链共同配送、“生鲜电商 + 冷链宅配”“中央厨房 + 食材冷链配送”等经营模式创新，实现冷链物流向全产业链延伸，积极探索开展农产品集采集配业务，构建上联生产主体，下接企事业单位食堂及城镇居民的产配一体化冷链产业链条。应用移动互联网、大数据、物联网等新技术，探索建设智能化冷链仓储设施，对现有冷链物流设施进行信息化改造。规范农产品流通渠道以及推动农产品精加工环节，针对农产品流通环节进行进一步规范，增强全链条的高效性、稳定性。进一步增强对于农产品供应链的赋能，推动农产品精加工环节的梳理和搭建，在提升全链条价值的同时，降低链条损耗。

搭建智慧冷链物流信息平台。新一代信息技术加快发展，推动传统产业的业态结构、组织形式、商业模式发生全方位变革。打造智慧冷链物流信息平台，对于冷链物流全过程实现信息化管控，同时进一步延展信息平台管控范围，逐步增加商品交易、资源管理等功能，形成综合性信息管控平台。针对农产品供应链，实现全链条各类数据的采集和分析，建立统一的监控及数据处理平台。充分发挥大数据优势，在实现对于全链条进行数据监控的同时，增强全链的把控性。依托于统一的平台，实现商流与物流的协同发展，促进订单农业的实施。

建立冷链物流标准管控体系。加强冷链物流行业标准建设，优先形成涵盖冷链物流全环节的标准管理架构。研究生鲜农产品冷链物流领域和关键环节的国家标准、行业标准，并参与相关标准的制修订工作，加强标准宣贯和示范推广力度，关注标准及管控体系的实施落地效用，实现行业良性经营环境打造。鼓励冷链物流发展不宜用基建补贴，不宜各地纷纷上马物流园区，基建要符合商业规律和物流链路，同时将冷链物流规划纳入城市整体建设规划当中。政府强力推动建设物流基础设施易使整个物流系统效率降低、成本增加。建议通过降税（税收返还）降油电费等形式，鼓励运营好的企业实现可持续性发展。

加强冷链物流复合型人才吸纳和培养。加大对冷链物流专业人才的培育，通过与一些学校、科研机构和行业协会等成立合作项目，将高校变成行业的人才库，向行业输送专业人才。完善冷链人才职业教育和继续教育，形成多层次的教育、培训体系。完善冷链物流人才吸纳机制。设立冷链物流人才储备库，鼓励从企业和各地方机构中选拔一批具有实践经验的冷链物流人才作为冷链物流专业人才储备，定期开展行业人才培训和培养。

规划建立冷链物流应急体系。整合改进现有物流资源，探索设立各级应急物流中心，构建多元化和立体化交通网络体系。建立农产品应急物流预警与预案，以应急物资调配决策为突破口，以受灾地区农产品需求数量预测为切入点，运用科学有效的手段，明确在众多不确定因素下的农产品调配方案，以便实现快速调配，形成大城市“平时服务、急时应急、战时应战”一二三产业融合的食品温控供应链应急保供服务体系。建立有效的信息共享机制，传达准确信息，避免由于错误信息造成的民众恐慌，从而引发对于相关产业的二次伤害。

（二）福建福州

基地将加快农产品冷链物流园建设，强化1#至8#分拣配送车间招商，继续推进5#、6#超低温冷冻库建设工作。持续进行果蔬类冷链物流园高温冷藏库建设，加快布局农产品配送中心建设，提升冷链物流配送能力。通过参股控股及参与政府 PPP 项目，创新运输组织方式，增大基地规模与竞争力。

农产品冷链物流园建设。农产品冷链仓储冷库与分拣中心是国际食品产业园建设首期项目的核心，以此为依托加快布局农产品冷链加工、配送功能设施。重点推进肉类与水产品加工的标准化厂房建设，形成设施先进、功能齐全、管理严格、品种丰富的农产品冷链加工基地。推进农产品冷链配送中心建设，实现冷链运输、配送的全面监控与管理，提高水产品冷链物流配送效率，保证配送水产品质量，减少空车率、仓库闲置率，提高冷链物流基础设施的使用效率。提升分拣中心的智能化、信息化水平，完善展示、业务洽谈、信息发布等功能。水产品冷链交易中心内设鲜活海产区、冻品交易厅、干品交易区、海鲜超市等功能专区。交易中心定位为水产品及大宗冷冻水产品的批发交易、冷链储存、冷链加工、包装、配送、进出口贸易、交易展示。

果蔬类冷链物流园建设。基于不同企业定位和需求规划建设方案，与众多农产品种植大户、批发商、经销商、零售商深入沟通后量身定制，完善果蔬类冷链物流园高温冷藏库建设规划，提升市场适应能力。

国际食品物流园建设。加快规划布局国际食品加工分装中心、国际果蔬加工贸易区、肉类加工贸易区、国际食品贸易商城、海上嘉年华休闲度假区等功能区建设，重点推进综合保税冷库前期规划设计。

到 2025 年，基地将建成全国最大的国际食品食材进出口贸易集散交易中心，全国最大的生鲜农产品冷链仓储、物流交易中心。同时基地致力于打造成为华南地区首个集水产品、果蔬、肉类交易、冰鲜冻品、美食娱乐、国际博览、商务办公、冷链物流于一体的现代化、多功能、全业态交易平台。

（三）北京平谷

康安利丰食材冷链物流供应链基地全面建成投产后，可提供 120 万吨/年的高品质、全品类且供应稳定的农副产品，形成年产值 50 亿元的产业规模，进一步提升生鲜农副产品的储备能力，缓解突发事件对城市应急物资保障的压力，同时满足首都人民对食品的高质量追求，为平谷农业生态赋能。

在食材共配方面，基地年蔬菜周转能力将达到 3 万吨，冷冻肉类储备能力 5000 吨，年配送能力 5 万吨。在流通加工方面，平谷冷链物流基地建设完成后将具备近万吨蔬果储备能力。在信息化建设方面，基地持续推动自动化设备覆盖冷链物流全场景，依托信息化手段提高作业效率、降低作业成本。在城市绿色配送方面，平谷积极采用新能源冷藏车等节能环保运输装备，助力区域冷链运输绿色低碳发展。

（四）山东济南

通过基地补短板项目提高山东省农产品特色产区、消费市场需求与冷链物流基础设施匹配水平。基地将积极推动农业发展向质量提升转变，加快农业现代化、绿色化、优质化、品牌化进程。引导优化配置资源，按需组织配送，合理安排库存，提高供给质量，促进产业跨界和协同发展，加强全程各环节有效对接，促进供需精准匹配和产业转型升级，全面提高产品和服务质量，显著增强农产品竞争力，畅通市场营销渠道，缓解农产品“卖难”和季节性价格波动矛盾，保障市场稳定供应，推进流通体系建设。项目建设将降低产品流通损耗、控制流通成本、弥补冷链物流基础设施与市场需求的短板与缺口、促进居民消费升级。

基地建设可促进农产品进出口贸易和农产品上行，保障有效供给。维尔康冷链物流园拥有近30万吨冷库，能够整合吸引2000家专线企业入驻，为济南市商贸业提供“收全国、发全国”的干支仓配一体化服务，有效形成产业集约优势，进一步提升济南市物流的核心竞争力。项目进一步完善“干线运输+区域分拨”的现代化多式联运网络，建成全国最大的批发市场冷库群与冷链分拨中心。有助于完善农产品物流网络，将更多的产品送到偏远的乡村地区，扩大物流对广大农村地区的覆盖率，同时有助于农产品上行，让更多的优质农产品走出田间地头，通过物流运输到城市，推动农业产业转型升级。

促进人才培育和产业集聚。山东是中国的农业、食品和消费大省，济南市通过省会城市项目建设，可整合国内外各类科教和产业资源，通过努力可把济南市打造成为中国冷链物流人才培育、产业集聚、城乡冷链的“冷链黄埔”和冷链枢纽经济总部基地示范工程。

（作者：福建丰大集团有限公司、济南维尔康实业集团有限公司、北京康安利丰农业有限公司）

第三节　冷链仓储技术发展概况

一、冷库技术创新推动双碳改革

2020 年 9 月，第七十五届联合国大会一般性辩论上，习近平总书记代表中国做出承诺——力争于 2030 年前达到二氧化碳排放峰值，并努力争取 2060 年前实现碳中和。这一目标提出后，各相关部委、行业协会、地区相继出台“碳达峰、碳中和”政策，相关工作快速推进。实现“双碳”目标的过程将是一场广泛而深刻的经济社会变革。能源是经济社会发展的动力，也是碳排放的主要源头。“十四五”规划是中国开启四个现代化国家新征程的第一个五年规划，也是实现第二个百年奋斗目标进程的第一个五年规划，目标是强国富民，圆中华民族百年复兴之梦。“十四五”时期的能源规划在推动经济社会转型、实现“双碳”目标中发挥承上启下、革故鼎新的作用，是实现“双碳”目标的重要基础期和窗口期，对贯彻落实“四个革命、一个合作”能源安全新战略具有开拓性意义。

我们认为，当今世界正在面临世界未有之大变局，以科技赋能冷链，加大冷库建设规模，这是大势所趋。但是环境问题也已经摆到了台面上。一味遵循传统冷库的建设方式已经不合时宜。我们应在加快冷库技术发展，推进冷库能耗降低，加大数字化、标准化研发的同时，减少冷库建设运行中对环境的破坏、提高冷库建设，既要保证环境的“绿水青山”，也要把握行业中的“金山银山”。制冷剂的运用便是冷库绿色化的重要一环。

制冷剂的发展可追溯到 1755 年的爱丁堡，数学教授库仑和他的学生利用乙醚在真空下结冰的现象解释了融化和汽化现象，导出了潜热的概念，这就是现代制冷技术的雏形。20 世纪后，制冷技术有了更大的发展，日本、美国、芬兰、加拿大等国家冷库行业发展迅速。20 世纪 70 年代前期，以氨为制冷剂的集中式制冷系统普遍应用于国外，在自然工质的选择中，氨作为制冷剂其优点是易于获得、价格低廉、压力适中、单位制冷量大、放热系数高、几乎不溶解于油、流动阻力小，泄漏时易发现。但缺点也较为明显，有刺激性臭味、有毒、可以燃烧和爆炸，对铜及铜合金有腐蚀作用。

20 世纪 70 年代后期，各个国家开始逐渐采用 R22 作为制冷剂的分散式制冷系统。20 世纪 80 年代分散式制冷系统在国外得到迅速发展。

美国等发达国家已经将目光超越 HFCs 阶段，除了氨制冷作为传统的制冷手段被大量保留外，CO_2（二氧化碳）这一自然工质受到了空前重视，而二氧化碳制冷剂 ODP＝0，GWP＝1。使用二氧化碳作为制冷工质，对大气臭氧层没有破坏作用，可以减少全球温室效应，且来源广泛、价格便宜，可以大大降低制冷剂替代成本，节约能源，解决了化合物对环境的污染问题，具有良好的经济性。二氧化碳安全无毒、不可燃、不爆炸，具有良好的热稳定性，即使在高温下也不会分解出有害气体，泄漏对人体、食品、生态都无损害。但缺点也较为明显，如果其浓度过高，会对人的呼吸器官造成损害，甚至致人窒息死亡；有很高的临界压力和低的临界温度，CO_2临界温度为 Tc＝31.1℃、临界压力为 Pc＝7.3MPa。

目前，我国制冷系统中最常用的制冷剂属于 HFC 类物质，ODP 值为零，不含任何破坏臭氧层的物质。虽然这种制冷剂对臭氧层无破坏作用，但其会释放二氧化碳，增加温室气体，因此在未来的冷库发展中，我们应该积极推进对新工质、零排放工质的研究，在氨、二氧化碳等自然工质领域创新技术和安全应用方面，加大投入、积极探索。

对于自然工质来说，氨由于其毒性、易爆性等缺点，在国内环境中难以得到大规模应用；无论亚临界循环还是跨临界循环，二氧化碳制冷系统的运行压力都将高于传统的制冷系统，给系统及部件的设计带来许多难度，制造成本也相对较高并会极大增加后期的维护成本。然而为实现我国 2060 前达到碳中和的目标，HFC 类物质的运用会受到极大的限制，已经不能单独用于大型冷库。

为响应国家号召，我们积极开发新技术，结合两个制冷剂优缺点，采用氟利昂制冷加二氧化碳载冷，一方面发挥了 R507 制冷剂高效、安全的优点，并且较传统桶泵或是直膨系统而言，R507 仅在机房内参与对载冷剂的热交换，大大减少了 R507 的使用量；另一方面也发挥了二氧化碳无温室气体、成本相对较低的特点，利用二氧化碳载冷起到减少能耗的目的。

在整个系统中，二氧化碳载冷的载冷侧为无油系统，二氧化碳载冷剂更加环保经济，单位载冷量大、密度高，可使系统充注量减少，二氧化碳载冷循环系统包括制冷循环系统、CO_2储液器、液体 CO_2循环泵以及空气冷却器、安全阀等。CO_2在蒸发式冷凝器中被冷凝后流入储液器，然后被泵吸入冷却器，在冷却器内进行热交换，同时汽化、蒸发带走热负荷，CO_2气体再流入蒸发式冷凝器，开始下一次循环。系统开始运行时，被冷却间内温度较高，通过调节 CO_2的流速及冷风机的转速来调节载冷系统的压力，使压力维持在较稳定的值。制冷系统单元停止运行时，CO_2储液器内压力会不断升高。当此压力上升到某一定值时，可以通过自控装置控制制冷系统单元的压缩机。系统中的流量调节阀使用电磁阀，电磁阀更容易控制空气冷却器内 CO_2的流动，从而控制被冷却间内的温度。

CO_2作为载冷剂与其他传统的载冷剂（如盐水、乙二醇等）相比，其动力黏度非常小。当载冷温度为 -35℃时，其黏度分别是氯化钙溶液、乙二醇溶液、二氯甲烷的 1/152、1/506 和 1/4，具有非常好的输运特性，由于载冷剂采用的纯 CO_2液体不存在质量分数问题，可以传递温度高于 -50℃的冷量。同时 CO_2的汽化潜热也较大，载冷温度为 -35℃时的汽化潜热为313. 41 J/g，所以可以利用液态 CO_2的相变来吸收热量，大大减少液态 CO_2载冷剂的充注量，这样载冷循环中管道的管径大大减小，减小了载冷设备的体积，采用载冷系统使制冷系统单元中制冷剂的充注量减少。

根据相变过程中温度不变，可知空气冷却器进出口温度极为接近，所以整个载冷循环中流体的温差不是很大。采用载冷系统可减少能耗约25%。因此选用 CO_2作为载冷剂可以明显降低载冷剂的流速及其流动过程中的压力损失，提高制冷效率且降低其功耗，CO_2作为理想的载冷剂，在我们的实践中满足了所有的条件，同时也提高了系统的 COP，具有其他载冷剂无法比拟的优点，其应用前景广阔，是未来解决能耗以及碳排放的重要突破口。

最后，我们希望冷链行业可以快速稳定发展，以习近平新时代中国特色社会主义思想为指导，立足新发展阶段，完整、准确、全面贯彻新发展理念，以推动高质量发展为主题，以满足人民日益增长的美好生活需要为根本目标，健全“从农田到餐桌、从枝头到舌尖”的生鲜农产品质量安全体系，致力于将中国冷链行业打造成世界一流的水准！

（作者：万科物流发展有限公司　范敏浩　张少艾　王建朝）

二、建设空港冷链物流园，打造区域冷链物流中心

《“十四五”冷链物流发展规划》中明确提出要提升冷链物流企业国际竞争力。推动龙头冷链物流企业深度参与全球冷链产品生产和贸易组织，强化境内外冷链物流、采购分销等网络协同，延伸跨境电商、交易结算等服务，提升国际供应链管理能力和国际竞争力。鼓励冷链物流企业与贸易企业等协同“出海”，围绕全球肉类、水果、水产品等优势产区，积极布局境外冷链物流设施，依托远洋海运、国际铁路联运班列、国际货运航空等开展国际冷链物流运作，构建国内外衔接的物流通道网络，提升冷链物流企业国际化发展水平。

在此背景下，星星冷链推动建设徐州空港冷链物流中心项目，该项目位于徐州空港经济开发区。徐州空港冷链物流中心项目依托徐州观音国际机场货运口岸，提供一流的冷链仓储、国内干线运输、城市配送、食品加工、中央厨房等综合性冷链物流服务，通过建立网络货运调配中心，导入新能源冷藏运输车辆，形成300公里冷藏运输配送服务圈。同时与徐州观音国际机场建立空运冷藏食品海关定点检验检疫查验仓，建立国内优特质果蔬、冷藏食品转运配送中心，设立进境冷藏食品定点查验消杀监管仓。徐州空港冷链物流中心实景如图5－4所示。

图5－4　徐州空港冷链物流中心实景

资料来源：星星冷链冷机市场部。

此项目占地面积 106 亩，投资 6 亿元，分为检验区和物流区两个区域，总建筑面积约 6 万平方米，分两期实施。共包括 2 座冷库、1 座 3 层冷加工及配送中心、1 座 4 层管理中心，总库容 7 万立方米。其中，冷库包含低温冷藏间（－18～25℃），其库容量为 28000 吨；高温冷藏间库容量为 2800 吨，总吨位达到 3. 1 万吨。徐州空港冷链物流中心项目实景如图 5－5 所示。

图 5－5　徐州空港冷链物流中心项目实景

资料来源：星星冷链冷机市场部。

本项目重点围绕航空物流资源，利用指定口岸优势，为客户提供“一体化综合性”冷链服务解决方案。形成临空产业与航空冷链物流联动发展的良性机制，提升空港冷链物流集散能力和发展规模，引领机场物流由传统物流向现代物流转变，助力徐州空港产业结构升级换挡。未来将形成以徐州为中心，辐射半径达 200 公里，服务淮海经济区 20 个地级市、1. 2 亿人口的现代化冷链物流体系，全力打造淮海地区规模最大、功能最全、辐射范围最广的冷链智能物流中心。徐州空港冷链物流中心内部如图 5－6 所示。

据徐州空港经济开发区领导介绍，该冷链物流中心正式运营后，将以徐州空港冷链物流中心为龙头、以睢宁县各乡镇 32 万立方米的冷库为支点，初步建成冷链网络云仓，全面构建从“最前一公里”到“最后一公里”的全链条冷链物流体系。徐州空港冷链物流中心设备机组如图 5－7 所示。

图5－6　徐州空港冷链物流中心内部

资料来源：星星冷链冷机市场部。

图5－7　徐州空港冷链物流中心设备机组

资料来源：星星冷链冷机市场部。

通过“引进来”进境水生动物、水果、冷藏食品、药品以及精密电子元器件，利用冷链物流网络化运输，为本地特色农副产品、速冻加工食品“走出去”提供冷藏、加工、集运、交易等多元化服务。

（作者：星星冷链冷机市场部）

第四节　冷链运输技术发展概况

目前冷链运输装备及技术主要涉及冷链运输载具、新能源技术、制冷技术等。

一、隔热保温

（一）有机多孔保温材料

主要有聚氨酯和聚苯乙烯。

聚氨酯：由异氰酸酯和多元醇（含多羟基的醇）反应形成，主要用于整体发泡或喷涂材料，聚氨酯的典型热导率值介于 0.020 ~0.030W/（m·K），保温性能优越。以往聚氨酯发泡体系并非冷藏车的首选材料，在冷链物流开发的初期，主要是传统真空保温体系加填料保温体系占主导，随着冷链物流对于保温性能要求的提高，聚氨酯保温性能优异、保温效果稳定等特点，使其逐步在冷藏车中站稳脚跟并发展扩大。其优点在于隔热系统导热系数低、耐腐蚀、强度高、性能优越。硬质聚氨酯泡沫具备高保温性能、高节电效率和环保性，重量轻、效率高、质量好。

聚氨酯硬质发泡材料（PU Foam），是以异氰酸酯和聚醚为主要原料，在发泡剂、催化剂、阻燃剂等多种助剂的作用下，通过专用设备混合，经高压喷涂现场发泡而成的高分子聚合物。兼具保温与防水功能，是目前所有有机保温材料中导热系数最低的。适合于制作厢体，目前被广泛应用于冷藏车及冷库隔热材料等。全球 95% 以上的冰箱或冷藏设备都使用聚氨酯硬泡作为隔热材料。硬质聚氨酯泡沫导热系数低、不易吸水、强度高、耐腐蚀，可以实现无缝黏合，整体性强、结合牢固。覆盖层具有不开裂、防水、抗冲击、耐老化等性能，可回收再利用，不会造成白色污染。

聚苯乙烯：由有机泡沫塑料制成，一般分发泡聚苯乙烯（EPS）和挤塑聚苯乙烯（XPS）两种使用形式，主要用于填充保温结构使用。发泡聚苯乙烯泡沫塑料（EPS）的典型热导率值介于 0.030 ~0.040 W/（m·K），具有重量轻、用途多、成本低等优点。挤塑聚苯乙烯（XPS）是在熔融聚苯乙烯中添加膨胀气体，再通过喷嘴加压挤出，材料是连续生产的，冷却后可再切割成板型，该材料热导率值介于 0.025 ~0.035W/（m·K）。

聚苯乙烯泡沫板是广泛使用于建筑外墙和内墙包括楼面的保温材料，是常见的三大内墙保温材料之一。我们也会叫它 EPS 板。它主要是由含有挥发性液体发泡剂的可发性聚苯乙烯珠粒经加热预发后，在模具中加热而成型的白色物体。其具有微细闭孔的结构特点，主要用于建筑墙体、屋面保温、复合板保温等。分为膨胀性 EPS 板（苯板）和连续性挤出型 XPS 板（挤塑板）。

聚苯乙烯泡沫板的优点在于：密度系数小、抗冲击能力良好，有足够的能力通过改变和恢复形状对外界冲击力进行缓冲；具有独立的气泡结构，小面积的损伤不会影响到整面建筑体；表面吸水率低、防渗透性能好，能够有效避免建筑体受潮后发霉、脱落等问题；不受气温影响，低温时不会因为温度过低而发生脆裂现象；绿色环保，聚苯乙烯泡沫能够回收使用；生产工艺中不使用氟利昂；全生命周期的能耗相对较低。

聚苯乙烯泡沫板的缺点在于：施工期长、施工过程烦琐；易燃且燃烧后产生有毒气体。普通的聚苯乙烯泡沫保温板容易燃烧，燃烧产生的烟雾中有毒性，即便添加阻燃剂之后，燃烧性也仅能达到 B 级；材料强度差，容易产生开裂现象、保温层脱落现象比较普遍；聚苯乙烯泡沫保温板由于其自身强度有限，承重能力差；聚苯乙烯泡沫保温板质量不稳定，因为材料出厂前需要放置一段时间，经过一段成熟期才可以使用，如果未熟化彻底，质量将无法得到保证，导致泡沫板收缩开裂。

（二）无机纤维保温材料

主要为岩棉，是由大约1500℃的熔岩（辉绿岩）产生的，被加热的熔岩从轮子或圆盘中喷出，从而产生细纤维，主要用于填充保温结构使用。岩棉的典型热导率值介于 0.030～0.040 W/（m·K）。岩棉不仅导热系数低，而且不可燃，同时还具有很高的抗湿损性，即使在潮湿的情况下，也能保持保温性能。

（三）气凝胶

气凝胶是一种合成的超轻、多孔、低密度材料（体积密度 3～20kg/m^3），由凝胶衍生而来，其中凝胶的液相被气体所取代。气凝胶可以通过喷涂和加工成板材后使用，但是其成本较高，原因在于原材料的干燥过程较难实现，一般需要高温高压条件，否则很难生产出密度低、导热系数低和重量轻的气凝胶产品。

（四）保温材料制造工艺

冷链运输的保温材料的制造工艺主要分为填充式、喷泡式和整体发泡式等。整体发泡、填充和喷涂，各种制造工艺带来的保温效果和气密性不同，隔热性能最好的为整体发泡，其次为喷涂，最差的为填充。

1. 填充式

主要为聚苯乙烯或岩棉，将隔热材料分割成一定形状填充在隔热结构中。由于聚苯乙烯具有一定的吸水性，运行一段时间后拼接缝吸水收缩成贯通缝，形成热桥，降低隔热性能和气密性，同时吸水增加装备自重，影响载重，主要用于客车、特种车或性能要求低的冰保车上。

2. 喷涂式

直接将隔热材料喷涂在隔热结构的表面，由于喷泡式不能自然成型，需要人工去除多余部分，劳动强度大，废料影响环境。

3. 整体发泡式

聚氨酯发泡系统将发泡原料浇注在由内板和外板组成隔热结构的夹层中，发泡原料发生化学反应生成聚氨酯，聚氨酯膨胀填充隔热结构夹层的空隙中。整体发泡结构放置在专用的发泡模具中，能够承受发泡过程中产生的巨大压力，可保证发泡密度和成型质量，是目前国内外冷链运输装备的主要隔热结构制造方式。

二、冷链运输载具

在公路冷链运输中的载运工具以冷藏车为主，其优点在于灵活机动、速度较快、可靠性高，但运量较小，适合中短途小批量运输。车型包括机械冷藏汽车、冷冻板冷藏汽车、液氮冷藏汽车、干冰冷藏汽车、冰冷冷藏汽车、集装箱。冷藏车主要由专用车底盘 + 隔热车厢 + 制冷设备组成，所以冷藏车又被称为冷藏保温车。车厢类型可分为封闭式、箱式和半挂式。受国际贸易影响，国际标准尺寸冷链海运集装箱也非常常见。从车厢制造工艺方面来说，我国冷藏车发展大致分为三个阶段——整体注入发泡金属蒙皮结构、整体注入发泡玻璃钢结构、全封闭聚氨酯板材粘结玻璃钢结构。全封闭聚氨酯板材粘结玻璃钢结构是目前最流行的制作工艺。除了聚氨酯在制造时容易造成损耗、造成较高成本以外，这种工艺车厢的密封性、隔热性和强度等指标，都超过第一和第二阶段的车厢。除了常规货物运输以外，冷藏车也能满足改装需求。例如，运输整猪类的肉挂车、运输医疗垃圾、安装有特殊密封箱的医疗废物转运车等。目前冷藏车共有蒸汽压缩制冷、冰冷制冷、干冰制冷、冷冻板制冷、液氮制冷、机械制冷等制冷方式，受到配送距离、配套设施和使用成本等因素影响，机械制冷的使用最为广泛。

总质量小于7.5吨的机械制冷冷藏车，一般选用非独立式制冷机组，制冷功能靠从底盘发动机取力；总质量大于7.5吨的冷藏车则主要选用独立式制冷机组。目前，美国开利、美国冷王、日本三菱、日本电装、大金、韩国化速、意大利欧冷等进口机组占据80% ~90%独立式制冷机组的市场。我国有100多家企业从事冷藏车用制冷机组生产，主要是新飞、雪峰、广东K牌、河南凯雪等，但由于技术方面的原因，国产制冷机组和国外相比在可靠性、制冷效率上依然有一定的差距，主要采用非独立式制冷机组。

铁路冷链运输中的运载工具以冷藏集装箱和冷藏车为主，其长距离运价低，运输批量大，连续性、可靠性和安全性较高，但灵活性较差，适合长途运输。车型包括机械冷藏车、加冰冷藏车、冷冻板式冷藏车、无冷源保温车、液氮和干冰冷藏车、集装箱。

水路冷链运输以冷藏船和冷藏集装箱为主，具体有温控集装箱和冷藏船。成本低且运量大，运输灵活性差，适合长距离、低价值、高密度货物运输。

航空冷链运输以冷藏集装箱为主，运输速度快但运量小、成本高、可靠性差，适合高价值、易腐烂、时间短、小批量货运。

三、新能源技术

与传统冷藏车不断攀升的市场不同，新能源冷藏车市场则较为薄弱。从目前的市场比例来看，柴油动力冷藏车占据绝对的主导地位，占比约90%，新能源冷藏车还有很大的提升空间，这主要是因为新能源冷藏车在实际使用过程中仍存在比较突出的短板问题。

新能源电动冷藏车对温度要求高、耗电大。受限于电池等关键技术，目前新能源冷藏车存在电池蓄电量不高、续航里程短、充电不便和充电时间长，以及电池提供动力不稳定等问题，进而导致生鲜产品冷藏保鲜效果差、产品质量不稳定，并且无法长距离冷链运输，运输时效差，经济效益不理想。短期内，新能源冷藏车在运输过程中如何确保品质、全程监控、提高效率依旧是行业的难点。

目前新能源冷藏车能够参与的场景主要是城配运输。大致有两种场景：一种是城市配送中心到众多零售店（如专卖店、连锁店、餐馆店、超市等），另一种是到终端消费者的“最后一公里”配送。市面上大多数的纯电冷藏轻卡电量为 93 度，工况续航在 210～250 公里。如果是城配运输，按照常规来说，续航勉强足够。关键在于新能源冷藏车相对常规的燃油冷藏车价格高。以一辆冷藏轻卡为例，燃油冷藏轻卡的售价为 15 万元左右，而新能源冷藏轻卡则需要 20 万元左右。另外，司机在配送运输时要预留一部分安全电量之后的里程，车辆续航又会因为电池虚电、满载、冷机耗电等因素而大打折扣。所以多数用户反映纯电动冷藏轻卡续航不够、性价比不高。

常见的车型包括东风凯普特 EV350 冷藏车、陕汽轩德 E9 冷藏车、北汽 EV5 疫苗冷藏车、东风福瑞卡新能源混动冷藏车、锐意泰克 & 重汽增程式冷藏车等。

四、制冷技术

隔热厢体和制冷机组是冷藏车实现冷藏保鲜运输功能的重要因素。近年来随着制冷与保温技术的快速发展，国内冷藏汽车技术取得了飞速发展，尤其是冷藏车的保温技术和制冷技术有着较大提升。

当前针对冷藏车的制冷技术主要有水冰及盐冰冷藏、干冰冷藏、冷板制冷、机械制冷、液氮制冷、LNG 冷回收技术等方式。其中水冰及盐冰冷藏方式由于单位热容量较低、降温能力有限，且盐冰融化后会污染物品、腐蚀车厢体，使货物受潮，因此该方式主要用于鱼虾等水产品冷藏运输中，应用范围受限；干冰冷藏使用简单方便，但干冰成本较高，实际应用较少。

（一）蓄冷冷藏

蓄冷技术是关于低温环境热量储存和应用的技术，是制冷技术的补充调节。低于环境温度的热量通常称作冷量。大量生产和生活活动需要用到冷量，但有些场合缺乏制冷设备，有些时段无法使用制冷设备就需要借助蓄冷技术。

蓄冷方法有显热蓄冷和相变潜热蓄冷两类。显热蓄冷是通过蓄冷介质的温度降低储存冷量，在温度降低的过程中蓄冷介质不发生相变和化学反应，比如最初的水蓄冷即为显热蓄冷技术，通过水温在 4 ~ 12℃ 的变化蓄存冷量。相变潜热蓄冷是利用物质的相变储存冷量，物质通过相态的变化进行吸、放热，比如较普遍的冰蓄冷技术即为相变蓄冷技术，主要利用冰的相变潜热蓄存冷量。蓄冷技术与冷链物流相结合可达到提升经济性与节能的目的。

（二）机械式制冷

机械式制冷是由压缩机驱动，制冷剂在制冷系统内循环工作，通过吸热和放热实现制冷功能。机械式制冷分独立式机组和非独立式机组，独立式机组冷藏保温车备有专用的柴油发动机或电动机，驱动制冷机组工作。制冷剂在封闭的系统内，液态制冷剂在蒸发器中汽化吸热，在冷凝器中释放出热量并重新冷凝成液态，在压缩机的驱动下，制冷剂不断循环工作。机械式制冷配有自动温度控制装置，可以根据货物特性设置厢体内温度，温度控制精准，可设置多个温度值，常用于中重型运输车的长距离运输。机械式制冷机组工作时需要消耗燃油或电力，系统结构复杂且能耗较高，导致运输成本高，制约了机械制冷机组的发展。

（三）半导体制冷

半导体制冷技术是一种产生负热阻的制冷技术，可靠性高，无须制冷剂，绿色无污染。半导体式制冷技术利用非同种半导体材料的 Pettier 效应，当直流电通过非同种半导体材料组成的电偶时，在电偶两端分别吸收热量和放出热量，从而实现制冷功能。半导体制冷技术具有制冷快、无复杂机械构件和机械运动、无机械式制冷的压缩机和制冷剂等优点。

（四）液氮制冷

液氮制冷是将液氮从贮罐中通过喷淋装置喷射到冷藏空间内或被冷冻的货物上，液氮在常温常压下汽化吸热，实现液氮的制冷功能。在标准大气压下，液氮的沸点为 -196℃，汽化潜热为 200kJ/kg。氮气的比热为

1.05kJ/（kg℃），因此每千克液氮汽化吸热、升温至 -20℃时，要吸收约385kJ 的热量；液氮沸点低，是制氧的副产品，制取技术相对成熟。液氮制冷方法简单、无噪声、无污染，液氮制冷量大、速度快，适用于速冻。液氮汽化不产生水分，不会使车厢内受潮，并且氮气对食品保鲜、防止干燥均有好处。但液氮制冷成本高，需要反复充注。

（五）LNG 制冷

LNG 冷藏车是以 LNG 为动力燃料，附带利用 LNG 汽化过程中所吸收热量制冷的冷藏车。LNG 一般存储在 111K（-162℃）左右的低温储罐中，密度为 420kg/m³，是标准大气压下天然气体积的 1/620。具有能量存储密度大、汽车负载轻、燃烧热值高、连续行驶里程长、安全性能高等特点，已经成为一种极具发展潜力的绿色燃料。LNG 在汽化过程中会吸收大量热量，其制冷量在 856~867kJ/kg，将该冷量回收用于冷藏，不仅可以减少能源消耗，而且制冷过程中无废热排放，更加绿色环保。相对于机械式制冷机组，LNG 制冷在简化系统结构的同时降低了投资和运行成本。与液氮制冷相比，虽然制冷原理类似，但是 LNG 制冷无须单独安装相变蓄能制冷装置，简化了制冷系统。

（六）水路冷链运输装备

水路冷链物流运输装备主要有两大类：温控集装箱运输和冷藏船运输。冷藏集装箱依靠电力由船上的发电机或者便携式发电机提供。当集装箱到达码头后，可以转移在拖车底盘上。装在底盘上的冷藏集装箱可以像拖车一样，在陆路继续运输。冷藏船的货舱为冷藏舱，常分为若干个舱室。每个舱室都是一个独立的封闭装货空间。舱壁、舱门均覆盖有泡沫塑料、铝板聚合物等隔热材料，使相邻舱室互不导热。

随着海运冷藏集装箱运输的快速发展，传统的海运冷藏船逐渐被淘汰。冷藏集装箱通常放置在集装箱船的甲板上以利于通风，集装箱船甲板上装有海运冷藏集装箱的供电接口，便于制冷机组取电制冷。

海运冷藏箱一般不配备发电系统，无法进行自制冷。因此，港口冷藏集装箱堆场重要性随之凸显。冷藏箱堆场面积不足、供电设备短缺等问题，易造成海运冷藏箱制冷中断，影响冷链货物品质。因此，要重点分析我国主要港口冷藏集装箱堆场的发展情况。

（七）航空冷链运输装备

航空冷链装备分为被动温控集装器和主动温控集装器。被动温控集装器：利用冷却媒介（如湿冰、胶冰、干冰或液态气体等）控制温度的隔温集装器。主动温控集装器：带有隔热及冷却媒介，并带有机械或电子的制冷或加热系统，能够自动地测量箱内温度，将冷却能源以控制的方式均匀地分配到货物周围的集装器。

第五节　公路及铁路冷链运输重点装备及技术

一、公路冷链运输装备及技术

我国公路冷藏车根据温度可以分为保温汽车、冷藏汽车、保鲜汽车。按照制冷装置的制冷方式可以划分为机械冷藏车、冷冻板冷藏车、液氮冷藏车、干冰冷藏车、冰冷冷藏车等，其中机械冷藏车的使用最为广泛。按行走结构，可以分为冷藏汽车、冷藏挂车、冷藏式交换厢体。根据车辆所能维持的不同内部温度独立区域的数量，冷藏车可以分为单温冷藏车和多温冷藏车。此外，根据厢体组成结构可以分为整体式结构、分板块注入发泡结构、“三明治”结构和全封闭聚氨酯板块结构。

冷藏车主要由底盘、厢体和制冷剂三大部件组成。厢体的生产工艺包括分片拼装的“三明治”板黏接式、分片拼装的注入发泡式、整体骨架注入发泡式。未来冷藏车生产向标准化、系列化、多品种、小批量方向发展。

（一）公路冷藏车辆结构

在设计、制造和技术特性上需由汽车牵引，才能正常使用的一种无动力的道路冷藏车辆。冷藏半挂车载货量较冷藏汽车大很多，多用于长距离运输，目前国内生产流通的冷藏半挂车绝大部分为总质量 40 吨的三轴半挂车。冷藏半挂车如图 5 - 8 所示。

图 5 -8 冷藏半挂车

资料来源：根据公开资料整理得到。

（二）冷藏汽车

与挂车不同，冷藏汽车是具备动力驱动系统的道路冷藏车辆。从销量数据看，4.5 吨以下的轻型冷藏汽车销量占到冷藏汽车销量的 70%。轻型冷藏汽车主要用于城市短途配送。为兼顾灵活性和载货量，轻型冷藏车的总质量多集中在 4495kg。

冷藏汽车根据其货厢与驾驶室的布局不同可以分为两种，一种类似于厢式货车，驾驶室与载货保温厢体相互独立，一般称作厢式冷藏车，主要用于食品运输和干线运输。另一种则类似于全封闭货车，驾驶室与载货保温厢体为一体式设计，一般称作封闭式冷藏车，主要用于城市配送和生物制品运输。冷藏汽车如图 5 -9 所示。

图 5 -9 冷藏汽车

资料来源：根据公开资料整理得到。

（三）冷藏交换厢体

冷藏交换厢体特指一种配备了可折叠支腿可实现与专用运输车辆脱离，以支腿为支撑独立放置于地面的标准化冷藏货厢。冷藏式交换厢体与冷藏汽车的主要区别在于其厢体可以与运输车辆脱离，与冷藏汽车和冷藏集装箱相比主要有以下优势：互换性好，装卸方便，厢体可自装自卸；可作为仓库直接使用，有效提高了运行效率。冷藏交换厢体如图 5 – 10 所示。

图 5 – 10　冷藏交换厢体

资料来源：根据公开资料整理得到。

目前该类型厢体在欧洲等物流成本较高的发达国家已经得到广泛使用，可以有效降低运输设备投入，提高运输效率，从而降低运营成本。我国因为物流行业发展较为落后，目前刚开始普通交换厢体的推广应用，青岛中集特种冷藏设备有限公司开发了冷藏交换厢体，但主要用于出口，尚未在国内推广使用。

（四）多温区冷藏车

多温区冷藏车是指装备多温制冷装置（具备多个冷气释放口，并可以分别控制每个冷气释放口冷量的制冷装置），具有两个或两个以上独立空间区域，能分别维持不同内部温度的冷藏车。多温区冷藏车如图 5 – 11 所示。

图 5 – 11　多温区冷藏车

资料来源：根据公开资料整理得到。

实际运输环节，不同货物对运输温度的要求通常不一样，比如水果、巧克力、鲜奶要求 2 ~ 8℃，鲜肉、鲜鱼、新鲜熟食等要求采用零度保鲜的运输方法，温度在 0. 8℃左右，冻鱼、冻肉、速冻食品要求是 – 27 ~ – 10℃。物流公司开展冷链物流业务时难以短时间内配齐相同温度的货物，而多温区冷藏车可以实现不同空间区域维持不同内部温度能力，能够同时配送多类货物，可以实现不同货物的拼装，大大提高车厢空间利用率。

二、铁路冷链物流装备技术

铁路冷链物流装备主要有机械冷藏车、隔热保温车、冷藏集装箱和隔热保温箱 4 大类。

（1）机械冷藏车。铁路现有的机械冷藏车主要是：B22 型机械冷藏车和 B10 型机械冷藏车。B22 型机械冷藏车为 20 世纪 80 年代末从民主德国进口的冷藏车组，5 辆一组，共计 200 组，由于逐步到达报废期，目前上线运营的不足 100 组。B10 型机械冷藏车，是原武昌车辆厂生产的用于满足小批量运输需求的车辆，由于故障率高、运营成本高等原因，现已改为带棚车辆。此外，中铁特货公司正在与中车长江公司合作，研制新型单节式机械冷藏车，经过试运营考验后有望成为未来新的铁路机械冷藏车，主要适用于“站到站”的冻品货物运输。B22 型机械冷藏车参数如图 5 – 12 所示。B10 型机械冷藏车参数如图 5 – 13 所示。

B22型机械冷藏车

自重（t）	载重（t）	容积（m^3）	装货面积（m^2）	车内装载尺寸（mm）长×宽×高	最大外部尺寸（mm）长×宽×高
38	46	105	46	18000×2558×2300	21938×3020×4670
门孔尺寸（mm）宽×高	车组自重（t）	车组载重（t）	车组全长（m）	温控范围（℃）	特点
2700×2300	206	184	107.7	-24~14℃	5节机械冷藏车 1辆工作车 两端各两辆货物车

图 5－12　B22 型机械冷藏车参数

资料来源：中铁特货。

B10型机械冷藏车

自重（t）	载重（t）	容积（m^3）	装货面积（m^2）	车内装载尺寸（mm）长×宽×高	最大外部尺寸（mm）长×宽×高
41.1	38	100	43.6	17300×2560×2300	21938×3094×4700
门孔尺寸（mm）宽×高	车组自重（t）	车组载重（t）	车组全长（m）	温控范围（℃）	特点
2700×2300	—	—	—	-24~14℃	单节机械冷藏车

图 5－13　B10 型机械冷藏车参数

资料来源：中铁特货。

（2）隔热保温车。2019 年中铁特货公司与中车长江公司合作，研制了 BH1 型隔热保温车，该车辆主要适用于“站到站”的保温货物运输。该车辆的优点是大载重、大容积，可实现远程监控，隔热保温性能世界领先，车内 24 小时温升（降）不超过 0.4℃。目前，共上线试运 70 辆，经过 2 年的试运，效果良好，受到市场欢迎，后期有望大幅增加车辆保有量。BH1 型隔热保温车参数如图 5－14 所示。

BH1型隔热保温车

车辆主要性能参数

载重：	64t
容积：	170m^3
最高运行速度：	120km/h
车内保温范围：	0~25℃
车体综合传热系数（K值）：	≤0.22W/m^2·k
气密性（Q）：	≤25/m^2/h

图 5－14　BH1 型隔热保温车参数

资料来源：中铁特货。

（3）冷藏集装箱。截至2021年，中铁特货公司共配备700个标准的40英尺冷藏集装箱，采用冷王制冷机组，适合公、铁、海多式联运，控温范围广、精度高，可实现远程监控，主要适用于“门到门”和多式联运的冻品货物运输。此外，为冷藏集装箱供电的模式主要有B23工作车供电的“1+8”BX1K车组、发电箱供电的“1+8”BX1K车组，以及外挂柴油发电机组供电三种供电模式，适应不同批量的运输需求。40英尺冷藏集装箱参数如图5-15所示。

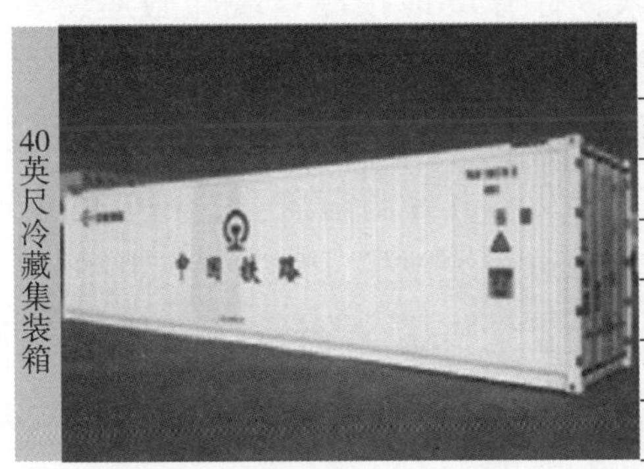

车辆主要性能参数	
最大总重：	34t
最大载重：	29.37t
容积：	67.9m³
箱内控温范围：	-30~30℃
制冷方式：	单制冷机组
外形尺寸：	12192mm×2438mm×2896mm

图5-15　40英尺冷藏集装箱参数

资料来源：中铁特货。

（4）隔热保温箱。截至2021年，中铁特货公司共配备了300个40英尺隔热保温箱和300组20英尺隔热保温箱。隔热保温箱主要适用于“门到门”和多式联运的保温货物运输，其中40英尺隔热保温箱主要适用于轻抛类保温货物运输，20英尺隔热保温箱主要适用于重质类保温货物运输。隔热保温箱采用整体发泡工艺，保温效果良好，可大幅降低“土保温”辅助材料成本，节能环保，提高了装卸效率，可实现远程监控，可实时掌握箱内货物温度，保障食品卫生和运输安全。40英尺宽体隔热箱参数如图5-16所示。

车辆主要性能参数	
最大总重：	35t
最大载重：	30.47t
容积：	70.7m³
箱内保温范围：	0~25℃
箱体综合传热系数（K值）：	≤0.25W/m²·k
外形尺寸：	12192mm×2550mm×2896mm

图5-16　40英尺宽体隔热箱参数

资料来源：中铁特货。

（作者：中铁特货物流股份有限公司）

三、冷链技术装备发展建议

（一）加快完善冷链物流装备体系

加大冷链物流装备研发。针对薄弱环节和细分市场，引导制造企业加大专业化、差异化、智能化设备研发投入，补齐产地预冷、装卸搬运、多温共配、末端配送等环节冷链物流装备以及托盘化运输装备、多式联运冷链装备短板，以满足冷链运输环节的不同个性化需要。

重视适应内循环需求的冷链物流装备研发。引导制造企业关注快速发展的国内冷链物流市场，深入分析需求类型和需求规模，研发适应中国国情的内贸冷链物流装备，尤其关注铁路冷链运输和航空冷链运输，并注重与国际标准的融合与统一。

（二）提升装备产业链国产化水平

加快关键技术突破。优化配置优势资源，鼓励技术和资源共享，组织联合科研攻关，重点推动制冷机组、冷藏厢板等关键技术攻关，提高冷链物流装备产业链的稳定性和竞争力。

加快新材料、新技术的研发和应用，推动冷链物流绿色发展。鼓励企业加大保温材料、新型制冷方式、环保型制冷剂、新能源装备等的研发与推广力度。加快新能源冷藏车技术的发展和充电桩新基建的落地。建议制定相关扶持和补贴政策，降低新技术、新材料的应用成本，加快推广应用步伐，助力实现“碳中和”和“碳达峰”目标。

构建冷链技术及设备共享平台。吸收欧美以及国内等地先进技术和标准，着力提升冷链产业关键技术的应用及研发能力，在临港探索冷藏箱专业维修保养（国际修箱）、新能源冷藏箱推广（租赁/共享）、冷链服务外包、技术入股等商业模式，创新资本、技术、人才、品牌等协同发展，建立跨区域的技术标准企业联盟，协调推进冷链技术和标准推广应用。积极建立冷链物流和标准研发推广信息平台，促进冷链科技资源集中发展。

（三）强化冷藏车辆管理

建立冷藏车辆管理平台。由于冷藏保温车辆从事非普通货物运输，建议将冷藏车辆列入特种专用装备进行管理，并建立相应管理平台，记录车辆身份、温度、行驶轨迹等信息。此外，也可与其他部门联合出台相关政策，独立制冷机组等冷藏必备附件重量不计入车辆总质量，以此提高车辆实际装载质量，推动冷藏车市场的良性发展。同时在城市规划中，规划冷藏车辆专用通行证和停车区，以此规范冷藏车辆发展。

制定冷藏箱评估评价规范，建立冷藏箱监管平台。目前国内尚无冷藏集装箱（冷藏厢体）监管平台，从能耗和环保方面来说，技术状况差的冷藏集装箱应退出营运市场。因此，需要抓紧制定相关评估评价规范，建立冷藏箱监管平台，将不达标的冷藏集装箱（冷藏厢体）逐步淘汰。

（四）提高冷链物流配套服务水平

积极推动进口冷链货物成组化操作。建议推动进口冷链货物成组化（托盘化），并推广适合冷链货物运输的托盘标准化，减少港口查验、仓库出入库、市场流通环节中的人力操作环节，从而快速提升转运效率，降低货物污染、破损的概率，提高进口冷链货物托盘使用率。

提升行业检测能力，加大设备定期检定的宣传引导。相关检测部门加大检验设备专项资金投入，研发新型检测方法，推动相关设备进行定期检验。此外，还应加强宣传引导箱体隔热性能差的危害，有效促进不合格产品的更新换代。促进冷链物流装备租赁业务快速发展。鼓励装备制造企业、冷链物流企业等大型企业开展冷链物流装备租赁业务，通过优化整合货源和科学调配装备，提高装备运行效率，降低运行成本，解决冷链物流一次性投入过大、维护成本高等问题。

（五）构建冷链物流全程监控体系

加强信息化系统的研发及推广。加快冷链物流智能化、信息化发展，加快温湿度自动调节、数据自动记录、异常报警、远程控制、定位跟踪等功能的推广应用，打造冷链食物溯源平台等信息化平台，实现相关数据的全程记录和监控。

推动冷链全链条监控溯源。研究提出冷链监控数据编码规则、数据采集方式、数据传输协议、多式联运数据交换规则、第三方监控平台架构等，形成相应标准，以便指导公路、铁路、水路、航空等领域物流监控信息的统一与兼容，为未来后续信息的互通共享提供支持。对于全供应链环节（从产地到销地）实现数据采集及监控，建立统一的监控标准及监控平台，实现全供应链透明化，实施定位货物状态。加快冷链物流的监控和追溯，解决“生物安全”监管问题和“温度安全”监管问题，确保冷链商品流通的储运温度安全。

搭建冷藏车公共货运平台。通过搭建公共货运大数据平台，实现车货资源匹配、温度和轨迹监控等功能，引入客户和社会监督。同时，通过政府性平台，保证供需双方的权利公正，并提供更加安全的信息把控，有助于行业相关信息的采集。支持鼓励建设冷链物流“无人仓”和“无人运配”。规范各类场景对应的物流操作环节及要求，匹配各类适当的、适用的设备解决方案，打造属于冷链各类物流节点的自动化物流解决方案，构造冷链无人仓。引导企业尝试无人机、无人车配送，减少人员接触环节，降低后疫情时代病毒传播风险。

（六）完善冷链法律法规和标准体系

推出标准化冷链物流车辆配置方案。大部分冷藏车辆生产企业采取委托改装厂改装的方式进行，冷链运输车辆批量订单化生产量较少、车型集中度差，这也就造成了车辆标准化差。为能够更好地推进冷链运输发展，需要推出标准化的冷链物流车辆配置方案，不同容积范围内的车辆，可直接按照标准选型，在减少车辆公告数量的同时也能为冷链物流企业提供一个最优的配置。

规范维修冷藏箱市场机制。统一进口箱况要求，参考 IICL 标准（国际集装箱修理标准），规范冷藏集装箱市场的维修与收费标准，建立集装箱维修准入机制，保证维修厂及用箱客户利益。加快推进冷链物流标准化建设。受农产品、生鲜食品等上游产品属性及运输过程中断链和分散点较多等因素影响，冷链物流发展不充分，港口冷链物流过程中的增值效应不明显。加快推进冷链物流标准化建设。例如，码头和堆场在冷箱堆存期间人工监护温度，将物联网技术纳入冷藏箱行业标准，码头和堆场的生产系统可直接通过（4G/5G）无线传输方式读取集装箱温度和状态数据。

第六章　2021 年冷链国际化发展

本章共分为两节，分别对于跨境冷链发展情况以及国外冷链物流行业、企业实际发展和对我国冷链物流发展的启示等内容进行阐述。

第一节　跨境冷链发展情况

一、国内跨境商贸业务发展

（一）跨境贸易发展整体情况

2021 年，以习近平同志为核心的党中央沉着应对百年变局和世纪疫情，以高水平开放促进深层次改革，推动高质量发展，我国经济发展和疫情防控保持全球领先地位，外贸进出口实现较快增长，规模再创新高、质量稳步提升。据海关统计，2021 年我国货物贸易进出口总值 39.1 万亿元，比 2020 年增长 21.4%。其中，出口 21.73 万亿元，增长 21.2%；进口 17.37 万亿元，增长 21.5%。与 2019 年相比，我国外贸进出口、出口、进口分别增长 23.9%、26.1%、21.2%。2021 年我国的外贸进出口具体呈现四方面的特点。

一是年度进出口规模再上新台阶，首次突破 6 万亿美元关口。2021 年，以美元计价，我国进出口规模达到了 6.05 万亿美元，在 2013 年首次达到 4 万亿美元的 8 年后，年内跨过 5 万亿美元、6 万亿美元两大台阶，达到了历史高点。这一年的外贸增量达到了 1.4 万亿美元。

二是与主要贸易伙伴进出口均实现稳定增长，对“一带一路”沿线国家的进出口增速更快。2021 年，我国前五大贸易伙伴依次为东盟、欧盟、美国、日本和韩国，对上述贸易伙伴进出口分别为 5.67 万亿元、5.35 万亿元、4.88 万亿元、2.4 万亿元和 2.34 万亿元，分别增长 19.7%、19.1%、20.2%、9.4%和 18.4%。同期，我国对“一带一路”沿线国家进出口增长

23.6%，比整体增速高2.2个百分点。

三是贸易方式进一步优化，一般贸易进出口占比超过6成。2021年，我国一般贸易进出口24.08万亿元，增长24.7%，占61.6%，提升1.6个百分点；其中，出口13.24万亿元，增长24.4%；进口10.84万亿元，增长25%。同期，加工贸易进出口8.5万亿元，增长11.1%，占21.7%。

四是外贸经营主体活力有效激发，民营企业进出口更加活跃。2021年，我国有进出口实绩企业56.7万家，增加3.6万家。其中，民营企业进出口19万亿元，增长26.7%，占48.6%，提升2个百分点。同期，外商投资企业进出口14.03万亿元，增长12.7%；国有企业进出口5.94万亿元，增长27.7%。

（二）国内跨境商贸业务发展助力因素

一是我国经济发展和疫情防控保持全球领先地位。2021年，我国经济继续保持恢复态势，构建新发展格局迈出新步伐，高质量发展取得新成效，主要经济指标保持了较快增长。我国经济韧性强，长期向好的基本面不会改变，国内生产和消费需求为外贸稳增长提供了强有力的支撑。据海关统计，2021年我国中间产品进口和出口分别增长24.9%和28.6%，消费品进口增长9.9%。

二是全球经济保持复苏态势。2021年，全球经济整体呈现复苏态势，世界银行、国际货币基金组织均预测世界经济增长5%以上，世界贸易组织预测全球货物贸易量增长10.8%。2021年，我国对欧盟、非洲出口增速均超过20%，对拉丁美洲出口增速超过40%。从产品看，在上年高增长的基础上，2021年我国笔记本电脑、平板电脑、家用电器等宅经济相关产品出口合计增长了13.2%；医药材及药品出口增长了101.2%，有力支持了全球抗疫。

三是稳增长政策措施效果持续显现。2021年以来，我国出台了一系列稳主体、稳市场、保障外贸产业链供应链稳定畅通的政策措施，比如，保持流动性合理充裕，延续并完善部分减税降费政策，实施新的结构性减税，加大对中小微企业、制造业企业的融资支持，深化“放管服”改革，持续优化营商环境，加快发展外贸新业态新模式，进一步深化跨境贸易便利化改革，推进自由贸易试验区贸易投资便利化改革创新，等等。这一系列政策落实落细，效果持续释放，为外贸企业纾困解难，大大激发市场主体活力，成为外贸稳增长的重要支撑。

二、我国跨境服务贸易发展情况

2021 年以来，全球新冠肺炎疫情起伏反复，对服务贸易供给与需求造成较大冲击，尤其是旅行、运输等传统服务贸易行业受到严重影响。同时，疫情也催生了大量新的服务模式，带来新的发展机遇。中国克服疫情不利影响，推动服务贸易创新发展，取得积极成效。

（一）2021 年前三季度中国服务贸易总体情况

2021 年 1—9 月，服务进出口总额 37834.3 亿元，同比增长 11.6%。其中，服务出口 17820.9 亿元，增长 27.3%；进口 20013.4 亿元，增长 0.5%。服务出口增幅大于进口 26.8 个百分点，带动服务贸易逆差下降 62.9% 至 2192.5 亿元，同比减少 3717.9 亿元。剔除旅行服务，1—9 月我国其他服务进出口增长 24%，其中出口增长 32.3%、进口增长 15.5%。2021 年 1—9 月中国分行业服务进出口额及增速如图 6－1 所示。

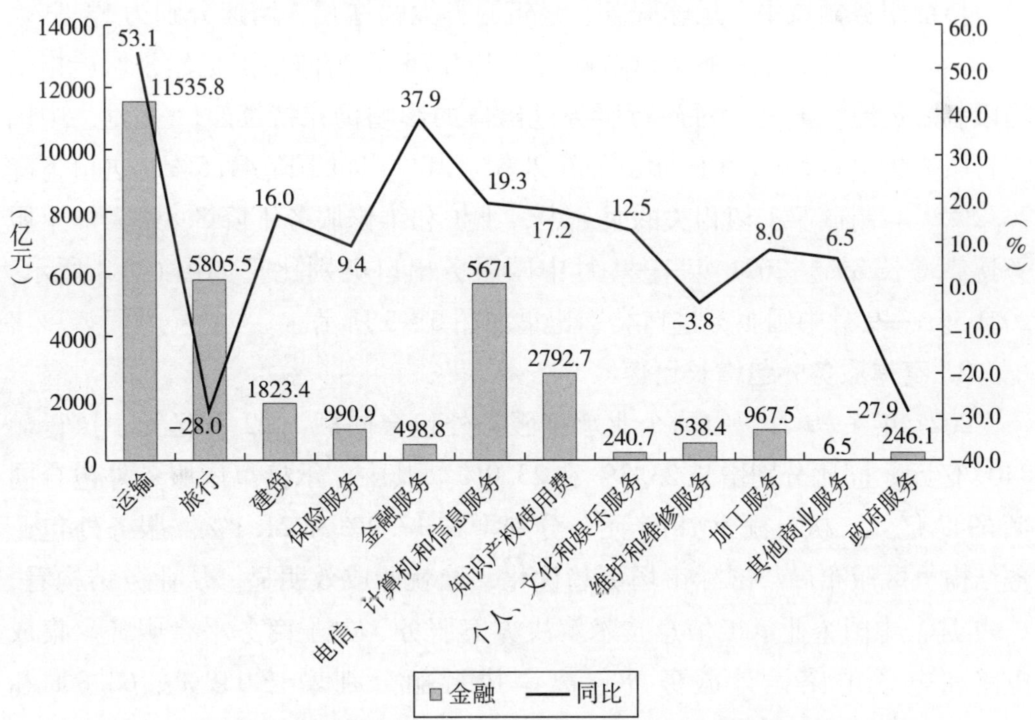

图 6－1　2021 年 1—9 月中国分行业服务进出口额及增速

资料来源：商务部。

1. 知识密集型服务出口占比超过一半

2021 年 1—9 月，知识密集型服务进出口 16917.7 亿元，增长 13.3%，占服务进出口总额的比重达到 44.7%，提升 0.7 个百分点。其中，知识密集型服务出口 9079.2 亿元，增长 16.5%，占服务出口总额的 50.9%。出口增长较快的领域是个人文化和娱乐服务、知识产权使用费、电信计算机和信息服务，分别增长 33.5%、26.1%、21.5%。知识密集型服务进口 7838.6 亿元，增长 9.9%，占服务进口总额的比重达到 39.2%。进口增长较快的领域是金融服务，增速达 72%。知识密集型服务出口增速继续快于进口，带动贸易逆差持续减少，其中知识产权使用费逆差大幅减少 178.5 亿元。

2. 传统服务及制造业相关服务进出口表现不一

2021 年 1—9 月，运输、旅游、建筑等传统领域服务贸易总额 19164.6 亿元，上升 11.6%，占服务贸易总额比重保持在 50.7%。其中，出口 7372.2 亿元，上升 53.4%，占服务出口总额比重提升 7 个百分点至 41.4%；进口 11792.4 亿元，下降 4.6%，占服务进口总额比重下降 3.2 个百分点至 58.9%。

传统服务领域中，运输服务、建筑服务大幅增长，增速分别为 53.1%、16%，其中 9 月运输服务出口增幅高达 154.7%。当前各国仍然采取严格措施限制人员跨境流动，对旅行服务进出口的影响仍在持续。1—9 月，中国旅行服务进出口 5805.5 亿元，下降 28%，其中出口下降 41.5%，进口下降 26.2%。与制造业密切相关的服务中，维护和维修服务下降 3.8%，加工服务逆势增长 8%。2021 年 1—9 月中国服务出口类别比重如图 6－2 所示。2021 年 1—9 月中国服务进口类别比重如图 6－3 所示。

3. 离岸服务外包增长迅速

2021 年 1—9 月，中国企业承接服务外包合同额 1.22 万亿元、执行额 8409 亿元，同比分别增长 23.8% 和 23.0%。其中，承接离岸服务外包合同额 6947 亿元、执行额 5018 亿元，分别增长 17.9% 和 21.1%。服务外包业务结构、区域布局与国际市场更趋优化，稳就业成效明显。从业务结构看，1—9 月，中国企业承接信息技术解决方案服务、电子商务平台服务、集成电路和电子电路设计服务外包离岸执行额分别增长 112%、62.8% 和 24.5%。从区域布局看，1—9 月，全国 31 个服务外包示范城市总计承接离岸服务外包执行额 4206 亿元，增长 19.1%，占全国总额的 83.8%，对全国

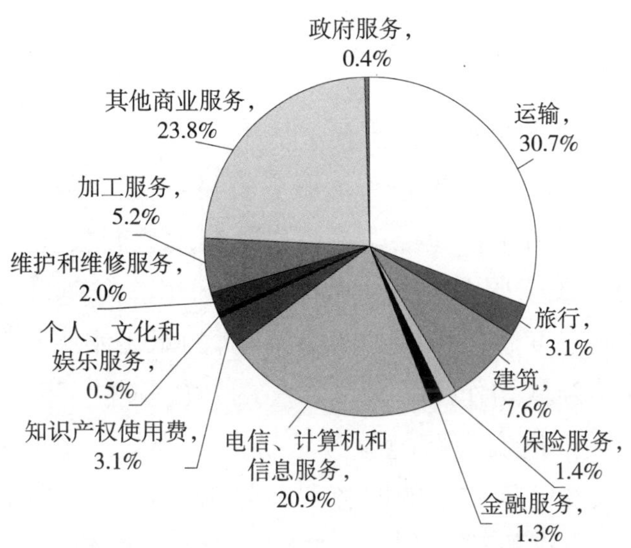

图 6－2　2021 年 1—9 月中国服务出口类别比重

资料来源：商务部。

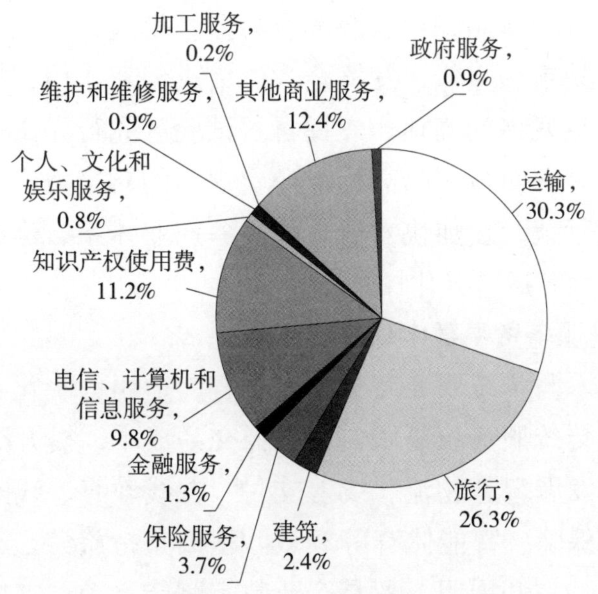

图 6－3　2021 年 1—9 月中国服务进口类别比重

资料来源：商务部。

注：数据存在四舍五入，未进行机械调整。

增长的贡献率达 77.1%。从国际市场看，1—9 月，中国承接“一带一路”国家离岸服务外包合同额 1346 亿元，执行额 946 亿元，分别增长 33.7% 和 30.0%。从就业来看，截至 2021 年 9 月底，中国服务外包累计吸纳从业人员达 1354 万人，其中，大学及以上学历 860 万人，占 63.5%。

（二）中国服务贸易发展展望

1. 加快服务贸易制度型开放步伐

2021年8月，中国出台首张跨境服务贸易负面清单——海南自由贸易港跨境服务贸易负面清单，为推动更高水平制度型开放探索路径。在世界贸易组织（WTO）关于服务业的160个分部门里，海南自由贸易港在120多个分部门的开放程度超过中国加入WTO时的承诺水平，其中专业服务、交通服务、金融等领域均作出了较高水平的开放安排。下一步，中国将在自贸试验区和全国推进实施跨境服务贸易负面清单，逐步减少跨境交付、境外消费、自然人移动模式下的服务贸易限制措施。支持商业存在模式服务贸易加快发展，有序推进电信、互联网、教育、医疗、文化等领域相关业务开放进程，提升服务贸易制度型开放水平。同时，在全面深化服务贸易创新发展试点的基础上，升级建设国家服务贸易创新发展示范区，进一步完善服务贸易管理体制，创新服务贸易监管模式，优化服务贸易政策体系，壮大服务贸易市场主体，发挥全方位集成创新作用，打造服务贸易高水平开放与高质量发展的高地。发挥自贸试验区先行先试作用，加大服务领域标准、规则等方面与国际高标准经贸规则的对接力度。推进服务业扩大开放综合试点示范，在加快发展现代服务产业体系、建设更高水平开放型经济新体制方面开展差异化探索。

2. 加快推进服务贸易数字化进程

推动数字技术与传统服务贸易深度融合，运用数字化手段，创新服务供给方式，打破传统服务贸易限制，降低交易成本，提升交易效率和服务可贸易性。大力发展智慧物流、线上支付、在线教育、线上办展、远程医疗、数字金融与保险、智能体育等领域。积极支持旅游、运输、建筑等行业开展数字化改造。开展服务贸易企业数字赋能行动，支持服务创新型中小企业发展，促进服务贸易转型升级。

3. 加快服务贸易国内国际合作

中国将进一步优化服务贸易国内区域布局，深化服务贸易国际合作，主动扩大优质服务进口，推动优势服务出口，同世界共享中国技术与中国服务的发展成果。积极推动服务领域的多双边区域合作、规则对话、政策协调和经验交流，加强融资、能源、数字信息、农业等领域服务贸易规则对接合作，加大对共建“一带一路”国家服务业发展的支持。加强政府间服务贸易发展对接，创新合作方式，深化合作领域，拓宽服务贸易国际合作网络，进一步释放服务贸易发展潜力。

（三）跨境农产品发展情况

2021 年，我国农产品进出口额 3041.7 亿美元，同比增长 23.2%。其中，出口 843.5 亿美元，增长 10.9%；进口 2198.2 亿美元，增长 28.6%；贸易逆差 1354.7 亿美元，增长 42.9%。

蔬菜，2021 年出口 157.7 亿美元，同比增长 5.6%；进口 11.9 亿美元，增长 14.8%；贸易顺差 145.8 亿美元，增长 4.9%。

水果，2021 年，出口 75.1 亿美元，同比下降 10.1%；进口 145.2 亿美元，增长 31.5%；贸易逆差 70.1 亿美元，增长 1.6 倍。

畜产品，2021 年，进口 523.4 亿美元，同比增长 10.0%；出口 60.3 亿美元，增长 11.0%；贸易逆差 463.1 亿美元，增长 9.9%。

水产品，2021 年，出口 219.1 亿美元，同比增长 15.1%；进口 180.1 亿美元，增长 15.7%；贸易顺差 39.0 亿美元，增长 12.2%。

三、跨境冷链发展现状

（一）跨境食品冷链市场发展特点

（1）全球性。跨境冷链市场具有全球性和非中心化等特征；由于经济全球化的发展趋势，商家依附于线上进行跨境销售，使得跨境销售也具有全球性和非中心化等特征。

（2）无形性。数字化跟踪订单及服务传输盛行，而货物在海上漂运，全程实现数据代替现场监控，因而是无形的。

（3）即时性。跨境冷链物流公司重视物流跟踪系统，其系统数据的传输速度与信息地理位置、距离无关。信息交流便捷，发送信息与接收信息几乎同步。

（4）快速演进迭代。跨境电商是一个新的模式，其网络设施和相应协议软件的发展尚具有很大的不确定性。对政策制定者来说，需考虑电子商务是在网上交易，很可能会以前所未有的速度和难以预知的方式不断演进。

（二）跨境冷链运营存在的问题与挑战

整体而言，我国在持续保持跨境冷链物流发展势头的同时，亟待提高对食品安全的质量把控，加强入关监管。

首先，从冷链管理来看，管理流程有待优化，“消毒消杀”环节监管有待加强。在我国目前的食品贸易监管方式下，客观上存在着各部门掌握的信息较为分散、部门间缺乏相互沟通的客观动力且工作内容重复等的问题。这次新冠肺炎疫情暴发后，又暴露出冷链运输检疫及消毒问题——在进口三文鱼病毒污染事件发生后，海关严格监管进口水海产品的入关条件，水海产品进口量下降。这也反映出了我国冷链运输卫生安全、消毒消杀等环节的问题。要想提高冷链运输环节的把控效能，必须明确冷链物流信息报送和交换机制，提高政府监管部门的冷链信息采集和处理能力，加强行业监管和质量保证水平。

其次，从冷链物流的运营商来看，行业经营主体贴近客户需求的主动性有待增强。国内肉类进口需求增加，客观上迫使国内冷链运输体系水平向进口国运输系统中较为先进的形态靠拢。同时，也促进了国内肉类加工工艺全程控温技术的普及。但在前期，行业发展变革的主动性相对较差，造成部分问题暴露时，才开始引发关注并进行解决方案的梳理。因此对于冷链物流行业，还应加强如前置思考、主动变革等思路的引导。

此外，全球食品贸易三大核心业务诉求，对我国跨境冷链建设提出了一系列挑战。

（1）货运周期长且须遵循国际贸易法则。针对全球食品贸易环节，由于涉及跨境操作，目前运输方式以海运为主，全链条周期时间较长。因为涉及多国联动操作，全程必须遵循国际贸易法则，确保货品品质和操作过程均可满足各方要求。

（2）“三流”流程长。所谓“三流”，即为货物流、资金流和信息流。在食品贸易运作的全过程中，无论是货物流、资金流还是信息流，都存在较长的业务链条。且全链条中涉及的操作环节及操作主体繁多，各类操作要求也相对更加严格。

（3）链条各主体交互频繁。基于长链条运作的业务场景下，相关操作环节及各类资源投入相对较多，各类主体之间存在频繁或往复式交互的情况。在此场景下，对于全过程可实现有效、准确、及时的监控和可追溯体系提出了更高的要求。

综上，需要一个体系健全、具备高水平操作能力、能够实现全程监控的综合性冷链物流系统，方可支持全球食品贸易业务的有序开展。

四、跨境冷链未来发展新趋势

发力跨境冷链建设，对于我国国民经济转型升级有着重大意义。一方面在于海外产品拥有规模巨大的国内潜在消费群，可满足多样化的食品需求；另一方面由于部分国家农产品产业化程度高、标准化水平高，其产品即使加上运费仍具有相对国产同类冷链产品的价格优势，这些产品的进口对于平抑国内 CPI 及细分冷链产品的季节性波动可起到一定作用。

未来，中国冷链物流企业有望逐渐提升在海外的智能化、集约化优势，完善海外自动化仓储中心的布局、覆盖全球的高效服务网络搭建和国际智能物流管理体系建设。因此，针对跨境冷链未来发展诉求，需因时度势，制定应对策略。

（一）发展跨境冷链基础建设

提升跨境冷链物流能力的前提之一，即增强跨境冷链物流基础设施建设。而对于跨境冷链物流而言，除加强对于常规冷链物流环节的基础设施建设以外，还需加强港口、特殊监管区等相关进出口业务操作场所对于冷链物流基础设施的投入。并且在实际实施的过程中，还应加强整体的规划能力，确保投入及布局的合理性。

（二）优化国内冷链供应链发展

跨境冷链难度很大，主要体现在“冷链”叠加了“跨境”。而国内冷链物流环节更是跨境冷链物流环节的重要组成部分，国内冷链物流水平对于跨境贸易货品品质保证起到了至关重要的作用。而就目前国内冷链物流实际发展来看，虽然整体发展迅猛，但是由于系统性发展时间不长，因此过程中还存在冗余环节、参与主体较多、监控体系不健全以及标准化程度不足等一系列问题。加之目前国内外新冠肺炎疫情不稳定的情况，更是增加了跨境冷链物流的管控及运作难度，对国内冷链供应链的优化提出了更加迫切的需求。

（三）冷链枢纽功能仍需增强

目前，我国有多个港口增加了多条跨境冷链运输航线，增加了冷链食品流通渠道，形成小批量多频次的进口方式，大大提高了港口冷链物流枢纽能力。未来需加快各类运输方式的联运模式发展，拓展冷链枢纽功能，充分发挥各类运输方式优势，实现海陆空流通之间的联动，在提升全链运输效率的同时降低物流成本。

（四）推动供应链延展

在跨境冷链中，已经有越来越多的企业渗透到了供应链上游，它们或入股或收购当地农场、牧场，或建设食品分级分类、食品保鲜及加工以及“最先一公里”的设施设备，以保证稳定供应。未来企业应着力于全链条的打造，积极延伸服务链条，适应消费者和客户的个性化、多元化升级需求，打造一个覆盖冷链运输产业链上下游的生态圈，更好地实现冷链物流“快”“好”“准”目标，进一步降低成本、提高效率，从源头挖掘出更大的利润空间，增加营收。

（五）加大技术装备投入

在技术装备上，从托盘循环共用到全程温控，目的都在提高冷链品质、降低成本费用、提高时效。未来将以物联网、人工智能、大数据、区块链等新技术为依托加快装备升级步伐，甚至能够通过大数据对天气和产量进行预测，优化跨境冷链物流的运输作业。同时，一体化物流管控系统的发展，将有助行业实现全过程的数据采集、数据挖掘以及决策支持，增强全程运作的透明化和可控性。

（六）构建全境物流体系

建设全境物流体系，实现跨国物流端到端无缝对接，构建一个真正意义上的全境物流体系，是整个行业的目标。未来中国冷链物流企业将更多涉足跨境冷链的投资与建设，逐渐提升在海外的智能化、集约化的国际竞争优势，完成海外自动化仓储中心的布局、覆盖全球的高效服务网络搭建和国际智能物流管理体系建设。

（七）标准化跨境冷链物流体系搭建

由于跨境冷链物流涉及主体与环节众多，因此全国标准化体系的推动搭建，对于实现冷链全环节的统一操作及管控，具有促进推动作用。目前整体跨境冷链环节的标准化体系正在不断优化，未来将通过全程标准化体系建立，统一多方主体、推动先进技术应用、创新运作模式，提高和优化跨境冷链全链条运作效率。

第二节　国外冷链行业及企业发展概述

一、国内外冷链物流发展现状对比

（一）美国冷链物流发展现状

1. 总体发展情况

美国形成了成熟的冷链物流体系，基础设施完善、技术装备先进、物流企业实力强、产业集中度高，冷链物流发展水平处于世界前列。据中物联冷链委的数据显示，美国果蔬、肉类冷链物流流通率达95%。

2. 基础设施情况

美国冷库规模位居世界前列，温控仓储与制冷系统处在世界顶级水平。根据全球冷链联盟（GCCA）数据，2020 年美国冷藏库容为 1.56 亿立方米，占全球总库容 21.70%，人均冷库面积为 0.47 立方米。其中，港口布局了大量冷链仓储设施。以休斯敦港为例，港口冷链物流作业主要集中在 Barbours Cut 和 Bayport 集装箱码头，其部分冷链仓储设施情况如表 6－1 所示。

表 6 - 1　　　　休斯敦港部分冷链仓储设施情况

冷链物流公司	冷库容积	配套设施	主要功能
Preferred Freezer Services	46.44 万立方米	22 个货车接入点	自动化水平高，具备自动装卸功能，可以实现超低温以及多温区储存
New Orleans Cold Storage	11.89 万立方米	2 个卡车装卸位，同时也是海关检查点之一	提供冷冻、冷藏等低温仓储服务
Houston Refrigerated Logistics	7.62 万立方米	16 个货车接入点以及农业部检查点	提供仓储、物流配送、包装加工等服务
Americold	13.74 万立方米	18 个卡车装卸点	冷藏、冷冻、超低温储藏以及流通加工服务

资料来源：根据公开资料整理得到。

3. 技术装备情况

（1）运输设施配置水平高，性能效率不断提升。

公路运输方面，美国冷藏车人均持有量较高。据统计，美国平均 500 人就有一辆冷藏车，而 2019 年我国平均 6500 人拥有一辆。冷藏运输装备先进，美国拥有世界最先进的“三段式”公路冷藏运输车，可同时满足三种不同冷藏货物的温度需求。

美国铁路冷链载运设备主要采用机械冷藏车、冷藏集装车、隔热车等，设备向大型化和专业化发展。研制的冷藏车最大容积达到 245 立方米，BNSF 公司的新型铁路冷藏车具有较强的制冷控温能力和智能化操作及远程测控功能，且 1 辆新型铁路冷藏车可装 4 辆卡车的货物量。

（2）冷链物流自动化温控水平不断提升，信息全程可追溯。

美国的冷链物流公司注重科技投入，广泛应用 RFID、GPS 配备建立自动化温度控制系统和自动化温度监控系统，对冷藏车、冷藏仓库实施自动控温与温度监控。同时，美国冷链运输车辆普遍安装着车辆跟踪系统与信息可追溯系统。如 BNSF 公司的新型铁路冷藏车通过 GPS，可实现实时定位追踪管理及远程故障诊断功能。美国温控仓储与制冷系统均为世界顶级水平，75% 的果品通过气调进行储藏。

4. 物流组织情况

在农产品冷链物流方面，70% ~80% 的农产品流通属于产地直销，减少了许多不必要的中间环节，将冷链产品的损耗率控制在极低的范围。农产品物流采取全流程冷链处理，从田间采收、预冷到消费者冰箱实行全链条低温控制，运输环节中的损耗率仅为2%。美国“从田间到餐桌”冷链物流供应链体系如图6－4所示。

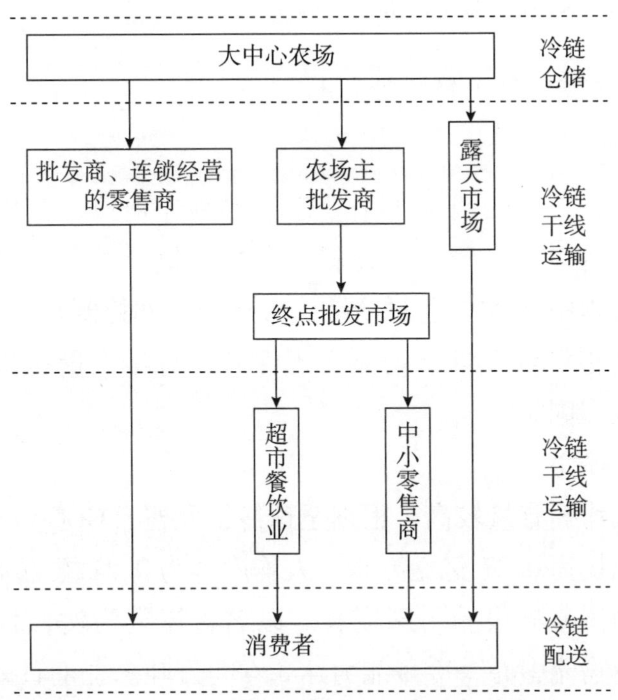

图6－4　美国“从田间到餐桌”冷链物流供应链体系

资料来源：根据公开资料整理得到。

在医药冷链物流方面，FDA要求生产企业承担供应链的管理责任，由生产企业选择优质的冷链物流服务商、采取适宜的包装措施确保冷链药品不会在出厂后的储运过程中劣化。对于特定货物要监控终端温度，并及时再次预冷确保冷链完整性，通过与货主的信息共享实现货物直接交接。此外，美国所有州需严格按照FDA药品冷链物流的标准条例，要求医药产品必须储存在7℃以下（包含7℃），并通过无线冷链监控平台，实时监管、逆向追溯医药冷链物流的整个过程。

提供铁路全程冷链运输服务。为确保冷链物流产品的完整性和运送速度，美国港口设有“快运走廊（Express Lane）”和“冰冷快线（Ice Cold Express）”，为美国东西海岸间易腐货物的运输提供铁路无缝衔接的快运服务，其运行速度较快，运输成本比公路要低5%～15%。此外，铁路冷链物流服务方式开始从“站到站”向“（冷）库到（冷）库”发展，铁路线被越来越多地延伸至冷链物流配送中心冷库或食品加工生产基地的厂库设施中，使得铁路冷藏车可以直接进入冷库进行装卸及转运作业。这些措施不仅实现了完整意义上的全程冷链物流，还能够提高装卸作业和转运效率，很好地解决公铁联运方式中的铁路大批量与公路小批量运输的匹配问题。

（二）日本冷链物流发展现状

1. 总体情况

日本冷链高新技术与研发水平处于世界领先地位，其以大量技术先进的冷链车和冷库为基础，形成了比较完备的冷链物流体系。数据显示，日本果蔬在流通过程中有98%通过冷链，果蔬损失率控制在5%以下，农产品从产地采摘至销售等各个环节均能实现保鲜，每年大量优质海鲜从日本出口销售到全球众多国家。

2. 基础设施情况

日本冷库人均拥有量较高，根据全球冷链联盟（GCCA）数据，2020年日本冷藏库容总量为0.27亿立方米，人均库容为0.21立方米。

港口冷链物流基础设施不断完善。以名古屋港为例，日冷集团在此投资运营名古屋港物流中心，冷藏能力达3.635万吨。丸羽日朗物流在此建设库容为3.75万吨的自动化冷库。

冷库自动化水平高，仓储保鲜技术高。日本是自动化立体仓库应用最广泛的国家，建造了大量的立体化仓库，配备自动冷藏设备、移动货架、自动分拣装置等设施，冷库大多为3~5层、层高5~7米，信息化和自动化水平较高。日本注重冷链物流仓储保鲜技术的研究和推广，采用强制通风式冷库（完成一次预冷需1220小时）、压差式通风冷库（一次预冷只需26小时）和真空式冷库（一次预冷可在2040分钟内完成），以最大限度满足不同种类需冷藏商品的需求。日本十分注重冷库节能，通过计算机实行自动控温，通过减小冷风机功率、推广新型保温材料等手段达到节能目标。

重视农产品最先一公里冷链设施布局，注重农产品产后初加工产业。通过技术、资金和服务方面的政策支持，日本建有产地农产品集货中心3000多个，可为鲜活农产品提供预冷、分选分级、包装等商品化处理，有效解决了农业的小规模生产和大市场之间的矛盾。

3. 技术装备情况

日本冷藏车保有量较高，冷链运输温控制冷技术水平高。数据显示，日本大约每1058人拥有一辆冷藏车，冷藏车占货运汽车的比重约为2.65%。在温控设备、智能包装材料等方面的研发，可分等级控制的温控设备、绝热性能和保护性能高的包装材料得到广泛应用。冷链运输普遍使用冷冻车和保冷车。冷冻车一般采用机械冷冻方法制冷，安装在冷冻车中或货物内的记录器会实时监测温度。保冷车不使用制冷装置，其本身就能够保持低温，车内安装有GPS和信息通信装置，可以发送车辆行驶位置和车门开关过程等数据。

广泛使用电子数据交换系统，实现冷链物流各环节动态监控与跟踪。通过RFID、GPS、传感器等信息技术建立了冷链物流供应链管理系统，对货物、冷藏运输车辆进行动态监控和跟踪。还对其冷链物流的供应链建立电子虚拟系统，实现对农业生产、贮藏、运输配送和销售一体化的实时监测，使得冷链物流信息在全国范围内实时共享。

4. 物流组织模式

推行农产品冷链物流集中化运作模式，基本实现全程冷链物流运作。从产地的预冷环节开始，日本整个冷链物流运输操作被严格规范，产品的腐损率低至5%以下。农产品在冷链运输过程中无断链风险，进一步保障了农产品实现安全高效的冷链运输。农产品集货中心是农产品产地商品化处理的重要场所，有效弥补了农户分布分散的先天缺陷。农产品集货中心一般由基层农协组建，负责本农协成员产品的分选、包装、冷藏、销售，同时也将批发市场的农产品交易信息反馈给农户。日本农产品冷链流通体系如图6-5所示。

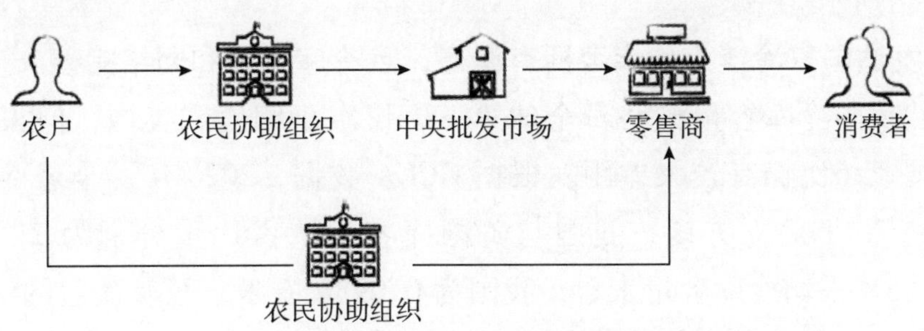

图6-5 日本农产品冷链流通体系

资料来源：根据公开资料整理得到。

大力发展直达化冷藏货物快速运输。日本的冷藏货物快速运输是以冷藏集装箱和专用集装箱为依托，通过取消冷链运输在铁路编组站的作业环节，实现直达化快速运输。其开行直达货物列车和集装箱直达列车，日旅行速度最高可以达到1800公里/日。

（三）国内外冷链物流发展对比

冷链起源于19世纪上半叶，20世纪30年代初制冷技术快速发展，美国和欧洲相继建立了食品冷链体系。目前，美国、德国、荷兰、日本等国家冷链物流发展已经非常成熟。我国冷链物流起步较晚，虽然发展迅速但仍然处于起步阶段。

1. 发达国家农副产品冷链流通率高，流通环节中的损耗率低

欧、美、日等发达国家构建了较为成熟的冷链物流体系，冷链物流基本贯穿从产品生产、采购到运输、包装的全过程。例如，农副产品基本实现从田间采收、预冷到消费者的全链条低温控制。来自中物联冷链委的数据显示，欧美果蔬、水产品冷链物流流通率达95%，肉类达100%；日本果蔬冷链运输率达98%。而目前我国的农产品冷链物流尚未形成从农产品产地到销地的全程冷链物流体系，多数农产品采摘时并没有实施降温措施，且大部分是在自然温度环境下仓储、运输，果蔬、肉类、水产品上的冷链流通率分别只有22%、34%和41%。因此，我国农副产品流通环节中的损耗率较高，根据中物联冷链委发布的《2019农产品产地冷链研究报告》数据显示，目前发达国家生鲜产品的损耗率控制在5%的稳定水平，而我国的生鲜平均损耗率在8%以上，蔬菜甚至达到20%。中国与发达国家生鲜农产品冷链流通率对比如图6－6所示。中国与发达国家生鲜农产品损耗率对比如图6－7所示。

2. 发达国家冷链人均库容拥有量高，且冷库类型和网络完善

虽然我国冷库容量已跻身全球第三，仅次于印度和美国，但人均库容与发达国家相比仍有较大差距。根据GCCA数据，2020年，全球冷藏库容总量达到7.19亿立方米，我国与美国库容量所占比重分别为21.70%和18.22%。从人均冷库容量来看，我国为0.09立方米，只有荷兰的1/9、美国的1/4，我国人均冷链资源水平还有待提升。同时，发达国家冷链物流经过多年的发展，冷链仓储设施网络健全，生产型、产地型、市场型、区域

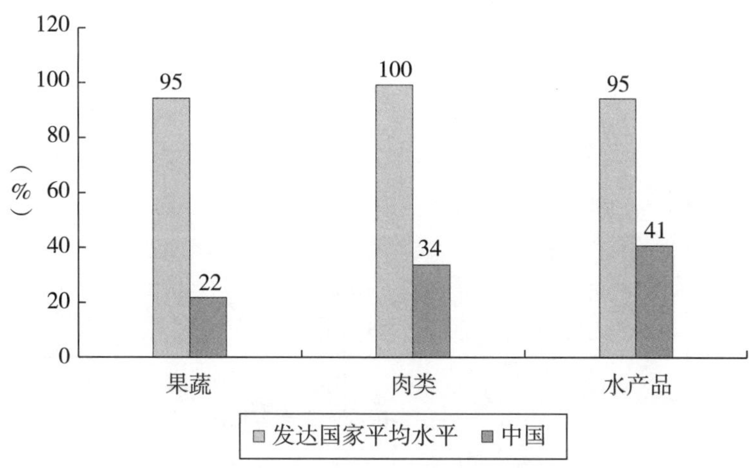

图 6－6　中国与发达国家生鲜农产品冷链流通率对比

资料来源：中物联冷链委。

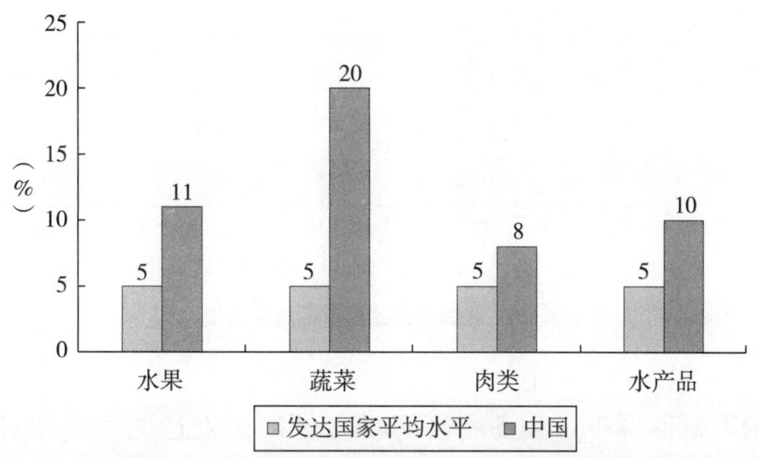

图 6－7　中国与发达国家生鲜农产品损耗率对比

资料来源：中物联冷链委。

分拨型、城市配送型冷库等多种类型冷库完备。而我国冷链物流百强企业的冷库绝大多数为区域分拨型、城市配送型等，流通型冷库多、产地型冷库少，制约了冷链物流“最先一公里”的发展。我国与发达国家冷库库容情况如图 6－8 所示。

3. 发达国家仓储设施技术先进，且注重自动化技术应用

发达国家注重冷链物流仓储保鲜、冷藏技术的研究和推广，预冷技术、温度自动调节技术、气调温调保鲜技术等保鲜制冷技术应用普遍，温控仓储与制冷系统处于世界领先水平，保障了冷链物流的安全高效稳步发展。例如，美国 75% 的果品通过气调温调保鲜技术贮藏，德国控制气调贮藏技

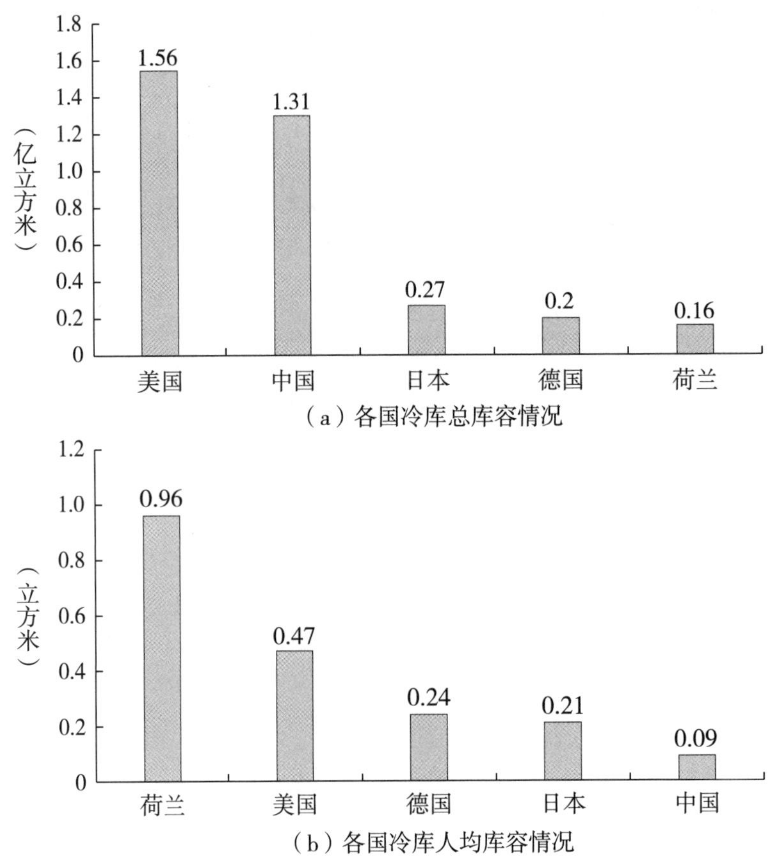

图 6－8　我国与发达国家冷库库容情况

资料来源：GCCA。

术在苹果的贮藏保温中占到 50% ~70% 。同时，发达国家冷库自动化水平世界领先。例如，德国冷库企业积极应用储藏技术自动化、高密度动力存储（HDDS）电子数据交换及 WMS 仓库管理系统等，美国大型冷库企业注重集成电子技术的广泛应用，日本广泛应用自动化立体仓库。而我国虽然已经形成了超低温冷库、冷藏库、果蔬气调库等主要冷库类型，但我国气调库起步较晚且发展水平低。虽然气调库气密技术已经与世界先进水平接近，但在调节方面的技术研发和建设后的运营方面则存在较大差距，社会成本高、空间价值率低，农产品增值不突出。

4. 发达国家冷链载运设备水平高，我国载运设备保有量低、先进技术应用不足

发达国家冷链物流载运设备保有量位居世界前列，装备的功能、性能、质量和运用效率水平较高。我国冷链发展迅速，冷藏载运设备不断升级完善，但是装备配置应用与发达国家相比仍十分有限。

在公路冷链载运设备方面，从冷藏车保有量看，我国冷藏车人均保有量低，2019 年，美国冷藏车人均保有量是我国的 13 倍、日本是我国的 6 倍。我国冷藏车占货运汽车的比重相对较低，我国比重为 1.97%，美国比重为 1%（2017 年），日本的比重为 2.65%。从冷藏车类型看，发达国家冷藏车主要可分为冷藏汽车、冷藏挂车和可交换冷藏箱体三类，我国主要采用冷藏汽车、冷藏挂车，其中冷藏挂车的 90% 以上为使用二手海柜的冷藏挂车，自重高、密闭性差。从冷藏车性能看，国内外冷藏车均向轻量化、高效化方向发展，我国多数企业也已经在使用铝型轻量化底盘架、轻量化箱体等并推广应用液压尾板，以提高装卸货效率。从制冷温控技术应用来看，发达国家均拥有世界先进多温区冷藏车，可提供冷冻、冷藏、恒温三个温带的全程冷链服务。相较而言，我国只有龙头冷链物流企业冷藏载运设备积极应用先自动温控、多温区制冷等先进技术。我国与发达国家冷藏车保有量现状对比如表 6－2 所示。

表 6－2　　我国与发达国家冷藏车保有量现状对比

国家	人均冷藏车保有量	冷藏车占货运汽车的比重（%）
美国	1/500	1
德国	1/727	—
荷兰	1/470	3.7
日本	1/1058	2.65
新加坡	1/1032	3.92
中国	1/6521	1.97

注：暂未获得美国最新数据，采用 2017 年数据；德国数据来源于《德国冷库和冷藏物流企业 2020 年度报告》，统计指标为拥有机械制冷的温控卡车与拖车。

资料来源：中物联冷链委。

在铁路冷链载运设备方面，发达国家铁路载运设备先进，我国车型单一、容积较低。美国是铁路冷链运输最发达、装备技术最先进的国家，主要有机械冷藏车、冷藏集装箱、隔热车等。目前美国研制的冷藏车最大容积可达到 245m^3，单车载重和容积大、经济性好。欧洲各国以高速运输的隔热车为主，运行速度为 120～160km/h。我国主要使用 B10 型机械冷藏车、B22 型机械冷藏车、BX1K 型冷藏集装箱专用平车和冷藏集装箱（20 英尺、

40 英尺、45 英尺），主要以机械制冷为主，制冷温控性能差，需要人工进行温度记录和调控。冷藏车容积 100～105m^3、商业运行速度 120km/h。在铁路冷藏集装箱方面，发达国家应用较为普遍，而我国从 2009 年开始试运行，目前只有大约 500 个铁路冷藏集装箱在定点定线运行，未发挥冷藏集装箱可实现多式联运的优势。我国与发达国家铁路冷链物流载运设备对比如表 6－3 所示。

表 6－3　　我国与发达国家铁路冷链物流载运设备对比

国家	铁路冷链载运设备	冷藏车技术参数	特点
美国	以机械冷藏车、冷藏集装箱、隔热车为主	冷藏车最大容积达到 245m^3	载运设备大型化和专业化、单车载重和容积大、经济性好
德国	以隔热车为主	运行速度为 120～160km/h	运行速度快
荷兰	以隔热车为主	运行速度为 120～160km/h	运行速度快
中国	以机械冷藏车和冷藏集装箱为主	冷藏车容积 100～105m^3，商业运行速度 120km/h	冷藏车运行速度快，但车型单一、总容积偏小、制冷温控性能差；铁路冷藏集装箱较少

资料来源：根据公开资料整理得到。

5. 发达国家冷链实现信息化和智能化，我国尚未实现广泛应用

美国、日本等发达国家广泛依托大数据技术、自动识别射频技术、电子数据交换技术和远程控制技术等，构建冷链全程监控体系，依托自动化温度控制系统和自动化温度监控系统，在冷链操作、产地预冷、冷链运输、仓储保存等各个环节实现了全温控和实时监控，确保了冷链物流安全高效运作。构建了信息可追溯系统，建立了冷链物流可追溯体系，对货物、冷藏运输车辆进行动态监控和跟踪，如美国 BNSF 公司的新型铁路冷藏车，可实现实时定位追踪管理及远程故障诊断功能，能够更好地保障运输质量和物资安全。同时，我国近年来冷链物流信息技术快速发展，以京东、顺丰、中集冷云等为代表的龙头企业，在冷链物流全链条上注重信息化和智能化的建设。

然而，从我国行业总体发展来看，无法实现对冷链物流运输全程的实时监测与冷链物流信息追溯，部分冷链物流环节仍采用人工对温度进行测

定和记录。同时，冷链物流从生产、批发、分销到零售各环节主体均采取独立管理方式，环节与环节之间缺乏组织协调和资源共享，导致冷链全链数据无法无缝对接。

6. 发达国家冷链流通环节少、集中度高，我国冷链组织分散

发达国家不断完善冷链物品流通组织模式，尽可能缩短物流供应链。例如，美国有 70% ~80% 的农产品流通属于产地直销，荷兰鲜花行业贸易也向直接供应链转移，日本采用农产品集货中心对农产品进行商品化处理以提高农产品流通的集中度，有效地减少流通中间环节，将冷链产品的损耗率控制在极低的范围。而我国农产品流通环节多，规模化、组织化程度偏低。根据《中国农产品供应链发展报告（2020）》，目前我国产地直销、农超对接与电商模式下的农产品流通量不足总量的 30%，绝大多数农产品流通还是要通过以传统批发市场为中心的农产品流通渠道，需要经过小农户、农民经纪人、2 级或 3 级批发商、零售商等多个流通主体，从而导致农产品流通时间长、效率低，不仅增加了物流成本，同时也不利于供应链质量把控，导致货物损耗率居高不下。

二、发达国家管理体制机制与法规标准

（一）美国

1. 管理体制

为保障食品安全，美国实施“联邦层面多头监管、共同负责，联邦与地方之间以食品与药物管理局为主导的分级监管”的监管体制，并由此产生了食品冷链的管理机制。

（1）联邦层面实行“多头监管、共同负责”的管理体制。

食品产业链的管理涉及多个部门，美国联邦层面采用了“多部门分工监管、共同负责”的管理模式。而涉及食品安全监管的联邦机构主要包括农业部（USDA）、联邦贸易委员会（FTC）、环境保护署（EPA）、消费品安全委员会（CPSC）、交通运输部、海关、海洋和大气局、通信部、商务部、财政部、司法部等。

其中，农业部下设的食品安全检验局（FSIS）负责国内生产和进口的

肉、禽、蛋及其制品的食用安全，食品与药物管理局（FDA）负责 FSIS 负责范围之外的食品的安全与卫生。环境保护署（EPA）负责监督农药和饮用水等。为协助以上三个主要部门开展工作，美国还建立了十几个其他机构和行政部门来共同监管食品安全。FDA 承担约占美国食品消费总量 80% 的监管，FSIS 承担约占美国食品消费总量 20% 的监管。

（2）联邦与地方之间实现以食品与药物管理局为主导的分级监管。

为提高监管效率、改善监管效果的需要，联邦政府对食品安全监管力度不断强化。1997 年，美国实施了《食品安全行动计划》，目前已形成了一套行之有效的以食品与药物管理局为主导的分级监管体系。其中食品与药物管理局负责所有跨州贸易的食品安全监管事权，州政府负责州内贸易的食品安全监管事权事务。例如，加州农场种植的蔬菜只在加州销售，食品安全监管只在加州地方事务，联邦政府无权检查；如果一旦卖到了其他州，联邦政府就有权介入。食品与药物管理局更为关注食品生产加工与流通环节的监管，而食品消费环节多属于地方政府监管范围。

食品与药物管理局大区办公室主任和州政府有关部门建立了沟通机制，开展协调执法。食品与药物管理局在监管事务办公室内设联邦—州关系协调部门，通过经费拨款和合作协议，将一些检查检验和应急工作委托地方执行。目前，各州承担了联邦 2 万余次现场检查任务中的一半，包括加工食品、海产品、果汁、低酸罐头等生产企业现场检查。

2. 法规标准

（1）形成了较为完善的食品安全法律法规体系。

美国是世界上最早进行食品安全立法、监管的国家，经历百年的发展已形成了较为完善的食品安全法律法规体系。目前，美国食品质量安全法律法规体系包括《联邦食品、药品与化妆品法》《联邦肉检验法》《禽肉制品检验法》《蛋制品检验法》《食品质量保护法》以及《公共健康服务法》等安全方面的法律法规 35 部。其中，与食品冷链物流相关的法律法规主要有两种类型。一是在综合法律中直接或间接地涉及对食品物流安全的规定，如《联邦食品、药品与化妆品法》等。二是在单一法律中专门就食品流通安全问题作出规定，如《鲜活农产品法》《人类和动物食品卫生运输法规》等。

（2）为农产品冷链物流企业制定了科学规范的作业标准。

食品与药物管理局对农产品冷链物流企业的操作标准和要求制定了强制性的规定，并建立了配套的监督机制与惩罚措施，通过制定冷藏温度标准、品质检验标准、运输操作标准等，实施了严格的专业认证体系和市场准入制度，使美国农产品冷链物流体系趋于完善。美国于2002年出台了《冷链质量标准》，为冷链供应链的认证工作提供了依据，可用来测试农产品冷链物流企业的可靠性和质量等级，同时根据危害分析和关键控制点体系（HACCP）的要求，对农产品生产加工企业卫生条件、冷藏温度、运输操作等进行严格监控，实施严格专业认证体系和市场准入制度。美国农产品冷链物流相关标准与内容如表6－4所示。

表6－4 美国农产品冷链物流相关标准与内容

标准名称	主要内容
良好操作规范（GMP）	规定所有食品的生产、包装和储藏都必须遵循必要条件，以抑制微生物的生产
食品准则	根据pH值、水活度值和气候定义需要冷藏的食品，以及是否需要经过杀死活性病原体的热处理
蛋类储存准则	规定鸡蛋在生产后36h内必须冷藏，储存和运输期间的温度应保持在7℃
巴氏灭菌牛奶条例	要求A级奶制品的储存温度不得高于7℃

资料来源：根据公开资料整理得到。

3. 管理模式特点

（1）形成“预防型”食品安全监管制度。

美国食品安全法律法规体系正在由终端“反应型”逐步向“预防型”转变，尽可能控制食品安全风险。2011年，时任美国总统奥巴马签署了食品药物管理局食品安全现代化法案，强调食品安全管理要以预防为主、突出风险控制，并赋予了食品与药物管理局负责食品安全监管的资源和权力。2013年年初，美国修订了食品安全法律，要求在食品生产流通各环节必须采取预防性措施。美国联邦政府也通过采取风险评估、风险管理措施的评估、管理决策的实施、监控和评价等措施实施风险管理。

（2）执行食品生产销售商绝对责任原则。

联邦最高法院明确生鲜食品生产、加工和销售企业对食品安全承担最主要责任，要求企业采用 HACCP、良好操作规范（GMP）。联邦刑法严格食品安全刑事责任，不问主观过错的刑事责任，只要企业管理者和经营者的行为导致法律规定的某种结果发生，就可以对其起诉或定罪处罚。

（3）实施灵活有效的多种监管方式。

美国联邦政府通过定期检查工厂、加强产品抽样检测、加强进出口产品监督、设立食品安全信息监测点等方式，实施食品安全全程监管。农业部雇用近万名检查员对全美肉类生产企业和进口企业进行直接监管，食品与药物管理局通过对食品企业现场检验确保企业合规经营。对于与地方事权相重合的领域，食品与药物管理局注重加强与地方监管事权的衔接，借助地方力量实现联邦监管职责。

（4）行业协会主导冷链物流发展。

美国行业组织、协会对冷链物流高效运行起了关键作用。美国冷链协会由航空公司、卡车运输商、地面搬运商和设备生产商组成，为运输温控货物制定标准化的指导原则。美国冷链协会发布了《冷链质量指标》，可用于测试运输、处理和储存易腐货物的企业的可靠性、质量和熟练度，并可以为整个易腐货物供应链的认证奠定基础。

（5）推动国内标准融入国际标准。

美国标准在国际范围内的认可度较高，美国最重要的标准机构——美国国家标准协会（ANSI），承担了较多 ISO 标委会秘书处工作，对国际标准的制定有重要话语权，避免了标准成为美国产品或服务进入国际市场的潜在壁垒。

（二）日本

1. 管理体制

目前，日本已经形成了高效、科学、灵活的食品安全监督管理体系。日本国内涉及冷链物流管理的部委有国土交通省、农林水产省和厚生劳动省等。

其中，国土交通省负责管理冷链物流的运输业务，并以托盘标准规范为重点进行研究，致力于促进国内冷链效率的提高。国土交通省综合政策局下设物流政策科、国际物流室、物流产业室、交通政策科、地域交通科、交通新业态推进科及其他十个部门。公共交通与物流政策审议官直接管辖上述前六个部门的工作业务，级别处于我国副部级和正局级干部之间，负责对包括冷链在内的物流政策进行提议、策划、监督和实施，并同国土交通省内相关部门，例如，铁道局、机动车局、海事局、港湾局、航空局等进行协调，推动落实日本国家物流发展政策。

农林水产省根据《农林物资标准化及质量标识管理法》，负责果蔬、水产、畜禽、花卉的生产或批发产地的低温控制管理，并建立相应规范。日本厚生劳动省根据《食品卫生法》开展食品安全管理工作，负责掌握冷冻配送食品的种类、配送量和卫生状况，加强对冷冻食品的监管。2003 年 7 月，日本内阁府设立食品安全委员会以行使有效的食品安全检测制度，结束了日本厚生劳动省和农林水产省在食品安全管理上各自为政的局面，实现了食品安全一元化领导的体制。

2. 法规标准

日本建立了以实现食品质量安全控制为核心的食品冷链物流法律标准体系。其主要分为 3 个层次。第一层次，《食品卫生法》等一系列针对食品链各环节的法律，法律效力最高；第二层次，《食品安全基本法》等政令，是根据法律制定并由内阁批准通过；第三层次，《食品卫生法实施规则》等省令，是根据法律和政令，由日本各省制定的法律性文件。

日本食品冷链物流应用的国内标准以食品安全标准分为食品质量标准和安全卫生标准两大类。目前日本厚生劳动省颁布了 2000 多个农产品质量标准和 1000 多个农药残留限量标准，农林水产省颁布了多种农产品品质规格。除了国内标准，HACCP、ISO 9000、ISO 22000 等国际标准成为日本冷链行业积极参考的标准规范。日本于 1996 年 5 月对《食品卫生法》进行了部分修订，建立了包含 HACCP 的全面卫生控制制造工艺的审批制度。

3. 管理模式特点

（1）行业协会是推动冷链物流发展的主要力量。

日本的民间行业协会是冷链物流领域标准的重要制定者和推动者。日本冷藏仓库协会依托国土交通省，对日本国内冷藏仓库的发展进行了大量支持性工作。日本冷冻食品协会是农林水产省在冷冻食品领域唯一指定的组织，该协会从 1969 年建立了冷冻食品认定制度，次年发布了《冷冻食品品质与卫生指导纲要》《确认工场认证制度》等文件，对日本冷链物流中的食品规范建设起到了重要作用。日本农业协会是实现农产品冷链物流组织运作的重要力量。为了解决小而分散的生产规模，降低农户单独进入市场的风险和交易成本，各大中小城市都有由农协直接参加或组织的农产品批发市场，负责本农协成员产品的分选、包装、冷藏、销售，同时也将批发市场的农产品交易信息反馈给农户。日本农业协会通过建立以中心批发市场为核心的农产品冷链物流体系，推动了农产品冷链物流组织化、集约化和规模化。

（2）以 HACCP 为重要监管手段。

日本食品冷链物流相关法律法规以实现食品质量控制为核心，HACCP 是日本食品冷链物流质量安全管理的重要手段。当前日本对冷链食品的控制依据主要基于 HACCP 认证体系，日本政府要求截至 2021 年 6 月，全国所有涉及食品的经营商都必须符合 HACCP 制度的要求。

（3）构建农产品冷链物流可追溯体系。

日本农产品冷链物流追溯体系要求农产品在供应链各个环节所录入的信息完备、真实和准确，当农产品出现质量安全问题时，能及时对整条信息链进行逆向追溯，在最短的时间内找到问题源头，并及时处理追责。整个追溯过程由食品安全局、食品卫生协会、卫生检疫所等监督管理执行机构以及相关媒体全程监督。在政府的强制要求下，大米和牛肉等食品已经实现了从生产、加工、储存、流通到销售终端的全程可追溯管理模式。

三、冷链物流相关国际标准的制定及应用情况

（一）国际标准制定主体

国际上对冷链物流十分重视，各组织、各国、各地区都有自己的冷链物流技术标准，有些标准具有一定的强制性。国外冷链物流运输技术标准以国家和地区行业组织进行划分主要有以下几个。

1. 国际标准化组织（ISO）

国际标准化组织（ISO）由美国国家标准协会（ANSI）承担秘书处工作。

ISO/PC 315 项目委员会负责冷链物流方面的标准制定，秘书处设在日本工业标准调查会（JISC）。其负责标准范围包括以下几点。

（1）冷链货物运输/仓储服务的条款和条件，冷藏货物的装载、转运、储存、分类、运输和配送等。

（2）温度控制设施的维护和控制方法，整个冷链中的质量控制方法，例如，温度监控、防止损坏、损失和延迟。

（3）运输/仓储服务期间的卫生管理，以防止货物受到污染。

（4）促进物流效率。

（5）人力管理、员工教育和培训、员工和工作场所的安全管理。

（6）运输/仓储服务的安全性和可靠性。

（7）信息管理和数据处理，例如，客户管理和货物/包裹跟踪以及术语。

ISO/TC 204（智能运输系统标准化技术委员会）负责多式联运的相关标准化，主要包括智能运输系统的整体系统方面和基础设施方面，如城乡地面运输领域的信息、通信和控制系统的标准化，其中包括多式联运方面、旅行者信息、交通管理、公共运输、商业运输、应急服务和智能运输系统中的商业服务领域。

在冷链运输方面，ISO/PC 315 最新发布了《间接温控冷藏配送服务：具有中间转移的冷藏包裹陆上运输》。其他相关的国际机构也在各自领域发布了 ISO 认可的国际标准，如国际航空运输协会 IATA 发布了关于易腐货物运输的《易腐货物规则》（PCR）。

农产品及食品分委员会（ISO/TC 34）负责制定农产品流通相关标准，具有以下特点：农产品物流相关标准的数量较多，标准的适用范围较细、可操作性强；绝大部分是具体水果的冷藏或冷藏运输方面的技术规程类标准。

2. 全球冷链联盟（GCCA）

全球冷链联盟（Global Cold Chain Alliance，GCCA）由三个协会和一个基金会（称为核心合作伙伴）组成，包括国际冷藏仓库协会（International Association of Refrigerated Warehouses，IARW）、国际冷藏运输协会（International Refrigerated Transportation Association，IRTA）、环境建筑协会（CEBA，CEBA 成立于 1978 年）以及非营利基金会世界粮食物流组织（WFLO）。GCCA 是一个用于冷链各个环节交流、联网和教育的平台，拥有超过 85 个国家的 1300 家成员公司，40% 以上不在北美。

GCCA 已开发出整个冷链行业的国际最佳实践，并定期要求其协助企业和其他国家制定这些标准。GCCA 目前正在制定评估标准，该标准将用于支持全球仓库认证计划，从而对设施进行广泛的评估，包括场地和建筑标准、设施管理、人事管理、质量管理系统、HACCP 和车辆操作标准（如果适用）等。

此外，与最佳实践相关的知识还通过《GCCA 商品存储和处理手册》《有效仓库操作指南》《冷藏运输最佳实践指南》以及 WFLO 计划等出版物进行传播。WFLO 与中国物流与采购联合会（CFLP）合作，将上海和北京的现行政府标准和当前的冷链实践与国际最佳实践进行了比较。在完成国内评估并通过一系列事件验证结果后，此分析已用于生成最佳实践《冷链运营手册》。

IARW 成立于 1891 年，是第三方温度控制仓库行业协会，协会利用行业基准研究、网络和教育来推广具有温度控制功能的仓储和物流行业的最佳案例，IARW 的所有活跃成员也是世界粮食后勤组织工作的成员和受益者。IRTA 成立于 1994 年，是温度控制运输和物流行业的协会，主要是促进和加强在冷藏和运输物流业中从事生产、进口、出口、运输、仓储需要相关服务的各个方面之间的商业和贸易关系，保护其成员的利益免受非法和不公正的措施和做法的侵害。由 IRTA 编写的《冷藏运输最佳操作指南》（*Refrigerated Transportation Best Practices Guide*），主要协助托运人、装货人、承运人和收货人了解和采用行业最佳做法，对运输过程的先决条件程序和书面记录做了规定，并对冷藏车的卫生和状况检查、制冷机组的操作程序、冷藏车预冷设置、装货程序、返回堆场的冷藏车的监控、冷藏车出发和到达目的地的过程、途中的要求、收货程序、记录存储等都做了规定。

3. 美国冷链协会（CCA）

美国很重视行业协会和组织的作用，在 2003 年成立了由航空公司、设备商、搬运商和卡车运输商组成的冷链协会（Cool Chain Association，CCA），通过对易腐食品的研究，为在运输中需要进行温度控制的食品制定了标准化的指导原则，旨在提升易腐冷链食品的运输效率和品质。紧接着在 2004 年，CCA 又发布了《冷链质量指标》（CCQI），为整个易腐冷链食品的供应链认证打下了基础，且该指标还可用于对冷链物流企业可靠性的检验。

CCQI 由 CCA 与劳氏船级社制定，是一个开放的和可审计的行业标准，通过采用一个基准系统建立透明和可比较的质量控制与管理措施，针对承运人、货运代理人、易腐冷链物流产品处理中心、仓储中心实施的操作标准进行规范和指导。该标准涵盖了各种运输方式，并要求冷链物流环节的所有公司必须证明它们能符合冷链运输要求，还使用了风险评估方式确定其流程。

CCA 冷链协会主要推动的活动有：①提出 CCQI 作为 CCA 协会成员共同遵循的规范；②选择德国劳氏船级社（GL）独立机构，对符合 CCQI 要求的公司颁发执照，提供协会成员质量与能力的认证凭据。

4. 美国食品药品监督管理局（FDA）

食品药品监督管理局（Food and Drug Administration，FDA）于 2016 年 4 月公布了《人和动物食品运输》最终的卫生法规。该规则于 2016 年 6 月 6 日生效，该规则规定了托运人、装卸公司、公路或铁路承运人和收货人在人和动物食品安全运输过程中需遵守的规则，它是预防整个食物供应链中出现食品安全问题的重要一部分，也是其执行 2005 年《卫生食品运输法》（SFTA）和 2011 年《食品安全现代化法》（FSMA）的一部分。

STF 规则是旨在创建基于风险的现代食品安全框架的七项基本法规之一，最后 STF 的目标是防止在运输过程中产生食品安全风险的做法，例如，未能正确冷藏食品、运输装卸过程中的污染以及未能正确保护食品。

5. 联合国欧洲经济委员会（UNECE）

联合国欧洲经济委员会（The United Nations Economic Commission for Europe，UNECE）始建于 1947 年，其成员国包括欧洲所有国家以及美国、加拿大、俄罗斯、土耳其等 56 个国家，并与 70 余个国际专业机构和其他非政府组织开展了合作，其中重点合作机构有欧盟、经济合作与发展组织（The Organization for Economic and Cooperation and Development，OECD）、国际食品法典委员会（Codex Alimentarius Commission，CAC）及世界贸易组织（WTO）等。

UNECE 于 1949 年成立了农业问题委员会，该委员会内第一个成立的机构就是易腐食品标准化工作组。当时正值第二次世界大战之后，欧洲许多国家食品严重短缺，而另一些国家则是水果、蔬菜、畜牧产品的出口国。为了促进各国之间水果的贸易成立了该协会，具体的目的包括以下几点。

①在水果运离农场之前提高农产品的价值。

②在水果过剩、市场难以承受并影响市场稳定时清除劣质农产品。

③使水果尽可能符合不同消费者的口味。

④限定并保证水果从生产者直至到达消费着手中时的商品质量。

⑤促进水果运输、贮藏、存放、处理及冷冻等现代化技术的发展。

⑥应用通用术语、准确的质量检验方法以及引用先进的销售技术来改善买卖双方的关系。

⑦加速水果的流通，降低批发销售的成本，最大限度地保证消费者购买到外观诱人、有明确和稳定质量的产品。

易腐食品标准化工作组主要致力于制定公平贸易规则，促进食品安全法规与贸易行为的有效统一，鼓励高质量产品的生产。该工作组主要制定和推广实施新鲜水果和果品、干果、马铃薯、肉类、蛋类及切花等易腐产品的标准，自1949年以来已制定了将近100项农产品标准，作为UNECE成员国及非成员国之间进行国际贸易应遵守的规则，这些标准适用于UNECE成员国之间销售的农产品和销往UNECE成员国的农产品。这些标准集中体现在产品营销与商业质量控制标准方面，内容丰富、具体，可操作性强。据UNECE的一份调查统计显示，世界贸易农产品中的70%是以这些标准为基础的。

OECD成立于1961年，是由38个市场经济国家组成的政府间国际经济组织，总部设在巴黎。组织下设农业委员会，专门负责农产品和食品方面的标准化工作。该组织十分重视标准化在促进高效、有序地销售水果和蔬菜时所起的重要作用，OECD的水果等级标准无论在内容和格式上，还是在分级的原则、依据和方法等技术要素上，都和UNECE的标准几乎完全一致。

国际食品法典委员会（CAC）是联合国粮食及农业组织（FAO）和世界卫生组织（WHO）于1961年联合设立的政府间国际组织，专门负责协调政府间的食品标准，建立一套完整的食品国际标准体系。CAC目前有180个成员国，覆盖全球98%的人口。CAC的主要工作内容是制定食品法典标准、最大残留限量、操作规范和指南。在农产品流通方面，CAC制定的相关标准数量不多，主要有《新鲜热带果蔬包装与运输国际推荐性操作规程》《延长包装冷藏食品贮藏期限卫生操作规范》《散装食品和半包装食品的运输》等，这些标准主要以涉及安全的相关内容为主，其标准制定的目的主要以保障食品安全为主，不涉及质量和规格等级方面的内容。

世界卫生组织（WHO）为了帮助冷链设备的设计者和实施者，对用于存储，运输和监视与冷链有关的产品的设备制定了许多标准。这些标准为购买高质量的设备提供了基础，使得设备的设计需要满足冷链和冷藏存储基础设施所必需的严格规范。例如，WHO 世界卫生组织出台了 *The Blood Cold Chain*，并在血站组织指南中制定了极为严格的血液温度界限。该指南中规定全血和红细胞必须储藏在 2 ~ 8℃，血小板必须在 22℃下，新鲜冰冻血浆必须在 －20℃以下保存，以保证血液成分制品的活性与安全性。

（二）国际冷链物流标准介绍

1.《易腐食品国际运输及其特种运输设备协议认证》（ATP）

《易腐食品国际运输及其特种运输设备协议认证》（ATP）。该协议最初为法国易腐物品运输协议，目前适用于所有关于易腐产品的运输，可用于第三方或自我声明，并且专门针对铁路运输、公路运输或两种运输方式相结合的运输方式进行管控。我国大部分冷链物流运输技术标准都是参照 ATP 制定的，因此理解 ATP 对于掌握冷链物流运输技术标准意义重大。

（1）ATP 基本内容分析。

ATP 大致分为以下三个部分。

①易腐食品运输专用设备标准定义，即对整个易腐食品运输设备及运输过程中相关规范进行全面的界定，尤其是一些关于温度、传热系数、温度的监控方法的具体规范和定义。

②快速冷冻（深度冻结）食品运输过程中温度监控和设备选择，即对冷冻、快速冻结食品在运输过程中温度的监控、运输设备的选择进行具体规范，尤其是对一些温度指标、热力学指标、运输设备标准化指标进行定义，指标全面具体规范，有很强的操作性。

③冷藏食品运输过程中的温度监控和设备选择，主要是针对冷藏易腐食品的规范。

（2）ATP 主要操作性指标分析。

①协议中分级指标体系。在 ATP 中分级指标主要涉及两个方面：使用冷源（天然冰、盐；干冰；液化气体等）的冷藏设备按照不同的温度进行分级，

以温度最大值为7℃、-10℃、-20℃、0℃分为A、B、C、D 4个级别；使用自带制冷机组情况下以不同温度范围划分为A、B、C、D、E、F 6个级别。

②控制指标的合理化。在ATP中，很多标准的指标用公式界定，每个指标设定的标准与原则都十分清晰，单位的规定充分具体，指标设定更加合理有效。

③温度测定方法科学。ATP中非常重要的一个方面是温度控制，而温度控制的监测方法是冷链物流运输中的关键控制对象，针对不同运输工具、运输器具、运输方式和运输技术，需要一个通用可接受的温度控制检测方法。

（3）ATP设定的报告文本规范化分析。

在ATP协议（2011年版）中最突出的是以易腐食品冷链物流运输为平台的报告文本，分为冷链运输工具及器具试运行报告、以温度为控制指标的报告文本和以检测检验为目的的报告文本三大类。整个文本体系全面反映了ATP协议的重点和关键，并以其突出的报告文本的规范性，使ATP成为各方面能普遍接受的标准。

（4）ATP协议中关于冷链物流运输技术标准的系统分析。

ATP协议在欧洲、北美洲、亚洲、大洋洲等地区得到了非常广泛的应用，伴随着劳氏船级社的认证体系，越来越多的国家和地区都完全或部分采用了ATP协议内容作为标准化规范。但是，相对其他地区而言，欧洲和北美整体冷链物流水平较高，无论是操作还是技术层面，在大范围的实践推广中仍然有很多细化内容难以实现。就ATP而言，仅仅涉及的是运输这个环节，而冷链物流的运输环节与仓储、配送、流通加工等关系密切，因此需要完善ATP的系统性，把它真正作为一个“链条”而不是一个“点”去研究，从而提高整体物流技术发展水平。

（5）应用情况。

欧洲很多国家采用ATP协议，伴随着劳氏船级社的认证体系，ATP协议对冷藏和冷冻食品运输过程中的温度监控、运输设备选择进行了规范，越来越多的国家和地区完全或部分采用了ATP协议内容作为标准化规范。

2. 危害分析和关键控制点（HACCP）

危害分析和关键控制点（Hazard Analysis and Critical Control Point，HACCP），是确保食品在消费的生产、加工、制造、准备和食用等过程中的安全，在危害识别、评价和控制方面是一种科学、合理和系统的方法。识别食品生产过程中可能发生的环节并采取适当的控制措施防止危害的发生。通过对加工过程的每一步进行监视和控制，从而降低危害发生的概率。

HACCP 并不是新标准，它是 20 世纪 60 年代由皮尔斯伯公司联合美国国家航空航天局（NASA）和美国一家军方实验室（Natick 地区）共同制定的，体系建立的初衷是为太空作业的宇航员提供食品安全方面的保障。

随着全世界人们对食品安全卫生的日益关注，食品工业和其消费者已经成为企业申请 HACCP 体系认证的主要推动力。世界范围内食物中毒事件的显著增加激发了经济秩序和食品卫生意识的提高，在美国、欧洲、英国、澳大利亚和加拿大等国家，越来越多的法规和消费者要求将 HACCP 体系的要求变为市场的准入要求。

一些组织，例如，美国国家科学院、国家微生物食品标准顾问委员会以及 WHO/FAO 营养法委员会，一致认为 HACCP 是保障食品安全最有效的管理体系。

3. ISO 22000 食品安全管理体系

ISO 22000 是指 2005 Food Safety Management System ISO 22000：2005 食品安全管理体系，该标准既是描述食品安全管理体系要求的使用指导标准，又是可供食品生产、操作和供应的组织认证和注册的依据。

ISO 22000：2005 采用了 ISO 9000 标准体系结构，将 HACCP（Hazard Analysis and Critical Control Point，危害分析和临界控制点）原理作为方法应用于整个体系；明确了危害分析作为安全食品实现策划的核心，并将国际食品法典委员会所制定的预备步骤中的产品特性、预期用途、流程图、加工步骤、控制措施和沟通作为危害分析及其更新的输入；同时将 HACCP 计划及其前提条件——前提方案动态、均衡的结合。本标准可以与其他管理标准相整合，如质量管理体系标准和环境管理体系标准等。

ISO 22000 食品安全管理体系标准弥补了 HACCP 不足，它是对 HACCP 原理的丰富和完善。所以可以说 ISO 22000 是 HACCP 原理在食品安全管理问题上由原理向体系标准的升级，更有利于企业在食品安全上进行管理。

4. 食品安全运输最终条例汇总及用户指南

美国 FDA 编写的《食品安全运输最终条例汇总及用户指南》（*Summary & User Guide：FDA's Safe Transportation of Food Final Rule*）的主要内容有 2 个。

①指导用户更好地理解 FDA 的 STF 最终规则。

②向不同行业内的各类服务商（包括托运人、装货人、承运人和收货人）提供不同种类的信息，以帮助最终最守规则并采用行业最佳的案例。

该指南对车辆及运输设备、运输操作、运输作业承运人的培训要求，托运人、收货人、装运人和承运人的记录要求，以及豁免条款等做了规定。

5. 相关温度记录的标准

一是 EN 12830：2018，《温度敏感货物运输、储存和分发用温度记录器——试验、性能和适用性要求》，这个欧洲标准对温度记录器的操作、使用、数据安全等进行了规定。

二是 EN 13485，《冷藏、冷冻、深冻/速冻食品及冰激凌运输、储存及配送用温度记录仪 试验、性能和适用性》标准，对货物运输、储存及配送过程中用温度记录仪在试验、性能和适用性方面进行了规定。

三是 EN 13486，《冷藏、冷冻、深冻/速冻食品及冰激凌运输、储存及配送用温度记录仪及温度计定期检定》标准，对货物运输、储存及配送过程中温度测量频率、温度记录持续时间的验证方法、温度测量的验证方法进行了规定。

6. ISO 23412：2020

《间接温控冷藏配送服务：具有中间转移的冷藏包裹陆上运输》（*Indirect, Temperature - Controlled Refrigerated Delivery Services—Land Transport of Parcels with Intermediate Transfer*）此项标准由中、英、法、德、日等 20 个国家共同参与起草，ISO/TC 315 项目委员会公布，其中中国物流与采购联合会冷链物流专业委员会代表中国参与标准制定。此项国际标准规定了冷藏配送服务企业的服务、运营以及资源、操作、通信等方面的要求，适用于接收包裹至配送包裹的全过程。

四、国外大型冷链物流企业的发展情况

相比于国内，欧洲、美国、日本等则有不错的市场环境，经历了完整的冷链建设与探索历程，涌现了一批现代化的冷链企业，为我国冷链物流发展带来启示。

（一）发达国家冷链物流企业总体发展情况

根据 IARW 公布的 2020 年全球十大冷链仓储与物流供应商，美国占五席（分别为 Lineage、Americold、USCS、ARGO、Interstate Warehousing），荷兰、日本各有一家（分别为 NewCold 和 Nichirei）。世界冷链物流巨头企业，以及 World Courier、Nagel、FedEx、UPS、DHL、Allergan 等医药冷链物流的领军企业，面向全球市场提供涵盖技术研发、冷链仓储、冷链运输等综合冷链服务，竞争优势明显。其中，美国的 Lineage 是世界第一大冷链物流企业，冷库容量几乎相当于我国冷库容量的三分之一。与之相比，国内目前尚未形成全球冷链物流巨头企业，现有冷链物流企业以区域性服务为主，面向全球的冷链业务起步发展，距离走向全球冷链物流市场还有很大距离。

1. 美国冷链物流企业发展情况

美国形成多个冷链物流巨头企业，市场集中度高。排名第一的美国 Lineage，冷库容量 5066 万立方米，相当于全中国的三分之一。美国冷藏公司（USCS），拥有近 22% 的全球冷链物流市场份额，在美国九个州的不同地点提供地区性及全球性的分销服务。再比如普菲斯冷库，已在美国设计、建造、运营 27 座大型冷库，并逐步在亚洲、非洲以及南美洲开展全球冷链仓储服务运营。

2. 日本冷链物流企业发展情况

日本冷链物流企业产业集中度比较高。2018 年日本前十大冷链企业份额合计全国占比 35%，其中最大企业日冷集团占比 10%。2020 年，Nichirei（日冷）位列全球库容第六，冷库容量为 518 万吨。以 Nichirei 物流、大和运输、日本邮政为代表的日本物流企业，具备完善的物流网络和精细化的服务体系，已经从仅提供仓储、运输的单一功能性服务，延伸到可以提供专业冷链咨询、信息对接以及冷链管理等个性化定制服务，综合竞争力不断提升。

其中，大和运输是日本最大的快递企业，以建设世界首个“不间断保冷、国际零担物流网络”为目标，实施“国际冷链宅急便”战略，意在构建覆盖全亚洲的冷链物流网络。日本邮政广泛布局全球冷链物流网络，国际冷藏快递“Cool EMS”服务开了跨国零担冷藏配送服务的世界先例，服务网络已经遍布中国台湾、中国香港及新加坡、马来西亚、越南、法国等地。

（二）国外典型冷链物流企业发展情况

1. 美冷集团（Americold）

（1）发展现状。

美冷集团是全球领先的温控仓储和物流服务商，2019 年在全球拥有 238 个冷库设施，39643520 立方米（14 亿立方英尺）的库容，冷库规模排名第二，占美国市场率约 27%，实现营业收入 124.43 亿元，同比增长 11%，净利润为 3.36 亿元，同比增长 0.37%，扣非净利润 6.2 亿元。拥有先进的制冷系统，可以为全球任何地区提供温控解决方案。主营业务包括冷链仓储、第三方冷链托管、冷链运输等，其中冷链仓储业务是集团的核心业务。

（2）业务状况。

美冷集团主要服务地区为北美、巴西、欧洲、澳大利亚以及部分非洲地区。其核心业务主要分为四大板块：冷链仓储业务、第三方冷链托管业务、冷链运输业务、其他业务。其中，冷链仓储业务营收占到总营收的 73%，包括了基础服务和增值服务。基础服务指提供温控仓储和冷链运输。增值服务是对典型的仓储和分销服务的补充，包括超低温冷冻、拣选装箱、标签管理、重新包装、农业部检查零售展示等。其核心竞争力来自全国完善的网络布局与中心中转业务能力，干线运输以挂车运输为主。以食品生产商为例，美冷集团可以提供从农产品源头到超市的运输以及仓储服务，以自动化的设施设备以及高标准的操作流程快速实现加工配送运输等。

（3）发展策略。

①规模化发展，全球布局冷库网络。

美冷集团始于 20 世纪初期的亚特兰大制冰和煤炭公司。美冷集团采取规模化发展战略，通过多次合作、合并、收购等方式，冷库规模不断扩大，逐步构建起面向全美的冷库网络，成为全球领先的温控仓储和分销服务提供商。20 世纪 60 年代，公司与 Jackson Minit Market、Handy Andy、联合冷藏服务等公司合并，着手开发美国最广泛的冷库网络。2010 年与招商局合作，成立了招商美冷合资公司，在国内主要一线城市布局和管理 17 座冷库。近年来，美冷集团收购 Versacold、全球第四大温度控制仓库公司 Agromerchants 等公司，进一步巩固了美冷作为行业巨头的地位。

②先进的供应链信息系统。

美冷集团拥有 i－3PL 供应链控制系统，可为供应商与客户终端提供包括订单、库存、计划、KPI 等一站式信息源，通过实现信息的实时查询以便优化物流决策。i－3PL 供应链控制系统可以连接到美冷集团的仓库管理系统（WMS）、劳动管理系统（LMS）、运输管理系统（TMS）以及仓库执行系统（WES）。可以实现数据可视化以及对数据交易的控制。

③供应链深度合作模式。

美冷集团一直在为主要的快速服务餐厅（QSR）提供供应链解决方案。通过了解 QSR 供应链需求特征，为其提供全方位、一体化、个性化供应链服务。美冷集团目前向澳大利亚的 QSR 客户购买和销售价值 3.3 亿澳元的商品，为该网络中的 920 多家商店提供服务。这种 QSR 模型同时链接了更全面的美冷信息网络，使客户可以得到世界上最大的温度控制物流解决方案框架的支持。

2. 美国冷藏公司（USCS）

（1）发展现状。

USCS 是全球第三大冷链企业，致力于布局多元化温控仓库并尝试通过专用仓和产地仓的建设着力一体化仓储运输服务。USCS 创建于 1903 年，前期一直发展自身的冷链仓储服务能力，通过自建和一系列的并购成为全球顶级冷库企业，如今在全球冷链市场约占 22% 的份额。USCS 的温控仓储与制冷系统位于世界前列。在冷链技术方面，运输车辆均安装车辆跟踪系统与信息可追溯系统，在运输过程中对运输车辆进行实时监督与位置跟踪，实现整个流程对任一环节物流信息的可追溯。

USCS 的主要收入来源于仓储服务，2019 年仓储收入占比 77%（仓储＋运输＋第三方管理）。USCS 以配送中心为主进行多元化布局，2019 年配送中心占比 62%（配送中心＋专用仓＋公共仓＋第三方租赁）。

（2）发展策略。

总体来看，2005 年至现在，USCS 经历了三个发展阶段，各阶段的发展模式和战略重点如表 6－5 所示。

表 6－5　USCS 发展战略

时间	重点	发展战略
2005 年 1.0 版本	以自营仓库为核心	以重资产模式建立自营的全球化温控仓库网络。 • 重资产运营模式。为客户提供温控仓储服务，并向客户收取租金和仓储费
2010 年 2.0 版本	完善全球温控运输能力	积极延伸业务范围，通过外部并购大大加强自身在全球运输业务的能力，尝试从仓储业务向产业链一体化迈进。 • 第三方温控仓库管理业务。在客户拥有的仓库设施中为其提供精细化仓库管理服务，帮助客户降低供应链风险
2019 年 3.0 版本	着力一体化仓储运输服务	强调专用仓和产地仓的布局，并着重强化自身食品供应链能力，着力为客户提供一体化仓储运输服务，为客户提供更多增值服务，从而显著提升自身业务价值。 • 深入拓展食品供应链。收购美国冷库供应 cloverleaf 和 lanier 旗下服务禽类食品客户的仓库，进一步加强在家禽行业的供应能力

资料来源：根据公开资料整理得到。

3. 日冷物流（Nichirei）

（1）发展概况。

日冷物流是日冷集团旗下的子公司，主要提供冷链运输、冷链仓储以及综合冷链物流解决方案。日冷物流冷库规模位于日本第一，世界第六。其前身是日冷食品的运输服务部门，承担着日冷食品的仓储和物流工作，2005 年日冷物流单独成立，由企业物流发展成一家实力强劲的物流企业。

日冷物流发展历程如下所示。

1942 年，日冷集团前身帝国水产统制株式会社成立，开始进行水产品销售及制冰、冷藏、冷冻业务。

1952 年，成立东京工厂，建立日本第一个超低重大型冷藏仓库。

1977 年，日冷集团设立运输服务部门，即为现在的日冷物流的前身。

1985 年，冷冻事业总部成立。

1988 年，日冷集团收购荷兰的冷藏公司，拓展欧洲市场。

2000 年，正式开展第三方物流业务。

2004 年，日冷集团与三菱商事共同出资，在中国设立上海鲜冷储运有限公司，进军中国市场。

2005 年 4 月 1 日，日冷物流从日冷集团正式独立出来成为其第二大子公司，并且逐渐扩大企业规模和服务范围。

（2）主要业务。

目前，日冷物流集团根据其业务属性区分为四大块，分别为物流网络事业群、地区仓储事业群、海外事业群以及日冷工程事业群，如图 6－9 所示。

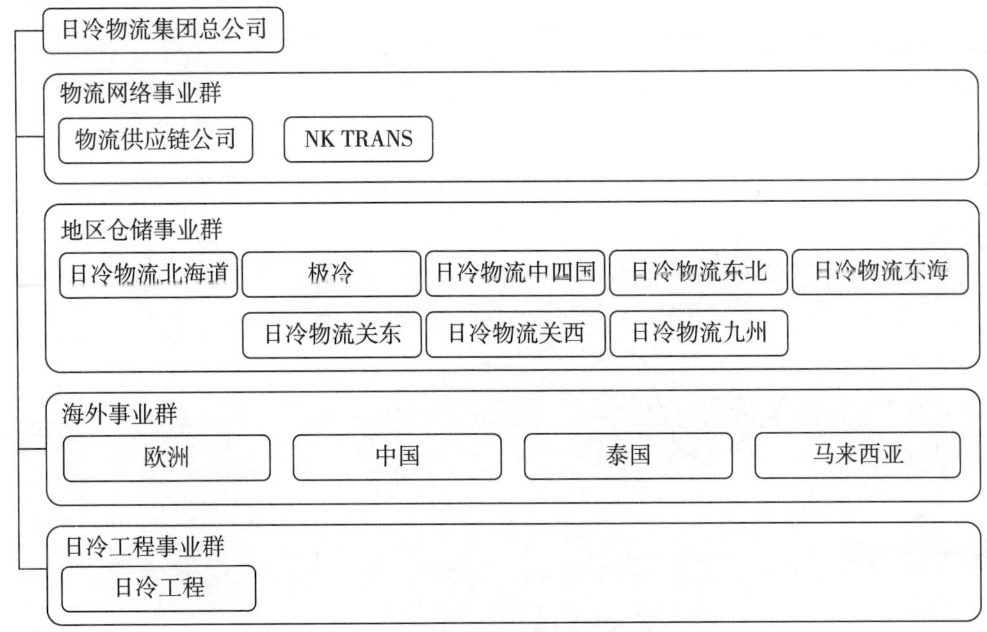

图 6－9　日冷物流集团主营业务板块

资料来源：根据公开资料整理得到。

物流网络事业群：物流供应链公司是日冷物流的核心业务，主要负责协调日冷物流集团总计 290000 吨存储量的分拨中心、30 个地区的配送中心，以及 4000 台车辆的运营，提供综合性的物流解决方案。

地区仓储事业群：总计 8 家分公司，主要负责日本 8 个区域的冷库运营。

海外事业群：日冷目前的海外业务主要分布在欧洲、中国、泰国以及马来西亚等国家，其中在欧洲 9 个国家共设置了 36 个营业场所。日冷在海外的布局主要通过投资并购当地企业，或者设立与当地具有政府或国资背景的合资企业来实现。

日冷工程事业群：主要负责研发冷链物流技术，从而协助日冷物流集团提高服务水平。

（3）经营状况。

2010—2019 年，日冷物流营业收入呈现稳中有升，营业利润也稳定在 5%～6%。2019 年日冷物流为日冷集团贡献营收 2010 亿日元（约 132 亿元），占日冷集团总营业收入的 34%；营业利润 114 亿日元（约 7.5 亿元），占日冷集团总营业利润的 41%。

主要原因包括两个方面。一是日本冷链物流行业处于成熟期，供需平衡，市场属于相对稳定时期。二是优质的服务使得下游客户较为稳定，也保证了公司业绩持续平稳上升。日冷物流营业利润率与净利率如图 6－10 所示。

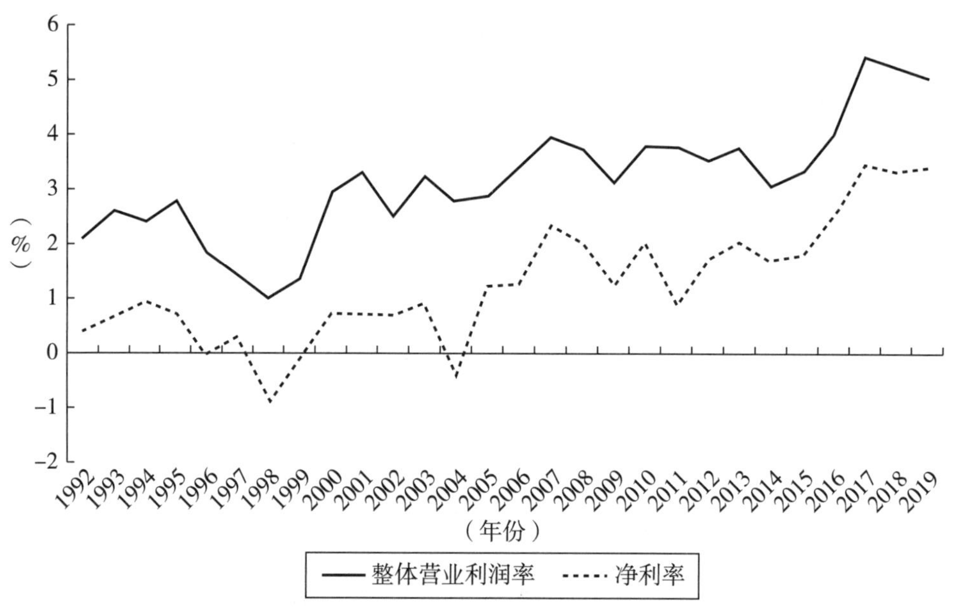

图 6－10　日冷物流营业利润率与净利率

资料来源：根据公开资料整理得到。

（4）发展策略。

①构建完善的仓储配送网络。

冷链物流基础设施投资规模较高，尤其是冷库建设，前期成本巨大、成本回收周期长，企业的盈利更多地取决于规模效应带来的单位成本优势。

日冷物流通过积极布局冷库建设，形成全国性的仓配运营网络，有效提高运营效率，为运输配送、综合物流服务等其他业务提供仓储保障，使生鲜产品保持全程冷链，同时，保证了稳定的收入以及利润来源。目前，日冷物流已经在日本全国范围内建成并运营有 7 大区域冷库公司、77 个分拨中心、75 个转运中心，总计 152 个物流中心，每日通过 4000 台车辆的运营，满足近 5000 个门店的物流需求。从北海道到福冈地区，日冷都有其子公司和配送中心分布，充足的冷藏、冷冻网络支撑使得公司业务遍布全国，形成冷链物流配送的规模效应。

②提供精细化仓储运营管理。

目前日冷下游客户总数约 2000 家，面对下游客户的多样化需求，为了保证运营质量，日冷在仓储运营管理上都采取高标准的精细化管理。

以位于日本川崎市的日冷东扇岛物流中心为例，作为日冷全国集货配送基地之一，主要覆盖关东区域 6 个城市的配送需求。日冷东扇岛物流中心是一栋 5 层混凝土建筑，总面积 42300 平方米，于 2012 年投入使用。为了冷藏货物的温度，保证生鲜食品全流程的温控，对于流通货物采取了如气压差、收货区低温化的措施。同时，物流中心还承担了食品加工流通中心的功能，为商家提供诸如包装、冻品解冻、急冻食品等增值服务。为其客户提供一站式服务，满足不同温区产品的精细化管理。

③依托商流提升一体化供应链服务能力。

日冷物流借助日冷集团商流打造“一专多强”的一体化供应链服务能力。日冷物流从企业物流转变为物流企业后，积极布局仓储、运输、配送等领域，借助集团的食品生产、加工服务并采取“冷库 + 共配”的综合服务模式打通全链条冷链物流。由于对接了终端门店，可以加大生产型企业对于其物流服务的黏性。

4. 敦豪（DHL）

（1）发展概况。

DHL 是全球领先的邮递和物流集团德邮敦豪旗下公司，主营业务包括快递业务、邮政业务、国际货代业务、供应链业务等业务。2019 年，德邮敦豪营收规模达 633.4 亿欧元。上述四个主要业务营收占比分别为 28.2%、25.5%、23.8% 和 22.5%。

DHL 深耕医药冷链物流多年。目前，DHL 的全球医药物流网络拥有 9000 多名专家、20 多个临床试验仓库、100 多个认证站点、160 多个经过药品经营管理规范认证的仓库、15 个经过药品良好生产规范认证的站点和 135 个医疗快递站点。

新冠肺炎疫情期间，DHL 加紧布局医药冷链市场，在设备、技术、基础设施建设及专业人才等方面不断加大投资力度，以应对疫苗运输带来的挑战。凭借高质量、合规的医药物流和供应链整体解决方案，开展全球医药冷链物流服务，除欧洲各国外，DHL 新冠肺炎疫苗运输的目的地已经触达日本、新加坡、以色列、乌兹别克斯坦等全球多个国家。2020—2021 年 DHL 医药供应链布局情况如图 6 – 11 所示。

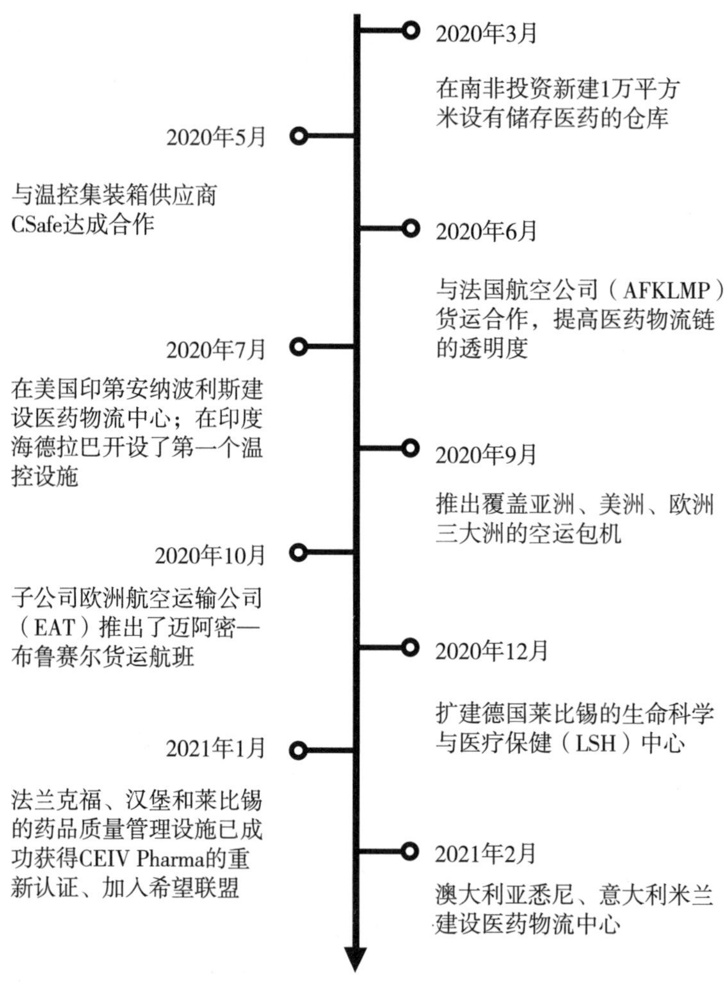

图 6 – 11　2020—2021 年 DHL 医药供应链布局情况

资料来源：根据公开资料整理得到。

（2）发展策略。

①提供高质量冷链物流服务。

DHL 通过采用先进设施技术，为精细食品、易腐品、冷冻和深度冷冻产品提供高质量、专业的温控物流解决方案。DHL 应用先进制冷设备，并广泛应用共晶板、干冰、保温材料等被动温控包装。根据危害分析和关键环节控制点（HACCP）准则，DHL 实现全球合规的卫生和健康运营。DHL 为食品相关的清关流程提供全面的客户服务，以及提供植物检疫、健康和动物检疫证书方面的支持。

②构建自营冷链基础设施网络。

为降低供应链风险、削减作业成本并提高作业效率，DHL 在全球布局自营冷链基础设施，构建了全球生命科学和医疗保健物流设施网络。目前已建立了位于全球 40 个国家或地区的 140 多处生命科学级和 GDP 认证设施，每个站点都实现了无缝的供应链温度可视化，并且符合欧盟的医药货物分销规范。

5. 马士基（Maersk）

（1）发展概况。

马士基航运集团总部位于丹麦哥本哈根，在全球 135 个国家设有办事机构，拥有约 89000 名员工，主营集装箱运输、物流、码头运营、石油和天然气开采与生产等业务。马士基航运是全球最大的集装箱承运公司，服务网络遍及全球。马士基航运自 1936 年起开始从事冷藏集装箱运输业务，多年来一直是冷箱市场的领军企业，运输货物种类包括香蕉在内的易腐产品、鱼类肉类等农业产品和医药品。

（2）发展策略。

①构建全球冷链基础设施网络。

马士基运输着全球四分之一的冷藏集装箱，拥有庞大的基础设施网络。目前马士基的许多冷库供应商都在本地运营，而客户需要与多个地区的多家提供商进行跨区域合作，而多次交接可能会导致冷链中断。为了弥合这些市场的差距，马士基通过在全球范围内广泛布局经营冷库，投资模式包括收购、新建、投资和扩建，目标是构建从农场到超市的相互衔接的全球冷链节点网络，以满足客户对全球高质量冷藏仓储能力的需求。

②应用先进技术加强冷链物流质量控制。

马士基构建“远程集装箱管理系统”（Remote Container Management，RCM），并在每个集装箱上配有一个全球定位系统、调制解调器、SIM 卡，可不断收集和存储这些集装箱的位置、箱内温度、湿度以及供电情况的数据，实现对冷藏集装箱的实时安全监控和远程管理。自 2017 年推出以来，已有 3600 多家公司签署了 RCM 技术协议，为马士基 38 万多个冷藏集装箱冷藏箱的 97% 提供了支持。在 2017 年上半年，RCM 向马士基航运发送了超过 4500 条关于冷藏集装箱温度设置错误的提示，通过及时提醒工作人员，避免了因温度不当导致的货物损耗。2019 年，马士基引入虚拟助手 Captain Peter，可监测冷藏集装箱的温度、湿度和二氧化碳浓度。通过采取先进技术手段，马士基提升了对冷藏集装箱的监测管理能力，有效地保障了冷链物流质量。

③与上下游企业开展战略合作。

2021 年 4 月，马士基与全球最大制药公司诺和诺德（Novo Nordisk）签署物流运输协议，马士基提供为期三年的包括海运及内陆物流在内的冷链物流运输服务。全球范围内进行药品运输具有各种复杂性，需要灵活而有韧性的供应链以及数字化和更加环保的物流解决方案，有利于马士基充分利用自有资产，快速转型成为提供现代化、端到端、综合性的航运物流服务公司。

④重视冷链技术设备研发制造。

2019 年，马士基集装箱工业公司 Maersk Container Industry 决定将业务重点放在冷藏箱制造和冷链技术上。冷藏箱数字化服务 Sekstant 的推出，将进一步提高客户对集装箱状况的透明度，提供实时数据、监视和报告系统以及来自世界各地的无缝链接船队管理。

五、冷链物流国际发展经验启示

（一）管理机制的经验启示

1. 建立以保障冷链产品质量安全为核心的管理制度

冷链物流管理涉及各行业多个部门，发达国家目前多采用多部门分工监管、共同负责的管理模式，建立了以保障冷链产品质量为核心的管理制度。美国生鲜食品冷链质量管理主要由农业部下食品安全检验局、食品与药品管理局等部门负责，实行“多头监管、共同负责”的管理机制；日本主要由内阁府设立的食品安全委员会等部门与机构负责；新加坡主要由食品局等部门负责。

借鉴发达国家政府管理体制经验，结合我国国情，建议我国树立以保障冷链产品质量安全为核心的冷链管理机制，进一步明确部门职责，健全完善部门协同机制。在冷链物流用地、融资、税收等问题加强协调配合，不断优化政策环境，形成推进冷链物流高质量发展的合力。

2. 实行生产经营者安全负责制度下的企业自我监管

发达国家食品冷链管理机制中，食品安全首先是食品生产经营者的责任，政府主要负责制定合适的法规标准，监督食品生产、加工者规范生产，并在必要时采取制裁措施。美国等国家和地区明确生鲜食品生产、加工和销售企业对食品安全承担最主要责任。违法者不仅要负责对消费者的民事赔偿，而且还要承担行政乃至刑事责任。这一制度强化了企业的安全责任意识，使其主动建立更加严格的企业标准、质量管理体系和内部核查机制，确保食品供应链质量。

借鉴发达国家经验，建议我国进一步加强实行食品生产经营者安全负责制。强化相关法律法规对食品生产经营者的责任要求，强化生产经营企业的安全责任意识，鼓励企业主动建立质量管理体系和内部核查机制。创新监管模式，制订常态化监管计划、完善企业抽检抽查制度，加强对食品冷链物流的事中事后监管，加强社会各方监督，对监管中发现的违法违规行为实施联合惩治。

3. 社会各方共同参与冷链物流行业治理

发达国家行业协会、社会组织是冷链物流领域标准的重要制定者和推动者，也是实现农产品冷链物流组织运作的重要力量，对冷链物流高效运行发挥了关键作用。美国冷链协会、日本冷冻食品协会、日本工业标准调查会等行业协会制定了多项冷链物流相关标准，并在标准推广应用及监管方面起到了重要作用，对违反冷链运输操作规程的企业处罚力度严格。美国产销一体化组织、日本农业协会通过整合上下游商流、物流资源，推动农产品冷链物流组织化、集约化和规模化。同时，发达国家积极推动公众参与食品冷链安全监督工作，通过开通全天电话投诉渠道等方式，促进社会各方共同参与冷链物流行业治理。

我国应进一步鼓励引导社会各方有序参与冷链物流治理。加强与国外冷链物流行业协会的合作，通过构建良好的沟通渠道，实现双方之间的信息、知识、理念共享。鼓励引导中物联冷链物流专业委员会等行业协会、社会组织积极参与冷链物流行业治理。充分发挥行业协会在制定推广标准、规范行业秩序、提升组织管理水平、反映公众诉求、提出政策建议等方面的作用，拓宽公众参与冷链物流行业治理的渠道，构建政府、企业、社会协同共治的良好局面。

4. 实施全程控制和可追溯冷链物流管理机制

发达国家的食品冷链物流监管强调从农田到餐桌整个过程的有效控制，并以此为基础，普遍对重要食品实施了冷链物流可追溯管理制度。欧盟要求境内食品必须具有可追溯性。日本政府强制要求下，大米和牛肉等食品已经实现了全程可追溯管理模式。当产品出现质量安全问题时，能及时对整条信息链进行逆向追溯，在最短的时间内找到问题源头，并及时处理追责。

建议我国以重点农产品冷链物流为试点，构建冷链物流全程质量安全管理体系和信息追溯体系。鼓励冷链物流企业配备车辆定位跟踪以及全程温度自动监测、记录和控制系统，对生产、加工、仓储、运输、配送等环节进行全过程监控和信息记录，打造全程信息共享、可视化、可追溯的冷链体系。

（二）法规标准的经验启示

1. 建立健全的法律法规体系

完善的法律法规和政策制度体系是保障冷链物流业发展的基础，法律法规的出台促进了相关标准的制定发布。发达国家现行法律法规强调对冷链物流的全面控制和连续管理，以全程温控供应链管理为基础，以冷链产品质量控制为核心，逐步完善法律法规体系。通过完善的立法、严格的监督、严厉的惩罚措施，冷链物流质量在各环节得到有效控制，同时也为制定监管政策、技术标准以及质量认证等工作提供了依据。

我国法律规则尚不完善，建议进一步健全冷链法规体系，加快出台《冷藏冷冻食品销售质量安全监督管理办法》等政策文件，将《中华人民共和国食品安全法》中对冷链物流的要求和规定贯穿到行业监管法当中，实现对冷链各环节、各要素立法的统领和指导。

2. 构建完善的技术标准体系

发达国家冷链物流标准经过长时期应用、制定以及行业协会的推动，已经比较健全完善。现有标准对农副产品的生产标准、冷链物流基础设施的建设、冷链企业经营模式，冷链运输的包装、操作，以及温控设施设备等冷链物流的各个方面均有规范，支撑推动发达国家建设形成规范化、标准化冷链物流体系。

与发达国家相比，我国冷链物流体系总体不完整、不健全。我国冷链物流管理方面法规相互交叉、指导性较低，特别是涉及运输方面的法规标准更是少之又少。应进一步建立健全冷链物流标准体系，加强强制性标准、基础性标准、冷链流通关键环节标准的制修订工作，构建以市场为主、政府引导的新型标准化体系，形成冷链物流发展的制度保障环境，推动全行业进行标准化管理。

3. 注重推广应用 HACCP 体系

HACCP 体系核心是通过寻找全程关键控制点，进行风害分析和预防性控制措施，以防危害发生。HACCP 体系作为行之有效的食品安全预防性控制系统，在发达国家食品冷链行业逐步实现强制性推行应用。发达国家要求生鲜食品生产加工企业必须遵循 HACCP 的要求，实行全程温控和全流程规范化操作。冷链物流管理由原有的终端“反应型”向“预防型”转变，强调以预防为主、突出风险控制。

《中华人民共和国食品安全法》第 48 条提及在食品生产经营企业推行 HACCP 体系。然而一些中小食品经营企业管理者 HACCP 意识淡薄，在实际操作中贯彻执行力度不强，一些冷链物流企业管理运作不规范，造成劣币驱除良币。因此必须加快建立以 HACCP 为基础的全程质量控制体系，推动 HACCP 在我国冷链物流行业得到有效应用。

4. 注重提升标准的国际化水平

冷链物流国际标准化，有利于提高国内冷链物流标准国际认可度，避免其成为国内产品输出国外市场的潜在壁垒，同时也有利于形成服务外贸的独特优势，助力外贸发展。发达国家注重冷链物流标准国际输出，国内标准在国际范围内的认可度较高，且对国际标准的制定有重要话语权，在推进标准国际化方面取得了良好的成效。美国国家标准协会（ANSI）作为美国最重要的标准机构，承担了较多 ISO 标委会秘书处工作，ISO/PC 315 项目委员会秘书处设在日本工业标准调查会，对于推动国内标准国际化具有有利条件。

中国是国际标准化组织（ISO）的成员，也是全球冷链联盟（GCCA）的合作伙伴，中国与冷链国际标准化组织有着畅通交流与合作机制。近几年我国每年有一定数量的冷链国际标准进行了国标的转化，但冷链物流标准国际化水平还有待提升。建议积极借鉴和引进国际先进标准，借鉴典型发达国家的冷链物流专业认证体系成果，从硬件（设施设备）、文件（手册）、人员与培训、现场操作等几大模块，合计11大单元320余项对比研究中国GSP、国际航协CEIV PHARMA等认证体系/技术标准，提出中国冷链物流服务质量与标准，推进国内标准化建设与国际接轨。鼓励开展国内外冷链物流标准对比研究，争取在智能冷链运输、冷链多式联运服务等优势特色和新兴领域形成国际标准提案，将我国技术纳入国际标准，提升我国冷链运输标准化方面的国际影响力。

（三）大型企业的经验启示

1. 实施规模化发展战略

国际知名冷链物流企业多数都是通过并购整合逐步成长起来的，企业规模大、行业集中度高、规模化组织运作能力强。根据IARW公布的2020年全球十大冷链仓储与物流供应商，美国占五席，荷兰、日本各有一家，而我国目前尚未形成全球冷链物流巨头企业，距离走向全球冷链物流市场还有很大距离。发达国家冷链物流企业行业集中度高，美国前十大冷链物流企业占据了全国81%的市场份额，前三名更是占据71%的份额。日本2018年前十大冷链物流企业市场份额合计占比35%，我国2019年冷链物流百强企业市场占有率仅为16.21%。总体来看，我国冷链市场主体目前仍以中小企业居多，缺乏具有市场掌控力的龙头企业，造成我国冷链物流企业规模化物流组织能力不足。

建议我国加强培育多样化骨干龙头企业，打造技术先进、主业突出、核心竞争力强的大型现代化冷链物流企业集团，鼓励上下游企业加强冷链物流战略合作，建立一批贯通产业链上下游和同业企业间的冷链企业联盟、行业联盟，实现资源高效利用。

2. 积极布局冷链物流网络

国际领先冷链物流企业积极布局冷链基础设施，拥有成熟的国内冷链物流网络，全球冷链物流网络不断拓展，网络化运作水平不断提升。美冷已经在全球拥有 238 个冷库设施，主要服务地区为北美、巴西、欧洲、澳大利亚以及部分非洲地区。USCS 以重资产模式建立自营的全球化温控仓库网络。日冷物流在全国范围内建成 7 大区域冷库公司、152 个物流中心。DHL 全球布局自营医药冷链基础设施，建立全球 40 个国家或地区的 140 多处站点。

我国冷链物流企业发展起步较晚，冷链物流网络虽在逐步完善，但目前以区域性网络布局为主，面向全球的冷链物流网络有待进一步完善。建议进一步支持冷链物流企业，通过控股、参股、联合、兼并、联盟等方式，优化、整合、拓展物流节点，面向全国乃至全球布局形成衔接紧密、往返互动的冷链物流网络，提升企业网络化运作水平。

3. 提供一体化供应链服务

国际领先冷链物流企业在发展过程中依托于自有的冷链物流资源或商贸资源，不断延伸产业链，企业资源配置能力、综合冷链物流服务水平不断提升。美冷、USCS、日冷、马士基等多数冷链物流企业已经从仅提供仓储、运输的单一功能性服务，延伸到具备技术研发、设备制造、专业冷链咨询、信息对接以及冷链管理等业务功能。

国内冷链物流企业产业链布局主要集中在流通环节，加工、贸易、信息、金融等物流增值服务相对滞后，供应链全程化、一体化运作水平有待提升。建议我国加大政策支持力度，鼓励冷链物流企业向上下游延伸产业链条，加强上下游冷链物流企业战略合作，加强供应链管理，提高冷链物流企业一体化供应链服务水平。

4. 注重先进技术装备应用

龙头冷链物流企业十分注重科技投入，将冷链运输的各个环节都与高科技信息系统结合，提高营运效率。如马士基构建远程集装箱管理系统，可以实现对冷藏集装箱温度、湿度等状态的实时安全监控和远程管理。USCS 运输车辆均安装了车辆跟踪系统与信息可追溯系统，在运输过程中对运输车辆进行实时监督与位置跟踪。

我国部分冷链物流技术和装备的研发应用主要集中在行业龙头企业，冷链物流运输全程的实时监测与冷链物流信息追溯技术尚未实现普遍应用，与发达国家相比仍存在较大差距。建议进一步支持龙头企业应用新技术、新设备发展冷链物流业务，鼓励多温区制冷技术、自动温控技术在冷链运输装备的应用，推广标准化的托盘、车载冷藏箱、保温周转箱、冷藏快递储存箱等设施设备，提高冷链物流装备的专业化、标准化水平。

（作者：交通运输部水运科学研究院　邓延洁　邢虎松　胡�）

第七章　2021 年冷链热门领域专题

第一节　“十四五”时期冷链物流发展新蓝图

2021 年是“十四五”的开局之年，亦是乡村振兴的加速年，与农产品密切相关的冷链行业备受瞩目，冷链产业发展热度大增。同时，《“十四五”冷链物流发展规划》的发布，更是为冷链物流未来五年乃至更长时间的发展指明了方向。从现代冷链物流体系打造，到产地端、流通端、销地端冷链物流网络建设，再到技术装备升维、骨干企业做强、标准体系完善、人才体系构建，专业、系统、全面地展示出了冷链物流未来美好的发展蓝图和清晰的实施路径。《“十四五”冷链物流发展规划》就像一剂强心针，给予了冷链物流发展的希望和原动力，同时也让每一名冷链人继续不忘初心、砥砺前行。

一、冷链物流迎来黄金发展期

冷链物流贯穿第一、第二、第三产业，连接生产端与消费端。得益于以下四方面利好，冷链物流将迎来黄金发展期。

第一，发展冷链物流是推动经济高质量发展的内在要求。中共中央、国务院高度重视发展冷链物流建设工作，把它作为重要补短板工程进行部署推进。在“十四五”开局之年，乡村振兴战略地位日益凸显，全面完成脱贫攻坚战后，需要在继续实施产业扶贫政策的基础上，做好前瞻性规划，注重扶贫产业向振兴产业转型，此时在特色农产品优势产区大力发展冷链物流尤为重要。

第二，居民生活水平日益提升，冷链物流需求进一步释放。2021 年国内生鲜零售市场总额将超过 5.4 万亿元，同比涨幅将突破 8%，呈稳步增长态势。随着国民生活水平的不断提高，生鲜食品的发展也越来越迅速，但“新鲜”永远是人们对生鲜食品的第一要求，冷链物流在这个过程中起到了至关重要的作用。

第三，消费升级推动冷链物流创新求变。构建符合我国国情的“全链条、网络化、严标准、可追溯、新模式、高效率”的现代化冷链物流体系，为满足城乡居民消费升级需要，进而促进冷链物流全环节提高货品周转效率、增强全链监控追溯能力、提升物流活性。同时，优化周转环节、实现供应链结构合理调整、提升物流效率、降低全链成本等，都是冷链物流价值在新流通格局中的重要体现。

第四，新冠肺炎疫情等突发事件突显冷链物流发展的重要性。随着新冠肺炎疫情防控的“新常态”，消费者心智发生变化，食品安全重视度显著提升，也推动了生鲜宅配需求的爆发，冷链物流作为保障基础民生的关键手段，也逐步得到全社会的关注和重视。

二、冷链物流发展现状及机遇挑战

由于我国冷链物流发展起步较晚、基础薄弱，与发达国家相比还有较大差距，究其原因，主要是以下几点制约了行业发展。

一是区域发展水平、资源配置不均衡等问题突出。由于缺少统筹规划，冷链物流基础设施分布不均，存在结构性失衡矛盾。

二是信息化水平落后、信息化水平低或引发“断链”风险。

三是市场集中度不高，存在“小、散、乱”等问题。数据显示，2020年中国冷链物流仓储前50家重点企业的冷库合计4779.3万立方米，占国内冷库总市场的27%，而美国冷链物流仓储前五强冷库容量占比为63%。

四是行业监管有待完善。相关企业在应付不同部门的执法检查活动时，常感疲于应付、顾此失彼。此外，监管未能覆盖冷链全流程，不同监管部门“各管一段”，导致监管真空现象时有发生。

随着《“十四五”冷链物流发展规划》的出台，冷链物流的发展再次被提升到国家战略层面的高度。《“十四五”冷链物流发展规划》的指导思想以推动高质量发展为主题，在全国构建“四横四纵”国家冷链物流骨干通道网络，推动企业加快数字化发展步伐、加速绿色化进程。

《“十四五”冷链物流发展规划》中提出，将重点培育具有国际化竞争力的冷链物流龙头企业。因此，具备国际视野、全国网络化、数智化的高质量冷链物流企业将迎来发展的利好，尤其在政策支持、资源获取、数字化升级及服务标准建设方面。

同时，冷链物流行业属于重资产业态，也将面临在保证高质量发展的同时，如何通过业务模式创新、装备技术工具的创新、数字化升级等实现降本增效，保持企业健康可持续发展等挑战。

三、冷链物流企业如何实现跨越式发展

面对近年来复杂多变的经济社会形势，站在“十四五”时期的新起点上，冷链物流企业围绕以下几点布局及打造，将会助力企业实现跨越式发展。

第一，合规为先，引领冷链物流健康发展。企业发展脱离不开整个国家宏观政策影响，如何在国家宏观政策导航的前提下，通过规范监管，保持长久健康的经营能力，这是每个企业需要持续关注及思考的。

第二，服务为本，打造高质量冷链物流服务。面对多变的市场环境和客户多元化需求，企业需秉持“以用户为中心，以需求为导向，以体验为根本”的理念，持续为客户提供高品质的服务体验。

第三，人才为基，夯实冷链物流组织基础。目前冷链物流行业人才缺口很大，一线操作员工、中层管理人员、专业技术人员以及高级管理人员均存在缺口。企业需要持续通过校企合作、自主培养、地区历练等多形式储备复合型冷链人才。

第四，技术为撑，推动冷链物流升维再造。冷链物流已经逐渐向智能化、科技化、自动化方向转型升级。随着科技的不断进步，新技术将为冷链物流赋予更高价值。企业需要重视技术的投入与储备，包括智能调度、自动化设备等。这些信息化技术的应用对企业的快速反应、快速协调、调动资源等方面起到关键性作用。

第五，践行社会责任，助力冷链物流可持续发展。在冷链产业快速增长的过程中，绿色环保、可持续发展已经成为行业的共识，同时冷链物流是实现我国乡村振兴战略、农民增收共同富裕的重要助力。企业一方面需要关注每一单业务对环境的影响，不断提升节能装备技术的应用、环保包装方案的研发，打造绿色智慧冷链，降低能源消耗和碳排放，助力冷链行业绿色可持续发展；另一方面需要推进各地特色的优质农产品上行，解决

农产品流通环节的难题，助力农民增收，实现共同富裕。

四、顺丰冷运发展规划与使命

顺丰冷运作为一家始终坚持高品质服务的冷链企业，高度契合国家“十四五”规划的布局。在未来的 3～5 年，公司将重点围绕“资源驱动、变革落地、精耕场景、标准引领”四个方向布局及优化。

一是资源驱动：在产销两端进行冷库等基础设施投入，建立由项目仓、产地仓、专业市场仓及口岸仓、大贸仓为代表的骨干服务网络，扩大网络覆盖，提升网络运营能力。

二是变革落地：对服务全场景进行数字化升级，实现降本增效；围绕绿色包装及运载工具的研发和应用，助力双减政策的落实。

三是精耕场景：聚焦重点食品品类，打造及应用多场景一体化冷链物流解决方案；针对农产品产地冷链物流服务，通过科技赋能、技术加持，围绕全流程构建智慧物流支持体系；前置性布局全球食品供应链，助力高端食品进口业务；在重点空港、海港口岸城市通过供应链金融、消杀仓、保税仓、备货恒温仓等客制化服务，助力食品口岸仓储配送业务。

四是标准引领：积极联动政府相关部门、行业协会制定与践行食品冷链物流国际与国家标准。

顺丰冷运将不负冷链百强榜首的声望，有责任和义务助力政府及协会推动冷链行业高质量发展。同时，顺丰冷运也将持续依托顺丰集团的资源集群优势，通过科技赋能、协同联动、人才发展，为生鲜食品行业客户提供专业、高效、端到端、全程可视可控的综合型冷链物流服务。

（作者：顺丰冷运）

第二节　粤港澳大湾区冷链物流发展专题报告

一、粤港澳大湾区冷链物流发展背景

近年来，随着城乡居民消费水平和消费能力的不断提高，以及在国家

政策引导和市场机制的共同作用下，冷链物流进入发展快车道，冷链物流市场规模快速增长，国家骨干冷链物流基地、产地销地冷链设施建设稳步推进，冷链装备水平显著提升。2020 年，冷链物流市场规模超过 3800 亿元，冷库库容近 1.8 亿立方米，冷藏车保有量约 28.7 万辆，分别是“十二五”期末的 2.4 倍、2 倍和 2.6 倍左右。国家宏观政策及区域经济综合发展层面均对冷链物流的发展提出新的要求与方向。

2021 年 12 月，国务院办公厅印发《“十四五”冷链物流发展规划》（以下简称《规划》），《规划》提出，到 2025 年，初步形成衔接产地销地、覆盖城市乡村、联通国内国际的冷链物流网络，基本建成符合我国国情和产业结构特点、适应经济社会发展需要的冷链物流体系，调节农产品跨季节供需、支撑冷链产品跨区域流通的能力和效率显著提高，对国民经济和社会发展的支撑保障作用显著增强。作为冷链物流领域首个五年规划，其进一步突出了冷链物流的战略地位，是推动当前和今后一个时期冷链物流高质量发展的顶层设计和系统指引。

2019 年 2 月，中共中央、国务院印发《粤港澳大湾区发展规划纲要》（以下简称《纲要》），标志着“珠三角城市群”正式升级为“粤港澳大湾区”。粤港澳大湾区由广东省的 9 个城市和香港特区、澳门特区共 11 个城市构成，是继美国纽约湾区、美国旧金山湾区、日本东京湾区之后的世界第四大湾区。粤港澳大湾区的土地面积为 5.6 万平方公里，比纽约、旧金山和东京三个经济湾区的面积总和还大。总人口超过 7300 万人，GDP 总量达 12 万亿元，是中国最具经济活力的湾区。《纲要》提出推进粤港澳物流合作发展，大力发展第三方物流和冷链物流，提高供应链管理水平，建设国际物流枢纽。

粤港澳大湾区是我国开放程度高、经济活力强的区域之一，是“一带一路”建设的重要支撑，加快构建粤港澳大湾区冷链物流体系，提升冷链服务水平，对于加快国际物流枢纽建设、畅通国内国外双循环、推动相关产业快速发展、更好地打造宜居的城市群生活圈都具有重要发展意义。

二、粤港澳大湾区冷链物流发展现状

（一）发展现状

一是冷链物流市场需求空间大。作为比肩全球三大湾区的世界级城市群，粤港澳大湾区在供应链、运输、物流等方面具有天然的优势，是中国跨境电商最核心、最前沿的地带，冷链物流市场需求巨大。据统计，粤港澳大湾区人均 GDP 为 2.3 万美元，人均消费能力强，对生鲜食品需求旺盛，品质要求高。据测算，2021 年大湾区食品冷链需求量突破 2600 万吨，食品冷链物流市场规模突破 400 亿元。

二是冷链行业集聚效应提升。粤港澳大湾区内顶级港口扎堆，聚集了中国 80% 的供应链企业，拥有 300 多个各具特色的产业集群，众多融资扶持利好政策促进了湾区人流、物流、资金流、信息流的交互和流动，为冷链物流发展提供了得天独厚的产业土壤，催生了大量的冷链物流企业在粤港澳地区开展冷链服务。根据中物联冷链委数据统计，2020 年中国冷链物流百强企业中有 13% 分布在大湾区。

三是冷链创新能力显著提升。大数据、物联网、5G、AI 等新技术的快速推广，有效赋能冷链物流各领域、各环节，推动冷链物流产业转型升级。尤其是疫情期间，粤港澳大湾区采用“互联网 +”集中监管仓为冷链监管赋能，扎紧冷链物流口袋，切实保障进口冷链食品安全。同时随着新技术的广泛应用，“中央厨房 + 食材冷链配送”“生鲜电商 + 冷链宅配”、预制菜冷链仓配等新业态新模式日益普及，冷链物流跨界融合、集成创新能力显著提升。

四是资本对冷链物流的热情持续升温。近年来，随着生鲜电商和食品冷链的发展，行业对冷链物流的需求迅速升温，国内食品安全、消费升级所带来的市场红利吸引着越来越多的资本进入冷链物流领域。从冷链物流的投资热点来看，冷链设施、网络布局、信息技术是资本关注的焦点。据统计，2021 年中国物流与供应链领域有 14 家企业上市和 201 家企业融资，其中深圳的联易融科技是首家上市的中国供应链金融科技 SaaS 企业；瑞云冷链获得 1.2 亿元的“天使轮 +”，主要用于数字冷链物流交易平台搭建、冷链零担网络建设等。

（二）网络布局

粤港澳大湾区正在建设“自由港 + 自贸区 + 产业园区”的创新制度体系，加之世界上最大的海港群和空港群，基建设施不断完善，为冷链物流的发展带来无限空间。粤港澳大湾区拥有世界级港口，其中香港港、深圳港、广州港的吞吐量均位居全国前十。同时粤港澳大湾区有着非常完善的基建项目，包括世界级的码头、机场，四通八达的高速公路和铁路网络。粤港澳大湾区的三大枢纽机场中，白云机场和宝安机场的航线网络基本覆盖整个中国；香港国际机场连接的国际目的地较多，其中，国际级航线超过 200 条。在粤港澳大湾区整体发展规划之下，三个枢纽机场的联动与协同将进一步扩大中国与世界各地的联通。

目前，从粤港澳大湾区冷链物流网络布局来看，深圳地区主要承担着供港蔬菜和鲜活冷冻食品的集散、仓储和配送功能；广州作为国家首批培育的国际消费中心城市之一，拥有农产品中心仓和前置仓等服务体系，承担初级产品仓配集散、精深加工产品集散、电子商务与展贸以及产业合作交流等功能；香港作为世界级的自由贸易港，在全球食品贸易中转业务中发挥极其重要的作用，进口的很多冷链食品先要通过航空、航运达到香港，然后再分销到内地，承担着促进粤港澳大湾区冷链物流与世界接轨的国际窗口的作用。

2022 年广东省政府工作报告提出，加快国家物流枢纽、骨干冷链物流基地、广东供销冷链物流网等建设，包括规划布局省级物流枢纽、冷链物流基地；加快推进粤港澳大湾区绿色农产品生产供应基地、广东供销公共型农产品冷链物流基础设施骨干网等重点项目建设。根据广东省冷链骨干网建设方案，进行“粤港澳大湾区 1 个中心库 + 产地网、销地网 2 个区域网 + 库容整合、车辆运输、智慧冷链 3 个运营平台”的总体布局。

三、企业案例——长运公司

（一）公司基本情况

广州长运集团有限公司（以下简称长运公司）前身为广州市长途汽车运输公司，始建于 1950 年。现为广州市公共交通集团有限公司直属企业，主要经营范围包括：客运汽车站、公路旅客运输、省（市）际包车、现代物流、汽车修理与维护、物业管理等。其中，现代物流业务包括冷链物流、常温物流和“菜篮子”三大板块。

长运公司始终秉持“至勤、至精、至新、至善”的企业精神，坚持

“运输安全准点、服务永不停步”的质量方针，先后获评“广东省著名商标”“广州市著名商标”，享有较高的知名度和美誉度；多次获得“全国道路运输百强诚信企业”“广东省诚信示范企业”“广东省守合同重信用企业”“广东省先进集体”“广东省五一劳动奖状”“国家4A级物流企业”以及“全国冷链百强企业”等荣誉称号，企业综合实力进入全国道路运输和冷链物流百强企业之列。

（二）公司发展战略

“十四五”时期，长运公司将以打造湾区一流的冷链物流综合服务品牌为己任，致力为社会提供卓越品质的冷链物流服务产品。围绕“安全第一、挖潜创新、凝心聚力、成就你我”的工作方针，持续优化业务布局，构建“1+2+N”冷链网络体系，打造成为粤港澳大湾区具有较大规模优势和较强竞争实力的城市冷链仓储配送分拨中心和现代物流集成综合服务商。

（三）长运冷链物流中心

长运冷链物流中心是由长运公司投资建设的高端冷链物流园，于2016年建成并投入运营，现由属下广州长运冷链服务有限公司来运营。长运冷链物流中心占地面积70000平方米，建筑面积35000平方米，由两栋双层钢结构冷库组成，总容量4万吨，35000托，温区涵盖-25～15℃。长运冷链以“仓干配”为核心，同时作为城市配送试点企业，拥有24小时城市配送通行资质，为客户提供集常温仓储、冷链仓储、分拨分拣、运输配送、大宗贸易、场内展贸交易、行政办公服务于一体的一站式冷链物流供应链服务。

经过近6年的运营，长运冷链物流中心积累了丰富经验和客户资源。这主要得益于以下几点。一是长运冷库设备先进。库内采用双深度货架、设置58个装卸口，15米超宽低温封闭月台，Wi-Fi网络全覆盖，采用科朗、林德等国际先进品牌叉车、升降平台等设备设施。自有冷藏车100多台，满足客户仓配一体需求。二是地理位置优越。长运冷库位于天河区天源路933—939号，地理位置优越，紧邻华南快速、环城高速和北二环高速出入口，通过天源路、广园路等主干道可快速到达广州中心区域，通过毗邻的广河高速、机场高速、广深高速等高速路可便捷辐射粤港澳大湾区及华南区域。三是行业知名度高。长运冷库荣获“温度达标冷库”“设计创新冷库”，长运冷链荣获“中国冷链百强”“全国十佳冷库运营商”等荣誉资质，获得行业高度认可。

（四）团餐食材供应链项目

长运公司勇担国企责任，依托粤港澳大湾区“菜篮子”平台指挥中心，充分利用属下长运冷链物流中心的冷链资源，开展集仓储、加工、检测、展贸、配送、信息化服务为一体的团餐食材供应链配送业务，并于2019年4月成立旗下国有全资子公司——广州农产国际供应链有限公司（以下简称广州农产），专注于为粤港澳大湾区民众提供“绿色、安全、优质”的食材供应链服务，平衡供需，稳定和丰富老百姓的“菜篮子”“肉篮子”。截至目前，累计为上百家机关单位、学校、大型国企等提供食材供应服务，服务人数超过50万人。2020年3月通过了HACCP食品加工质量安全管理体系认证，因其优质的服务和综合实力入选2020年度中国农产品食材供应链百强企业榜单。

长运公司作为国企，积极履行社会责任，以团餐食材供应链配送中心为载体，充分发挥“保供应”和“稳物价”的功能。疫情期间累计为广州市区及珠三角地区各大商超、电商、门店配送食品、日用品等11700吨，为荔湾鹤园小区等18个管控区域内的保障供应点运送肉菜、粮油、快餐盒饭等生活物资，为全市全力打好防疫保供攻坚战打下基础。

四、粤港澳大湾区冷链物流不足

（一）缺乏行业整体规划和顶层设计

粤港澳大湾区作为我国经济发达的区域之一，冷链物流发展迅速，但至今未有一个关于粤港澳大湾区冷链物流行业的总体规划或顶层设计政策文件，指导粤港澳大湾区冷链物流体系发展。目前粤港澳大湾区冷链物流体系主要由市场主体自主建设，存在盲目建设冷库、购置车辆等问题。冷库和冷链车辆资源供给与市场需求的不匹配，导致市场低价无序竞争，造成了冷链资源的浪费，制约了冷链物流体系化发展。

（二）行业“三难”问题突出

一是用地难。粤港澳大湾区系我国经济发达之地，土地资源相对紧张。由于冷链物流仓储用地所产生的价值远低于住宅或商业用地，在规划时地方政府更愿意分配土地作为住宅及商业规划区；仓储项目一般占地规模大、投资回收期长，但直接产出和税收贡献等方面对地方财政的贡献相对较小，因此冷链物流企业在竞地时往往处于劣势，造成冷链物流行业用地难。

二是融资难。当前冷链物流还处于发展期，企业规模普遍不大，盈利能力也处于较低水平。虽然前景巨大，但盈利可持续性不强。因此不论是注册发行非金融企业债务融资工具，还是上市、发行债券等对企业资产、规模和盈利能力均有较高要求，相应的融资方式都很难落地。同时，由于冷藏车难以作为抵押品，从银行获得融资也相对较难。

三是车辆通行难。受城市限行政策影响，城市冷链物流货运车辆在配送时间、空间以及车型等方面都受到一定的管控，冷链车辆进城难仍然困扰行业发展，尤其是干线运输与消费中心城区这一销地衔接部分。冷链车辆通行问题阻碍了城市配送的顺畅。

（三）缺乏“全链条”的统一监管体系

当前，规范冷链物流发展已引起有关部门的高度重视，但部门之间缺乏顶层设计，未能形成“全链条”监管体系，冷链物流标准化相关法律法规几乎空白，行业标准中大部分只是推荐性标准，具有指导性但不具有强制性。部分企业无视相关标准，肆意降低标准，低价抢占市场，造成恶性竞争下的“劣币驱逐良币”现象，生鲜食品质量和安全无法得到保障。

（四）行业缺乏专业人才

冷链人才除了掌握普通的物流技术，还需了解制冷技术、食品医药安全相关的知识以及国家的法规等。目前冷链企业的大部分员工都是从常温物流向冷链物流领域转换而来，缺乏专业的冷链物流知识；全国开设冷链物流专业方向的高校较少，冷链物流行业人才供给与需求极度不匹配，中层管理人员、专业技术人员以及高级管理人员均存在较大缺口，严重制约了冷链行业的发展。

五、粤港澳大湾区冷链物流发展趋势

（一）区域冷链物流市场保持快速增长

粤港澳大湾区经济发达、消费市场广阔且消费水平高，对于新鲜食品的需求量大，为冷链产业的发展创造了良好的环境。“十四五”时期，随着粤港澳大湾区进一步加快对外开放、提升冷链物流行业标准化程度和乡村振兴战略推进，区域内冷链物流市场有望保持较快增长。

一是对外开放拉动。随着 RCEP（《区域全面经济伙伴关系协定》）生效，进出口生鲜品类和数量大幅提升，市场空间非常广阔。粤港澳大湾区是我国开放程度高、经济活力和创新能力强的区域之一，将率先成为中国参与 RCEP 协定的桥头堡，广泛参与 RCEP 区域贸易将给冷链物流市场带来新机遇，惠及粤港澳大湾区内冷链物流行业。

二是行业标准化程度提升有利于加速冷链物流向相关行业渗透。如今国内人均消费能力提升，普通市民对生鲜食品的品质要求大大提高，企业对冷链标准的认知得到加强，国内法规和监管措施也在进一步完善，加之配套基础设施和技术不断升级优化，有助于推动冷链行业向食品医药等行业渗透，提高冷链行业参与深度，推动行业扩容。

三是乡村振兴增量市场广阔。“十四五”期间，广东省将全面实施乡村振兴战略，推动农业农村现代化发展。冷链物流是有效衔接乡村振兴，促进消费升级的重要基础性、战略性、先导性行业。随着大量农产品的进城、出口，将进一步刺激冷链物流的发展。

（二）区域冷链资源分布更趋均衡、协作效率更高

随着生活节奏的加快和居民消费的升级，年轻一代消费者喜欢生鲜超市的模式逐渐超过传统的菜市场模式，对方便食品、速冻食品等新的食品品类接受度日益提升，能送货到家的冰鲜、生鲜等服务更是深入人心。粤港澳大湾区经济活跃、商业模式创新层出不穷，且拥有 7300 万人口，消费群体基数大，经济总量超东南亚国家 GDP。同时广东地区倾向于新鲜食材的食用，特别重视食品的新鲜度，对冷链物流业提出了更高的要求。当前，

粤港澳大湾区内冷链物流业居全国前列，但系统化、规模化的冷链物流产业链体系尚未成型，仍在培育当中，主要表现在冷链物流各个环节缺乏系统化、规范化、连贯性的运作；冷库分布失衡，冷库技术条件落后等方面。作为承担粤港澳大湾区大部分生鲜农产品供给的粤东西北地区，在冷库建设和冷库技术更新方面存在很大发展空间。预计“十四五”期间，粤港澳大湾区和周边地区冷链物流资源分区更趋均衡，协同运作效率会更高。区域冷链物流行业的发展过程中，合理的整合协调冷库资源，提升区域内的冷链物业运作效率将会是一大趋势。

（三）新兴业态持续推动行业模式升级

粤港澳大湾区是我国商业发达、创新能力强的区域之一，新兴业态层出不穷，进而推动冷链物流模式不断迭代升级。电商国际化加快了国内冷链服务的国际化对接，国际生鲜品牌进入国内市场，对综合服务能力要求提高，具有分销职能的冷链供应链类型企业快速崛起。国内冷链企业开始跟随国家战略逐渐走出国门，跨境收购成为一种新动向。“电商下乡”推动“冷链下乡”新思维，让城乡交界的冷库建设迎来大的发展机遇，农产品进城及出口需求均加快了 F2C（厂商到消费者）模式发展。生鲜产品深加工和品牌建设逐渐提上日程，类似阳澄湖大闸蟹、东北五常大米、褚橙类产品等生鲜品牌将不断增多。

（四）区域内跨界竞争更趋多元化

冷链物流作为未来明星行业，正受到越来越多资本和产业集团的青睐。粤港澳大湾区是我国资本和大型产业集团集聚程度最高的区域，将会不断有资本和产业集团跨界布局到冷链物流行业中来，未来冷链物流行业将不断涌现新的竞争者。除了制造企业直接切入、传统物流企业切入、电商企业切入外，贸易企业（生鲜进口贸易企业和货代企业等）、制冷设备企业已经高调进入冷链物流行业，相信后面还会有许多跟进者加入进来，最终使冷链物流的服务形态变得更加多元化。围绕传统冷链业务（如冷链干线运输、冷库、冷链宅配等）展开的服务，如冷链包装产业、冷链认证服务（产品溯源、供应商等级评定等）、生鲜产品交易中心建设、IT 技术企业（温度、湿度等全程质量监控）等全产业链构建正在进行中。

（五）技术革新助力冷链物流标准落地

制冷、食品速冻、冷库自动化、包装等技术的发展助推冷链服务质量和效率不断提升，使冷链物流体系进一步完善。同时，互联网技术的广泛应用也倒逼冷链物流标准落地。生鲜电商之间的竞争使冷链服务标准越来越透明化、标准化，而移动二维码等新技术的应用则使标准动态监控成为可能。粤港澳大湾区作为信息技术和冷链物流引领全国发展的地区，有望率先推动技术与行业结合，推动标准在区域内落地。

（作者：广州长运集团有限公司）

第三节　乳品冷链“智能补货 + DSD 前置仓”配送项目案例

一、案例背景

南京卫岗乳业是中国老字号乳品企业，企业专注于乳品行业，持续提升自身实力。作为集牧草种植、规模化奶牛养殖、生产加工、物流仓储、冷链配送、渠道管控及售后服务为一体的全程供应链乳品企业，卫岗乳业紧紧围绕服务供应链与实体供应链两大核心，着力提高奶业供给体系的质量与效率，建立共享共赢的“奶业共生供应链”。

长期以来，卫岗乳业始终秉持“新鲜”战略，通过连接牧场端、采购端、生产端和销售终端，建立起产业一体化供应链。与此同时，卫岗乳业围绕三大加工基地布局的牧场奶源，在生奶产出后 5 个小时内就送达工厂，并利用集约化供应模式，有效达成奶源质量保障和生产需求的双重要求；还充分利用全球化采购能力，针对产品品类及品相实施差异化计划策略与采购策略，解决两高两低产能问题，快速响应市场和销售需求。另外，卫岗乳业依据供应链的技术能力、生产能力、产能布局，实现柔性化生产和快速的客户需求达成；最后融合前置仓、门店和自提点等形成特有的城市微仓体系，使“5 小时新鲜保障，2 小时新鲜直达”有效实现。

在此背景下，卫岗乳业创新供应链服务，采用“智能补货 + DSD 前置仓”模式进行乳品冷链快速配送。

二、解决方案

（一）DSD 前置仓

DSD 前置仓按照统一形象、统一配置、统一管理，深入社区，配送前置，贴近“最后一公里”，仓内配备小型冷库、冰柜，可以提供冷藏、冷冻类产品的存储和发放，也可作为客户自提点，为 C 端客户提供各类便捷式服务。卫岗乳业 DSD 前置仓实景如图 7 – 1 所示。

图 7 – 1　卫岗乳业 DSD 前置仓实景

资料来源：卫岗乳业。

（二）新能源配送车

在该项目中，各式新能源冷藏配送车辆也在 DSD 配送中广泛推广运用，新能源车在城配物流中充分发挥节能降碳降噪的优势。新能源配送车应用如图 7 – 2 所示。

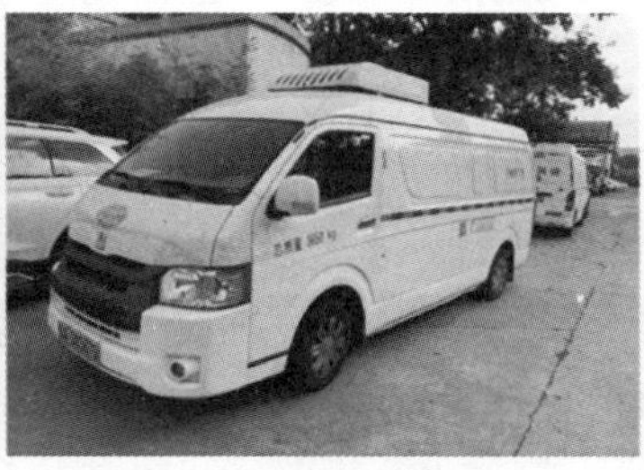

图 7－2　新能源配送车应用

资料来源：卫岗乳业。

（三）智能系统

DSD 调度系统采用先进的优化算法，帮助卫岗乳业合理规划物流运输任务，实现高效智能调度。通过科箭优化引擎提取车辆、订单、地点等信息，赋予企业车辆路径优化、智能订单匹配、智能物流配送等能力。

（四）智能补货

基于历史订单数据，综合考虑影响乳品销售的外部因素数据，卫岗乳业通过机器学习平台进行数据建模和预测，并将预测结果同步至智能补货平台。针对不同品类、不同门店、不同仓库的商品，使用 AI 预测与运筹库存优化算法的补货计划方案，提供从供应商、工厂到多级仓储及门店的全链条库存方案，定制化提供最优补货策略和安全库存量数据，实现高频滚动自动化的库存管理智能决策。卫岗乳业智能补货系统如图 7－3 所示。

（五）销量预测

卫岗乳业通过大数据沉淀，智能预测销量，结合前置仓进行智能补货。此外，通过气象研究院对天气与销量的相互关系进行研究，借助乳业气象服务保障平台，实现气象服务和物流配送各环节数字化、可视化，帮助企业进行产品销量预测，提前完成原材料和辅料准备工作。2020 年销售量与气温标准化序列的相关关系如图 7－4 所示。

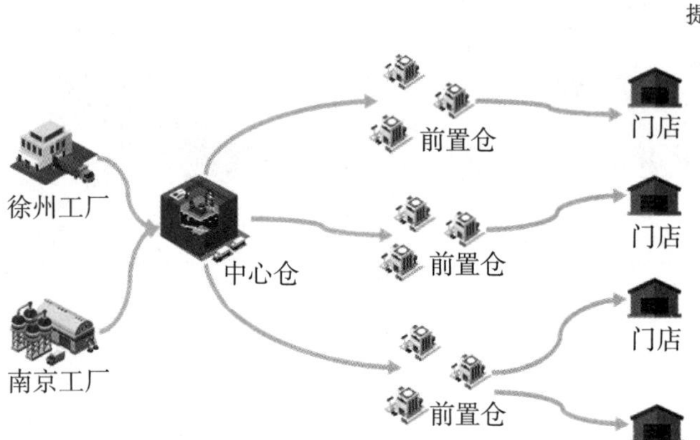

智能预测补货系统亮点

提供从供应商、工厂到多级仓储及门店的全链条库存管理视角
定制最合适的补货策略和安全库存
实现高频滚动自动化的库存管理智能决策

补货
前置仓向门店补货
+
调拨
上游仓向下游仓分配库存

1.原材料补货
2.成品库存分配调拨补货
3.前置仓调拨补货
4.门店自动补货

优化多级仓库存，提升供应链服务能力和响应效率，将库存在最合适的时间以最佳的量放在最合适的位置上

图 7－3　卫岗乳业智能补货系统

资料来源：卫岗乳业。

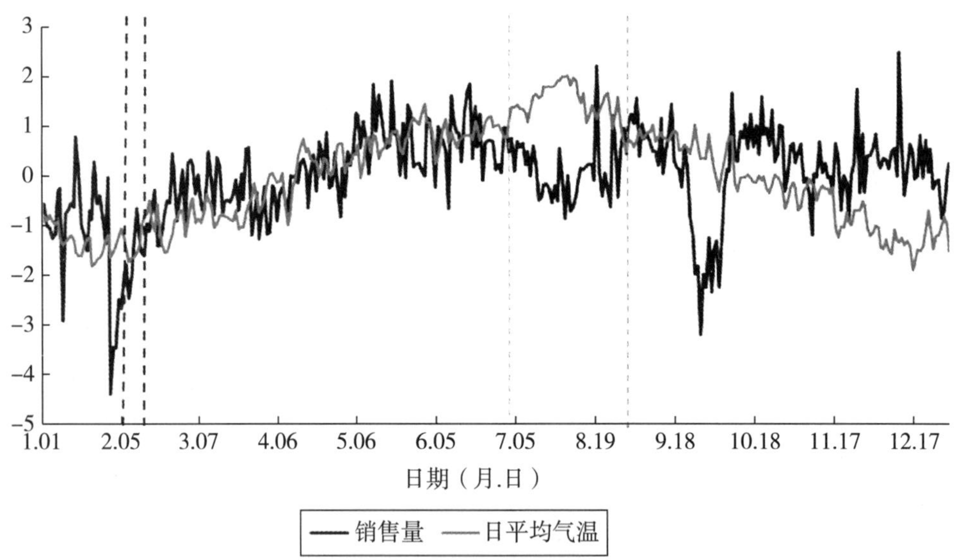

图 7－4　2020 年销售量与气温标准化序列的相关关系

资料来源：卫岗乳业。

三、实施效果

卫岗 DSD 配送基于物流前置仓的发展，在区域内建设前置仓。DSD 前置仓是由原卫岗奶站升级改造建成，包括室内改造、形象设计、防虫害设施等，华东片区共计 266 个前置仓站点，服务于周边 5 公里范围内销售终端

（包括 CVS 门店、中小学、幼儿园、自动贩卖机、C 端客户等）的日常配送，也能实现对周边销售终端临时补货的功能。

具体应用在卫岗自身牛奶业务的配送及相关客户直配到门店的物流业务服务，可将产品根据前置仓覆盖门店的情况，把相关门店产品先配送至所属前置仓。配送产品数量根据门店历史订单大数据分析，结合精准的气象应用数据，（如销售气象数据：温度适宜的节假日、高温天气、雷暴天气等不同时间及天气订单预测情况）在现有订单的基础上，智能预测 DSD 库存安全数量，为门店提供及时的智能补货服务。配送线路由 TMS 满足多场景约束下的智能最优化的装载、线路、使用车辆安排。

同时，根据气象研究院提供的物流气象信息应用，运输部门针对雷暴等恶劣天气的提示，提早预案，做好配送服务。

该项目通过使用新能源配送车，年碳排放量减少上百吨，同时，智能决策系统帮助企业实现排线路程最短、时间最少、使用车辆最少、费用最低、效率最高的目标。

（作者：南京卫岗乳业有限公司）

第四节 自主研制冷冻食品的智能化快速解冻与微冻一体化装置介绍

一、研究背景

为了最大限度地降低动物性食品营养成分的损失，通常采用快速冻结方式，以期冻结过程中快速通过 -5 ~ -4℃的冰晶生成最大带，以解决冻结过程中细胞被冰晶刺破、挤破而导致的液汁损失。即使如此，冻结的动物性食品在传统的空气解冻、水解冻等解冻方式过程中仍然存在着大量的液汁损失问题，导致食品原有的鲜味和营养价值受到损失。此外，解冻后的动物性食品如果不能即时食用，会导致食品的腐败变质，失去使用价值。如果解冻后的食品再次冻结，由于冻结采用非快速冻结装置，因此冻结速度非常缓慢，再次解冻过程中，其液汁损失非常严重，甚至完全失去了食品原有的风味，营养价值也大幅降低。

事实上，动物宰杀后立即食用是不现实的，我们必须意识到食品的冻结保鲜对于满足城镇人们生活的需求是不可或缺的。此外，联合国粮食及农业组织（FAO）和世界卫生组织（WHO）共同建议，肉类寄生虫污染不严重时，在 -10℃下，至少储存 10 天。国际冷冻协会建议，防止微生物繁殖，必须在 -12℃以下贮藏；防止酶及物理变化，必须在 -18℃以下贮藏。因此从动物性食品的安全性来说，食用冻结食品对人们的身心健康是有益的。因此，对于保持食品的营养价值与风味、避免腐败变质及其食用的安全性来说，动物性冻结食品的解冻与解冻后的保鲜是值得关注、值得研究的课题。

目前，生产实际中所采用的解冻方式通常为空气解冻和水解冻两种方式。空气解冻不仅存在液汁损失问题，而且解冻时间长，效率低下；水解冻虽然解冻时间相对空气解冻来说较短，但是解冻过程中食品的液汁损失远远高于空气解冻，而且解冻过程中存在着严重的水资源浪费和污水对环境的污染等问题。

真空解冻是给盛有冻结食品的空间抽真空，使之冻结食品的冰升华，从而使冻品融化，达到解冻的目的。然而，水蒸发产生水蒸气时，其体积将扩大 19 万倍，因此纯粹的真空解冻明显难以在生产实际中应用。微波解冻是利用微波的穿透和震荡力给食品加热，解冻速度快。但是由于食品的不规则性，极易导致解冻食品的外表面焦化，使之失去使用价值。此外，微波解冻温度过高，对食品解冻过程中，也会导致冻结食品的液汁损失问题。

解冻后的食品如果不采用合理的保鲜方式，会直接影响食品的风味和营养价值，甚至直接导致食品的腐败变质。因此，对解冻后食品的贮藏保鲜的研究也是一个值得高度关注的问题。

因此，如果能够克服已有技术瓶颈，研发一种适合产业化的快速解冻方式，延长解冻后的食品保鲜期的装备，解决冻结食品解冻过程中液汁损失问题，确保冻结食品的风味、营养价值，对于提高人们的生活水平、确保食用安全都有着非常重要的意义。为此，我们根据前期对微冻解冻工艺技术及其机理的深入探索，设计研发了智能环保型低温蒸汽解冻与微冻保鲜装备。

二、低温蒸汽解冻与微冻保鲜装备集装箱硬件设计

（一）集装箱整体组成

集装箱由 20 英尺标准集装箱改造，分成两大部分，一部分为非保温段，另一部分为保温段。非保温段与保温段采用聚氨酯保温板间隔，箱体内外敷设 304 不锈钢拉丝板，以减少冷量损耗和保温段温度的稳定。

非保温段用于安装压缩冷凝机组。保温段的后端为低温蒸汽解冻室，中间为微冻保鲜室，且低温蒸汽解冻室与微冻保鲜室之间设有可开关的保温门，便于解冻后的食品进入微冻保鲜室，以及微冻保鲜室食品的出货。微冻保鲜室温度控制在 4.5 ±0.5℃，内部设有蒸发器、蒸发器风机、不锈钢货架，用于微冻保鲜贮藏解冻好的食品；低温蒸汽解冻室内部设有低温蒸汽解冻装置和冷风机，其室内环境温度控制范围与微冻保鲜室一致。低温蒸汽解冻装置的低温蒸汽温度控制在 15 ~ 25℃，解冻温度为 -4.5 ± 0.5℃，真空度为 10 ~ 15mm Hg。另外，制冷系统及部件具有耐震性，不会出现焊口、管路震动裂开等现象；电气系统及所有的固定部件不会出现震动松脱等问题。

微冻保鲜室采用风道送风系统，空气处理装置置于机组端的上部，中部为风冷冷凝器及风机、电气系统和微电脑控制系统；制冷系统的其他制冷设备（如压缩机、高压贮液器、气液分离器、过滤干燥器、节流阀等）位于机组端的底部；微冻保鲜室货架、解冻室货架材质均为 304 不锈钢材质；蒸汽发生器、低温蒸汽解冻装置的真空泵系统电气控制箱，置于微冻保鲜室推拉门外侧；为了确保微冻保鲜室室内送风气流组织均匀，采用侧面 304 不锈钢微通道送风方式。

集装箱内部主要包括制冷机组、电热蒸汽发生系统、真空冷却系统（罗茨真空泵、水环式真空泵、空气冷却器、冷凝管）、微冻保鲜室、进气电磁阀、温度控制系统（温度控制箱、温度传感器）。箱体主要使用聚氨酯及真空绝热，以达到保温目的。集装箱箱体长宽高为 12192mm × 2438mm × 2896mm，制冷机组、电热蒸汽发生系统与真空冷却系统位于集装箱前部，温度传感器、压力传感器均安装置于箱体顶部空间的中间位置。箱体内部

有四个进水电磁阀，分别两两对称安装于顶部左右两侧，分别距离箱体前端2158mm和3658mm，相邻两个进水电磁阀距离相差1500mm，对称进水电磁阀间距相差2215mm。

（二）制冷机组

本集装箱装备中，制冷机组主要由控制系统、涡旋式制冷压缩机、冷凝器、传感器、蒸发器、电子膨胀阀及各种控制阀件组成。其主要采用了高压断路器、放电服务端和省煤器热交换器，以及保险丝插塞等节约能量的自动调节设备。

本装备所采用的压缩机的型号为ZR61KC－TFD－522，制冷剂使用的是R341a，所用的额定电压为380V，频率为50Hz。涡流式压缩机的主要作用是对改造集装箱的厢体内部进行制冷。

（三）冷凝器

冷凝器为卧式壳管式，外壳里面包含无缝钢管和液态制冷剂的进口，通过均压管的接头、安全阀的接头以及放气管，还有制冷剂蒸气从上方进入内外管之间的空腔，空腔内的制冷剂在内管与外管之间的表面上冷凝。冷凝过程结束之后，液体在外管的底面部位位置顺序依次流入下端，而后由下端流入高压贮液器中。随后，冷却水由冷凝器的下方进入，依次经过各排内管，最后从上部流出，与制冷剂的流动方向呈现逆流状态。

（四）蒸发器

蒸发器的主要特征是：构造紧密，液体和导热表面之间具有良好的接触，导热系数高。

（五）水流调控

使用时，首先打开进水总开关，然后转动低压表压力调节螺杆进行顺时针旋转。使其压缩主弹簧并传动薄膜、弹簧垫块和顶杆将活门打开。进口的水流进入进水管道进行节流进入水桶，并通过出口流向工作系统。转动调节螺杆改变阀门的开启高度，以调节水流的流通量并达到需要的水量。调节阀配有安全阀，该安全阀是用于保护调控阀使用安全的一种装置，也是调节阀故障时发出信号报警的装置。如果出口压力本身上升并由于阀垫、疏水阀或其他原因而超过一定的允许值，则安全阀将自动打开排水。

（六）温度传感

本集装箱箱体内所使用的温度传感器均为非标准化定制，仪器设备型号为 SNT200。其防爆方式为隔爆型，防爆等级为 ExdIICT6Gb。采用的电源为 24V 直流电源供电，输出信号是三线制 4 – 20mA 模拟信号输出，工作方式为长期连续工作。

本集装箱箱体内装备所用的温度传感器用来测量工作温度，当温度低于预先设置的参数，传感器给可编程控制器传递反馈信号，控制器可以通过传输反馈的信号调控电磁阀的开关。其内置的传感器主体感应蒸汽解冻器内置温度，产生电信号并与温度成正比例。所产生的电信号经传感器组件放大之后，传输至 A/D 转换器，经微处理器数据处理，由显示屏幕显示出温度。

（七）真空泵机组

真空装置采用两套真空泵联动，其中一台为水环式真空泵，电机功率为 11kW，转速为 1440r/min，极限压力为 330Pa，抽气量达 6.66m^3/min，以确保内部真空度满足设计要求；另一台为罗茨真空泵，电机功率为 4kW，转速为 1450r/min，极限压力为 0.05Pa，最大气量达 300L/S。

（八）蒸汽解冻

低温蒸汽解冻装置简体采用 6mm 厚的 304 不锈钢板卷制后焊接，两端为压力容器专用 304 不锈钢封头，进货端采用旋转门装置，且须气密；蒸汽发生器、低温蒸汽解冻装置的真空泵系统电气控制箱，置于微冻保鲜室推拉门外侧；低温蒸汽解冻装置内部设有货架、货架导轨及水箱。

（九）货架与托盘

货架与托盘是集装箱外部结构，是构成储存运输中的重要组成部分，是微冻解冻物品贮存的结构。货架主要用于存放托盘，并起到固定作用，防止托盘前后左右颠簸造成托盘或物品的脱落。长宽高为 1035mm × 730mm ×

2100mm，21 层横梁（无层板），7 组主架与副架，层间距为 96mm，立柱底部安装滚轮，主要结构包括立柱、横梁、立柱片、托盘。

三、低温蒸汽解冻与微冻保鲜装备系统研发

（一）装备系统集成

集装箱系统由可编程逻辑控制器（PLC）、触摸屏、温度控制系统、压力监控系统、温度传感器、压力传感器、变频驱动模块等部分组成。该系统将快速解冻技术与智能化微冻保鲜技术无缝结合，组成一个完善的冻结食品的解冻与微冻保鲜装置。该系统解决了解冻后食品温度波动问题，也抑制了解冻后食品在常温下搬运的细菌滋生问题。

快速解冻装置采用低温水蒸气在真空状态下凝结附着在冻结食品的表面，吸收冻结食品的热量，一方面实现对冻结食品的快速解冻，另一方面相当于在被解冻食品表面形成了一层冰衣，从而解决了解冻食品在贮藏过程中的干耗问题。

智能化微冻保鲜装置采用 30～85Hz 宽幅变频式制冷装置，并通过微电脑与温度、湿度传感器等信号采集元件组成完善的智能化控制，确保对快速解冻装置、微冻保鲜装置的室内温度、湿度的精准控制，以确保食品解冻、微冻保鲜过程中的品质。

控制系统采用 PLC 作为箱体内控制的核心，利用触摸屏实现保活运输集装箱箱内温度、湿度的监测及相关参数的设定。由温度传感器采集集装箱箱内的当前温度，将采集的模拟量传输到 PLC，由 PLC 将控制信号传送至温度控制系统进行箱内的温度调控。集装箱的当前温度、温度上限值和温度下限值均可在触摸屏上显示，并且可以在触摸屏上设置温度上下限值，实现实时监控。蒸汽解冻器内实时的压力和湿度，通过相应的压力传感器和温度传感器采集，并传输到 PLC，在触摸屏中显示，实现压力和湿度的监测。

控制系统采用微电脑控制，具有一系列优势。①自动检测、控制微冻保鲜室空间温度、被保险货物温度、低温蒸汽解冻室内温度和被解冻货物温度，解冻结束后自动提示功能。②自动检测、控制制冷系统、低温蒸汽

系统、低温蒸汽室内真空度等运行系统数据。③针对不同冻结物可设定解冻时间。④设有压缩机的排气压力、排气温度等单项安全保护装置，并进行自动检测、控制，确保压缩机运行安全。⑤具有制冷系统故障自动诊断、显示功能。

（二）装备控制流程

设备通电后自动进入初始步，所有设备处于初始状态；启动按钮被按下后，设备启动，进行设备自检测；检测完成后，若设备正常，系统自动进入正式工作状态，若设备异常，系统进入报警状态。

设备进入正式工作状态后，自动采集集装箱箱体内需要调控的参数，采集完成后，自动分析是否需要调控，参数达标后箱体内参数调控完成。生成 1s 脉冲，返回初始步，进行下一轮的调控。设备进入报警状态后，设备自动检测异常部位及原因，并在触摸屏中显示。方便操作排除故障。故障排除后，报警消除，生成 1s 脉冲，返回初始步，进行厢内参数的调控。

（三）装备制冷自动控制

制冷调控系统主要是由换热器、压缩机、蒸发器、冷凝器、冷风机、节流机构所组成。由温度传感器采集集装箱箱体内当前温度，将采集的模拟量传输到 PLC，再由 PLC 将控制信号传送至温度控制系统进行厢体内温度调控。

若当前温度小于温度下限值，温度控制系统将停止制冷设备的运行暂停制冷，在保温的同时，环境温度将逐渐回升，系统进入温度调控状态。温度调控采用程序化缓慢调节与控制，保证温差变化级慢。若当前温度大于环境温度上限值，温度控制系统通过制冷相关设备开始制冷，箱体系统进入温度调控状态。降温调控同样采用缓慢梯度调控，保证温差变化级慢。若当前显示温度小于温度上限值且大于温度下限值，则温度无须调控，只需监测。温度调控系统由温度探头实时采集箱体内温度，在温度调控过程中实时反馈当前温度数值。

（四）装备温度自动控制

温度控制系统是用来控制蒸汽解冻器和箱体内温度，保证在微环境中处于真空微冻状态。由温度传感器探测解冻器和箱体内的温度参数，将信号传递到PLC控制面板中，由PLC来调控温度控制系统，调节适宜的箱体内微环境中温度。

若当前温度大于上限值，温度控制系统进行制冷，系统进入温度调控状态。若当前温度小于设定的下限值，系统将进入温度调控状态。若当前气体浓度小于上限值且大于下限值，则温度无须调控，只需监测。

（作者：国家农产品现代物流工程技术研究中心）

第五节　自动化技术装备赋能冷链物流

一、发展环境

（一）发展背景

近年来，随着我国社会经济的快速发展，居民消费水平和消费能力大幅上升，对食品品质也提出了更高的要求，为国内冷链物流市场提供了巨大的发展机遇。尤其是伴随着新零售的出现，生鲜电商需求呈现爆发式增长，更是进一步带动了冷链物流行业的快速发展。此外，在冷链物流基础设施体系日趋完善、国家政策的有利引导和强力推动等多种利好因素的加持下，备受关注的冷链物流迎来蓬勃发展的新时期。迫于土地资源的稀缺性和人工成本的不断增加，以及新冠肺炎疫情引发社会公众对冷链食品安全问题的重新审视，冷链物流自动化、无人化的呼声越来越高，冷链智能化仓储的需求也在逐年增强，相关企业纷纷着手建设自动化立体冷库，加快布局冷链智能化领域，冷链物流智能化技术和装备成为热点需求，整个冷链物流正进行着一场智能化革新。

从物流行业视角来看，随着我国经济发展的转型升级，仓储物流自动化系统已逐步利用智能化集成技术，具有了感知、学习、判断和自行解决仓储拣选作业中一些问题的能力，极大提高了仓储作业的高效性、便捷性、精准性和安全性。智能化技术是行业未来重点发展方向，将带动物流从自动化系统进入智能化系统时代，应用场景和应用边界不断拓展，行业市场进一步扩大。

然而，不同于其他物流领域的智能化升级，冷链仓储的冷态环境决定了其应用智能化技术装备和实施智能化作业的难度变得更高、更复杂。因此，冷链物流的智能化不仅要依靠政策的积极推动、市场需求的拉动以及用地用工矛盾的催化，更需要先进的冷链物流软件和智能物流装备等物流基础支撑。伴随新一轮科技革命和产业变革，大数据、云计算、物联网、5G、人工智能等新兴技术快速推广，有效赋能物流技术创新与升级，物流自动化系统的应用边界逐步扩大，逐步拓展到低温、防潮、防爆等极端环境下的新行业和新产业。其中在冷链物流中的实施应用，能够提升仓储、运输、配送等环节一体化运作效率，助力冷链物流智能化升级，更好地满足人民群众的冷链消费需求。

（二）政策环境

2021年是“十四五”的开局之年，国家及地方有关部门持续发力，引导冷链物流健康、有序、高质量发展。《规划》中提出要提高冷链物流的智能化发展水平，推动冷链基础设施智慧化升级，鼓励企业加快传统冷库等设施智慧化改造升级，推广自动立体货架、智能分拣、物流机器人、温度监控等设备应用，打造自动化无人冷链仓。此外，国家提出物流总费用下降的目标要求，从另一方面倒逼着冷链物流的智能化发展。根据《国家物流枢纽布局和建设规划》，到2025年要推动物流总费用占GDP比例下降至12%的水平。物流总费用的持续下降是我国的长期目标，促使整个物流行业进行技术和设备的智能化升级，冷链物流更不例外。且冷链物流作业环境的特殊性，导致其更急需破解招工难、用工贵的行业痛点，相关企业也更需借助新技术的应用加速智能化升级，让机器替代人工，提升冷链物流仓储和配送的效率，实现降本增效。

（三）业务优势

作为贯穿第一、第二、第三产业，连接生产端和消费端的冷链物流，其本身拥有巨大的发展潜力及空间。借助以上国家政策和战略规划的东风，近年来我国冷链物流产业始终保持着快速可持续发展，行业规模显著扩大。2020 年冷链物流市场规模超过 3800 亿元，冷库库容近 1.8 亿立方米，冷藏车保有量约 28.7 万辆，分别是“十二五”期末的 2.4 倍、2 倍和 2.6 倍左右。2013—2021 年冷链物流市场规模如图 7－5 所示。

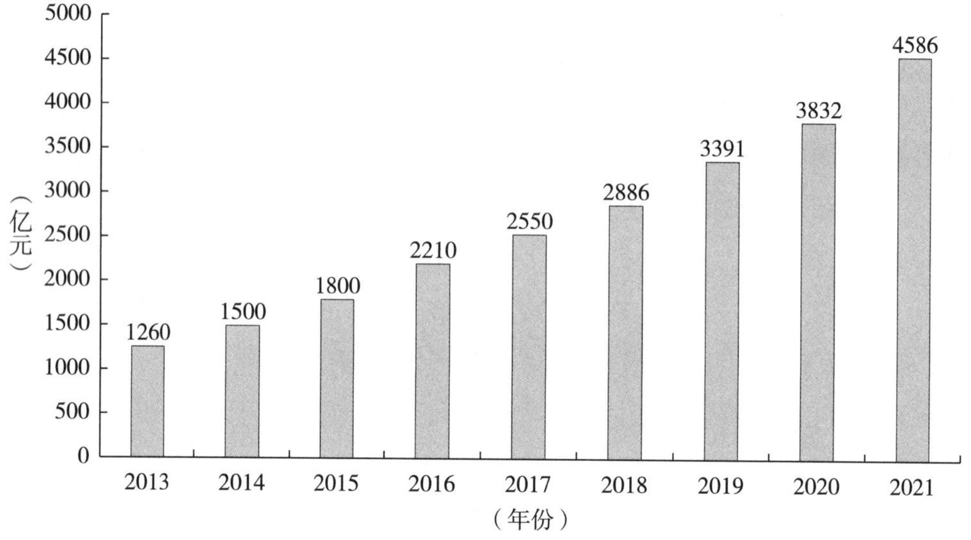

图 7－5　2013—2021 年冷链物流市场规模

资料来源：中物联冷链委。

我国冷链物流产业快速发展的同时，冷链物流基础设施和冷链物流技术装备的规模也在不断扩大，国家骨干冷链物流基地、产地销地冷链设施建设稳步推进，冷链装备水平显著提升。加之《规划》的发布，对推动冷链物流市场的健康、可持续发展提供了新的驱动力，为冷链物流智能装备提供了非常好的市场应用基础。

随着城镇化发展和居民消费水平的不断提升，人们对健康生活方式的追求意识逐渐加强，生鲜食品逐渐受到大众青睐，而冷链物流因作为生鲜食品的主要流通方式受到重视，并在短时间内得到快速发展。近几年冷链电商需求爆发式增长，其订单具有海量性、时效快、批量小、频次高等特点，需要更灵活、更高效的物流系统，从而促使传统冷链仓储向智能物流应用发展。

据国家统计局数据分析，我国劳动年龄人口的数量和比重连续 7 年出现双降，劳动力供给不断减少，加上劳动力成本不断升高，给物流行业尤其是工作环境较差的冷链物流发展带来更大挑战。同时，各行业仓储端对于效率提升、管理精细化、操作误差性等各方面要求越来越高，传统劳动力已无法充分满足。这些都倒逼企业开始转变用工观念，探索物流科技在行业内的应用，进行物流智能化转型升级。2012—2020 年全国劳动力人口数量及占比如图 7－6 所示。

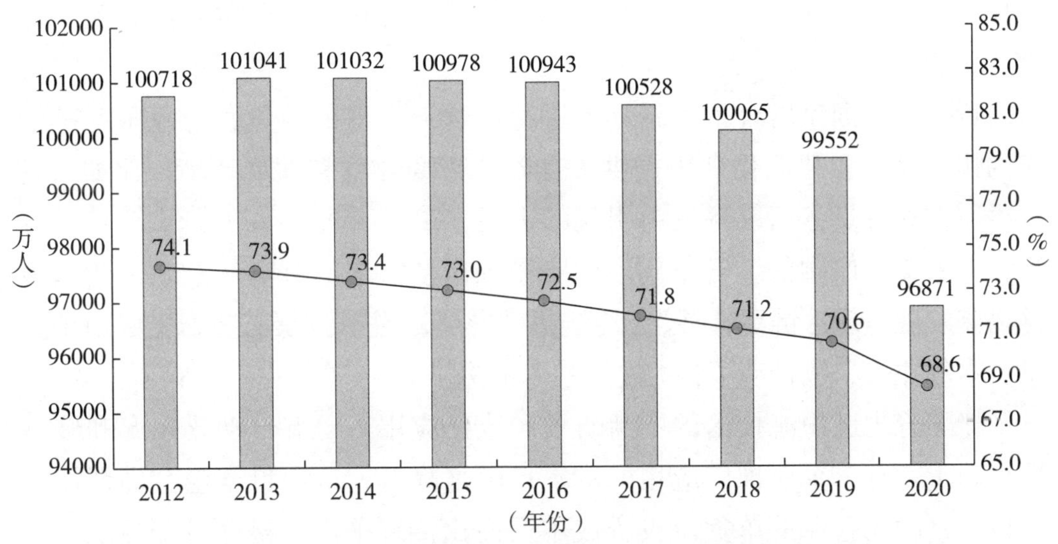

图 7－6　2012—2020 年全国劳动力人口数量及占比

资料来源：国家统计局。

当前，我国整个物流行业已经转入高质量发展阶段，降本增效成为包含冷链物流在内的我国物流行业的重要发展目标，智能物流产业的发展正是以降本增效为主要目的，是打造智慧物流体系的重要基础。近些年，智慧物流技术一直处于快速发展的状态，且随着最新的红外、激光、无线通信、自动识别、无接触供电、无线射频识别、智能算法、数字孪生等高新技术的运用，仓储物流自动化系统将具有与外部世界、对象、环境和人相互协调的工作机能，可以更好地提升仓储拣选作业水平、降低成本，进一步提升冷链物流的智能化水平。

综合政策环境、市场规模需求、企业自身发展需要以及物流技术应用等层面分析，冷链物流智能化都具有广阔的发展前景和业务优势。

二、发展现状

（一）应用现状

由于我国冷链物流起步较晚，目前的发展水平和智能化水平还比较低，与发达国家相比还存在一定的差距。作为冷链物流中的重要一环，冷库在冷链物流中的节点作用非常明显，也是企业重要的业务载体。但国内传统冷库普遍存在占地大、成本高、利润低的难题。布局不合理，人工搬运作业模式还比较普遍，自动化程度不高，效率相对低下，严重制约着我国冷链行业的发展。

近几年，国家出台了一系列促进冷链物流发展的政策，为我国冷链物流的快速发展和智能化升级提供了良好的市场环境和发展环境。比如，我国冷库在总容量方面取得较为明显的进展，2020 年冷库库容近 1.8 亿立方米，未来仍有广阔的上升空间。同时受到市场需求的刺激和拉动，我国冷链物流发展呈现冷链不“冷”、冷链很“热”的蓬勃发展态势，更吸引了大量资本的注入，也带动了相关物流技术的进步。

伴随着先进物流技术的不断研发和成熟应用，物流自动化技术和装备更加趋于稳定，企业推广应用的成本也随之降低，从项目全生命周期成本分析，自动化仓库的单货位投资成本反而比传统平库、楼库投资更低，未来运营成本也相对较低，因此各行业对冷链物流自动化技术都表现出很高的接受度和认可度。同时，土地资源的稀缺性也倒逼冷链企业“向空中要效益”，从平面储存向空中立体储存转变，这也需要专业的智能化物流技术装备作支撑。此外，在冷链行业更加突出的招工难、用工贵难题以及后疫情时代无接触作业的客观需求，都推动着冷链物流技术向自动化、无人化的方向发展，冷链智能化的技术环境得到比较大的改观和提升。

从行业发展现状和趋势分析，冷链行业对于自动化立体库的需求潜力非常巨大，具有非常广阔的市场前景，相关企业也将向着智能化方向转型发展，包含仓储技术在内的整个冷链物流技术的快速发展等，都在极大推动着冷链智能化的快速推进。

（二）技术装备情况

随着人工智能、大数据、5G、物联网等新基建技术在物流设备和物流系统中的大范围应用，以仓储机器人、穿梭机器人、搬运机器人、拣选机器人、包装机器人、拆码垛机器人、装卸车机器人等为代表的物流机器人技术装备逐渐成熟，设备的举升高度、移动速度、自主导航技术以及规模集群调度技术等大幅提升，数字孪生技术与物流机器人、物流设备的融合也越来越深入，物流技术装备已更具柔性化和智能化。

由于冷库的特殊环境特点，自动化立体冷库的执行设备都必须适应冷态环境要求，保证冷态运行的稳定性和系统的可靠性，这是冷链智能化实现的基础技术条件。物流装备技术不断创新，越来越具备适应多种应用场景的优势能力，扩展了仓储物流自动化系统的应用边界，例如，在冷链行业中的集成应用等。下面以兰剑智能的核心产品为例，介绍部分冷链智能化技术装备。

1. 仓储机器人

仓储机器人是自动化立体库的核心设备，主要以托盘或料箱为存取单元，实现高密度储存下的自动化出入库作业。其负载重量不等，工作形式有单伸位/双伸位、单工位/双工位之分，适用于 SKU 数量较大情况下的货物存取，灵活高效。兰剑智能仓储机器人如图 7 –7 所示。

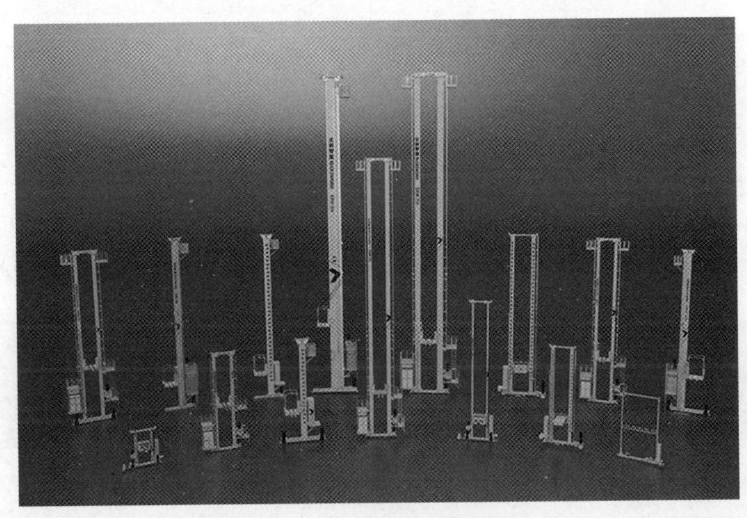

图 7 –7　兰剑智能仓储机器人

资料来源：兰剑智能。

兰剑智能新一代 AI 仓储机器人，是自研自制的智能化程度更高、能够适应更多样更严苛应用场景的全系列仓储机器人产品，已经在含冷链在内的各行业得到成熟应用。作为业内同类产品的前沿代表，该产品行驶速度最高可达 240m/min，并且基于多阶 S 曲线的速度控制技术，保证了高速运行时的超高稳定性。区别于以前的盲存盲取，凭借人工智能和先进算法的加持，该产品犹如装上了“眼睛”，可以识别货位的偏差和货架的不均匀沉降，真正实现智能、安全、稳定地作业。此外，该产品适用性强，在低温、防爆、保密等特殊环境下均可以使用，其中在温度方面，既可在常温和冷藏环境下使用，也可在－30℃的冷冻环境下使用。

凭借强大的研发、制造实力，兰剑智能更于2021年研发了超高仓储机器人，可以满足高度45m大型立体仓库的仓储需求。基于超高仓储机器人和货物多层货架立体存储系统，将广泛适用于对货物储存密度要求高、吞吐量大的仓储分拣场景，使仓库储存的高度更高，密度更大，整个物流中心的坪效将得到最大化提升。

2. 搬运机器人

兰剑智能自主研发了多种类型的智能搬运机器人系统及产品，可以为客户提供安全、稳定、高效的智能搬运系统解决方案，在提高生产效率、节约人员、降低劳动强度、节省物流费用等方面为企业助力。兰剑智能搬运机器人如图7－8所示。

图7－8　兰剑智能搬运机器人

资料来源：兰剑智能。

该系列产品采用激光SLAM导航为主的复合导航方式，可以实现复杂路径的运行，适用于工厂车间、普通平面仓库、货架仓库的工作环境，特定环境下定位精度可以达到±5mm。搬运机器人还拥有智能纠偏功能，当货物摆放不标准或托盘位移时，可迅速识别纠正，并适用于各种托盘类型以及多层货物叠放。其稳定可靠的系统，可以保证7×24小时不间断稳定运行，工作温度范围可达－20～60℃。其中，全向前移机器人转弯半径更小，巷道再窄取放货也能轻松实现；高位前移机器人最高举升高度可达11.45米，主要完成高度举升的物体出入库任务。

3. 穿梭机器人

兰剑智能是国内较早一批研发穿梭机器人的物流装备企业，无论在应用数量还是业务广度上，都在全球范围内占据优势地位。兰剑智能穿梭机器人产品规格体系全面，可以适应单/双伸、单/双货位、低温、防水、涉密等多种应用场景，可以应对多种尺寸原箱、料箱货物的自由存取，满足高效率要求以及换层缓存等应用方案。兰剑智能穿梭机器人如图 7－9 所示。

图 7－9　兰剑智能穿梭机器人

资料来源：兰剑智能。

采用自有专利的料箱位移检测技术，能够对前后、左右、旋转的料箱意外偏移进行自我检测、自动纠正，实现系统中料箱的零偏移、零故障。当货物发生位移、变形时，仍可以自动识别，主动纠偏。目前该产品已成熟应用于冷链、规模零售、电子商务、烟草、鞋服、电子通信、汽车、石油化工、新零售等各个行业，满足海量 SKU 储分一体货到人拆零拣选需求。

4. 数字孪生系统

兰剑智能在物流科技领域率先运用数字孪生技术，自主研发了数字孪生系统（BlueSword Digital Twin），直接提高了规划决策的准确性，降低了成本，缩短了项目周期，实现客户利益最大化。兰剑智能数字孪生系统如图 7－10 所示。

该系统是基于公司核心大数据技术及人工智能技术，结合智能战略规划及业务需求，打造的一款集动态建模、虚拟仿真、离线调试、三维监控、预测性维护、智能优化于一体的全流程三维物流平台，可满足从规划设计、

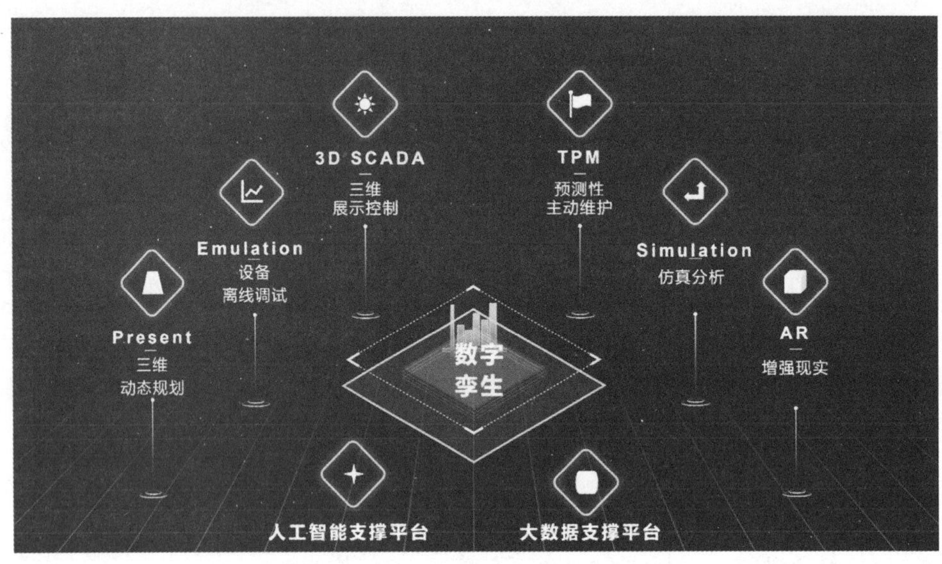

图 7－10　兰剑智能数字孪生系统

资料来源：兰剑智能。

系统仿真分析、进场前期调试、运行实时监控、设备智能预警预维护以及 AR 远程培训运维等全流程智慧管控，并通过智能优化将各项数据指标反馈给整个价值链。该产品已进入项目应用阶段。

凭借高端智能化的物流机器人装备和智慧物流软件系统，兰剑智能冷链一体化智慧物流解决方案已广泛应用于医药、果蔬、肉类等多行业，如医药行业的国药山西物流中心自动化冷库项目、果蔬行业的百果园武汉自动化立体冷藏库物流系统以及农牧业头部企业牧原股份多温区、多物流环节的多个智能冷库项目等，应用效果良好。自动化立体冷库系统的成功实施，证明了智慧物流技术装备在冷链领域应用的可操作性、可靠性及智能化优势。

实现冷链物流的智能化，需要企业积极引入冷链物流智能化的新技术和新装备，加快建设自动化立体仓储与智能化管理系统，不断优化传统物流体系，并与上下游各方通力合作，才能共同打造高效的冷链物流现代化技术体系。

三、主要运营模式

目前，我国智能仓储行业面临着激烈的市场竞争，物流技术装备企业也在不断尝试新的商业模式，以争取更多的市场地位，而且并不是所有的企业都有资金实力支撑其智能化升级的需求。因此，物流技术装备企业除了销售物流机器人装备及解决方案，也在尝试 RaaS（Robot as a Service）代运营服务、融资租赁、机器人共享平台等商业运营模式，以此为冷链等各行业提供智能化服务。其中 RaaS 代运营服务模式对厂家整体实力要求较高，当前国内市场仅有少量企业涉足这一领域。

以兰剑智能为例，其目前的智能仓储服务主要包括向客户销售智能仓储物流自动化系统和基于智能仓储物流自动化系统的 RaaS 代运营服务等。

（一）智能仓储物流自动化系统

基于对不同行业仓储作业特征和对客户需求的深入理解，依据客户现有或未来规划的仓储拣选空间，兰剑智能可以为客户提供定制化的集规划设计、装备制造、软件开发、系统集成为一体的智能仓储物流自动化系统；并运用公司自主研发的数字孪生系统，对大型复杂仓储物流自动化系统的作业动态、环节节拍、人员成本、系统资源利用率等状况进行仿真分析，查找方案瓶颈，获得最优设计方案和最佳运行参数，为实际仓储物流自动化系统的实施与管理提供有效保障，为客户提供更好的定制化智能仓储物流自动化系统解决方案。目前，其标杆型案例已遍布冷链、规模零售、电子商务、烟草、医药、图书、鞋服、电子通信、电力、印刷、汽车、建材、石油化工、新零售等各个行业。

（二）RaaS 代运营服务

为进一步助力企业运用智能仓储物流自动化系统实现降本增效，兰剑智能可以为客户提供仓储物流自动化 RaaS（Robot as a Service，机器人即服务）代运营服务，由兰剑智能投资建设智能仓储物流自动化系统，并配备专业运营团队进行运维，提供专业设备的仓储和订单拣选服务。此种模式能够满足不断变化的客户需求，灵活促进“订单波次、拣选、盘点”等业务的个性化改善，适应“3PL/JIT 入库、JIT 越库/半越库、存储、客退、退供”等业务的时效质量要求。目前兰剑智能已将该模式应用于电商行业的多个项目。

四、冷链智能化发展路径

伴随冷链物流的快速发展，作为冷链智能化发展的重要落地实施方，国内物流技术装备企业也进入了快速发展的智能化赛道，并且在冷链物流现代技术体系方面取得了一些成绩。比如基于全系列智能物流机器人和智能化物流软件系统的兰剑智能，其冷链物流装备技术已经在多温区、多行业、多产品、多流程等方面实现了比较广泛的行业应用。

在恒温区、冷藏区、冷冻区等多种不同的温区，兰剑智能已拥有可适应多温区的专业物流装备，且实现了成熟应用。其在冷链领域涉及的行业垂直细分也非常广，包括医药、生鲜、果蔬、生鲜电商、肉类、3PL 等行业，都拥有很多成熟的应用案例，帮助多行业解决在冷链环境遇到的仓储技术难点和痛点问题。

兰剑智能目前已拥有全系列高端智能物流机器人，比如仓储机器人、穿梭机器人、搬运机器人、拣选机器人、拆码垛机器人、装卸机器人，并且基于兰剑智能强大的研发实力和智能装备园区，核心产品均实现了自研自制，可以根据客户的需求进行物流装备的智能整合，从而为客户提供优质的一体化系统性解决方案。比如，兰剑智能不仅为冷链领域的客户提供仓储解决方案，而且增加了拆零拣选解决方案以及智能发货系统等多环节、多流程的整体解决方案。

（一）业务推广情况

1. 冷冻肉品农牧行业案例（牧原股份多地市智能冷库）

兰剑智能与农牧业头部企业牧原股份开展多地市项目合作，成功打造了多个智能仓库，涉及冷藏、冷冻等多个温区以及多个物流环节。其中在冷冻环节，兰剑智能为客户打造了 -25 ~ -18℃温区的冷库物流技术方案，包含 7 个双伸巷道和 7 台 20 多米高的双伸堆垛机，约 24000 个货位，并且在此环境下满足了高洁净度、食品级、可冲洗作业要求等，同时兼顾了防水、防油、防腐蚀。此外，运用机械手代替人工进行自动码盘和拆盘，实现了该冷库环节的完全无人化作业，并且实现了多系统串联，可以进行 24 小时不间断运行。既在储存量上实现了密集储存，向高空要效益；同时通过自动化、智能化技术实现了冷库作业无人化，大大节省了用工成本。牧原股份某制冷冷藏库效果如图 7 - 11 所示。

图 7-11 牧原股份某制冷冷藏库效果

资料来源：兰剑智能。

其次，在 0~2℃温区，兰剑智能为客户打造了生鲜库多穿系统，多种物料规格，多种货位尺寸，不仅设备满足库内低温、清洗等作业要求，系统还具备柔性货位分配机制，可以最大化利用货位。此外，兰剑智能还为客户成功打造了 -2~0℃的自动化冷鲜库，整个项目多达 10 余种输送线类型，同样满足食品级要求和冲洗作业要求。

2. 冷藏生鲜电商行业案例（百果园武汉配送中心智能冷库）

在生鲜果蔬领域，兰剑智能为百果园武汉仓规划、建成了一套冷藏自动化立体库物流系统，以兰剑蜂巢系统（多穿系统）作为该项目的解决方案核心，提供了包含入库卸货、组盘、上架存储、补货、拣选、发货暂存、复核出库以及果品分装在内的全流程解决方案及相关软硬件等配套设备的生产制造及安装调试服务。百果园武汉物流配送中心智能冷库如图 7-12 所示。

作为国内较早的生鲜电商多穿系统，百果园武汉物流配送中心智能冷库项目改变了传统的人到货拣选模式，完成了向货到人拣选模式的成功转变。在实现密集仓储的同时，实现了较高的出入库拣选效率，整体出入库效率≥2300 箱/小时。立体输送线设计，上层入库，下层空箱补货、回库，节省运行空间和建设成本，输送线体通箱能力≥1630 箱/小时。凭借自主研发的动态货位管理技术与动态货位行走定位技术，兰剑智能蜂巢系统（多穿系统）能够精准实现商品的先进先出，最大化保证了产品的新鲜度。

图 7-12　百果园武汉物流配送中心智能冷库

资料来源：兰剑智能。

2020 年正值新冠肺炎疫情暴发初期，兰剑智能克服了各种困难，实现了该项目的顺利交付。凭借兰剑智能先进的蜂巢密集存储系统，百果园武汉物流配送中心实现了水果产品冷藏保鲜的密集存储以及先进先出的精准出入库管控，提升了仓储物流效率；同时优化了劳动资源配置，降低了物流成本，有效助力了百果园 5.0 配送中心建设目标的实现。

3. 冷藏药品流通行业案例（国药山西物流中心自动化冷库）

而在医药行业较早进行冷链智能化转型的国药山西，其物流中心自动化冷库项目也正是应用了兰剑智能蜂巢系统（多穿系统），采用 3D“货到人”拣选方式进行作业，冷库作业人员在常温环境下即可进行作业，较早实现了国内药品冷库拆零作业高度自动化，保障了冷链药品在出入库及存储各环节的运营数据更为准确。在增加冷库存储量的同时，大大提高了冷链作业的工作效率及准确率。国药山西物流中心自动化冷库如图 7-13 所示。

该项目是医药行业首个多穿“货到人”冷库项目，创新性地把立体库和拣选台做了分隔，利用滑升门、风幕机将仓库和拣选台分隔在两个空间，由双层输送线往来运输。操作人员在常温环境下进行人工作业，整个操作过程无须工作人员进入冷库，避免了作业人员长期在冷库环境下作业，大

图 7－13　国药山西物流中心自动化冷库

资料来源：兰剑智能。

大减少了低温工作环境下对人体的伤害。同时冷库无特殊情况无须开启，为药品创造了更为稳定的低温环境。

（二）“十四五”时期冷链智能化展望

1. 行业发展不足与展望

随着国家政策扶持力度的不断加大，对冷链物流技术的需求日益增多，自动化冷库的建设数量越来越多，尤其是单体仓库的规模在不断增大。越大的物流基地，对自动化技术越有更高的要求，从而对冷链物流技术体系的搭建产生一定影响。“创新源于需求”，基于客户的新需求，冷链物流技术得以不断创新。虽然我国冷链智能化发展已拥有良好的政策和市场环境，得到快速发展，但仍面临着一些制约因素，在实际发展过程中也存在一些不足之处。

首先，我国冷链物流发展不平衡不充分问题突出，基础设备设施较为传统落后且分布不均，土建式冷库多、装配式冷库少，缺少集约化、规模化运作的冷链物流枢纽设施，存量资源整合和综合利用率不高，不利于冷链物流自动化技术装备的规模化应用。其次，冷链物流监管制度不全、有效监管不足，冷链物流标准体系强制性标准少，推荐性标准多，标准统筹协调和实施力度有待加强。此外，无论行业层面还是消费者层面，冷链理念和易腐食品安全意识还不是很高。冷链专业人才培养不足，也在一定程度上制约着冷链行业的发展。

《规划》对冷链物流的全流程、全环节、全场景提出了更高的发展要求。智慧物流时代，在生鲜电商等新零售的推动下，未来冷链物流智能化发展将会向密集化、无人化、碎片化、生态化等方向发展。

第一，密集化。土地的稀缺性决定了企业更加追求单位平方米所产生的储量，追求更高的投入产出比，使单储位的投入成本更低。传统的平库和楼库会逐渐变成高位自动化立体库，而普通的高位自动化立体冷库会逐渐变成超高自动化立体冷库。

第二，无人化。未来人工成本尤其是冷库的用工成本将呈现持续增加的趋势，而自动化设备的应用成本反而会随着技术越来越成熟而不断降低。且相比人工，无人化拥有能够快速复制、作业准确率高、处理货物安全性高等优势，后期运营成本相对较低。因此，无人化冷链仓应该是未来冷链智能化的发展方向。

第三，碎片化。随着新技术的不断进步，冷链物流规模化、集约化的运作要求，目前的仓库租赁模式未来可能变成基于托盘租赁的模式。通过规模化的仓库，结合信息化、数字化的平台，把众多小型需求聚集后集中处理，从而在比较规模的节点建设过程中产生规模效益。这样不仅能够极大降低租赁成本，同时还能享受更优的增值服务。如何把碎片化的需求变成集中化、规模化的建设和运营，在规模化和碎片化之间取得平衡，也可能成为未来冷链智能化的一个发展方向和趋势。

第四，生态化。由于过去智慧物流装备技术的软硬件标准不统一，难以互联互通，所以开放自动化与开放智能化将成为行业关注的话题。要打造互联互通的智慧物流生态系统，智慧物流装备的开放性、模块化、柔性化将成为冷链智能化在技术发展方面的大趋势，有助于强化冷链物流支撑体系，提高智能化发展水平。

2. 企业发展路径

基于对“十四五”时期冷链行业未来趋势的研判，兰剑智能冷链物流技术的发展将面向全温区、全行业、全产品和全流程，进行进一步提升和覆盖，推动整个冷链物流向更高水平的方向发展。

（1）冷链物流全温区智慧化发展。

当下，智能仓储技术及装备已经为各行业企业解决了绝大环节的密集化、自动化、无人化工作，但仍有局部环节还没有实现。越来越多的企业也在近年来提出了很多新的需求，比如能否在 −45 ~ −35℃的超低温冷冻区实现自动化储存、拣选或者搬运工作。

（2）冷链物流全行业智慧化发展。

未来，兰剑智能的物流技术和装备未来能够在速冻、水乳产品等冷链全行业内实现推广应用，而不是仅基于 3PL（第三方物流）的服务模式进行覆盖。

（3）冷链设施全品类智慧化发展。

全产品并不全是做纯粹的新产品，而是通过产品技术改造或升级来解决客户原有存量资产如何盘活和提升的需求问题。比如针对不具备改造为自动化仓库的环境和条件的老旧仓库，兰剑智能提出利用先进技术优势，把客户的普通叉车、高位叉车等在内的传统叉车，改造成为无人叉车、智能叉车，来帮助老旧仓库实现自动化、无人化作业。

同时，兰剑智能在产品研发方面坚持创新，跨越挑战，实现突破。例如，企业未来不仅要增加冷库规模，对超高自动化立体仓库的需求也越来越明显，而兰剑智能早已在此技术上不断创新和积累。兰剑智能超级未来工厂的“灯塔项目”——超高仓储机器人的研发制造，正是要满足高度 45m 大型超高自动化立体仓库的智能仓储需求。

（4）冷链物流全流程智慧化发展。

未来，兰剑智能将不断拓展智慧物流系统在冷链物流的应用边界和作业环节，在仓储、拣选、包装、发货等四面墙以内，以及集货缓存、装卸车等四面墙以外园区以内的全流程作业场景，实现自动化、无人化作业，全面助力冷链智能化目标的实现。

相信在冷链物流产业快速、有序、健康的发展下，智能物流装备技术必将在冷链智能化转型升级中发挥重要支撑作用。冷链智能化的快速推进也势必推动冷链物流的高质量发展，助力冷链物流迈向“十四五”发展的新征程。

（作者：兰剑智能科技股份有限公司）

第六节　冷链物流数字化的机遇、挑战与应对

冷链物流数字化是一个相对“精专”的数字化应用领域，在当前社会经济和宏观政策环境下迎来了大好的发展机遇，但在执行层面也面临着不少的挑战。冷链企业将如何把握趋势、克服挑战，搭上冷链数字化发展的快车？这是本节将着重探讨和尝试回答的问题。

一、冷链物流数字化的利好因素

冷链物流是增进民生福祉的重要产业，对于支撑生鲜农产品大规模流通、保障食品流通安全、满足居民品质化消费需求、健全“从农田到餐桌、从工厂到卖场”的质量安全体系具有重要现实意义。

国家层面高度关注冷链物流发展，制定了一系列的宏观政策。从政策角度看，乡村振兴、“十四五”规划等相关政策对冷链物流数字化发展十分利好。乡村振兴是推动冷链物流数字化发展的最大政策变量。乡村振兴是一项中长期国策，将冷链物流作为一个专项基础设施来建设。2022 年中央一号文件《中共中央 国务院关于做好 2022 年全面推进乡村振兴重点工作的意见》就明确提到了要加强“农产品产地仓储保鲜冷链物流基础设施”的建设，以及通过“互联网 +”来促进农产品出村进城。产地冷库的作用是进一步促进生鲜农产品的商品转化，让生鲜农产品能够更高效率、更低耗损地出村进城。要提高生鲜农产品的流通效率，就需要加大冷链物流基础设施建设，并通过冷链物流数字化来提高生鲜农产品流通效率和冷链物流服务质量。

《国务院办公厅关于印发“十四五”冷链物流发展规划的通知》明确提出了 21 项工程建设规划，其中“冷链物流数字化发展工程”“冷链食品追溯监管体系建设工程”和“医药产品冷链物流追溯体系建设工程”对冷链物流数字化发展有直接的促进作用。

我国经济已由高速增长阶段转向高质量发展阶段，产业升级不断加快，人民对于高品质、精细化、安全性和透明化的冷链物流服务需求日益增长。从社会经济及冷链物流行业发展的内生动力来看，冷链物流数字化的刚需在逐渐增多。

首先，消费升级会强力拉动生鲜肉类、水产品、高端水果等相关冷链商品的需求量，这些商品的流通都需要冷链物流数字化来加强冷链品控和提高流通效率。其次，冷链物流行业发展正在上升期。目前我国冷链物流产业规模达4000 亿元，年均增长率在 15%以上。我国近三年冷藏车保有量的年增长率在 20%左右，预计“十四五”期间的冷藏车保有量会翻番。2020 年我国冷藏车保有量为 28.5 万辆，每千人 0.2 辆；对比日本每千人 1.9 辆冷藏车的保有量，我国还有 9 倍的增长空间。目前我国人均冷库库容是0.1 立方米，对比日本的人均冷库库容 0.3 立方米，还有 2 倍的增长空间。冷链物流行业的快速发展对冷链物流数字化需求会越发强劲。

二、冷链物流数字化面临的挑战

冷链物流数字化发展是趋势，但在实际的落地层面会遇到多重挑战。

（一）企业信息孤岛束缚

在现实的冷链物流数字化实践中，掉入企业信息孤岛陷阱是一个常见的现象。例如，某大型冷链物流企业背靠集团货源（集团是冷链商品生产企业），自有冷藏车队数百辆车，关联的外协冷藏车运力 1000 多辆，整体实力雄厚。但是该企业在进行冷链物流数字化建设的过程中，掉入了信息孤岛陷阱。

该企业围绕冷链物流数字化有多个系统，有 ERP 系统（订单对接）、车辆监控系统（过检用）、车辆主动安全系统（考核司机用）、温度监控系统（便携设备监控冷藏车）、智能调度系统（排线用）、网络货运平台系统（开运输发票用），但各个系统相对独立，是一个个信息孤岛，俨然成了冷链物流数字化进一步提升的障碍。

形成信息孤岛的原因是多方面的。第一，企业在看待冷链物流数字化的时候，还是从传统信息系统建设的视角看问题，没有从企业数字化转型的整体性来看，缺乏顶层设计。第二，推动信息化系统建设决策时，一把手决策缺位，导致各个系统建设是由部门负责人进行决策的，进而把部门间的壁垒转化为企业不同信息系统之间的壁垒。第三，企业缺乏能够统筹企业数字化转型及相关信息系统建设规划的人才。主导企业数字化转型的理想人才应当具备商业格局、企业运营知识、平台系统设计经验以及扎实的 IT 技术背景，但这样的人才是稀缺的。

（二）全链条数字整合挑战

从全链条视角来看，冷链物流数字化面临的问题是数据链条脱节，即跨企业的冷链数据整合难度大。冷链商品的流通通常是由供应链上下游相关企业共同完成的，但是上下游企业之间的业务协同、数据共享在实践中会遇到很多挑战。

一方面是谁主导的问题，一般情况下是供应链链主企业掌握主导权，但也不尽然。例如，当链主企业在局部情况下并不绝对掌握资源优势，从而无人能主导冷链物流协同以及冷链物流数字化的跨企业融合，主导权由供应链上其他角色承担。

另一方面，冷链物流资源是零散分布的，从而导致冷链物流数字化在缺乏经济规模效应的情况下难以推行下去。以冷藏车运力为例，90% 以上的冷藏车运力是个体运力，从而导致企业没有动力实施冷藏车运输过程的数字化。目前市面上仍有超过 50% 的冷藏车没有安装实时的温湿度监控设备。

（三）数据价值难以体现

冷链数据价值呈现受限，主要体现为企业不愿意对客户及上下游伙伴公开或分享冷链物流过程的温湿度数据，导致数据价值没有发挥出应有的效用。那么究竟是什么原因导致冷链数据价值呈现受阻呢？

第一，货主客户不愿意为冷链数据服务付费。货主客户希望能够掌握冷链商品流通全过程的冷链数据，但现实中也有很多货主企业出于成本考虑不愿意为此付费。在冻品的短途配送中（2 小时以内），若配送过程打冷是较高的运价，不打冷则是相对便宜一点的运价，而货主选择不打冷的情况比较常见，这是因为货主认为，短途配送不会导致货物温度到达 0℃ 以上或者导致商品解冻。目前由于广大消费者缺乏冷链意识，以及部分货主企业不那么重视冷链品质，因而总体上为冷链数据服务付费的意愿还较低。此外，货主企业与物流企业之间的商业合作一般会遵循权益对等原则，那么冷链运输业务在较低运价的情况下，冷链物流企业一般会拒绝将运输过程的冷链数据共享给货主客户。

第二，企业担心存在管理漏洞风险。不管是货主企业还是冷链物流企业，为了规避管理漏洞风险，一般不愿意分享冷链过程的数据。例如，有的冷库没有封闭站台，有的装车前没有严格执行车厢预冷，有的过程中会因为要节省能耗间歇性地不打冷，等等，这些情况都会导致冷链温湿度数据出现异常，一旦将数据开放给客户，则容易被投诉，甚至被处罚。

第三，技术性风险问题的澄清需要投入额外的成本。一些技术性的风险事件也导致企业不愿意共享冷链数据。例如，冷库会出现因为停电、设施故障等原因导致库内温度异常波动，冷藏车在途运输过程也难以避免因设备故障、经停信号盲区等原因导致冷链数据丢失，这些事件一旦发生就难以解释清楚，并导致相应的损失。

总之，冷链物流数字化在实操层面总是会遇到各种各样的挑战，但随着行业的进步、冷链意识的增强以及企业管理能力的提升，冷链物流过程数据共享将会越来越开放、越来越具备可落地性。

三、冷链企业数字化转型思考

冷链物流数字化发展，机遇与挑战并存。在对待冷链物流数字化这件事上，企业应该怎么思考，如何决策，以及如何落地呢?

首先，要充分认识到冷链物流数字化发展是大势所趋，要顺势而为。企业要积极拥抱冷链物流数字化才能赢得主动。货主企业需要通过全链条冷链数字化来提升商品流通的冷链品控能力，以及实现业务运营的降本增效；物流企业需要通过数字化来提升冷链物流服务与货主供应链的黏性。

其次，企业在进行冷链物流数字化建设决策时，要充分考虑企业自身所处的发展阶段，以及自身的资源条件。冷链企业的发展可能处于起步阶段、上升阶段、稳定阶段或转型阶段，不同阶段的企业，其冷链物流数字化的重点会有所不同。处于起步阶段的企业，业务还未稳定，进行冷链物流数字化建设的方式宜先使用第三方成熟的 SaaS 服务，以避免过高的试错成本；业务发展处于上升期的企业，应当从运营规范以及加强冷链品控的视角来谋划冷链物流数字化的建设；处于稳定期的企业，应从精细化管理以及效率提升和流程优化的角度来选择冷链物流数字化的目标侧重点；处于转型升级阶段的企业，需要从企业商业战略的视角来布局冷链物流数字化建设。冷链物流数字化建设，不仅需要投入真金白银，还需要投入大量的人力和时间。中小企业的信息化基础薄弱，资金和人才资源相对缺乏，宜优先应用第三方的 SaaS 系统；而业务规模较大（年营业额 1 亿元以上）且资源相对充裕（年信息化建设费用预算 50 万元以上）的企业，可以考虑运用私有云的方式或混合云的方式来实践冷链物流数字化建设。

最后，冷链物流数字化建设一定要与现实的业务运营相结合，要与企业的实际业务流程紧密结合，才能够真正发挥相关系统功能的作用。一些缺乏经验的企业在推动相关企业信息系统建设的时候，往往是抛开业务来谈功能，以及绕开企业的业务运营管理现状和客观需要来谈功能，其结果大概率是建立了一堆压根就用不起来的功能，甚至导致项目失败。当下冷链行业风口正劲，各类大型企业都试图从冷链物流数字化方面找到降维打击的突破口和发展路径，但也往往做不到实事求是地从实际业务运营需要的角度出发去规划和建设冷链物流数字化的相关系统，这很容易导致盲目建设以及资源浪费。

总之，在落地实操层面，冷链物流数字化建设是一个科学、严谨、细致、缜密的系统工程，需要企业能够实事求是、认真对待。冷链物流数字化是大趋势，蕴含着大商机。任何企业要想在冷链这个赛道上取得成功，绝对不是简单地砸资源、轻松地玩金融杠杆就可以实现的，而是要真正热爱这个行业并躬身入局、持续精益求精地经营好业务，运营好冷链信息系统平台。

（作者：深圳市食易安科技有限公司）

第七节　数字化 + 冷链，重新定义生活品质

当前我国物流数字化发展仍然处于起步阶段。伴随着消费端变化，流通渠道不断迭代，全渠道多场景销售发展加速，产品销售波动性大幅增加，这为传统供应链的管理方式带来了巨大的挑战。企业如何打造覆盖全链条、全场景的柔性供应链成为转型难题。冷链物流处于特殊的作业环境，因此对智能化建设提出了更高的要求。目前我国冷链智能化建设集中体现在两类业务场景中：冷链运输与冷链仓储。一方面，新冠肺炎疫情防控措施加快了冷

链信息追溯系统建设的步伐，同时新能源冷藏车等新型装备研发方兴未艾；另一方面，冷库特殊的温度环境对自动化立库建设产生了巨大的挑战，要求企业突破原有的技术边界，实现低温环境下的无人、智能、高效运作。

一、发展背景

物联网（IoT）是指通过传感器、射频识别技能、全球定位系统等技能，实时采集任何需要监控、连接、互动的物体或行为过程，通过声、光、热、电、力学、化学、生物、位置等各种维度的信息，以及各类可能的网络接入，实现物与物、物与人的广泛链接，对物品或者行为过程进行智能化感知、识别和管理。

物联网技术已经在各行各业中得到了广泛的应用，并悄然改变人们的生活。在物流领域，物联网完美地契合其特点，通过对货物、车辆、司机的跟踪和管理，实现智能识别、定位跟踪和智能监控，减少人力参与，提升运输效率。例如，根据自动获取货物的真实信息和身份能够防止货物装卸错误、取送错误等情况发生，通过 RFID 电子标签和传感器等能够掌控货物、运输工具、运输环境、运输路径以及驾驶员的实时情况。除了对货物和车辆的监控外，物联网技术还能提供运输路线、运输时间等最优运输方案。在实现管理自动化、降低仓储成本、提高响应速度、促进信息共享等方面，物联网技术的表现均可谓十分卓越。

货物安全和驾驶员安全是物流运输的基础，为了防止货物被盗，物联网集成商提出了各种解决方案，如在车门处放置传感器，并与 GPS 连接，一旦有异常便启动报警功能。很多国家都通过了立法，规定司机和车辆必须使用电子日志，确保驾驶员能够遵守驾驶时间和休息时间，从而减少疲劳驾驶引发的交通事故隐患，保证驾驶员的安全。物联网集成商提供了识别驾驶员身份和驾驶状态的技术并收集数据，确保司机的在途安全。

二、发展现状

（一）行业发展现状

冷链物流关系到居民的消费安全，得到了社会公众和政府的高度重视，物联网结合冷链系统可以发挥出的潜力在未来将呈几何指数增长。目前，在市场上实力超群的智能化企业屈指可数，因为智能化企业前期都需要大量的技术投入和资本投入。

IoT 产品是通过创新数据实现产品自身价值的。在此基础上，还要做到客户服务上的软硬一体，让所创造的新硬件能够感知到新数据，并连接在一起，最终打造出一套全链贯通的产品体系。感知能力是硬件的基础，如果用于冷链的探头价格高昂且性能不可靠，那其他需求就无从谈起了。包括 G7 正在研发的适用于城市配送业务的小冷藏箱，都是以感知能力为基础的。

在冷链物流领域，可以明显地感受到近几年市场对物联网技术的需求更加旺盛，联网车辆数以每年 30% 的速度增长，越来越多物流企业已经将物联网大数据作为运营的基础。从冷链整体环节来看，物联网在食品生产、存储、加工、运输、销售等节点提供了强大的技术支持。在疫情环境下，冷链食品、医药的信息溯源问题的重要性得以凸显，而物联网技术不仅可以实现冷链产品的信息追溯，还可以深入冷链物流的全流程。在运输环节，RFID 技术能够从材料采购开始就对产品进行编码标记，过程中操作的每一步都会被纳入数据管理中去。由于技术监控的连续性，出现的问题都可以被及时发现并传输至总系统，合理规范了产品加工过程，严密监控产品运输的全程。在仓储过程中，物联网技术的识别功能可以对产品入库时的基本信息进行自动记录，自带的读写器能够加大对产品情况的了解程度，并减小储存环节的误差，避免人力、物力、财力的浪费。并且能自动感应到产品所处环境，加以调整，保证储存过程中的产品质量。

对于智能化技术服务的企业来说，想要更多地渗透进产业，就要在协同问题上与硬件装备厂商进行更为密切的合作。在原有的装备性能上，添加智能化的服务性能。如和冷机公司联合，可以提升冷藏车装备的智能化属性，在平台上就能控制车厢内部温度，维持恒定的环境；和轮胎公司合作可以深化轮胎的智能化；和车厂合作可以联合研发针对电动卡车的智能化应用。只有合作才能实现 IoT 产业的开放共赢，IoT 虽然可以被广泛应用于各行各业，但是在任何一个领域里它都很难独立完成运转，它和每个行业的关系都是互相影响、互相依存的，当每个行业都有了 IoT 的深度参与，就能实现万物互联，为人类社会的发展带来更多的可能。

（二）企业发展现状

作为业内知名的物联网科技企业，G7 始终致力于用物联网技术改变公路物流行业，目前为国内众多物流企业提供基于物联网数据的软件服务，帮助物流企业提高运作效率、降低运营成本，保障运输安全。G7 的客户群体包括了物流行业的大型企业和超过两万家中小型企业，是中国公路物流行业规模最大的一站式数字化平台。与高速公路、能源网络、银行、保险公司、资产管理企业、装备制造商、技术供应商、监管机构等产业上下游伙伴建立了广泛的商业合作。

此外，G7 也在车辆和货物安全方面进行了巨大投入，包括算法设计研发和建设全链贯通数据平台等方面。安全关乎每一件货物和每一个司机，因此需要强大的算法来理解货物和司机所处的状态。四五年前 G7 开始进行算法方面的投入，这一比重目前还在持续加大。数据的供给越来越多，来自客户的正向反馈也就越来越多，从而帮助 G7 形成了一个正循环的系统。

三、“十四五”时期冷链智能化建设展望

（一）行业发展展望

习近平总书记高度重视数字经济发展，多次作出重要指示，强调要坚持以供给侧结构性改革为主线，加快数字经济发展，推动实体经济和数字经济融合发展，推动互联网、大数据、人工智能、区块链等与实体经济深度融合，继续做好信息化和工业化深度融合这篇大文章，推动产业走向数字化、智能化、智慧化。同时，《“十四五”冷链物流发展规划》中明确提出“推动大数据、物联网、5G、区块链、人工智能等技术在冷链物流领域广泛应用。鼓励冷链物流企业加快运输装备更新换代，加强车载智能温控、监控技术装备应用”。

对冷链行业而言，装备是智能化、数字化的抓手，是提高效率的关键所在。但如果包装或者冷藏箱是一次性的，对任何一个平台来说总成本都会是天文数字，这样的模式也无法进行智能化的叠加，智能化的前提必须是可循环且标准化的。在此背景下，IoT 的产品会逐渐丰富，冷链数字化的

应用创新也会不断涌现，甚至会重构冷链细分行业的格局。技术的进步是一个行业强大的基础。与智能家居、消费电子产品等领域相比，冷链 IoT 设备的发展速度还非常缓慢。因为冷链 IoT 设备利润空间小、市场规模有限，难以负担其研发成本，也就无法完成产品的快速更迭。在“十四五”期间，冷链 IoT 设备将会随着冷链市场需求量的增加而不断提速，IoT 设备将适应多个场景的数据采集需要，为实现人民对实现美好生活的向往贡献力量。

（二）企业发展路径

站在企业的角度，G7 的主要投资方向之一是对全链贯通的数据平台提供技术支持，全链贯通的关键在于开放性的集成，能够让平台完成与货主、司机和车厂等多个终端的连接，形成纽带关系，为信息共享和多主体互动提供可靠支撑。

（作者：北京汇通天下物联科技有限公司）

第八节　冷链物流信息数字化新时代

一、冷链行业现状

中物联冷链委数据显示，我国冷链行业市场规模逐年递增。2013—2019 年，冷链物流市场规模保持在每年 15% 以上的增速运行。

与发达国家相比，我国冷库设施虽然总量达到世界第三，但人口基数大，人均冷库容量仍然达不到世界平均水平。同时我国农产品冷链流通率普遍较低，导致农产品腐损浪费严重，未来冷链物流行业仍然存在较大的发展空间。2018 年各国人均冷库容量对比如图 7－14 所示。

特别是在国内国际双循环的大趋势和消费升级的大背景下，国内冷链行业传统的管理模式和信息化程度低的短板，使得行业本身越来越无法满足市场对于高品质和高效率的服务、行业监管、食品安全的要求。冷链物流行业的信息化程度低主要体现在以下几个方面。

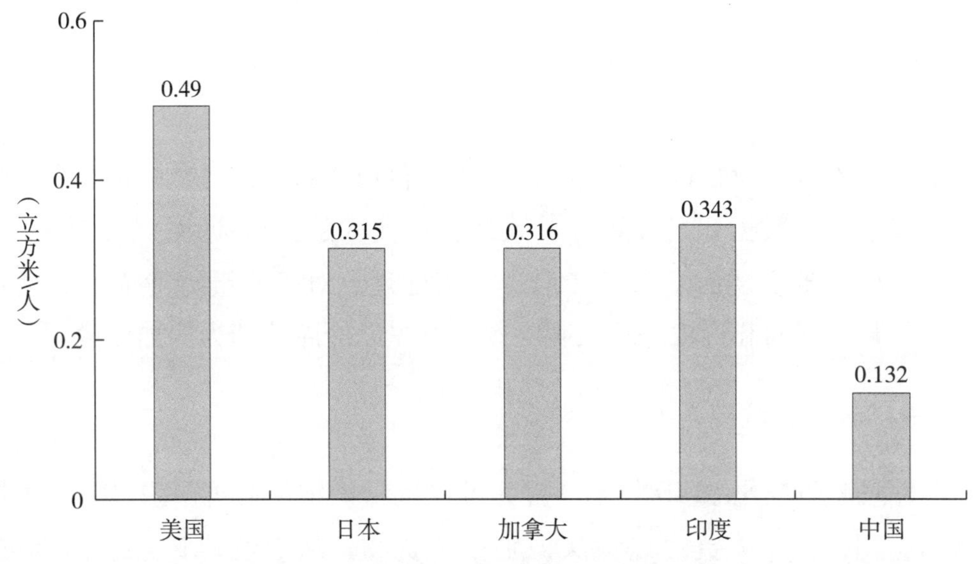

图 7－14 2018 年各国人均冷库容量对比

资料来源：根据公开资料整理。

（一）行业大多采用手工记账，效率低、信息时效性差

在国内物流行业，每天有五百万辆货运车辆在途运行，其中 80% 以上的业务活动通过电话方式进行调度和监控，同时仍然采用现金交易来实现手工结算。这些货物的相关在途信息、位置跟踪、异常处理、单据结算均无法及时传输获取，由此导致了信息不对称的现象。信息的不对称构成了企业成本控制黑洞，物流企业无法在不确定性最高、费用成本最高的基础物流环节实现跟踪监控信息共享和数据结算。

（二）行业管理混乱，存在劣质甚至违禁商品交易

据媒体报道，新冠肺炎疫情之前的华南海鲜市场除了正常售卖海鲜水产品之外，还会售卖獾、竹鼠、刺猬、蛇等野生动物。甚至存在孔雀、蝎子、狐狸、果子狸、梅花鹿等动物的活杀现宰、速冻冰鲜、送货上门、代办长途托运等经营业务。这反映出，很多老旧农贸批发市场存在巨大的管理漏洞：职能过于简单、疏于日常监管。市场只能提供硬件薄弱的经营场所，而对经营者和经营商品缺乏准入检查和监管，难以保证货源的品质和安全。

二、信息化赋能冷链物流

过去，物流企业只能以数据的形式将信息进行人工记录。而如今，随着人工智能、大数据、云计算等一系列新兴技术的推广应用，物流企业可以利用这些技术实现信息共享和信息加工处理。对于冷链行业而言，数字化转型的具体指向和诉求是什么呢？本节首先以冷库管理为例加以说明。

（一）数字化赋能库内管理

冷库场景下应用 RFID 技术，首先可以批量识别，通过 UHF RFID 手持终端的应用，工作人员可以一次识别多个货物，从而使得日常仓储盘点、出入库效率得到大幅提升，且可以实现快速查货、找货。

（二）数字化赋能库位管理

这一点对于大型冷库尤其重要。冷库往往被划分为若干编号的仓位。传统的冷库管理往往只能靠个人的记忆安排和管理，如一号仓使用了多少空间，二号仓使用了多少空间。

部分货物如果未确定库位可以放入零仓，这就造成了大部分能放在一号仓的货品放到了零仓里，而下一批数量多的货品到了，就没地方放了，由此造成订单的缺失。但如果使用了数字化管理系统，便可对所有冷库进行系统自动记录，监控冷库仓库货主货物，既准确又详细，并可自动区分已占用、未占用仓位。

三、“前海粤十”打造冷链供应链一体化平台

（一）多年耕耘，专注冷链

深圳前海粤十信息技术有限公司于 2017 年 4 月成立，定位生鲜冷链供应链行业综合服务运营商，深度垂直于生鲜冷链行业，核心团队由海外留学人员和具有互联网、冷链供应链及金融行业巨头背景的资深人士组成，专注于冷链行业相关信息化管理平台的研发。综合应用各种现代数字技术，

为冷链行业客户提供专业的信息化解决方案，涵盖仓储物流管理、园区物业、制冷设备节能监管，以及供应链产销交易、资金结算、供应链金融、冷链溯源等服务。

通过近四年的沉淀和打磨，团队凝聚了一批顶尖的技术研发人才和优秀的商务运营精英，开发了具有自主知识产权的“前海粤十冷链供应链一体化管理云平台及智慧冷链物流园区一体化管理云平台”系统，在全国各地多个项目获得良好应用，占冷链信息化市场份额全国第一。

（二）发现痛点，不断解决客户需求

伴随信息技术高速发展与制冷技术全面推广，冷链物流行业在我国迅速发展起来，成为物流行业重要组成部分。冷链物流是一种从生产、运输到消费的整个过程都在低温状态进行的物流方式。它以易腐败食品为对象，与一般物流相比，增加了温控环节。该环节加深了信息化运用程度，为提升物流运输效率、保证物流产品质量、提升消费者信赖程度提供技术支持。但是当前我国冷链物流行业信息化程度还相对较低，信息还未发挥出其在推动冷链物流行业可持续发展中的作用。

特别是在国内国际双循环的大趋势以及消费升级的大背景下，国内冷链行业传统的管理模式和信息化程度低的短板，使得行业本身越来越无法满足市场对于高品质和高效率的服务、行业监管、食品安全的要求，以及一些新兴业态如中央厨房、产地直供、生鲜电商等对于行业上下游一体化、供应链线上线下一体化的要求。

能做信息化的不一定懂行业，懂行业的又不知道怎么去做信息化。“前海粤十”成立之初即整合了多家行业头部冷链仓储管理系统服务公司，拥有了一个既了解行业需求特点又有强大技术能力的开发团队。在对冷链行业进行进一步调研，从互联网和供应链金融视角审视行业发展方向后，确定了“以数字技术应用提升行业信息化水平，为行业降本增效，以资源整合建立产业互联网生态体系，并依托大数据应用为行业赋能”的整体战略方向。

（三）创新引领，共促冷链供应链数字化、信息化发展

截至 2021 年 11 月底，“前海粤十”现已服务全国 2000 余家大型冷链企业，其中包括大型国有企业、区域性冷链物流中心、大型海关港口、政府

进口冷链集中监管仓以及国家骨干冷链物流基地，项目遍及全国各省区市、覆盖 B 端商户近 18 万家。与海内外众多知名企事业单位建立了长期稳定的战略合作关系，联合华为、顺丰、腾讯、金证、中国供销社、京粮、华商国际等顶级合作伙伴，从冷链园区的规划、设计、建造施工到园区运营，以及之后的产业资源导入、业务赋能等方面，为客户提供综合服务。“前海粤十”以信息化服务为基础、以冷链物流园区及冷库的运营体系建设和供应链金融服务为切入点，整合产业资源、银行资源和客户资源，致力于构建良性循环的冷链产业互联网生态圈。

四、未来发展规划

《规划》为冷链数字化发展指出了明确的方向和具体要求。冷链信息化将在“十四五”期间获得前所未有的发展机遇，将人们的整体生活品质提升到新高度。“前海粤十”作为冷链管理信息化、数字化领域的引领者，一直专注于冷链行业，不断对冷链行业的需求进行深入分析与理解，也将进一步为冷链供应链赋能，优化升级冷链供应链一体化管理云平台，创新智慧冷链物流综合服务平台的建设和发展，打造中国冷链行业的产业互联网生态平台。

（作者：深圳前海粤十信息技术有限公司）

第九节　国家速滑馆跨临界二氧化碳直冷制冰系统

2020 年我国明确提出 2030 年“碳达峰”与 2060 年“碳中和”目标，“双碳”一词成为社会关注的热点。作为“能源大户”，包括车辆和冷库在内的冷链基础设施运营过程中需要消耗大量能源。“双碳”战略对冷链物流行业可持续发展提出了更高的要求，绿色低碳成为冷链物流发展的新方向。海尔开利在绿色制冷领域的一大标志性项目是国家速滑馆跨临界二氧化碳直冷制冰系统。

一、案例背景

国家速滑馆又名“冰丝带”，是北京 2022 年冬奥会速度滑冰项目的比赛场馆，也是北京冬奥会标志性场馆。冬奥会期间承担速度滑冰项目的比赛和训练，冬奥会赛后将成为以冰雪运动为核心，全面促进全民健身、体育消费的新型城市文体综合体。国家速滑馆整体效果如图 7－15 所示。

图 7－15　国家速滑馆整体效果

资料来源：根据公开资料整理。

国家速滑馆以“冰”和“速度”为象征，主馆建筑面积约 8 万平方米，地下 2 层、地上 3 层，观众座席约 12000 个，是北京目前最大的室内体育场馆。场馆采用 198 米长、124 米宽的世界最大跨度正交双向单层马鞍形屋顶索网，全部使用国产高钒密闭索；拥有亚洲最大的全冰面设计，冰面面积近 1.2 万平方米。同时，冰面可以划分为若干区域，根据不同项目分区域、分标准进行制冰，可同时开展冰球、速度滑冰、花样滑冰、冰壶等冰上运动，也可以形成一个近 1.2 万平方米的完整冰面，开展各种冰上娱乐活动。国家速滑馆冰面分区如图 7－16 所示。

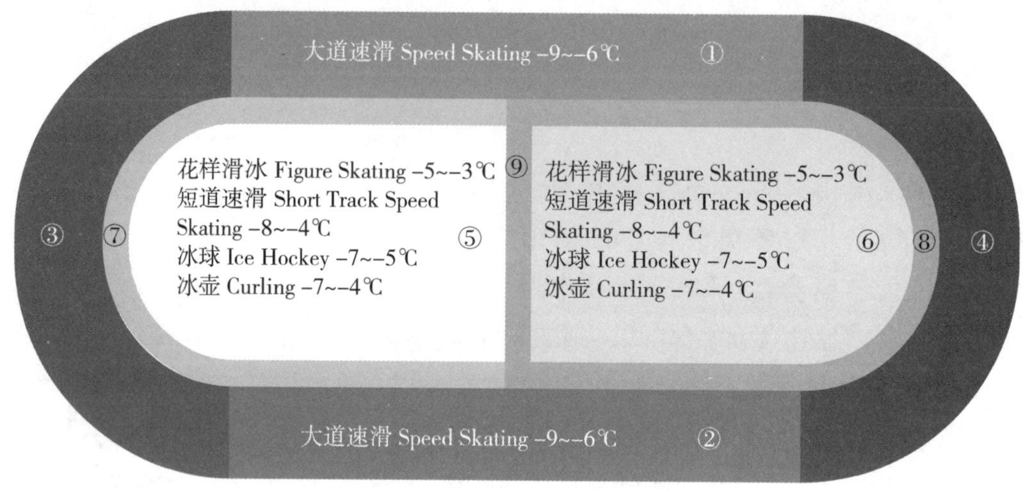

图 7－16　国家速滑馆冰面分区

资料来源：海尔开利。

国家提倡“绿色办奥”的理念在国家速滑馆制冰方案的设计过程中贯穿始终。在制冰方案设计之初，原计划采用 R507 制冷剂，但 R507 的 GWP 值（全球变暖潜能值）高达 3985，属于《基加利修正案》中需要限制使用的制冷剂。为使国家速滑馆场馆的制冰系统更具有环保、可持续性，在国际奥委会和制冰专家的支持下，北京冬奥组委积极研究制冷剂的国际发展趋势和当前实用技术，与国内外制冷行业专家多次会商讨论，最终确定了采用二氧化碳跨临界直接制冰方案。国家速滑馆内部如图 7－17 所示。

二、案例说明

国家速滑馆制冰系统设计制冷量为 3000kW，设计蒸发温度－20℃。共采用 6 台跨临界二氧化碳机组，单台制冷量 600kW。考虑系统冗余，采用“5 用 1 备”的方式。国家速滑馆二氧化碳制冷机组如图 7－18 所示。

跨临界二氧化碳制冷机组处于跨临界运行状态时，压缩机排出的高温高压制冷剂气体进入气体冷却器中，被冷却为中温高压的制冷剂气体，经节流后，成为气液两相进入膨胀罐内。膨胀罐内的液体经膨胀阀节流后进入低压循环桶内，液体被泵入冰场内吸热汽化后回到低压循环桶内，液体继续循环，气体则被压缩机吸入，经压缩后排出，完成循环。

为提升跨临界二氧化碳系统的运行效率，机组同时配置了可调节喷射

图 7－17 国家速滑馆内部

资料来源：根据公开资料整理。

图 7－18 国家速滑馆二氧化碳制冷机组

资料来源：海尔开利。

器，利用气体冷却器出口的高压二氧化碳节流时产生的膨胀功将低压循环桶内部分气体引进膨胀罐内，节约压缩机的压缩功，提高系统的能效。

国家速滑馆制冰系统也充分利用了跨临界二氧化碳制冷系统热回收的优势。由于跨临界二氧化碳系统的高压侧处于跨临界区域，二氧化碳的温度可从120℃下降到10℃左右，因此相对于氟利昂系统的冷凝过程，可以回收系统排出的大部分热量。

国家速滑馆跨临界二氧化碳制冰系统中，高温级热回收的热量主要应用于融冰池融冰、浇冰车浇冰、高温除湿、场馆生活热水以及地盘管防冻。单台机组提供470kW高温级热回收量，可提供60～85℃的热水，最高出水温度可达85℃；提供680kW中温级热回收量，最高出水温度可达60℃。二氧化碳系统热回收应用如图7－19所示。

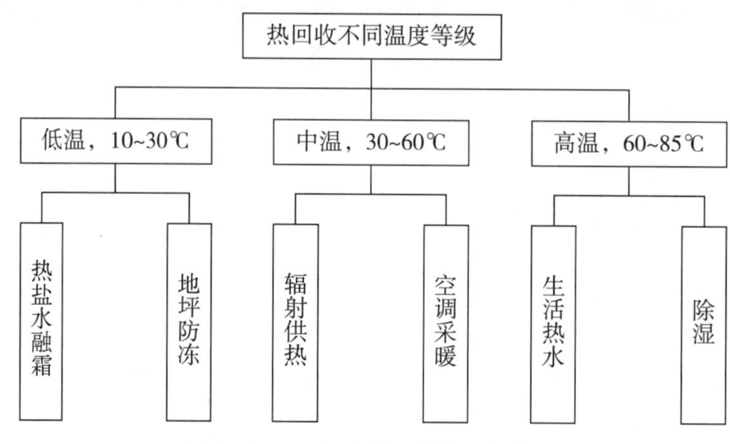

图7－19　二氧化碳系统热回收应用

资料来源：海尔开利。

三、实施效果

国家速滑馆跨临界二氧化碳制冰系统于2020年12月完成设备安装，2021年4月、10月分别举办了国内测试赛和中国公开赛。由于国家速滑馆制冰系统采用的是直冷制冰技术，二氧化碳直接在冰底混凝土内盘管内相变蒸发吸热，管路进出口无温差，保证整个冰面温差可以控制在0.5℃，冰面的硬度均匀、平整，有利于运动员获得好成绩。4月测试赛后进行了冰面温度检测，共30个测温点，其中29个点的温差不超过0.5℃，与理论计算和工程估算基本吻合。

国家速滑馆制冰系统相比于传统制冰技术，节约运行能耗约30%，年制冰可以节约用电近2×10^6kW·h，相当于北京6000个家庭一个月的用电量。制冰过程中产生的余热可以全部回收。速滑馆单台制冰机组分别配置了470kW高温热回收板换和680kW中温热回收板换，可分别提供70℃热水满足浇冰车热水浇冰、高温除湿、生活热水需求，以及 35℃热水满足融冰池融冰、地面防冻胀等需求，年节省供热量约 5400GJ。

国家速滑馆跨临界二氧化碳系统的二氧化碳充注量为 43 吨，系统直接碳排放趋近于 0。对比氟利昂系统，每年直接减少碳排放约 24900 吨、间接减少碳排放约 21000 吨，综合减少碳排放 45900 吨。

（作者：青岛海尔开利冷冻设备有限公司）

第十节　新能源冷藏车发展新趋势

一、冷链物流行业情况

（一）市场环境良好，冷链物流产业进入机遇期

2020 年 1 月至今，新冠肺炎疫情给全国各行各业都带来了不同程度的影响，多数行业受到严重冲击，比如对旅游业、餐饮业、娱乐业等行业来说，疫情防控导致业务需求量大幅减少，许多中小企业倒闭。然而，疫情也促使某些产业逆势发展，冷链物流产业就是其中之一。

减少聚集、居家隔离是阻断病毒传播的有效方法，这催生了“宅经济”，也就是在线买菜、在线教育等一系列在线消费。其中，在线买菜的发展推动了各大生鲜品牌的崛起，也提高了冷链物流的需求。另外，新冠疫苗在全国范围内的大面积接种以及核酸检测的常态化大幅度增加了医疗冷链运输需求。截至 2022 年 5 月 11 日，我国累计报告接种新冠疫苗 33.57 亿剂次，已经完成了大约 115 亿人次的核酸检测。

除新冠肺炎疫情外，经济发展、城市化发展以及消费升级也为冷链物流行业的发展提供了新的机会。具体来说，我国城镇化进程在加速、中产阶级在扩增，城乡居民的消费水平和消费能力不断提高，人们对于食品的要求也不断提高。

综合疫情、城市化发展以及消费升级等情况来看，冷链行业发展进入了机遇期，从数据方向也能够看出冷链行业处在迅速发展的阶段。

（1）2020 年我国冷链物流市场规模达到 3832 亿元，同比增长 13%，

冷链需求总量突破2.65亿吨，同比增长13.69%。

（2）2020年我国冷藏车保有量为28.7万辆，同比增长33.5%。

（3）2020年全国冷库总量达到7080万吨（折合1.77亿立方米），同比增长16.98%。

（二）政策法规推动冷链物流运输高质量发展

近年来，国家逐渐提高了对冷链物流行业的重视程度，国家发展改革委、交通运输部、国务院等部门相继发布多项文件，聚焦解决冷链物流运输行业发展的痛点、难点问题，建议发展畅通高效、智慧便捷、安全绿色的冷链物流体系，为冷链物流行业的发展指明了方向，推动冷链物流运输产业高质量发展。

二、新能源冷藏车发展现状

（一）能源和环保双重压力推动新能源商用车高效发展

从能源方面来说，2021年我国能源消费煤炭占比56%、石油占比18.7%，石油对外依存度高达72%，能源消费结构调整迫在眉睫。

从环保方面来说，根据中国细分行业碳排放数据，道路交通碳排放占比约为12%，成为仅次于燃煤电厂、钢铁、水泥的碳排放行业。2020年9月，我国明确提出2030年“碳达峰”与2060年“碳中和”目标，要求加快降低碳排放，控制化石能源消费，促进新能源和清洁能源发展。同年11月，国务院办公厅印发《国务院办公厅关于印发新能源汽车产业发展规划（2021—2035）的通知》，明确了电动化发展方向不动摇。迄今为止，已经有超过80个城市跟随国家政策脚步出台了新能源相关政策。

汽车领域的新能源化势不可当，商用车的新能源转型更是当务之急。数据显示，商用车只占全部汽车保有量的12%，却贡献了56%的碳排放。然而新能源商用车的发展仍比较缓慢，截至2022年第一季度，乘用车新能源渗透率为22.9%，而商用车新能源渗透率仅为5.6%。因此，商用车的新能源化势在必行但任务艰巨，还需要国家、社会和行业的协同努力，共同实现新能源商用车市场“增量蓝海”。

（二）新能源冷藏车产品情况

截至第 355 批新产品公告，目前累计有 52 家企业共计 126 款冷藏车车型，其中纯电 93 款、混动（含增程式）16 款、燃料电池 17 款。公告数量排行前 10 名的企业如表 7－1 所示。

表 7－1　新能源冷藏车公告 TOP 10 品牌　单位：款

品牌	纯电	混动（含增程式）	燃料电池	总计
东风	8	4	1	13
吉利	6	6		12
福田	4		3	7
广西汽车	7			7
上汽	4		2	6
宇通	5		1	6
瑞驰	4			4
江铃	4			4
长安	4			4
江淮	3	1		4
其他	44	5	10	59
总计	93	16	17	126
TOP 10 企业占比	52.7%	68.8%	41.2%	53.2%

（三）新能源冷藏车市场销售情况

2021 年至 2022 年 3 月，全部冷藏车中轻卡车型占比达到 63.2%。2021 年至 2022 年 3 月冷藏车销量车型分布和新能源渗透率如表 7－2 所示。

表 7－2　2021 年至 2022 年 3 月冷藏车销量车型分布和新能源渗透率

车型	总体销量（台）	新能源销量（台）	新能源渗透率（%）	占比（%）
轻卡	55984	1212	2.2	63.2
中重卡	20272	26	0.1	22.9
微卡	8925	589	6.6	10.1
轻客	2898	118	4.1	3.3
微客	394	81	20.6	0.4
皮卡	73	0	0	0.1
大中客	7	0	0	0

2021 年至 2022 年 3 月，有 29 家企业出售共计 2026 台新能源冷藏车。其中，纯电、混动（含增程式）和燃料电池分别占比 68%、29% 和 3%。

新能源冷藏车销售 TOP 10 品牌如表 7－3 所示。

表 7－3　新能源冷藏车销售 TOP 10 品牌　单位：台

企业	纯电	混动（含增程式）	燃料电池	总计
吉利远程	203	478		681
重庆瑞驰	341			341
广西汽车	227			227
东风	35	82		117
延边国泰	82			82
玉柴	77			77
上汽跃进	46		25	71
宇通	62			62
陕汽	50			50
长安商用	49			49
其他	212	22	35	269
总计	1384	582	60	2026

排名前三的新能源冷藏车企业分别是吉利远程、重庆瑞驰和广西汽车。从市场方面来看，随着需求增加，营商环境持续改善，在政策指引规划及财政支持的大背景下，我国冷链物流市场规模将持续快速增加，特别是新能源冷藏车带来了巨大发展机遇。

三、新能源冷藏车发展趋势

（一）新能源技术路线发展趋势

冷链运输过程中，客户常规痛点为进城受限、排放超标、运营成本高。此外，上装冷机的电能消耗也是影响用户运营成本的关键问题。为此，新能源商用车技术应运而生。

1. 纯电技术

该技术解决了车辆运营成本高、排放污染及噪声等问题，但是也存在续航里程受限、充电时间长、环境和温度适应性差等问题。目前，新能源车的发展在电池技术上还没有得到颠覆性突破，虽然纯电车在距离较短的城配方面表现尚可，但是冷藏车不仅要提供运输动力，还要保证冷机的正常运行，对能源的需求比普通厢式物流车更为庞大。

2. 氢燃料技术

目前，我国氢气的生产及能源应用已经具备了一定的基础，氢能源车辆是未来氢能利用的最主要方向。与锂电池驱动的车辆相比，氢燃料车无污染，电解的化学反应只会产生水，发电率在 50% 以上，续航能力优秀。但是就目前的技术而言，它还处于布局示范过程，存在不安全、制造成本高昂、氢气运输储存困难、技术不完全成熟等问题。

3. 混合动力技术（含增程式混动）

混动车型有效弥补了续驶里程不足和充电时间长的短板，同时又兼顾传统燃油系统与电动系统的优势。因此，推动混动汽车技术迭代更新，对于降低碳排放具有十分现实和积极的意义。

混合动力技术市场认可度高，其中，增程式商用车作为混动领域佼佼者，该产品技术路线兼顾纯电产品及燃油产品优势，取长补短，从能耗上、动力上到续航上，都较燃油车和纯电卡车有明显优势，为客户提供了更优的产品解决方案。特别是选择大增程和大电量技术路线的吉利远程增程式轻卡表现最为突出，其采用“1. 5L 汽油发动机 + 54 度大电池”的技术，使车辆续航里程达到 600 公里，满足客户中短距离运输及临时长距离运输场景需求，该产品技术路线也被行业认为是新能源冷藏车的最佳解决方案。

（二）增程式新能源产品优势

（1）相对燃油产品。增程式商用车属于新能源车辆，相对传统燃油车更节能减排、低碳环保，符合国家政策导向，进城不受限制，并享受免购置税、国家财政补贴；传统燃油冷藏车通常采用怠速或低速运行制冷，油耗高、制冷慢，增程式冷藏车制冷功率大，制冷速度比燃油车快一倍，制冷费用降低了 80%。此外，增程式冷藏车噪声小、不扰民，特别适用于城市小区间运输。

（2）相对纯电动产品。增程式商用车自带高效发动机，车辆运行效率更高，使用时间更灵活，并可以作为应急供电车，对外输出电能；全气候环境、工况适应性强，极端条件下车辆性能不下降，总体适用于 −25 ~ 45℃

海拔不高于3500米的所有地区，更适合设施不完善地区使用和推广；和同类纯电动产品相比电池更小，购车成本更低，底盘自重更轻、布局更合理，有利于提高货物装载量和运输作业效率；电池浅放浅充，电池寿命长、整车残值高于纯电产品，不依赖充电桩，无充电焦虑，续航达600公里，无里程焦虑。

通过对国家法规要求及整车性能、运行距离、工况适应能力、场景应用等方面综合考虑，增程式技术无疑是冷链运输绝佳技术路线选择。该技术极大程度上解决了不同运输工况下运营成本高、运输距离短、运输效率低等关键痛点问题。

随着补贴退坡、电池原材料上涨，增程式车型与纯电动车型相比，其价格差距正在缩小，在市场上迎来新的机遇。然而部分城市对增程式车型存在误解和歧视，导致增程式车型不能够享受纯电动和燃料电池车型同等的待遇，比如平等的路权和补贴，这增加了增程式冷藏车推广和销售的困难。

（三）新能源冷藏车发展趋势

在冷藏车市场中，63.3%的车辆是轻卡车型。伴随国家法规趋严、双碳目标建立及用户的年轻化发展趋势，客户对轻卡产品的安全性、经济性、时效性、舒适性等需求程度逐渐上升。目前受市场上车辆保有量大、运费低以及疫情因素影响，用户关注点集中，未来轻卡冷藏产品将逐渐向新能源化、合规化、智能化、专业化、轻量化及人性化趋势发展。

1. 新能源化，让冷藏车实现高效环保

在“双碳”战略背景下，国家正积极倡导鼓励使用新能源产品，市场驱动及客户年轻化也将加速商用车新能源化。随着政策、法规趋于明朗，冷藏车市场也将逐渐向新能源化转型，致力于打造绿色、节能、高效的冷藏车产品。

2. 合规化，让冷藏车杜绝违规乱象

国家对冷藏车辆的监管要求进一步严格。此前存在用普通箱车运输冷链货物、冷藏车关电运输及冷藏车改装市场混乱等乱象。在《“十四五”冷链物流发展规划》、蓝牌新规、委外改装进一步加强监管的综合影响下，新能源冷藏车迎来全新机遇。新能源冷藏车无论在动力、合规、容积和路权

方面均优于传统燃油车，促进冷链行业向合规化转变。

3. 智能化，未来冷藏车核心竞争力

未来的新能源冷藏车必定向安全智能化、信息智能化、车控智能化、数据智能化等方向发展。目前，易腐产品的冷藏运输率还不高，损耗比较大，物流成本较高。运用高新技术在冷链运输过程中进行全程温度监控，就可以最大限度地减少运输过程中的损耗，保证物品品质，减少浪费，这在降低易腐产品安全风险、促进产业发展方面具有很高的价值。

智能化管理技术依托于物联网设备和平台服务，通过“软硬一体”的协同作业方案，建立生产、加工、仓储、运输、门店销售全链条追溯的信息化监管体系，整合供应链运作过程中实物和业务的实时数据流，提供一体化的供应链可视与优化工具，使冷链运输步入“数智化”正轨，引领智慧冷藏运输进入 2.0 时代。如何将车打造为一个高效、安全的数据载体，是未来各车企应该思考的主要方向之一。

4. 专业化，让冷藏车实现因地制宜

冷藏车作为城配运输的主力军，需要根据区域特性、货物特性持续深耕细分场景，不断提升产品专业化能力，满足不同细分场景需求，为用户提供最佳解决方案。我国冷链运输率与发达国家相比仍有较大差距，未来市场潜力巨大。

5. 轻量化，让冷藏车多拉快跑更赚钱

通过整车科学降重，搭配“底盘 + 厢体 + 冷机”的整车匹配技术，为客户提供一体式轻量化解决方案，使冷藏运输效率更高效、更安全，并能降低能源消耗、提升用户收益水平。

6. 人性化，让冷藏车更具核心竞争力

伴随商用车驾驶员的年轻化发展趋势，产品的舒适度、辅助驾驶及配置功能等人性化设计也逐渐成为提升市场核心竞争力的关键一环，车辆外观颜值、驾乘舒适度、智能娱乐功能等方面已然成为用户购车的重要决定因素。

四、结束语

我国新能源汽车已经迈入政策与市场双轮驱动阶段，伴随着技术逐渐成熟、成本逐渐下降、新能源产品不断优化升级、消费者需求逐渐释放，新能源汽车市场逐渐从政策主导转变为市场主导。

新能源冷藏车的销售应该顺应大趋势，让用户来选择产品，让市场来选择更适宜的技术路线。

（作者：浙江吉利新能源商用车集团有限公司）

第十一节　高标冷库建设助力冷链物流项目高质量发展

一、公司概况

中建三局第三建设工程有限责任公司是中建系统内号码公司中第一家取得“三特三甲”资质的企业，注册资本15亿元，隶属世界500强企业中国建筑的全资子公司。具有房屋建筑工程施工、石油化工工程施工、市政公用工程施工、机电工程施工、电力工程施工总承包和钢结构工程、地基与基础、消防设施工程、建筑装修装饰工程、电子与智能化工程、桥梁工程、隧道工程、建筑幕墙、建筑机电安装等专业承包综合施工能力。同时具备建筑装饰、幕墙、钢结构、建筑智能化、照明和消防工程的甲级专项设计资质。

二、冷链物流项目典型案例

中建三局第三建设工程有限责任公司在工业厂房及物流仓储项目方面有着丰富的总承包施工及管理经验。近年来，积极响应国家关于发展冷链物流产业的政策号召，在原有长期合作伙伴的基础上，主动寻求与大型冷链物流企业的合作，如菜鸟、盒马、优合、国药集团、第一产业集团等，建成了一批具有重要市场地位的冷链物流项目。

（一）盒马鲜生产业基地项目

盒马鲜生产业基地项目示意如图7－20所示。

图 7－20　盒马鲜生产业基地项目示意

资料来源：中建三局。

项目位于上海市浦东新区航头镇。本项目规划用地面积 77632.8 平方米，总建筑面积 10 万平方米。包含 1#自动高架立体库，2#双层冷库，3#双层冷库，4#三层加工中心，物流集散的回车场、停车场等设施。

项目建成后将综合运用 5G、物联网、大数据、云计算、区块链等技术，建设全球最高水平的生鲜商品加工中心、半成品及成品食材研发中心、无人自动化冷链物流中心。项目建成后，预计年产值超过 100 亿元，年处理水果 14.6 万吨、蔬菜 21.9 万吨、鲜肉 10.95 万吨，服务范围覆盖上海各大盒马门店。并与浦东农委、航头镇政府一同打造更高水平的上海“盒马村”和“一村一品”，树立新零售与新农业融合的新标杆。

（二）阿里巴巴数字农业供应链中心项目

阿里巴巴数字农业供应链中心项目示意如图 7－21 所示。

项目位于上海市普陀区。本项目分为东、西两个地块，用地性质为仓储用地，两个地块的总建筑面积 16.26 万平方米，将承担阿里巴巴数字农业批发和结算、智慧仓储与数字农业供应链技术研发等多项重要功能。

同时，建成后的项目将打破中国传统的零散乱的小农模式，建立规模化的数字化农业基地：优质农货原产地直供，让消费者吃上更安全、更有品质的食品；高科技加持的供应链，帮助农民提高种植、流通销售各环节的效率。建成后将成为阿里巴巴集团上海地区最大的仓储物流基地。

图 7－21　阿里巴巴数字农业供应链中心项目示意

资料来源：中建三局。

（三）优合天津智能云仓冷链一体化基地项目

优合天津智能云仓冷链一体化基地项目示意如图 7－22 所示。

图 7－22　优合天津智能云仓冷链一体化基地项目示意

资料来源：中建三局。

项目位于天津市中心渔港核心位置。建设用地面积约 9 万平方米，总建筑面积约 6 万平方米，项目主要由 1#～6# 6 栋冷库、7#综合楼及门卫等附属用房组成。

拟建成集国际贸易、农产品初加工、冷链仓储配送、供应链金融、食品安全监管、代理采购、冷冻肉及水产品展示与交易等业务于一体的综合冷链仓储物流基地。

该项目通过建设数据化高标准智能冷库与智慧物流配送调度系统，实现对冷链生态系统运营管理的升级。智能冷库将全方位导入优合集团信息化规范作业流程，形成领先的智能冷链仓储与管理系统。智慧物流配送调度平台将通过人工智能和大数据分析技术的应用，实现供应链全流程可视化和数据化。

（四）中国生物武汉生物制品研究所新冠疫苗研发实验室与生产车间综合体项目

该项目为中国首家新冠疫苗研发实验室、华中唯一一家 P3 级生物安全型负压超净生产车间，工期 4 个月，在武汉生物制品研究所落成。项目位于江夏区黄金桥武汉生物制品研究所厂区内，由新冠疫苗研发实验室和生产车间两栋单体组成，建筑高度为 22. 5 米，项目建成投产后可满足年产 1 亿剂量的需求。

三、重点项目解析——上海浦东盒马鲜生产业基地项目

项目由上海盒马供应链管理有限公司投资建设，建设工期 19 个月，总建筑面积 10 万平方米，其中仓储及分拣中心面积约 5 万平方米、中央厨房面积约 3. 6 万平方米。

本项目中 1#全自动立体库为钢结构，2#双层冷库、3#双层冷库、4#三层加工中心为钢筋混凝土框架结构。保温体系中，地面采用 XPS 挤塑板和钢纤维混凝土面层，墙面采用金属面 PIR 夹芯板。制冷系统总热负荷约 9000kW，制冷系统数量多，温度控制要求高。制冷机组采用多机头并联低温螺杆制冷压缩机组，制冷剂采用 R507a，桶泵供液，库内采用冷风机加织物风管送风，冷风机采用热氟融霜。

项目实施过程中，中建三局第三建设工程有限责任公司依托自身强大的施工管理能力，大量采用现代化技术进行建造，以保证项目建设工期和工程品质。

（一）BIM技术应用

项目开工前组建了经验丰富的BIM深化小组，综合运用Revit、Takla、Navisworks、Fuzor等软件，快速完成了完整的钢结构、建筑、机电模型。

在各专业建模的基础上，分别完成钢结构受力分析，直接用于指导钢结构厂家构件生产；完成冷库保温库板与建筑结构碰撞检测，保温库板定尺生产，最大限度减少了损耗，并保证了冷库优异的隔热性能；完成机电管线综合排布，减少现场机电管线因碰撞引起的返工，在加快施工进度的同时，提高了机电管线的安装质量；同时还完成吊顶综合天花排布图、项目漫游动画、关键施工工艺三维节点图等，保证成型效果与业主期望一致。同时BIM团队将施工过程中的变更实时更新到模型内，确保BIM综合图百分百指导现场施工，保证现场施工进度和质量。项目效果如图7－23所示。

分拣中心BIM效果

内月台BIM效果

图7－23　项目效果

资料来源：中建三局。

（二）装配式结构技术应用

为节约社会资源，唱响绿色工程，项目响应国家号召，主体结构采用现浇框架柱、预制混凝土主梁、钢次梁和钢筋桁架楼承板的无支撑框架结构体系施工工艺，最大限度节约了社会资源，以最高 60% 的预制率，快速推进项目施工。

预制件尺寸及特性的标准化能显著加快安装速度、缩短建筑工程的施工进度，大大缩短工期，使得现场安全风险的时间、空间占比也大大降低。在掌握了 PC 梁、桁架板等预制产品或者半成品比较成熟的应用技术后，公司在条件允许的情况下，越来越倾向于这种方式，让业主以更低的成本来更快地实现经济效益。预制构件精准吊装如图 7－24 所示。

图 7－24　预制构件精准吊装

资料来源：中建三局。

四、成果推广，服务更多优质客户

冷库的建设意味着高成本的投入，同样规模的冷库的造价至少是普通仓库的两倍。冷库的制冷及保冷效果更是长期直接影响运营成本和货物品质。中建三局三公司通过多年的项目经验积累与总结，已培养了大量经验丰富的项目管理团队，形成一批先进的技术成果。我们期盼与更多行业内领头企业合作，为国家“十四五”冷链物流发展规划添砖加瓦。

（作者：中建三局第三建设工程有限责任公司）

第十二节　进入冷库节能新时代

一、发展环境

新冠肺炎疫情之后，冷链行业加速发展，同时政府出台相关政策意见为行业发展带来良好政策环境，电商冷链物流系统的发展以及食品加工企业产能扩充，从需求侧面驱动冷链设备的市场增容。冷链物流的主要设施包括冷库或低温物流中心、生鲜食品加工中心（包括中央厨房）、冷藏运输车、超市陈列柜等。而在冷链物流的所有环节中，冷库是最核心的设施。随着人们生活水平的日益提高，中国居民消费能力持续增强，对冷冻冷藏食品的需求越来越大；以及社会对食品安全的关注加强，很多食品需要在生产、储存、运输等全过程进行温控，促进了对冷库需求的增加。

在2021年冷冻冷藏市场，汉钟精机半封闭螺杆压缩机有30%以上的增长，主要是由于冷链是国家内循环策略的一个重要载体，资本市场也在持续关注与进入该市场，加之电商物流头部企业的积极布局，使终端消费需求逐渐打开，也引导冷库市场与食品加工市场的持续扩容，从而使得整个冷冻冷藏市场保持两位数的稳定增长。此外，因为汉钟精机坚持对冷冻冷藏市场的投入，近年来汉钟精机冷冻冷藏产品在品质、能效、应用领域等多方面皆得到市场的认可，也让汉钟精机冷冻冷藏产品保持了稳定增长。

谈及“双碳”政策的发展方向，“双碳”政策涉及人类的未来，也关乎我国的战略安全，是一个正确的方向。压缩机产品作为制冷系统的心脏，优化压缩机产品性能可以从根本上提升整个制冷系统的效率，所以汉钟精机一直把高效当作产品发展的一个重要因素进行考量，也投入了各种资源以求达到高效的目标。

二、节能高效压缩机解决方案

目前汉钟精机在冷冻冷藏市场推出的宽温区双级机以及宽温区双级变频机较市场上常规压缩机在冷冻库、速冻库、速冻机应用的能效能提升 20% ~30%，从根本上提升系统能效，得到了众多项目应用的验证。该高效技术符合我国双碳政策的发展趋势，也受到了市场的欢迎。汉钟高效螺杆机如图 7 –25 所示。

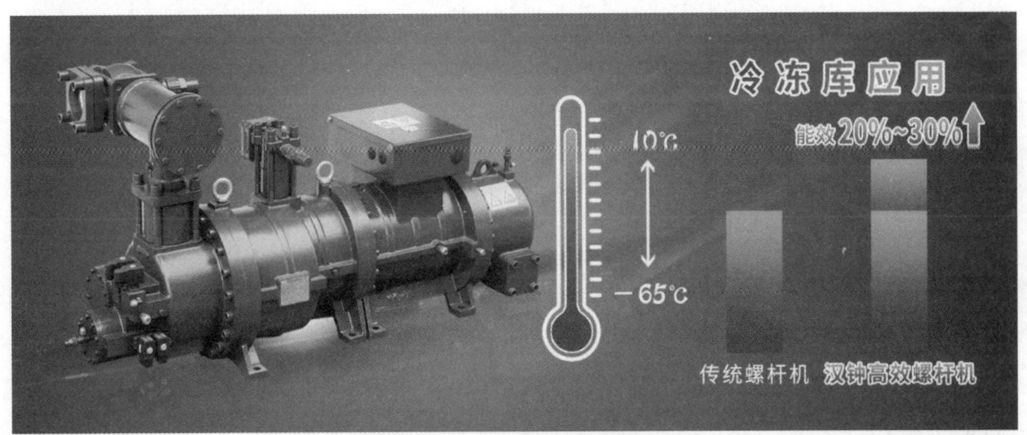

图 7 –25　汉钟高效螺杆机

资料来源：汉钟精机。

随着《冷库设计规范》（GB 50072—2021）以及《冷库施工及验收标准》（GB 51440—2021）的发行，采用 NH_3 与 CO_2 环保工质的制冷技术方向成为新的热门话题，针对 CO_2 复叠技术是否适合全面推广，汉钟精机认为没有一种技术或产品可适用于各种应用场景。以 CO_2 复叠技术为例，单从能效来看，在速冻机应用时，该技术较单级压缩技术的能效有明显优势，较双级压缩技术的能效相当，但较双级变频技术的部分负荷综合能效明显要低；在冷冻库与速冻库应用时，该技术较单级压缩技术的能效相当，较宽温区双级技术的能效明显要低；在高温库应用时，该技术便不再适用。

针对单纯环保工质优先的项目，NH_3/CO_2 系统具有无可争议的优势；但对于大多市场性的项目，需以项目需求来选用合适的系统方案。低温冷藏库制冷系统方案满载性能对比如表 7 –4 所示。

表 7－4　　低温冷藏库制冷系统方案满载性能对比

－20℃冷藏库650kW	R507 单级	R507 单级/CO_2复叠	R507 单级/CO_2载冷	R507双级	R507双级变频	R507双级/CO_2载冷	R507双级变频/CO_2载冷
压缩机配置	某品牌单级螺杆125 匹 ×4 ECO	某品牌单级螺杆160 匹 ×2 + 活塞压缩机 ×6	某品牌单级螺杆160 匹 ×4 ECO	汉钟宽温区双级螺杆150 匹 ×2 ECO	汉钟宽温区双级变频螺杆160 匹 ×2 ECO	汉钟宽温区双级螺杆180 匹 ×2 ECO	汉钟宽温区双级变频螺杆200 匹 ×2 ECO
工况	蒸发温度－28℃/冷凝温度35℃	蒸发温度－28℃/中间冷凝温度－3℃/中间蒸发温度－6℃/冷凝温度35℃	蒸发温度－31℃/载冷温度－28℃/冷凝温度35℃	蒸发温度－28℃/冷凝温度35℃	蒸发温度－28℃/冷凝温度35℃	蒸发温度－31℃/载冷温度－28℃/冷凝温度35℃	蒸发温度－31℃/载冷温度－28℃/冷凝温度35℃
冷量（kW）	640.8	658.8	711.2	677.2	666.8	723.2	686.8
功率（kW）	353.6	339.4	429.2	288.2	313.4	325.8	343.8
COP	1.81	1.94	1.66	2.35	2.13	2.22	2.00
方案选择	100%	107%	92%	130%	117%	122%	110%
				√	√	√	√

注：以 R507 单级螺杆 COP 为基准。

资料来源：汉钟精机。

（1）皆采用单级压缩技术时，R507/CO_2复叠系统能效 > 纯 R507 系统能效 > R507/CO_2载冷系统能效。

（2）对于非环保优先的项目，采用纯氟系统时，R507 宽温区单机双级压缩系统较常规 R507 单级螺杆系统能效有明显优势。

（3）对于环保优先的项目，采用 CO_2复合系统时，R507 宽温区单机双级压缩/CO_2载冷系统较 R507 单级压缩/CO_2复叠系统能效有明显优势（复叠系统中再采用单机双级压缩技术对能效基本没有提升效果）。

综上，从节能方面来看，不论是环保优先的项目抑或非环保优先的项目，采用宽温区单机双级压缩技术皆在能效方面有一定优势。宽温区双级定频压缩机与宽温区双级变频压缩机各负载性能对比如表 7－5 所示。

表 7－5　宽温区双级定频压缩机与宽温区双级变频压缩机各负载性能对比

150 匹宽温区双级定频压缩机——滑阀容调												
负载位置	30%	38%	40%	50%	60%	63%	70%	75%	80%	88%	90%	100%
制冷量（kW）	44. 82	54. 55	57. 79	68. 69	83. 16	85. 95	94. 3	100. 4	106. 5	115. 65	118. 7	131
功率（kW）	74. 96	75. 4	75. 55	76. 16	80	80. 83	83. 3	85. 1	86. 9	89. 3	90. 1	94. 4
COP	0. 6	0. 72	0. 76	0. 9	1. 04	1. 06	1. 13	1. 18	1. 23	1. 3	1. 32	1. 39
160 匹宽温区双级变频压缩机——变频容调												
负载位置	30%	38%	40%	50%	60%	63%	70%	75%	80%	88%	90%	100%
制冷量（kW）	42. 29	52. 23	56. 31	72. 66	87. 02	90. 61	102. 42	110. 29	117. 1	127. 31	130. 79	144. 69
功率（kW）	35. 48	39. 96	42. 2	51. 17	60. 12	62. 36	70. 06	75. 2	80. 31	87. 97	90. 83	102. 27
COP	1. 19	1. 31	1. 33	1. 42	1. 45	1. 45	1. 46	1. 47	1. 46	1. 45	1. 44	1. 41
COP（能效）对比——变频容调/滑阀容调												
容调位置	30. 00%	37. 50%	40. 00%	50. 00%	60. 00%	62. 50%	70. 00%	75. 00%	80. 00%	87. 50%	90. 00%	100. 00%
COP	1. 98	1. 82	1. 75	1. 58	1. 39	1. 37	1. 29	1. 25	1. 19	1. 12	1. 09	1. 01

注：以上对比工况为 R507 制冷剂，蒸发/冷凝为－45/35，过冷/过热为 0/10，带经济器。

资料来源：汉钟精机。

由表 7－5 可知，与定频技术相比，采用变频技术可大幅提升压缩机在低温工况低负载下的运行性能。

三、项目案例

该项目为山东某 CO_2 载冷冷库建设，库温需求为－20℃，设备应用为冷藏库（R507/CO_2 载冷系统），储存货物为蔬菜和水果，包装材料为纸箱、编织袋，共有 1#～4#库四间冷藏库。山东某 CO_2 载冷冷库项目尺寸如表 7－6 所示。

表 7－6　山东某 CO_2 载冷冷库项目尺寸

单库尺寸			冷藏库数量（间）
长（m）	宽（m）	高（m）	
58	18	8.5	4
单库面积（m^2）	单库容积（m^3）	总面积（m^2）	总容积（m^3）
1044	8874	4176	35496

资料来源：汉钟精机。

该冷库属于中大型冷库，采用汉钟精机 LT－S－V 系列 160 匹宽温区双级变频压缩机，冷库末端蒸发器采用的顶排管布局，若采用直接制冷系统会导致氟利昂充注量较大，因此采用 R507/CO_2间接制冷系统，大幅降低氟利昂充注量。通过载冷剂与制冷机组的蒸发器换热，从而带走冷库内物品的热量。CO_2系统完全洁净，无冷冻油残留，运行换热效果远优于传统氨或氟系统，降温快，同时无须考虑制冷末端残留冷冻油的处理问题；载冷系统换热面积不会减少，同时采用宽温区双级变频压缩机根据库内负荷实时调节压缩机负载，在实现节能的同时保证库温需求。

用户反馈：全自动控制，相较于厂内旧的氨开启设备使用方便很多。在安全性、气味等方面提升很多，运行电费低，除霜周期长，稳定性好，使用无不良反馈，且二期项目依旧采用该类系统。

环保效益：现场使用 CO_2低压循环桶 5.8m^3，相比于 R507 桶泵系统，因采用的 R507/CO_2载冷系统，故系统大幅降低了 R507 的充足量，从而大幅降低了温室气体效应。

能效收益：采用了汉钟宽温区双级变频压缩技术，节能效果明显。载冷端使用 CO_2作为载冷剂时，由于 CO_2优良的性能，具有冰点低、黏度小的特点，可减少载冷剂输送过程中的压力损失，泵功率可节约 90%，载冷剂分布更均匀，并且蒸发器无油膜覆盖，换热效率高。因此即使载冷存在一定的换热温差，但使用 R507A 宽温区双级压缩节能技术和 CO_2载冷的组合，相较于各种 CO_2复叠技术能效皆有一定优势。

蒸发器形式采用顶排铝排管，管径为 25mm，采用双管制热气融霜设计。使用 CO_2 作为载冷剂，由于 CO_2 热容量非常大、换热效率高，因此蒸发器的换热温差小，设备运行两年多仍无须除霜。由于除霜周期长、货物干耗少，储存水果、蔬菜等产品时，减少了果蔬水分流失，保障了货物的价值，且项目电费极低。项目运行情况分析如表 7－7 所示。项目冷库实景如图 7－26 所示。项目冷库内部实景如图 7－27 所示。

表 7－7　　项目运行情况分析

2019 年 10 月至 2020 年 9 月运行费用分析表					
库容积（m^3）	食品密度（kg/m^3）	容积利用系数	库容量（吨）	储存量（%）	日储吨位（吨）
35496	350	0. 62	7703	95	7318
月份	月耗电量（kWh）	月运行天数	吨耗电（kWh/吨·天）		平方耗电（kWh/m^2·天）
10 月	29584	31	0. 1239		0. 2285
11 月	18835	30	0. 0815		0. 1503
12 月	18775	31	0. 0786		0. 1450
1 月	14944	31	0. 0626		0. 1154
2 月	17390	28	0. 0806		0. 1487
3 月	22203	31	0. 0930		0. 1715
4 月	23808	30	0. 1030		0. 1900
5 月	29101	31	0. 1219		0. 2248
6 月	38183	30	0. 1652		0. 3048
7 月	35205	31	0. 1474		0. 2719
8 月	40459	31	0. 1694		0. 3125
9 月	34741	30	0. 1503		0. 2773
2019 年 10 月至 2020 年 9 月	323228	365	0. 1150		0. 2121

资料来源：汉钟精机。

图 7－26　项目冷库实景

资料来源：汉钟精机。

图7－27　项目冷库内部实景

资料来源：汉钟精机。

综合分析，此项目食品厂冷库，采用R507A宽温区双级压缩节能技术、变频技术和CO_2载冷技术，蒸发器采用顶排管，理论满载能效较纯氟单级桶泵系统高20%左右，运行费用极低，主要原因是该冷库属于出口类生产性冷库，货物周转量较小，且属于改造项目，进一步提高了全负荷综合运行能效。用户对比后发现新系统节能效益十分明显。

四、未来展望

机遇与挑战并存，创新发展正当其时。汉钟精机的愿景是成为行业的领导品牌，汉钟精机也一直以此为目标进行产品发展与市场布局，希望通过高效技术引领行业升级，与行业上中下游多方共同发展，同时能在此过程中为行业的双碳转型作出更多贡献。愿汉钟精机乘时代之翼，不断竭诚创新，为制冷事业继续奋斗，为制冷环境带来纳凉春风！

（作者：上海汉钟精机股份有限公司）

第十三节　双碳趋势下的冷藏车标贴低碳环保方案

一、前言

2021 年 2 月 22 日，国务院发布了《国务院关于加快建立健全绿色低碳循环发展经济体系的指导意见》，提出建立健全绿色低碳循环发展经济体系，促进经济社会发展全面绿色转型，是解决我国资源环境生态问题的基础之策。

2021 年 11 月 2 日，中共中央、国务院发布了《中共中央 国务院关于深入打好污染防治攻坚战的意见》，提出的主要目标是到 2035 年，广泛形成绿色生产生活方式，碳排放达峰后稳中有降，生态环境根本好转，美丽中国建设目标基本实现。

在此大背景下，各行各业都在寻求业内变革，积极响应国家低碳绿色发展政策。冷链物流行业也在从产业链的各个环节探讨、分享新技术与新工艺的应用和推广。基于未来“绿色中国，品牌中国，数字中国”的发展趋势，本文从冷链物流行业冷藏车的车体标识品牌商业价值、标识实施方案等角度，分析冷藏车标识贴膜（以下简称标贴）工艺低碳环保优势，希望能在业内引起思考和探索。

二、低碳环保趋势下冷藏车标识的油漆替代方案

长期以来，车体标识或广告都是采用喷漆工艺来完成，随着国家对于 VOC（挥发性有机化合物）无序排放的大力整治，车标喷漆受到越来越多的限制。

（一）喷漆工艺与标贴工艺的成本分析

从技术角度来讲，标贴工艺快速方便，为了分析两种工艺的区别，我们从施工工艺的复杂程度和时效性两方面进行了对比：车体标识喷漆工艺包含打磨清洁、遮蔽、油漆准备、喷漆、遮蔽移除和油漆干燥等步骤，我

们观察记录的整个过程用时为1470分钟；对于同样的企业车队标识方案，如果采用标贴工艺，则包含车体清洁、贴膜施工和后处理3个步骤，约10分钟就可以完成标识贴膜任务。

3M喷漆工艺与标贴工艺成本对比如图7－28所示。

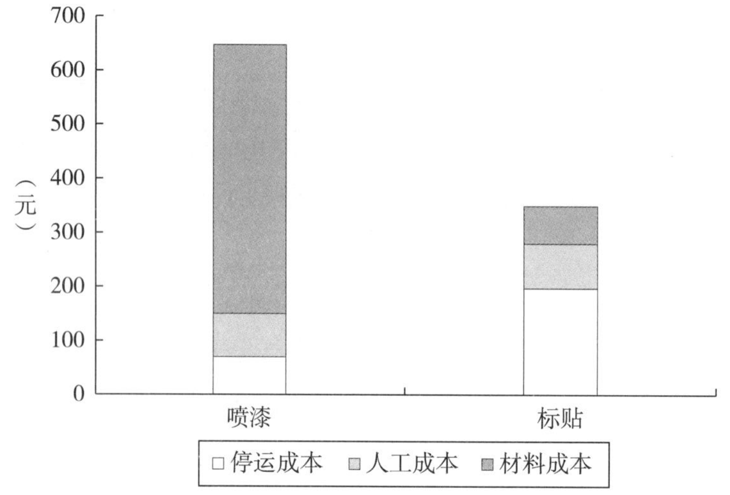

图7－28　3M喷漆工艺与标贴工艺成本对比

资料来源：3M（中国）。

（二）车标合规喷漆工艺所面临的实施难度及其与标贴工艺的成本分析

《中华人民共和国大气污染防治法》第四十五条规定："产生含挥发性有机物废气的生产和服务活动，应当在密闭空间或者设备中进行，并按照规定安装、使用污染防治设施；无法密闭的，应当采取措施减少废气排放。"

国家严控喷漆房的数量及其在市区的分布，申请建设的流程非常严格和复杂，导致合规喷漆房的整体设备投资大，建设费用或者租用费用都很高。现有的能够进行冷藏车车标喷漆的合规喷漆房数量很少，而且都分布在远离市区、偏僻的郊野。因此，对数量巨大、分布分散的车辆进行车体标识喷漆时，会产生诸多的费用。3M车体标识合规喷漆工艺和标贴工艺成本对比如表7－8所示。从表中可以看出，车辆往返喷漆房所发生的交通费用及时间所带来的运营损失，以及租用合规喷漆房的费用等构成的总体成本，是大于标贴工艺方案的。因为标贴工艺可以在车辆停放场地进行安装施工，或者可以在车辆进行货物装卸的过程中进行，实施难度低，对车辆的运营影响很小。

表 7－8　　3M 车体标识合规喷漆工艺和标贴工艺成本对比

	加工工艺明细	喷漆	标贴
时间明细	往返喷漆房增加时间（小时）	1	0
	往返喷漆房路程（公里）	10	0
	现场施工时间（小时）	4	2
	油漆固化时间（小时）	4	0
单位费用	往返喷漆房费用（元/公里）	1	0
	车辆运营租用费用（元/小时）	100	100
成本明细	材料及人工成本（元/台车）（客户的显性成本）	1200	1500
	施工造成停运成本（元/台车）（客户的隐性成本）	800	200
	合规喷漆房租用成本（元/台车）（环保合规成本）	250	0
	往返喷漆房路程费用（元/台车）（环保合规成本）	10	0
	往返喷漆房停运成本（元/台车）（环保合规成本）	100	0
总体成本		2360	1700

资料来源：3M（中国）。

（三）基于冷藏车使用年限的标贴差异化方案

短期广告的使用时间一般为 1 年，中期广告的使用时间一般为 3 年，长期广告的使用时间一般为 5 年以上。根据时间需求的不同，3M 商用解决方案部可以提供不同使用年限和质保年限的标贴材料方案进行匹配。同时，也可以根据企业品牌宣传的需求，选择不同的冷藏车标贴设计、加工及安装方案。

1. 单色油漆标贴代替方案

对于简单的冷藏车标识，可采用企业品牌相关彩色标贴材料模切或电脑雕刻，进行多余材料排废及表面加覆转移纸，即可将传统喷漆工艺中的大部分现场烦琐操作在加工厂完成；对车体进行清洁及平整化处理后，利用简单的施工工具即可快速完成贴装；贴装后的冷藏车铸造级标贴材料可以保持 5～7 年的户外耐久性，完全能够满足车辆全生命周期的标识作用。常用的标贴材料可以为白色、透明色或者彩色，完全可以满足冷藏车对于各种标识色彩的要求。

2. 彩色画面标贴广告方案

快速发展的印刷技术及数码打印技术，使得在标贴上面制作色彩丰富、内容个性的画面成为可能，加上冷藏车品牌营销方式的多元化、数字化需求，越来越多的冷藏车车身开始加装除企业标志之外的品牌宣传画面，这些画面极具品牌辨识度、产品差异性，已经获得越来越多的应用。3M 可定制化画面标识如图 7－29 所示。

图 7－29　3M 可定制化画面标识

资料来源：3M（中国）。

3. 安全、多功能型标贴方案

当车队标贴可以满足最基本的企业标识、广告宣传作用后，人们会基于现有产品，希望有更多功能性的标贴方案可以在车队中应用。目前获得较多应用的是车身的反光标贴，白天具有普通 PVC 材料的标识功能，夜间受到光线照射的情况下，可产生易于识别的夜间反光作用，从而增加了车体标识在夜间的安全性能。而此类反光、可数码打印及具有“多彩反光性”的应用，又突破了传统车体油漆工艺的局限。

目前，国内物流、快递及冷链物流企业对于以上 3 种新型的车体标贴方案都有广泛的应用，也取得了很好的市场反馈。3M 可打印反光车身画面贴膜如图 7－30 所示。

三、标识的重要性及品牌商业价值

企业车队的车体标识因为数量大、形式统一，被称为企业“路上流动的广告牌”，具有非常重要的品牌展示作用。国外企业车队除了使用标贴实

图 7－30　3M 可打印反光车身画面贴膜

资料来源：3M（中国）。

现品牌标识性，更多的是利用车队天然、自有的媒体属性，进行广告宣传，取得巨大的广告收益。对于数量不断增多的冷藏车，通过内容设计及车体标识的贴装，同样也可凸显非常重要的品牌价值。

作为新型的低碳环保解决方案，标贴工艺有四大优势。

（1）绿色环保。传统的喷漆工艺所使用的油漆，可能会释放出大量的有毒有害物质，会逐渐被环保的标贴工艺替代。

（2）更丰富的画面呈现。车体贴膜画面多采取数码打印的方式进行制作，可以制作更加复杂和个性化的宣传画面。

（3）工艺简单，节省企业成本。通常来讲，冷藏车辆在交付冷链企业后，可在货运场内的停车场集中进行标贴施工。其安装速度快，对车场工作环境不会产生气雾或灰尘的影响，对车辆的正常运营影响也很小。此外，标贴的更换也非常容易，标贴材料一般采用可移性的压敏胶，撕除简单而且对冷藏车漆不会产生较大影响。

（4）不易褪色，保质期长，统一性好。传统的喷漆受操作人员的技术水平、外界环境等的影响较大，在图案细节的处理上很难做到统一；同时也很容易掉色，很难达到企业预期的宣传效果。而标贴工艺则是通过印刷制作，能够达到图案统一、颜色统一，而且保质期长。

（作者：3M 商用解决方案部）

第十四节　挤塑聚苯板（XPS 板）产品在冷库中的应用

工欲善其事，必先利其器。随着冷链物流基础设施的不断完善，近五年来我国冷藏车保有量和冷库容量连续保持 10% 以上的年增长速度。冷链行业已经逐渐向智能化、科技化、自动化方向转型升级，多数企业的研发投入占比不断提高，冷链企业正在向技术密集型方向转变。巨大的市场空间催生了冷链技术装备产业的快速崛起。其中，冷库耗电量大，而围护结构、隔热层的传热量占冷库总热负荷的20%～35%，故冷库围护结构的保温结构设计至关重要。冷库保温设计主要是为了阻止外界的热量渗入冷库内，减少围护结构的热负荷可以达到节能的目的。冷库保温材料既要有良好的隔热性能，又要经济实用。

挤塑聚苯板（XPS 板）具有导热系数低、容重小、吸水率小等特点，广泛用于冷库围护结构。挤塑聚苯板具有致密的表层及闭孔结构内层，具有很好的保温性能，由于其内层的闭孔结构，抗湿性较好，在潮湿的环境中仍能保持良好的隔热性能，目前是我国冷库保温材料的首选。

据此，孚达公司针对冷链物流系统开发了全新一代挤塑聚苯板系列产品——孚达酷板。其采用国际领先的绿色原料及添加剂，是通过公司自主研发的独特二次发泡技术生产出的低应力低导热环保型挤塑聚苯板，完美适应低温、潮湿、冻融环境，具有长效节能、降低运维成本等特点。目前孚达公司的 XPS 板产品已经应用于义乌综合保税区一阶段（物流仓储一期）冷库制冷系统工程中。该项目规模较大，对产品环保性能、导热系数、抗压强度等关键技术指标要求较高。

孚达酷板具备以下几个优势。

（1）保温隔热。采用气相导热系数低的新型发泡剂生产的孚达酷板具有更低的导热系数，常温 25℃时低至 0.024 W/（m · K）；低温 -20℃时，低至 0.022 W/（m · K）。孚达酷板长期保温稳定，充分满足食品、药品等在冷库储存和冷藏车长途运输过程中的保冷保鲜要求。

（2）长效耐久。孚达酷板具有良好的保温效果，优于大部分保温材料，对于降低冷库运维成本、延长冷库寿命起到重要作用。

（3）防潮抗渗。运用孚达自主研发的二次发泡技术，孚达酷板发泡更完全，蜂窝状泡孔结构更细密，吸水率低于 1%，水蒸气渗透系数小于 2.0 ng/（m · h · Pa）。

（4）高强抗压。孚达酷板抗压最高可达 1200 kPa，超强稳定的承载力为冷库增大设计容量和整体系统的稳定性提供技术支撑，可满足多种承压需求。

（5）绿色安全。孚达酷板使用全新 GPPS（通用级聚苯乙烯）原料，采用环保型阻燃剂，不含甲醛、重金属等，绿色环保。

(6) 尺寸稳定。在严格的品控条件下，孚达酷板的质量轻巧、性能稳定，不易变形，可有效提升冷库保温系统的稳定性和耐用性。

冷库建筑的内外环境温差很大，水汽渗透压力严重，使应用于冷库建筑的保温材料面临着较为严峻的考验。XPS 板在冷库建筑中的应用优势明显，可应用于多种部位，包括冷库地面、内外墙体、屋顶或吊顶等。

（作者：广州孚达保温隔热材料有限公司）

第十五节　商超连锁冷链物流服务新实践

一、案例背景

上海快行天下供应链管理有限公司（以下简称快行天下）是一家集多温层仓储、冷链物流运输、食品流通加工、供应链方案设计为一体的综合性供应链服务企业，公司总部位于上海。截至目前，快行天下已在全国建立 29 个多温层配送中心，服务商超客户 800 余家。2021 年获得菜鸟网络投资，加大冷链 B2C 能力建设，聚焦连锁渠道商、品牌生产商，提供从产地端到渠道端的线上线下“一盘货”的供应链物流服务。运营网络覆盖全国 260 个城市，节点涉及华东、华南、华北、华中、西南、西北六大区域运营中心。

快行天下作为大润发的全国冷链物流服务商，多年来为大润发进行低温及冷冻商品的仓配服务。

二、解决方案

快行天下生鲜物流加工中心按照大润发的标准，进行了合理、合规的生产布局，秉承着大润发的发展使命，最大限度地保证产品的新鲜度和品质，将“安全、安心”的生鲜农产品供给消费者。

生鲜是大润发聚焦的核心品类之一，快行天下生鲜物流加工中心将持续提升生鲜加工能力，让大润发的生鲜业务获得规模化增长。快行天下的大润发冷链物流项目实景如图 7－31 所示。

图 7－31　快行天下的大润发冷链物流项目实景

资料来源：快行天下。

三、实施效果

快行天下通过“产地＋仓＋网＋配”的标准化实施，打通生鲜供应链整个闭环，形成产业规模效应。通过提供一体化供应链服务，快行天下帮助大润发实现生鲜农产品的冷链一站式直达，保障大润发生鲜农产品质量安全和时效稳定。

同时，快行天下供应链获得了菜鸟的战略投资，未来将会为更多的阿里生态伙伴及其他线上线下商家提供全国性冷链服务，重点升级全国冷链基础设施。

（作者：上海快行天下供应链管理有限公司）

第八章　冷链物流资料汇编

本章共分为三节。第一节测算了2021年冷链物流领域的社会关注指数，第二节详细汇总了2021年冷链物流相关政策，第三节回顾了2021年冷链物流标准情况。

第一节　2021年冷链物流社会关注指数

一、冷链物流社会关注指数测算体系说明

为了更加清晰完整地展现一定时期内冷链物流行业出现的新热点、新趋势，中物联冷链委研究中心结合冷链物流行业特点，进行了2021年冷链物流社会关注指数测算。

2021年，冷链物流社会关注指数体系由常规指数测算和专题指数测算两部分组成。常规指数涵盖了冷链行业发展的基础要素，包括：冷链基础设施、冷链运输车辆、冷链企业动态、冷链技术创新等基本内容。专题指数是对特定时期内冷链物流行业重要热点事件进行分析研究，本年度专题指数选择“冷链疫情防控”和“‘十四五’冷链发展”这两个主题进行专题指数分析。

需要说明的是，冷链物流社会关注指数体系的基础数据分为两部分：政策相关数据和新闻资讯数据。其中，政策相关数据来源于国务院政策文件库、国家各部委、各省区市地方政府及相关部门官方网站整理得到；新闻资讯数据来源于中物联冷链委，针对新闻舆情数据进行定时采集分析。2021年冷链物流社会关注指数体系如表8－1所示。

表 8－1　　2021 年冷链物流社会关注指数体系

测算内容	所属板块	内容说明
行业关注指数	常规指数测算	针对冷链基础设施建设（含冷库等）、冷链企业动态等新闻报道、政策内容进行测算分析
冷链车辆关注指数	常规指数测算	针对冷链车辆通行优惠、新能源冷链车辆研发等相关冷链车辆政策、新闻报道内容进行分析
冷链技术关注指数	常规指数测算	针对冷链技术相关政策导向、新闻报道进行测算
冷链疫情防控关注指数	专题指数测算	针对当前冷链疫情防控动态及政策动向的新闻报道和政策内容进行测算
“十四五”冷链发展关注指数	专题指数测算	针对“十四五”冷链相关政策和新闻报道数据进行分析

资料来源：中物联冷链委。

二、冷链物流社会关注指数测算逻辑说明

在进行冷链物流社会关注指数计算时，遵循以下测算逻辑：基础数据来源于官方数据库和中物联冷链委数据库，R 表示最终计算得到的社会关注指数，Y_i 表示主题热度值，b_i 表示权重系数，将冷链热点主题的数据进行加权汇总计算后即可得到该主题的社会关注指数，指数范围为 0～100，数值越大，代表该主题受关注程度越高。在测算模型的设计过程中，考虑将标准化公式参数 a_i 设置为 1.05 与 1.10，x_i 表示该主题的多种数据来源合成系数，其权重系数 b_i 均设置为 0.5，具体测算公式如下所示。冷链物流社会关注指数测算逻辑如图 8－1 所示。

$$R = Y_1 \times b_1 + Y_2 \times b_2 \tag{1}$$

$$Y_i = \left(\frac{2}{1 + a^{-x_i}} - 1\right) \times 100 \tag{2}$$

$$b_i = \begin{cases} b_1 = 0.5 \\ b_2 = 0.5 \end{cases} \tag{3}$$

$$a_i = \begin{cases} a_1 = 1.05 \\ a_2 = 1.10 \end{cases} \tag{4}$$

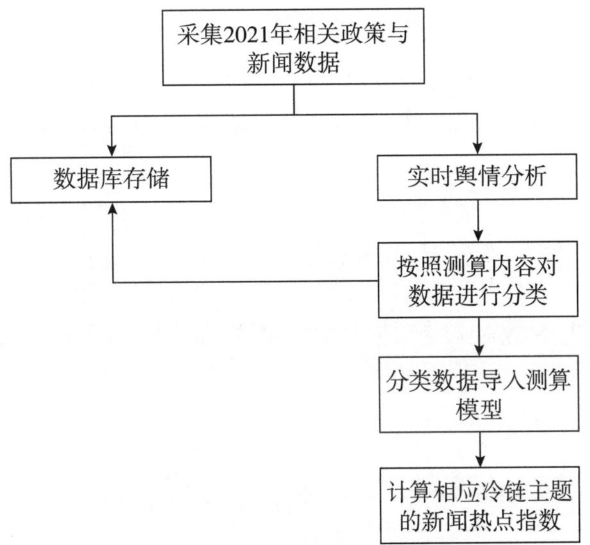

图 8－1　冷链物流社会关注指数测算逻辑

资料来源：中物联冷链委。

三、2021 年冷链物流社会关注指数

依据上述逻辑，中物联冷链委针对冷链物流社会关注指数体系进行测算，结果如下。

（一）冷链物流行业关注指数

冷链物流行业关注指数如图 8－2 所示。

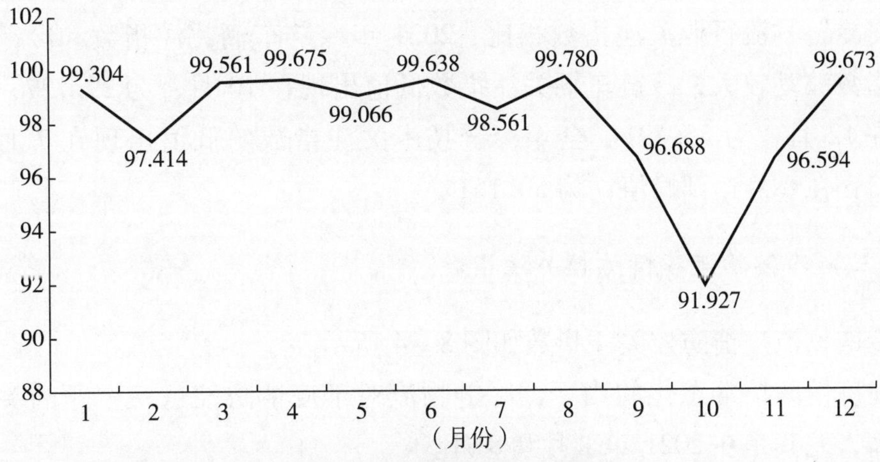

图 8－2　冷链物流行业关注指数

资料来源：中物联冷链委。

2021 年全年冷链物流行业关注指数均维持在 90 以上，其中 4 月、8 月和 12 月的关注指数相对较高。伴随着部分区域疫情的频繁发生，冷链物流行业关注指数一度升高。此外，12 月各项冷链物流政策相继出台，引起了社会对冷链物流的新一轮关注。

（二）冷链车辆与冷链技术关注指数

冷链车辆关注指数和冷链技术关注指数如图 8 –3 所示。

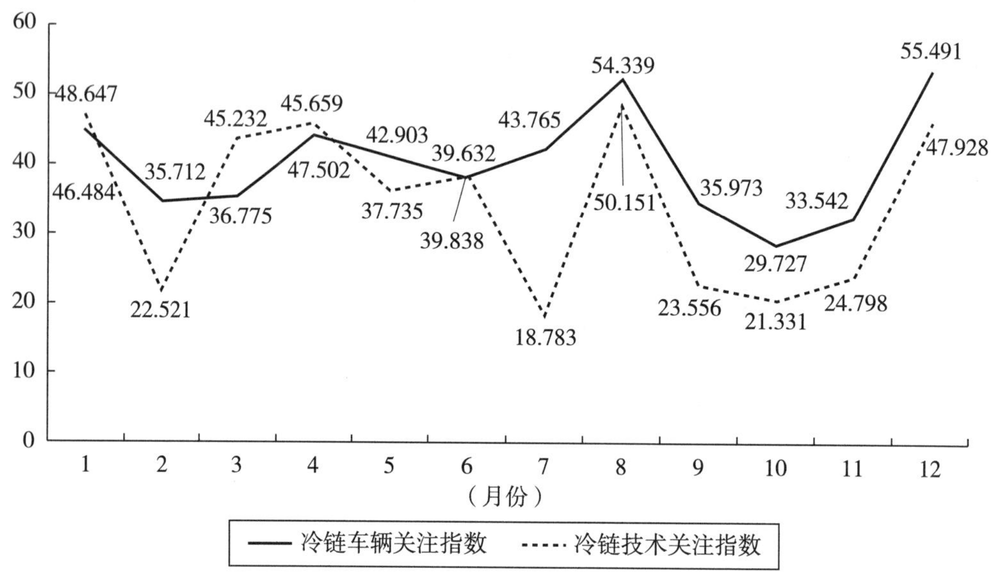

图 8 –3　冷链车辆关注指数和冷链技术关注指数

资料来源：中物联冷链委。

与冷链物流行业关注指数相比，2021 年冷链车辆关注指数和冷链技术关注指数波动较大，冷链车辆关注指数低值出现在 10 月，为 29. 727；峰值出现在 12 月，为 55. 491。全年冷链技术关注指数的低值出现在 7 月，为 18. 783；在 8 月达到峰值，为 50. 151。

（三）冷链物流疫情防控关注指数

冷链物流疫情防控关注指数如图 8 –4 所示。

在疫情防控常态化的当下，冷链物流对于疫情防控这一主题的关注程度更高，尤其是在 2021 年 1 月和 8 月。

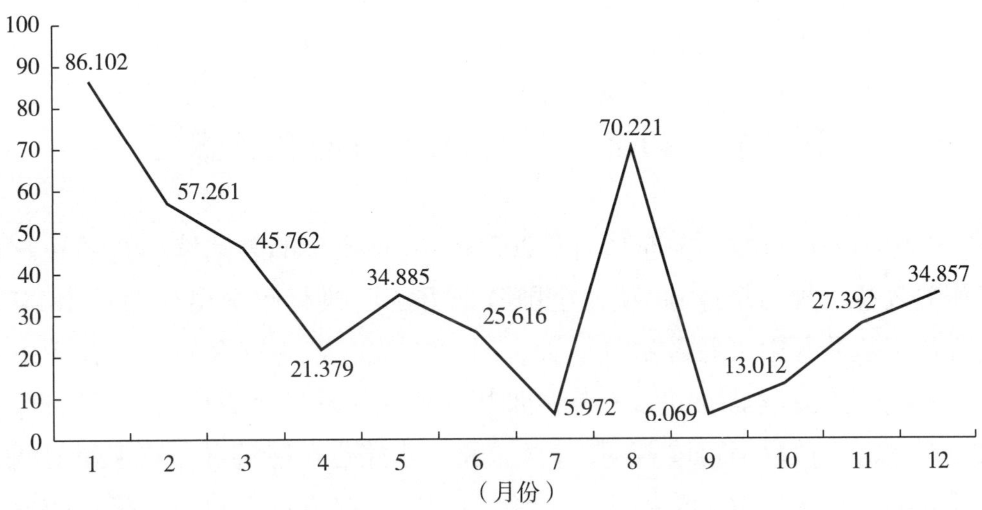

图 8－4　冷链物流疫情防控关注指数

资料来源：中物联冷链委。

(四)“十四五”冷链物流关注指数

“十四五”冷链物流关注指数如图 8－5 所示。

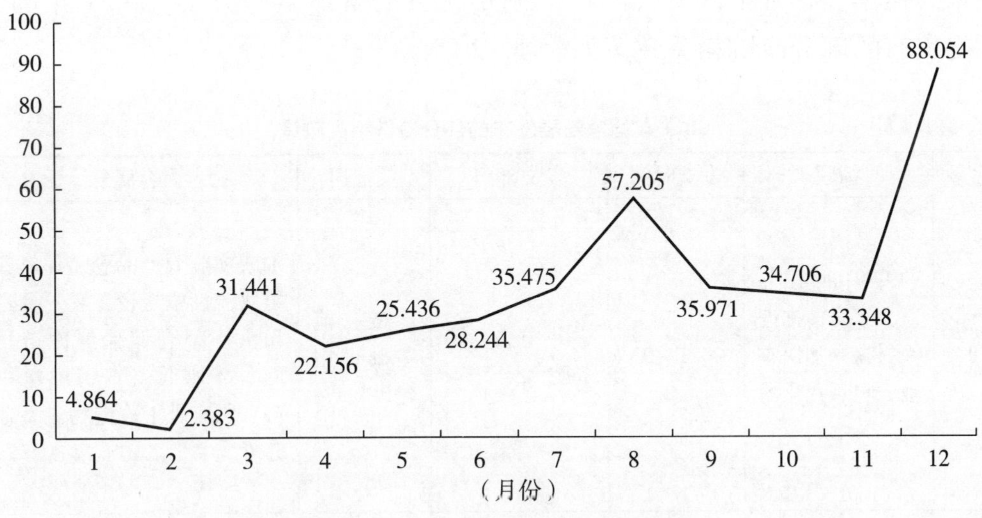

图 8－5　“十四五”冷链物流关注指数

资料来源：中物联冷链委。

2021 年是“十四五”规划开局之年，冷链物流逐渐得到全社会的广泛关注和重视，“十四五”期间如何实现冷链物流健康快速发展成为热点问题。2021 年 12 月，《规划》等一系列规划政策的相继出台极大地提升了冷链物流行业的关注程度，关注指数突破 88，达到 2021 年度峰值。

第二节　2021 年冷链物流核心政策盘点

据中物联冷链委不完全统计，2021 年中央及各部委陆续出台的冷链物流相关政策、规划超过 68 项，全国各地方配套执行政策出台超过 581 项，地方政策基调与中央及各部委一致，对地方政府影响较大的政策有《中共中央 国务院关于全面推进乡村振兴加快农业农村现代化的意见》（地方政府发布相关的冷链政策超过 12 项），《公路、水路进口冷链食品物流新冠病毒防控和消毒技术指南（第四版）》《港口及其一线人员新冠肺炎疫情防控工作指南（第九版）》（地方政府发布相关的冷链政策超过 73 项），《农业农村部 国家发展改革委 财政部 生态环境部 商务部 银保监会关于促进生猪产业持续健康发展的意见》（地方政府发布相关的冷链政策超过 26 项），《中国银保监会办公厅关于 2021 年银行业保险业高质量服务乡村振兴的通知》（地方政府发布相关的冷链政策超过 16 项），大多区域冷链政策以中央政府政策为蓝本，结合本区域实际情况制定相关的具体实施方案。2021 年国家部委发布的部分冷链相关政策如表 8 –2 所示。

表 8 –2　　2021 年国家部委发布的部分冷链相关政策

序号	标题	发文时间	发文部门	关键词	内容摘要
1	《中共中央 国务院关于全面推进乡村振兴加快农业农村现代化的意见》	2021 –02	中共中央、国务院	冷链物流基础设施建设	加快实施农产品仓储保鲜冷链物流设施建设工程，推进田头小型仓储保鲜冷链设施、产地低温直销配送中心、国家骨干冷链物流基地建设
2	《国务院办公厅关于印发 2021 年政务公开工作要点的通知》	2021 –04	国务院办公厅	冷链物流疫情防控	重点围绕散发疫情、隔离管控、流调溯源、精准防控、冷链物流、假期人员流动等发布权威信息

续　表

序号	标题	发文时间	发文部门	关键词	内容摘要
3	《国务院关于新时代支持革命老区振兴发展的意见》	2021－02	国务院	革命老区振兴、冷链物流基地建设	建设一批农村产业融合发展园区、农业标准化示范区、农产品质量检验检测中心和冷链物流基地，鼓励电商企业与革命老区共建农林全产业链加工、物流和交易平台
4	《国务院应对新型冠状病毒感染肺炎疫情联防联控机制关于进一步做好当前新冠肺炎疫情防控工作的通知》	2021－01	国务院应对新型冠状病毒感染肺炎疫情联防联控机制	冷链物流疫情防控	加强重点人员筛查。要对冷链食品从业人员等高风险人群至少每周开展一次核酸检测，对服务业从业人员定期开展核酸抽样检测，对 些重点场所定期开展环境核酸检测，力争主动发现疫情
5	《国家发展改革委关于印发〈城乡冷链和国家物流枢纽建设中央预算内投资专项管理办法〉的通知》	2021－06	国家发展改革委	冷链物流基础设施建设	重点支持服务于肉类屠宰加工及流通的冷链物流设施项目（不含屠宰加工线等生产设施），公共冷库新建、改扩建、智能化改造及相关配套设施项目
6	《关于深入推进优质粮食工程的意见》	2021－06	财政部、国家粮食和物资储备局	粮食冷链运输设施建设	升级配置粮食收储机械化、自动化、智能化、环保型装备和“四散化”运输、集装箱运输、成品粮冷链运输装备等
7	《交通运输部关于印发〈公路服务区和收费站新冠肺炎疫情防控工作指南〉的通知》	2021－01	交通运输部	冷链物流疫情防控	定期进行场区消毒，对高、中风险疫情地区车辆和冷链物流车辆停放专区、垃圾暂存地、自助加油设施等适当增加消毒频次

续 表

序号	标题	发文时间	发文部门	关键词	内容摘要
8	《商务部等17部门关于加强县域商业体系建设促进农村消费的意见》	2021-06	商务部、中央农办、发展改革委、工业和信息化部、公安部、财政部、自然资源部、住房城乡建设部、交通运输部、农业农村部、文化和旅游部、人民银行、市场监管总局、银保监会、邮政局、乡村振兴局、中华全国供销合作总社	冷链物流基础设施建设	实施农产品仓储保鲜冷链物流设施建设工程，支持新型农业经营主体建设规模适度的产地冷藏保鲜设施，加强移动式冷库应用，发展产地低温直销配送中心。加强农产品批发市场冷链设施建设。引导生鲜电商、邮政、快递企业建设前置仓、分拨仓，配备冷藏和低温配送设备。推动农产品冷链技术装备标准化，推广可循环标准化周转箱，促进农产品冷链各环节有序衔接。科学布局农产品骨干冷链物流基地，提高冷链物流规模化、集约化、组织化、网络化水平
9	《交通运输部 公安部 国家卫生健康委 中国民用航空局 国家药品监督管理局 中国国家铁路集团有限公司关于进一步做好新冠病毒疫苗货物运输组织和服务保障工作的通知》	2021-04	交通运输部、公安部、国家卫生健康委、中国民用航空局、国家药品监督管理局、中国国家铁路集团有限公司	医药疫苗冷链运输、冷链物流基础设施建设	推动骨干医药冷链道路运输企业主动做好与重点疫苗生产企业、疾病预防控制机构的运输组织对接，形成对接顺畅、联系紧密、供需匹配的运输组织协作机制；要指导医药冷链道路运输企业遴选经验丰富、专业素质强的人员成立疫苗运输保障团队，强化技术培训，做好冷藏车、冷藏箱或者保温箱等设备的储备，及时响应运输需求

续　表

序号	标题	发文时间	发文部门	关键词	内容摘要
10	《交通运输部办公厅 国家发展改革委办公厅 工业和信息化部办公厅 农业农村部办公厅 商务部办公厅 市场监管总局办公厅 国家邮政局办公室 中华全国供销合作总社办公厅关于做好标准化物流周转箱推广应用有关工作的通知》	2021 - 04	交通运输部办公厅、国家发展改革委办公厅、工业和信息化部办公厅、农业农村部办公厅、商务部办公厅、市场监管总局办公厅、国家邮政局办公室、中华供销合作总社办公厅	标准化物流周转箱循环共用体系建设	各地在物流园区、货运场站、冷链设施、农产品产地仓储设施规划建设时，应统筹考虑标准化物流周转箱应用的需求，完善相关配套设施，拓展各类服务功能，满足物流周转箱仓储、装卸、维修、消毒以及预冷等各项服务需求，保障物流周转箱的清洁卫生，为标准化物流周转箱的推广应用提供有效支撑
11	《关于做好2021年降成本重点工作的通知》	2021 - 05	国家发展改革委、工业和信息化部、财政部、人民银行	国家骨干冷链物流基地建设	推进国家物流枢纽、国家骨干冷链物流基地、综合货运枢纽（物流园区）建设，完善港站枢纽集疏运体系
12	《中国银保监会办公厅关于2021年银行业保险业高质量服务乡村振兴的通知》	2021 - 04	中国银保监会办公厅	冷链物流基础设施建设	加大对农田水利、农产品仓储保鲜冷链物流、防灾减灾和动植物疫病防控等现代农业基础设施领域的金融支持，推动提高农业生产及抗风险能力
13	《农业农村部关于印发〈非洲猪瘟等重大动物疫病分区防控工作方案（试行）〉的通知》	2021 - 04	农业农村部	肉类冷链基础设施建设	加强生猪运输和冷链物流基础设施建设。鼓励引导使用专业化、标准化、集装化的生猪运输工具，强化生猪运输车辆及其生物安全管理。逐步构建产销高效对接的冷链物流基础设施网络，加快建立冷鲜肉品流通和配送体系，为推进“运猪”向“运肉”转变提供保障

续 表

序号	标题	发文时间	发文部门	关键词	内容摘要
14	《农业农村部办公厅关于做好2021年高素质农民培育工作的通知》	2021-04	农业农村部办公厅	冷链物流人才培养	加强乡村规划、休闲农业、乡村康养、冷链物流、农产品加工等技能培训，完善乡村产业体系
15	《关于进一步加强农产品供应链体系建设的通知》	2021-05	财政部办公厅、商务部办公厅	冷链物流基础设施建设	支持农产品流通企业建设规模适度的预冷、贮藏保鲜等设施，加快节能型冷藏设施应用
16	《农业农村部关于加快农业全产业链培育发展的指导意见》	2021-05	农业农村部	冷链物流基础设施建设	创新发展农商直供、预制菜肴、餐饮外卖、冷链配送、自营门店、商超专柜、团餐服务、在线销售、场景销售等业态，开发推广“原料基地+中央厨房+物流配送”“中央厨房+餐饮门店”等模式
17	《国家发展改革委关于印发〈2021年新型城镇化和城乡融合发展重点任务〉的通知》	2021-04	国家发展改革委	冷链物流基础设施建设	支持城郊承接城市专业市场和物流基地疏解，在县乡村合理布局冷链物流设施、配送投递设施和农贸市场网络，畅通农产品进城和工业品入乡通道
18	《商务部关于印发〈天津市服务业扩大开放综合试点总体方案〉的通知》	2021-04	商务部	冷链物流基地建设	支持北方冷链物流基地建设。结合天津国家综合交通枢纽建设，支持天津滨海国际机场打造区域枢纽机场、国际航空物流中心
19	《农业农村部关于开展现代农业全产业链标准化试点工作的通知》	2021-04	农业农村部	畜禽冷链	包括养殖环境（牧场、畜舍）、品种选育、投入品管控（饲草料地）、养殖管理、疫病防控、畜产品储存、运输标准（养殖过程）、屠宰冷链、分等分级、废弃物（屠宰加工副产物）处理利用、质量安全限量和检测方法等标准

续 表

序号	标题	发文时间	发文部门	关键词	内容摘要
20	《商务部等12部门关于推进城市一刻钟便民生活圈建设的意见》	2021-05	商务部、国家发展改革委、民政部、财政部、人力资源社会保障部、自然资源部、住房和城乡建设部、文化和旅游部、税务总局、市场监管总局、银保监会、邮政局	城市冷链物流基础设施建设	支持菜市场、生鲜超市（菜店）标准化改造，推广先进冷链技术和设施设备，加强供应链管理，实行超市化、连锁化经营
21	《交通运输部关于印发〈港口及其一线人员新冠肺炎疫情防控工作指南（第六版）〉的通知》	2021-05	交通运输部	冷链物流疫情防控	关心关爱一线工作人员健康，尽快完成进口冷链食品装卸人员、登临国际航行船舶作业人员等高风险岗位人员疫苗接种
22	《交通运输部关于印发〈港口及其一线人员新冠肺炎疫情防控工作指南（第五版）〉的通知》	2021-01	交通运输部	冷链物流疫情防控	继续强化“人物同防”，有效应对新冠肺炎疫情在全球蔓延，特别是因船员换班、国际航行船舶船员感染和进口冷链食品以及进口高风险非冷链集装箱货物造成港口一线人员和登轮人员感染的风险，进一步抓紧抓实抓细境外疫情输入防控工作
23	《农业农村部办公厅 国家乡村振兴局综合司关于印发〈社会资本投资农业农村指引（2021年）〉的通知》	2021-05	农业农村部办公厅、国家乡村振兴局综合司	冷链物流基础设施建设	鼓励社会资本联合家庭农场、农民合作社共同开展农产品仓储保鲜冷链物流体系建设，建设一批贮藏保鲜、分级包装、冷链配送等设施设备和田头小型仓储保鲜冷链设施，鼓励有条件的地方建设产地低温直销配送中心，提高冷链物流服务效率和质量，打造农产品物流节点

续 表

序号	标题	发文时间	发文部门	关键词	内容摘要
24	《农业农村部 财政部关于做好2021年农业生产发展等项目实施工作的通知》	2021－05	农业农村部、财政部	冷链物流基础设施建设	聚焦鲜活农产品产地“最先一公里”，重点围绕蔬菜、水果，兼顾地方优势特色品种，支持新型农业经营主体等建设农产品产地冷藏保鲜设施
25	《自然资源部 国家发展改革委 农业农村部关于保障和规范农村一二三产业融合发展用地的通知》	2021－01	自然资源部、国家发展改革委、农业农村部	冷链物流基础设施建设	直接服务种植养殖业的农产品加工、电子商务、仓储保鲜冷链、产地低温直销配送等产业，原则上应集中在行政村村庄建设边界内
26	《农业农村部 国家发展改革委 财政部 交通运输部 商务部 国家卫生健康委 海关总署 市场监管总局关于做好春节和全国“两会”期间农产品保供稳价工作的通知》	2021－02	农业农村部、国家发展改革委、财政部、交通运输部、商务部、国家卫生健康委、海关总署、市场监管总局	冷链物流疫情防控、农产品保供稳价	做好进口冷链农产品新冠病毒防控，加快进口畜水产品通关速度，根据市场形势，做好中央储备肉投放工作。各地要落实国家关于“菜篮子”产品储备各项规定，依托有条件的农产品加工销售和冷链物流企业及农产品批发市场，适时建立和完善蔬菜等鲜活农产品应急收储制度
27	《农业农村部 国家发展和改革委员会 财政部 自然资源部 生态环境部 交通运输部 商务部 国家卫生健康委员会 国家市场监督管理总局 中国银保监会 中国证监会关于修订〈“菜篮子”市长负责制考核办法实施细则〉的通知》	2021－03	农业农村部、国家发展和改革委员会、财政部、自然资源部、生态环境部、交通运输部、商务部、国家卫生健康委员会、国家市场监督管理总局、中国银行保险监督管理委员会、中国证券监督管理委员会	冷链物流基础设施建设	批发市场仓储保鲜冷链物流设施完善，专门用于蔬菜、水果仓储保鲜冷链物流设施吨位超过批发市场蔬菜、水果合计年交易量的1.5%

续　表

序号	标题	发文时间	发文部门	关键词	内容摘要
28	《交通运输部关于服务构建新发展格局的指导意见》	2021－01	交通运输部	冷链物流服务体系	促进冷链物流发展，提升设施设备水平，强化冷藏保温车运输管理，完善冷链运输标准规范，推动形成全程温控、标准规范的冷链物流服务体系
29	《交通运输部关于做好2021年道路水路春运疫情防控工作的通知》	2021－01	交通运输部	冷链物流疫情防控	重点督促指导进口冷链物流企业认真落实部相关工作要求，规范进口冷链食品装卸、运输环节的人员防护、装备消杀、单证查验、信息登记等工作
30	《交通运输部关于印发〈农村公路中长期发展纲要〉的通知》	2021－03	交通运输部	冷链物流基础设施建设	推动邮政物流、农村客运小件快运、电商快递、冷链物流、货运班车等多种形式农村物流发展
31	《农业农村部办公厅关于印发〈农业生产“三品一标”提升行动实施方案〉的通知》	2021－03	农业农村部办公厅	冷链物流基础设施建设	拓展农产品初加工，建设产地仓储保鲜冷链物流设施，延长供应时间，保证产品质量
32	《农业农村部关于落实好党中央、国务院2021年农业农村重点工作部署的实施意见》	2021－02	农业农村部	脱贫地区冷链物流基础设施建设	实施脱贫地区特色种养业提升行动，支持发展农产品加工和生产性服务，农产品仓储保鲜冷链物流设施建设工程向脱贫地区新型经营主体倾斜
33	《交通运输部关于印发〈国内游轮常态化疫情防控工作指南（第二版）〉的通知》	2021－01	交通运输部	冷链物流疫情防控	使用进口冷链食品应当通过正规渠道采购并经检验检疫合格
34	《关于实施渔业发展支持政策推动渔业高质量发展的通知》	2021－07	财政部、农业农村部	水产品冷链物流基础设施建设	支持水产品初加工和冷藏保鲜等设施装备建设

续 表

序号	标题	发文时间	发文部门	关键词	内容摘要
35	《商务部办公厅关于推动电子商务企业绿色发展工作的通知》	2021－01	商务部办公厅	标准化物流周转箱循环共用体系建设	推动生鲜电商企业在同城配送中推广应用可循环配送箱、可复用冷藏式快递箱等
36	《交通运输部关于印发〈国内游轮常态化疫情防控工作指南（第三版）〉的通知》	2021－05	交通运输部	冷链物流疫情防控	使用进口冷链食品应当通过正规渠道采购并经检验检疫合格
37	《关于推动脱贫地区特色产业可持续发展的指导意见》	2021－04	农业农村部、国家发展和改革委员会、财政部、商务部、文化和旅游部、中国人民银行、中国银行保险监督管理委员会、国家林业和草原局、国家乡村振兴局、中华全国供销合作总社	脱贫地区冷链物流基础设施建设	支持脱贫地区建设田头市场、仓储保鲜冷链物流设施，布局一批区域性冷链物流骨干节点。农产品仓储保鲜冷链物流设施建设工程加大对脱贫地区支持力度
38	《农业农村部办公厅 财政部办公厅关于全面推进农产品产地冷藏保鲜设施建设的通知》	2021－04	农业农村部办公厅、财政部办公厅	冷链物流基础设施建设	实行扩面推广与典型示范相结合，中央财政支持将农产品产地冷藏保鲜设施建设区域扩大至全国31个省（自治区、直辖市）及新疆生产建设兵团、北大荒农垦集团有限公司、广东省农垦总局、中国融通农业发展集团有限公司（以下简称“各省”），聚焦鲜活农产品主产区、特色农产品优势区和832个脱贫县，选择产业重点县（市、区）（以下简称“县”），重点围绕蔬菜、水果，兼顾地方优势特色品种开展设施建设，鼓励向832个脱贫县倾斜

续 表

序号	标题	发文时间	发文部门	关键词	内容摘要
39	《农业农村部关于印发〈推进肉牛肉羊生产发展五年行动方案〉的通知》	2021 - 04	农业农村部	肉类冷链物流基础设施建设	鼓励屠宰加工企业建设冷藏加工设施，推动物流配送企业完善冷链配送体系，促进“运活畜”向“运肉”转变。倡导健康消费，逐步提高冷鲜肉品消费比重
40	《商务部关于印发〈“十四五”商务发展规划〉的通知》	2021 - 07	商务部	冷链物流基础设施建设	加强农产品供应链建设，完善农产品冷链物流基础设施
41	《国务院办公厅关于加快农村寄递物流体系建设的意见》	2021 - 08	国务院办公厅	冷链物流基础设施建设	鼓励邮政快递企业、供销合作社和其他社会资本在农产品田头市场合作建设预冷保鲜、低温分拣、冷藏仓储等设施
42	《商务部办公厅关于印发〈商场、超市疫情防控技术指南（第三版）〉等2个防控指南的通知》	2021 - 08	商务部办公厅	冷链物流疫情防控	鼓励将进口冷链食品的检验检疫证明、通关证明、消毒证明、核酸检测报告及追溯码，在销售区进行张贴公示，让顾客放心消费
43	《交通运输部关于印发〈公路、水路进口冷链食品物流新冠病毒防控和消毒技术指南（第二版）〉的通知》	2021 - 08	交通运输部	冷链物流疫情防控	督促从事进口冷链食品装卸、运输等作业的公路、水路冷链物流企业、港口码头、货运场站等经营单位和从业人员严格落实《指南》各项要求，坚决防止新冠病毒通过冷链物流渠道传播

续　表

序号	标题	发文时间	发文部门	关键词	内容摘要
44	《商务部等9部门关于印发〈商贸物流高质量发展专项行动计划（2021—2025年）〉的通知》	2021－08	商务部、国家发展改革委、财政部、自然资源部、住房城乡建设部、交通运输部、海关总署、市场监管总局、邮政局	国家骨干冷链物流基地建设、冷链物流基础设施建设、冷链信息追溯	加强冷链物流规划，布局建设一批国家骨干冷链物流基地，支持大型农产品批发市场、进出口口岸等建设改造冷冻冷藏仓储设施，推广应用移动冷库、恒温冷藏车、冷藏箱等新型冷链设施设备。改善末端冷链设施装备，提高城乡冷链设施网络覆盖水平。鼓励有条件的企业发展冷链物流智能监控与追溯平台，建立全程冷链配送系统
45	《农业农村部 国家发展改革委 财政部 生态环境部 商务部 银保监会关于促进生猪产业持续健康发展的意见》	2021－08	农业农村部、国家发展改革委、财政部、生态环境部、商务部、银保监会	肉类冷链物流基础设施建设	继续开展生猪屠宰标准化创建，鼓励和支持主产区生猪屠宰加工企业改造屠宰加工、冷链储藏和运输设施，推动主销区城市屠宰加工企业改造提升低温加工处理中心、冷链集配中心、冷鲜肉配送点，促进产销衔接
46	《交通运输部关于印发〈港口及其一线人员新冠肺炎疫情防控工作指南（第七版）〉的通知》	2021－08	交通运输部	冷链物流疫情防控	进口冷链食品港口作业还需按照《关于印发冷链食品生产经营新冠病毒防控技术指南和冷链食品生产经营过程新冠病毒防控消毒技术指南的通知》《关于印发进口冷链食品预防性全面消毒工作方案的通知》以及《交通运输部关于印发〈公路、水路进口冷链食品物流新冠病毒防控和消毒技术指南〉的通知》等有关要求做好防控和消毒工作

续　表

序号	标题	发文时间	发文部门	关键词	内容摘要
47	《关于印发〈加快培育新型消费实施方案〉的通知》	2021－03	国家发展改革委、中央网信办、教育部、工业和信息化部、财政部、人力资源社会保障部、自然资源部、住房城乡建设部、交通运输部、农业农村部、商务部、文化和旅游部、国家卫生健康委、人民银行、海关总署、税务总局、市场监管总局、广电总局、体育总局、国家统计局、国家医保局、国家版权局、银保监会、证监会、国家邮政局、国家中医药局、国家药监局、国家知识产权局	冷链信息追溯、冷链物流基础设施建设	利用“溯源码”实施“首站赋码、进出扫码、一码到底、扫码查询”等管理模式，建立从供应链首站到消费需求终端的进口食品冷链物流追溯系统。推进“丝路电商”，加强双边电商合作机制建设，促进电商企业对接合作
48	《交通运输部关于印发〈国内游轮常态化疫情防控工作指南（第四版）〉的通知》	2021－08	交通运输部	冷链物流疫情防控	游轮应当保证船上食物来源卫生安全，使用进口冷链食品应当通过正规渠道采购并经检验检疫合格

续　表

序号	标题	发文时间	发文部门	关键词	内容摘要
49	《工业和信息化部 中央网络安全和信息化委员会办公室 国家发展和改革委员会 教育部 财政部 住房和城乡建设部 文化和旅游部 国家卫生健康委员会 国务院国有资产监督管理委员会 国家能源局关于印发〈5G 应用"扬帆"行动计划（2021—2023年）〉的通知》	2021－07	工业和信息化部、中央网络安全和信息化委员会办公室、国家发展和改革委员会、教育部、财政部、住房和城乡建设部、文化和旅游部、国家卫生健康委员会、国务院国有资产监督管理委员会、国家能源局	冷链物流信息化建设	丰富5G在智能农业的应用场景，加快智能农机、农业机器人在无人农业作业试验等农业生产环节中的5G应用创新，发展5G在农产品冷链物流、电商直播等领域应用
50	《农业农村部 浙江省人民政府关于印发〈高质量创建乡村振兴示范省推进共同富裕示范区建设行动方案（2021—2025年）〉的通知》	2021－08	农业农村部、浙江省人民政府	冷链物流基础设施建设、冷链物流基地建设	大力发展现代农产品加工、流通业，建设农产品加工园、产地冷藏保鲜设施、产地冷链物流基地、电商专业村，形成国家、省、市、县现代农业产业园联动发展格局
51	《最高人民法院关于为全面推进乡村振兴加快农业农村现代化提供司法服务和保障的意见》	2021－07	最高人民法院	冷链物流案件审理	依法审理农村地区农产品和食品仓储保鲜、冷链物流设施建设纠纷案件，支持乡村特色产业发展壮大

续　表

序号	标题	发文时间	发文部门	关键词	内容摘要
52	关于进一步深化跨境贸易便利化改革优化口岸营商环境的通知》	2021－08	海关总署、国家发展改革委、财政部、交通运输部、商务部、国家卫生健康委、税务总局、市场监管总局、铁路局、民航局	冷链物流疫情防控	落实属地管理责任，配备充足口岸作业人员，严格落实疫苗接种、核酸检测、人员管理等各项疫情防控措施，从严做好人员安全防护，统筹做好进出口冷链商品消杀等工作，严防疫情通过商品传入
53	《交通运输部关于印发〈港口及其一线人员新冠肺炎疫情防控工作指南（第八版)〉的通知》	2021－11	交通运输部	冷链物流疫情防控	
54	《农业农村部关于促进农业产业化龙头企业做大做强的意见》	2021－10	农业农村部	冷链宅配、中央厨房	在大中城市郊区发展工厂化、立体化、园艺化农业，推广“生鲜电商＋冷链宅配”“中央厨房＋食材冷链配送”等新模式
55	《教育部办公厅 市场监管总局办公厅 国家卫生健康委办公厅关于加强学校食堂卫生安全与营养健康管理工作的通知》	2021－09	教育部办公厅、市场监管总局办公厅、国家卫生健康委办公厅	冷链物流疫情防控	各地和学校要加强冷链食品安全管理，保证食品可追溯
56	《农业农村部办公厅关于加快推进承诺达标合格证制度试行工作的通知》	2021－11	农业农村部办公厅	冷链物流基础设施建设	根据农产品的特点和卫生需要选择适宜的贮藏和运输条件，必要时应配备保温、冷藏、保鲜等设施。不与农业投入品及有毒、有害、有异味的物品混装混放

续　表

序号	标题	发文时间	发文部门	关键词	内容摘要
57	《交通运输部关于印发〈综合运输服务“十四五”发展规划〉的通知》	2021－11	交通运输部	冷链物流基地建设	加强综合货运枢纽建设，完善多式联运功能，加强枢纽港站集疏运体系及联运换装设施建设，统筹枢纽转运、口岸、保税、冷链物流、邮政快递等功能
58	《国务院办公厅关于印发“十四五”冷链物流发展规划的通知》	2021－12	国务院办公厅	“十四五”冷链物流发展规划	—
59	《国务院应对新型冠状病毒感染肺炎疫情联防联控机制关于加强口岸城市新冠肺炎疫情防控工作的通知》	2021－12	国务院应对新型冠状病毒感染肺炎疫情联防联控机制	冷链物流疫情防控	建设集中监管仓，对进口冷链食品入库统一消杀、统一检测。海关、交通运输、市场监管、疾控等部门要按职责督促相关企业落实进口冷链食品入境、仓储、生产、加工、运输、销售等各环节疫情防控要求，依托信息化手段推动全链条追溯
60	《国家铁路局关于印发〈“十四五”铁路科技创新规划〉的通知》	2021－12	国家铁路局	冷链物流装备研发	推进标准化、集装化、模块化货运装备、新型冷链、危险货物运输、驮背运输、双层集装箱运输等铁路专用车辆研发运用
61	《交通运输部关于进一步做好新冠肺炎疫情地区民生物资运输服务保障工作的通知》	2021－11	交通运输部	冷链物流疫情防控	做好从业人员防护、运输装备及场站消杀、信息登记等各项工作，严格做好进口冷链食品运输环节消杀
62	《农业农村部关于拓展农业多种功能 促进乡村产业高质量发展的指导意见》	2021－11	农业农村部	冷链物流基础设施建设	构建高效加工体系。扶持农民合作社和家庭农场发展冷藏保鲜、原料处理、杀菌、储藏、分级、包装等延时类初加工，以及干制、腌制、熟制、分级分割、速冻等食品类初加工

续　表

序号	标题	发文时间	发文部门	关键词	内容摘要
63	《农业农村部 青海省人民政府关于印发〈农业农村部 青海省人民政府共同打造青海绿色有机农畜产品输出地行动方案〉的通知》	2021－12	农业农村部、青海省人民政府	冷链物流基础设施建设	发展第三方物流、智能仓储及城市配送快递、农副产品生鲜冷链等专业化互联网物流服务平台
64	《农业农村部 国家发展改革委 科技部 自然资源部 生态环境部 国家林草局关于印发〈“十四五”全国农业绿色发展规划〉的通知》	2021－09	农业农村部、国家发展改革委、科技部、自然资源部、生态环境部、国家林草局	冷链物流基础设施建设	加快建设覆盖农业主产区和消费地的冷链物流基础设施，健全农产品冷链物流服务体系
65	《农业农村部 江西省人民政府关于印发〈农业农村部 江西省人民政府共建江西绿色有机农产品基地试点省工作方案（2021—2025年）〉的通知》	2021－12	农业农村部、江西省人民政府	冷链物流基础设施建设	加快农产品仓储保鲜冷链物流设施建设，完善相关市场流通体系
66	《农业农村部关于印发〈“十四五”全国畜牧兽医行业发展规划〉的通知》	2021－12	农业农村部	畜禽冷链物流建设	在现代化建设目标上，实现畜禽核心种源自给率达到78%，畜禽养殖规模化率78%以上，养殖、屠宰、加工、冷链物流全产业链生产经营集约化、标准化、自动化、智能化水平迈上新台阶

续 表

序号	标题	发文时间	发文部门	关键词	内容摘要
67	《商务部等15部门办公厅（室）关于印发〈县域商业建设指南〉的通知》	2021－12	商务部办公厅、国家发展改革委办公厅、工业和信息化部办公厅、公安部办公厅、财政部办公厅、自然资源部办公厅、交通运输部办公厅、农业农村部办公厅、文化和旅游部办公厅、人民银行办公厅、市场监管总局办公厅、银保监会办公厅、邮政局办公室、乡村振兴局综合司、中华全国供销合作总社办公厅	产地冷链物流基础设施建设	推进农产品仓储保鲜冷链物流设施建设。加快补齐产地冷藏保鲜设施短板。支持县级以上示范家庭农场和农民合作社示范社、已登记的农村集体经济组织等主体建设规模适度的冷藏保鲜设施，引导生鲜电商、快递及超市等流通企业在产地建设具备冷藏设施的产地仓和集配中心
68	《国家骨干冷链物流基地建设实施方案》	2021－12	国家发展改革委	国家骨干冷链物流基地建设、冷链物流网络体系	到2025年，布局建设100个左右国家骨干冷链物流基地，基本建成以国家骨干冷链物流基地为核心、产销冷链集配中心和两端冷链物流设施为支撑的三级冷链物流节点设施网络

资料来源：中物联冷链委。

2021年部分省区市冷链相关“十四五”规划汇总如表8－3所示。

表 8－3　　2021 年部分省区市冷链相关“十四五”规划汇总

序号	标题	发文时间	发文部门	关键词	内容摘要
1	《上海市人民政府关于印发〈上海国际航运中心建设“十四五”规划〉的通知》	2021－07	上海市人民政府	航空冷链物流建设	鼓励产业链企业协同合作，推动现代贸易、现代物流、智慧仓储、冷链加工及金融服务等功能叠加，促进空港物流多元化发展
2	《上海市人民政府关于印发〈“十四五”时期提升上海国际贸易中心能级规划〉的通知》	2021－04	上海市人民政府	国际生鲜冷链	重点发展国际中转集拼、保税检测维修、大宗商品交易、高端研发制造、生鲜冷链等
3	《省发展改革委省交通厅关于印发〈浙江省民航发展“十四五”规划〉的通知》	2021－06	浙江省发展和改革委员会、浙江省交通运输厅	航空医药冷链 CEIV 资质建设	支持杭州机场国际邮件交换站、跨境电商 9610 进口、1210 进出口及医药冷链 CEIV 等资质建设，扩充宁波、温州和义乌等机场口岸通关资质，提升口岸服务保障能力
4	《浙江省发展改革委 浙江省住房和城乡建设厅关于印发〈浙江省住房和城乡建设“十四五”规划〉的通知》	2021－05	浙江省发展和改革委员会、浙江省住房和城乡建设厅	城乡冷链发展	建立公共设施一体化规划建设运营机制，实施一批污水垃圾收集处理、冷链物流、农贸市场、道路客运、公共文化设施、市政供水供气、绿道网、数字设施等城乡联动项目
5	《省发展改革委关于印发〈浙江省应急物资保障体系“十四五”规划〉的通知》	2021－06	浙江省发展和改革委员会	冷链物流应急运输行业标准、冷链物流体系建设	健全冷链物流的应急运输行业标准，加快补齐冷链物流短板，提高冷链企业管理水平，提升冷链物流体系建设水平

续　表

序号	标题	发文时间	发文部门	关键词	内容摘要
6	《省发展改革委省建设厅关于印发〈浙江省新型城镇化发展“十四五”规划〉的通知》	2021-05	浙江省发展和改革委员会、浙江省住房和城乡建设厅	冷链物流基础设施建设	健全冷链物流设施，重点是建设冷库、生鲜食品低温加工处理中心、冷链物流前置仓等
7	《省发展改革委关于印发〈浙江省现代物流业发展“十四五”规划〉的通知》	2021-04	浙江省发展和改革委员会	应急冷链物流体系建设	冷链物流安全渠道防控存在风险点，物流信息全链条追溯、跨境冷链运输闭环管理等亟待完善
8	《省发展改革委关于印发〈浙江省消费升级“十四五”规划〉的通知》	2021-05	浙江省发展和改革委员会	冷链物流基础设施建设	加强保鲜、冷藏、预冷、运输等冷链物流基础设施建设，加大对农产品生鲜冷链物流短板的扶持力度，建设一批生鲜冷链物流骨干基地和生鲜冷链物流园区
9	《省发展改革委关于印发〈浙江省新能源汽车产业发展“十四五”规划〉的通知》	2021-04	浙江省发展和改革委员会	新能源冷链物流车辆	“十四五”期间投放燃料电池汽车超过3000辆，应用场景主要包括城际物流运输、港口短途接驳和定点运输、中长途客运、城市配送物流、冷链物流运输、市政环卫等领域
10	《省发展改革委省商务厅关于印发〈浙江省国内贸易发展“十四五”规划〉〈浙江省自由贸易发展“十四五”规划〉的通知》	2021-06	浙江省发展和改革委员会、浙江省商务厅	国家骨干冷链物流基地建设	大力发展集装箱河海联运、铁公水联运，建好全国内河水运转型发展示范区，推动港口、产业、城市联动发展，加快打造长三角区域物流枢纽中心，争创国家骨干冷链物流基地

续　表

序号	标题	发文时间	发文部门	关键词	内容摘要
11	《浙江省现代服务业发展工作领导小组办公室关于印发〈浙江省现代服务业发展“十四五”规划〉的通知》	2021-07	浙江省现代服务业发展工作领导小组办公室	健全城乡配送冷链网络	健全城乡配送与快递物流、冷链物流网络，加强国际物流大通道和境外仓布局，加快构建立足长三角、辐射全国、链接全球的现代物流服务体系
12	《省发展改革委省农业农村厅关于印发〈浙江省畜牧业高质量发展“十四五”规划〉的通知》	2021-07	浙江省发展和改革委员会、浙江省农业农村厅	冷链物流基础设施建设	鼓励支持屠宰企业、物流配送企业完善冷库、低温分割车间、冷藏车等设施设备，构建“集中屠宰、冷链配送、冷鲜上市”供应体系，逐步实现运活畜禽向运肉转变
13	《省发展改革委省药监局关于印发〈浙江省药品安全“十四五”规划〉的通知》	2021-06	浙江省发展和改革委员会、浙江省药品监督管理局	疫苗冷链物流基础设施建设	实施疫苗全程电子追溯制度，完善疫苗冷链配送、储存等基础设施，建立疫苗批签发实验室
14	《省发展改革委省市场监管局关于印发〈浙江省质量强省标准强省品牌强省建设“十四五”规划〉的通知》	2021-06	浙江省发展和改革委员会、浙江省市场监督管理局	冷链信息追溯	创新打造浙江省食品安全追溯闭环管理系统（浙食链）、浙江省冷链食品追溯系统（浙冷链）等一批标志性应用场景，建设全生命周期“数字药监”系统
15	《省发展改革委关于印发〈浙江省健康产业发展“十四五”规划〉的通知》	2021-05	浙江省发展和改革委员会	医药冷链物流基础设施建设	推动医药冷链物流升级，优化冷链物流仓储布局，大力发展冷链运输设备，加快温度控制系统、地理信息系统等新兴技术应用

续 表

序号	标题	发文时间	发文部门	关键词	内容摘要
16	《省发展改革委省粮食和物资储备局关于印发〈浙江省粮食和物资储备发展“十四五”规划〉的通知》	2021－04	浙江省发展和改革委员会、浙江省粮食和物资储备局	中央厨房	推动主食产业发展，大力发展方便食品、速冻食品，推广“中央厨房＋物流终端”“中央厨房＋快餐门店”“健康数据＋营养配餐＋私人订制”等新型业态
17	《省发展改革委 省交通运输厅 省邮政管理局关于印发〈浙江省邮政业发展“十四五”规划〉的通知》	2021－04	浙江省发展和改革委员会、浙江省交通运输厅、浙江省邮政管理局	冷链物流基础设施建设	在宁波、舟山等海产品丰富的地区布局冷链快递物流基础设施，合理规划冷藏库、冷冻库等设施布局，推动建设一批现代化农产品冷链快递物流集散中心
18	《关于印发〈山东省“十四五”现代物流发展规划〉的通知》	2021－07	山东省发展和改革委员会	畜禽冷链物流	加快建设济南、青岛国家骨干冷链物流基地，打造一批区域性农产品物流集散中心，完善田头小型仓储保鲜设施，基本建成产销畅通的农产品物流体系。布局建设以青岛、济南、威海为重点的水产品冷链物流网络，以潍坊、聊城、临沂、烟台为重点的果蔬冷链物流网络，以临沂、潍坊、烟台、济南为重点的禽肉产品冷链物流网络
19	《山东省人民政府关于印发山东省“十四五”综合交通运输发展规划的通知》	2021－07	山东省人民政府	铁路冷链物流发展	强化铁路货运服务能力。加快发展集装箱多式联运、商品汽车运输、冷链物流等专业物流，开行满足不同货运运输需求的特色铁路班列服务，不断提高铁路物流市场占有率

续　表

序号	标题	发文时间	发文部门	关键词	内容摘要
20	《市商务局关于印发〈天津市商务发展“十四五”规划〉的通知》	2021－04	天津市商务局	冷链配送体系建设	鼓励农产品批发市场借助第三方冷链物流企业打造全链条冷链配送体系
21	《北京市人民政府关于印发〈北京市“十四五”时期乡村振兴战略实施规划〉的通知》	2021－08	北京市人民政府	乡村振兴、冷链物流基础设施建设	加强农产品仓储保鲜和冷链物流设施建设，结合全市物流专项规划，建设40个农产品仓储保鲜冷链物流设施，提升“互联网＋”农产品出村进城能力
22	《北京市大数据工作推进小组关于印发〈北京市“十四五”时期智慧城市发展行动纲要〉的通知》	2021－03	北京市大数据工作推进小组	冷链物流疫情防控	保障国家重大活动安全、高效、有序运行。促进食品、药品可追溯一致性标准实施，加强进口食品冷链监管
23	《北京市人民政府关于印发〈关于“十四五”时期深化推进“疏解整治促提升”专项行动的实施意见〉的通知》	2021－02	北京市人民政府	冷链物流基础设施建设	在对外交通便利的物流节点建设物流中心，规范城市末端配送组织，加强冷链仓储设施建设，基本形成安全稳定、便捷高效、绿色低碳的城市物流、仓储、配送体系
24	《天津市人民政府办公厅关于印发天津市海洋经济发展“十四五”规划的通知》	2021－07	天津市人民政府办公厅	北方冷链物流基地建设	依托中心渔港重点发展海洋水产品精深加工、冷链物流和休闲渔业等特色产业，打造北方冷链物流基地
25	《天津市人民政府办公厅关于印发天津市综合交通运输“十四五”规划的通知》	2021－08	天津市人民政府办公厅	航空冷链物流	探索发展空铁物流，研究跨境电商冷链商品进口的可行性。高标准建设航空物流园，建成大通关基地、国际邮件互换局，加快建设顺丰天津电商产业园，谋划引进京东冷链物流等特色项目，打造北方航空货运中心

续 表

序号	标题	发文时间	发文部门	关键词	内容摘要
26	《天津市人民政府办公厅关于印发天津市推进农业农村现代化“十四五”规划的通知》	2021－06	天津市人民政府办公厅	肉类冷链物流基础设施建设	构建集良种繁育、规模养殖、饲料生产、屠宰加工、配送销售、冷链物流于一体的全产业链运营模式。充分利用一体化交通圈的便利条件，加快时鲜产品物流体系建设，提升冷链配送能力，促进中央厨房等加工物流新业态发展，拉近农产品生产与城市消费距离
27	《山西省“十四五”京津冀、长三角、大湾区等区域融合发展实现高水平崛起规划》	2021－07	山西省人民政府	冷链物流基础设施建设、冷链物流信息平台	围绕山西小杂粮、干鲜果、药材、牛羊肉等特优农产品，联合建设加工配送、交易展示、冷链仓储、信息平台等农产品供应链平台
28	《山西省“十四五”新技术规划》	2021－04	山西省人民政府	冷链物流技术创新	重点突破农产品收储保质和冷链物流技术与装备研发、杂粮功能性食品加工技术研究及应用
29	《山西省人民政府关于印发山西省“十四五”新产品规划的通知》	2021－05	山西省人民政府	冷链物流技术创新	加强深紫外 LED 杀菌在公共交通、食品冷链等领域研究推广，研发具有消杀功能的日用消费品，推动形成深紫外消费应用的行业标准
30	《省政府办公厅关于印发江苏省“十四五”制造业高质量发展规划的通知》	2021－08	江苏省人民政府办公厅	肉类冷链物流	大力发展冷鲜肉、休闲肉制品、调理肉制品、酱卤肉制品、低温肉制品和发酵肉制品等，提高肉制造品加工全流程智能制造水平，提升副产品综合利用率
31	《省政府办公厅关于印发江苏省“十四五”消费促进规划的通知》	2021－08	江苏省人民政府办公厅	冷链物流基础设施建设	完善农产品产地仓储保鲜冷链设施，布局生鲜冷链物流配送网点，畅通产地生鲜冷链“最先一公里”和生鲜冷链物流末端“最后一公里”

续　表

序号	标题	发文时间	发文部门	关键词	内容摘要
32	《省政府办公厅关于印发江苏省"十四五"现代物流业发展规划的通知》	2021－08	江苏省人民政府办公厅	冷链物流	坚持补短板与锻长板相结合，推进物流新型基础设施建设，在航空物流、高铁物流、冷链物流、农村物流等重点领域取得突破性发展
33	《省政府办公厅关于印发江苏省"十四五"现代服务业发展规划的通知》	2021－07	江苏省人民政府办公厅	冷链物流	大力发展专业化物流、跨境物流、冷链物流、电商物流、航空物流、应急物流等物流业，积极发展供应链物流、快捷物流、精益物流等物流新业态新模式
34	《福建省人民政府关于印发福建省"十四五"制造业高质量发展专项规划的通知》	2021－07	福建省人民政府	环保冷链物流材料	重点发展真空绝热板（VIP板）、聚氨酯硬泡体保温材料、酚醛泡沫保温材料、干粉保温材料、防水材料、混凝土外加剂等材料。加大建筑工业及防水隔热、冰箱、太阳能热水器、船舶等行业领域节能材料推广应用，提升节能、环保等综合效益
35	《江西省"十四五"药品安全及高质量发展规划》	2021－08	江西省药品监督管理局	疫苗冷链运输、冷链信息追溯	坚持"物码同追、冷链并行"应用主导原则，逐步实现省内疫苗从配送、预防接种全环节流向追溯监管，全过程冷链温度环境实时监控
36	《重庆市人民政府关于印发重庆市制造业高质量发展"十四五"规划（2021—2025年）的通知》	2021－08	重庆市人民政府	冷链车辆技术	发挥整车制造优势，积极引育上装和改装车领域企业，加快基于新车型（底盘）的冷链运输专用车、旅居车、环卫车、固废储运车、医疗救护车等改装车开发

续 表

序号	标题	发文时间	发文部门	关键词	内容摘要
37	《云南省商务厅关于印发〈云南省商务发展“十四五”规划〉的通知》	2021－08	云南省商务厅	冷链物流	探索“分拨配送＋冷链物流＋电商快递”模式，打通工业品下乡、农产品进城渠道
38	《上海市人民政府关于印发〈上海市乡村振兴“十四五”规划〉的通知》	2021－07	上海市人民政府	冷链物流基础设施建设	布局一批规模适度的农产品预冷、贮藏保鲜等初加工冷链设施
39	《海南省人民政府办公厅关于印发〈海南省“十四五”冷链物流发展规划〉的通知》	2021－07	海南省人民政府办公厅	冷链物流	—
40	《浙江省人民政府办公厅关于印发浙江省商务高质量发展“十四五”规划的通知》	2021－06	浙江省人民政府办公厅	冷链物流基础设施建设	支持企业建设区域性仓储物流集散中心，完善农产品流通骨干网。加快布局冷链物流分拨中心，完善冷链物流配送网点，构建“骨干基地—物流园区—分拨中心—配送网点”4级功能布局体系
41	《天津市交通运输委员会关于印发天津市综合交通运输“十四五”规划委内任务分工的通知》	2021－10	天津市交通运输委员会	冷链快递	发展供应链管理、冷链快递、逆向快递、仓配一体化、即时直递等服务
42	《省人民政府关于印发湖北省综合交通运输发展“十四五”规划的通知》	2021－10	湖北省人民政府	冷链物流骨干网络建设	加强冷链物流体系和农产品物流骨干网络建设，补齐冷链物流集配装备和仓储设施短板；积极推进电商物流、大件运输、危险品物流等专业物流发展。完善城市配送网络

续　表

序号	标题	发文时间	发文部门	关键词	内容摘要
43	《甘肃省人民政府办公厅关于印发甘肃省“十四五”综合交通运输体系发展规划的通知》	2021－09	甘肃省人民政府办公厅	航空冷链物流	围绕嘉峪关机场，推进冷链物流、跨境电商等规模化发展，逐步向价值链中高端延伸，培育发展临空产业
44	《自治区交通运输厅关于印发〈宁夏回族自治区交通运输“十四五”发展规划〉的通知》	2021－09	宁夏回族自治区交通运输厅	冷链物流骨干网络建设	提升冷链物流运输服务水平。建立冷链物流基础设施网络和节点体系，完善运输、集配、仓储等功能，提升产地预冷、冷链运输、保鲜储存、低温加工能力。鼓励社会资本投资建设货运枢纽冷链园区和分拨中心，提升冷凉蔬菜、枸杞等农村副产品和盐池羊肉等肉类运输效率
45	《关于印发天津市设施农业“十四五”发展规划的通知》	2021－04	天津市农业农村委员会	冷链物流基础设施建设	配套建设提升了一批育苗工厂和冷藏保鲜及初加工设施等
46	《黑龙江省“十四五”渔业发展规划》	2021－11	黑龙江省农业农村厅	水产品冷链物流建设	—
47	《省人民政府关于印发湖北省推进农业农村现代化“十四五”规划的通知》	2021－11	湖北省人民政府	冷链物流寄递体系建设	建立健全农村邮政体系、末端共同配送体系、协同发展体系、冷链寄递体系
48	《关于印发云南省“十四五”打造世界一流“绿色食品牌”发展规划的通知》	2021－11	云南省打造世界一流“绿色食品牌”工作领导小组办公室	冷链物流金融支持	相继制定鼓励投资、绿色发展、加工提升、冷链物流、金融支持等系列扶持政策，形成了投资“绿色食品牌”的强大吸引力

续 表

序号	标题	发文时间	发文部门	关键词	内容摘要
49	《上海市人民政府关于印发〈上海市综合交通发展“十四五”规划〉的通知》	2021－07	上海市人民政府	新能源冷链车辆	积极探索氢燃料电池的多场景、多领域商业性示范应用，在具备条件的公交、客运、重型货运、冷链运输、环卫、非道路移动机械等领域开展示范应用，燃料电池汽车应用总量突破1万辆
50	《上海市人民政府办公厅关于印发〈上海市先进制造业发展“十四五”规划〉的通知》	2021－07	上海市人民政府办公厅	冷链物流	健全食品冷链物流建设和运行标准，提高冷链物流效率和水平，加强食品安全和质量提升，推动从原料采购到产品销售的全流程信息追溯
51	《上海市人民政府办公厅关于印发〈上海市服务业发展“十四五”规划〉的通知》	2021－07	上海市人民政府办公厅	冷链物流	支持冷链物流、共同配送、夜间配送、多式联运等物流模式发展，壮大专业物流、第三方和第四方物流
52	《上海市人民政府办公厅关于印发〈上海市市场监管现代化“十四五”规划〉的通知》	2021－06	上海市人民政府办公厅	冷链物流疫情防控	加强重点领域监管协作。推动追溯制度、追溯标准互通合作，强化食品安全信息追溯管理。强化新冠肺炎疫情冷链物防协作，协同开展餐厨废弃油脂监管
53	《山东省人民政府办公厅关于印发山东省“十四五”海洋经济发展规划的通知》	2021－11	山东省人民政府办公厅	冷链物流基础设施建设	推动水产品产地加工和水产品冷链物流建设，提升水产品加工仓储现代化水平
54	《山东省发展和改革委员会关于印发省会经济圈“十四五”一体化发展规划的通知》	2021－09	山东省发展和改革委员会	国家骨干冷链物流基地建设	完善冷链物流体系，科学布局冷链设施，建设济南国家骨干冷链物流基地，打造辐射全国的冷链物流集散中心

续　表

序号	标题	发文时间	发文部门	关键词	内容摘要
55	《山东省发展和改革委员会关于印发胶东经济圈“十四五”一体化发展规划的通知》	2021－09	山东省发展和改革委员会	冷链物流体系建设	完善冷链物流体系，科学布局冷链设施，建设济南国家骨干冷链物流基地，打造辐射全国的冷链物流集散中心
56	《山东省发展和改革委员会关于印发鲁南经济圈“十四五”一体化发展规划的通知》	2021－09	山东省发展和改革委员会	冷链物流体系建设	健全农产品产地营销体系，在农产品优势产区、流通重要节点和城市消费终端，率先完善冷链物流体系，打造区域性先进冷链物流中心
57	《海南省发展和改革委员会关于印发〈海南省“十四五”时期产业结构调整指导意见〉的通知》	2021－10	海南省发展和改革委员会	冷链物流基础设施建设	推动冷链物流和物流服务贸易创新发展。建设洋浦国际冷链物流中心、琼海国际中转型冷库、万宁乌场港冷链物流园，支持打造江东临空物流冷链产业中心
58	《省交通运输厅关于印发〈贵州省道路运输业“十四五”发展规划〉的通知》	2021－12	贵州省交通运输厅	冷链物流运输	依托网络货运平台企业和大型枢纽场站推广挂车共享、长途接驳甩挂等组织新模式。推动网络货运在城市配送、冷链物流等领域的应用
59	《重庆市人民政府关于印发重庆市综合交通运输“十四五”规划（2021—2025年）的通知》	2021－10	重庆市人民政府	冷链物流体系	推动冷链物流服务提质增效，加强冷链物流体系和农产品物流骨干网络和园区建设，培育创建冷链物流服务品牌
60	《关于印发〈黑龙江省“十四五”特色经济作物发展规划〉的通知》	2021－12	黑龙江省农业农村厅	冷链物流基础设施建设	重点做好大型果蔬基地的田间冷链建设，在千亩以上露地和百亩以上设施基地，配套发展建设预冷库、储藏窖、保鲜库、冷冻冷藏库等各类冷储设施300万平方米以上

续 表

序号	标题	发文时间	发文部门	关键词	内容摘要
61	《关于印发〈黑龙江省乡村产业发展“十四五”规划〉的通知》	2021 - 12	黑龙江省农业农村厅	冷链物流金融支持	充分发挥融资担保体系作用，强化担保融资增信功能，推动落实创业担保贷款贴息政策。完善乡村产业发展用地政策体系，明确用地类型和供地方式，实行分类管理
62	《云南省农业农村厅关于印发〈云南省“十四五”数字农业农村发展规划〉的通知》	2021 - 12	云南省农业农村厅	冷链物流基础设施建设	支持冷链仓储企业实施数字化升级改造，提升仓储保鲜设施自动化、智能化管理及运营水平
63	《云南省农业农村厅关于印发〈云南省“十四五”高原特色现代农业发展规划〉的通知》	2021 - 12	云南省农业农村厅	冷链物流新型市场体系	推进农业全产业链建设，积极发展农产品精深加工和生产性服务业，健全线上线下 + 农产品冷链物流新型市场体系，推动农业“接二连三”融合发展
64	《省政府办公厅关于印发江苏省“十四五”金融发展规划的通知》	2021 - 08	江苏省人民政府办公厅	国家骨干冷链物流基地建设	加大对国家物流枢纽和骨干冷链物流基地、省级示范物流园区、重点物流基地和企业的支持力度
65	《山西省人民政府关于印发山西省“十四五”现代物流发展规划的通知》	2021 - 11	山西省人民政府	冷链物流基地建设	聚焦“南果中粮北肉东药材西干果”特优农产品，延伸物流仓储功能，满足冷链物流需求、加快推进农产品物流信息化、标准化、集约化，打造农产品供应链枢纽节点
66	《自治区人民政府办公厅关于印发宁夏回族自治区现代物流发展“十四五”规划的通知》	2021 - 10	宁夏回族自治区人民政府办公厅	冷链物流	围绕大宗物流、冷链物流、城乡配送、电商快递、保税物流、特色产业物流、应急物流等专业物流，支持一批辐射能力强、综合化程度高、集疏运条件好的物流园区

续　表

序号	标题	发文时间	发文部门	关键词	内容摘要
67	《西藏自治区“十四五”时期现代物流业发展规划》	2021－10	西藏自治区发展和改革委员会	冷链物流	鼓励物流企业提供供应链物流、保税物流、电商物流、冷链物流、城市共同配送等新兴物流服务，用标准化、专业化、个性化、智能化的物流服务满足西藏经济社会发展和产业转型升级的要求
68	《四川省发展和改革委员会 四川省交通运输厅关于印发〈四川省“十四五”现代物流发展规划〉的通知》	2021－09	四川省发展和改革委、四川省交通运输厅	冷链配送	要引导商贸流通企业改善消费末端冷链设施装备条件，建设冷链物流配送加工中心、中央厨房、移动冷藏装置等，打通生鲜农产品“最后一公里”
69	《河北省人民政府办公厅关于印发河北省建设全国现代商贸物流重要基地“十四五”规划的通知》	2021－11	河北省人民政府办公厅	冷链物流基地建设	支持石家庄、邯郸等交通枢纽城市建设铁路物流基地，提升多式联运能力，形成综合货运物流枢纽集群。着力完善京东、京南、冀中南、张承农产品物流基地冷链设施条件，打造冷链物流枢纽集群
70	《湖南省发展和改革委员会关于印发〈湖南省“十四五”现代物流发展规划〉的通知》	2021－08	湖南省发展和改革委员会	冷链物流网络建设	以提高冷链流通率为重点，以先进技术和冷链设施设备为支撑，以骨干冷链物流基地等为基础，构建“全链条、网络化、严标准、可追溯、高效率”的冷链物流网络
71	《陕西省发展和改革委员会关于印发〈陕西省“十四五”物流业高质量发展规划〉的通知》	2021－11	陕西省发展和改革委员会	冷链物流基础设施建设	大力推进延安、宝鸡等国家物流枢纽、骨干冷链物流基地及国家示范物流园区等重大物流基础设施建设，整合优化存量物流设施，深化枢纽干支配仓等功能集成，完善枢纽服务体系

续 表

序号	标题	发文时间	发文部门	关键词	内容摘要
72	《关于印发〈北京市“十四五”时期商业服务业发展规划〉的通知》	2021 – 09	北京市商务局	冷链物流装备升级	推动冷链物流设施装备与技术改造升级，支持建设具有集中采购和配送能力的冷链物流中心，加强农产品冷链物流配送网络建设
73	《上海市人民政府办公厅关于印发〈上海市全面推进城市数字化转型“十四五”规划〉的通知》	2021 – 10	上海市人民政府办公厅	冷链物流基础设施建设	持续完善智慧零售和末端配送设施，推动部署冷链仓储中心、快件仓储中心、转运中心、分拨中心等物流设施的智能化升级
74	《重庆市商务委员会关于印发〈重庆市大型商品交易市场发展“十四五”规划〉的通知》	2021 – 12	重庆市商务委员会	冷链物流基地建设	加强与主城“一核”市场群联动发展，发展冷链分拨、大宗物资综合利用（成品油分拨、煤炭储运、铝铜循环利用）、二手汽车出口、新型建材（家居）、小家电、农副产品、花卉、中药材等专业市场
75	《重庆市人民政府办公厅关于印发重庆市商务发展“十四五”规划（2021—2025年）的通知》	2021 – 11	重庆市人民政府办公厅	冷链物流网络体系建设	建成5个一级节点、20个二级节点、*N*个三级节点网络体系，实现即产即冷，满足城市居民2公里以内、农村居民5公里以内采购冷鲜食品商品需求
76	《重庆市人民政府关于印发重庆市全面融入共建“一带一路”加快建设内陆开放高地“十四五”规划（2021—2025年）的通知》	2021 – 10	重庆市人民政府	冷链物流	积极对接国际多式联运规则，完善跨境邮递体系，发展全程冷链运输，提高通关运行效率和运输安全保障能力

续 表

序号	标题	发文时间	发文部门	关键词	内容摘要
77	《重庆市人民政府关于印发重庆市推进农业农村现代化“十四五”规划（2021—2025年）的通知》	2021－09	重庆市人民政府	肉类冷链物流	开展标准化生猪屠宰场建设，完善猪肉冷链物流运输体系，推动运猪向运肉转变
78	《关于印发内蒙古自治区“十四五”商务发展规划的通知》	2021－11	内蒙古自治区商务厅	冷链物流基础设施建设	加快流通领域冷链设施建设，增强农产品批发市场流通主渠道冷链服务能力，推动移动式冷库等应用
79	《内蒙古自治区人民政府关于印发呼包鄂乌“十四五”一体化发展规划的通知》	2021－10	内蒙古自治区人民政府	冷链物流体系	健全旗县（市、区）、苏木乡镇、嘎查村三级物流配送体系，大力发展冷链物流
80	《内蒙古自治区人民政府办公厅关于印发自治区“十四五”数字经济发展规划的通知》	2021－11	内蒙古自治区人民政府办公厅	国家骨干冷链物流基地建设	巴彦淖尔市发挥农业基础优势，加快高端农畜产品加工服务输出基地建设，推动物流领域数字化转型，打造国家骨干冷链物流基地和甘其毛都陆上边境口岸型自治区物流枢纽
81	《内蒙古自治区人民政府办公厅关于印发自治区“十四五”服务业发展规划的通知》	2021－09	内蒙古自治区人民政府办公厅	冷链物流	搭建呼和浩特市、巴彦淖尔市、赤峰市、通辽市、锡林郭勒盟等冷链转运枢纽，面向京津冀等重点区域，积极推动开行国内冷链货运班列加快发展冷链物流、城乡配送服务

续 表

序号	标题	发文时间	发文部门	关键词	内容摘要
82	《广西壮族自治区人民政府关于印发广西现代服务业高质量发展“十四五”规划的通知》	2021－10	广西壮族自治区人民政府	冷链物流	玉林市—围绕“两湾”产业融合发展先行试验区的发展定位，重点发展现代商贸、冷链物流、电子商务、人力资源服务、金融服务、健康服务、文化旅游等服务业态
83	《广西壮族自治区人民政府关于印发广西综合交通运输发展“十四五”规划的通知》	2021－11	广西壮族自治区人民政府	冷链物流体系	加快建设冷链物流体系，实现从生产到消费的全覆盖；大力发展铁路冷藏运输、冷藏集装箱多式联运，减少流通损耗，保障商品质量安全；鼓励企业开展冷链共同配送、“生鲜电商＋冷链宅配”等新模式
84	《自治区人民政府办公厅关于印发宁夏回族自治区巩固拓展脱贫攻坚成果同乡村振兴有效衔接“十四五”规划的通知》	2021－12	宁夏回族自治区人民政府办公厅	冷链物流基础设施建设	支持脱贫地区建设冷链物流设施，推进农村电商提档升级，加快发展农村电子商务，培养电商人才，统筹市场力量参与农村电商基础设施建设
85	《自治区人民政府办公厅关于印发宁夏回族自治区农业农村现代化发展“十四五”规划的通知》	2021－11	宁夏回族自治区人民政府办公厅	冷链物流体系	建设蔬菜集配中心，完善冷链物流体系，强化品牌营销，提升蔬菜产业质量效益和竞争力
86	《自治区人民政府办公厅关于印发宁夏回族自治区开发区总体发展“十四五”规划的通知》	2021－11	宁夏回族自治区人民政府办公厅	冷链物流基地建设	将吴忠市打造成鲜活农产品物流集散基地，将石嘴山、中卫打造成区域性大宗商品集散交易基地

续 表

序号	标题	发文时间	发文部门	关键词	内容摘要
87	《自治区人民政府办公厅关于印发宁夏回族自治区新型城镇化“十四五”规划的通知》	2021－10	宁夏回族自治区人民政府办公厅	冷链物流基础设施建设	推动产业培育设施提质增效，完善产业平台配套设施、健全冷链物流设施，培育县城内生增长动力和“造血”能力，提高县城综合承载能力，引导县域特色经济和工业、现代服务业等产业在县城集聚发展
88	《自治区人民政府办公厅关于印发宁夏回族自治区市场监督管理“十四五”规划的通知》	2021－10	宁夏回族自治区人民政府办公厅	冷链物流数字化建设	加大智慧药监和数字化冷链物流领域的产业扶持力度
89	《自治区人民政府办公厅关于印发宁夏回族自治区科技创新“十四五”规划的通知》	2021－09	宁夏回族自治区人民政府办公厅	肉类冷链物流	重点开展高效生态养殖、疫病防控、舍饲健康高效养殖、牛羊肉精深加工和冷链保鲜、养殖与加工废物资源化利用等关键技术研发，创建肉牛滩羊绿色优质高效生产技术体系
90	《自治区人民政府办公厅关于印发宁夏回族自治区生态环境保护“十四五”规划的通知》	2021－09	宁夏回族自治区人民政府办公厅	冷链物流	构建高效集约的绿色流通体系。加快发展工业品物流、供应链物流、电商物流、冷链物流、智慧物流、绿色物流和应急物流新业态新模式
91	《自治区人民政府办公厅关于印发宁夏回族自治区推进“一带一路”和内陆开放型经济试验区建设“十四五”规划的通知》	2021－09	宁夏回族自治区人民政府办公厅	冷链物流基地建设	吴忠市依托黄河生态和高铁过境优势，加强沿黄流域协同合作，加快优质特色农产品开发和商贸旅游产业发展，打造黄河生态旅游廊道、鲜活农产品物流集散基地和高铁经济集聚区，促进产城一体化协同发展

续 表

序号	标题	发文时间	发文部门	关键词	内容摘要
92	《自治区人民政府办公厅关于印发宁夏回族自治区综合交通运输体系“十四五”发展规划的通知》	2021－09	宁夏回族自治区人民政府办公厅	冷链物流	强化冷链物流园区和物流体系建设，支持农畜产品冷链物流发展。推动重要交通枢纽实现邮件快件集中安检、集中上机（车），加快推进高铁快递应用
93	《自治区人民政府办公厅关于印发宁夏回族自治区现代服务业发展“十四五”规划的通知》	2021－09	宁夏回族自治区人民政府办公厅	国家骨干冷链物流基地建设	建设一批农产品冷链物流设施和田头市场仓储保鲜设施，支持各地申建国家骨干冷链物流基地
94	《关于印发新疆维吾尔自治区卫生健康事业“十四五”发展规划的通知》	2021－08	新疆维吾尔自治区人民政府办公厅	医药冷链	建设血液“冷链运输”监管平台，保证血液质量安全
95	《河北省人民政府办公厅关于印发河北省建设京津冀生态环境支撑区“十四五”规划的通知》	2021－11	河北省人民政府办公厅	冷链物流	商品车滚装运输、全程冷链运输、电商快递班列等多式联运试点示范创建
96	《河北省人民政府办公厅关于印发河北省建设全国产业转型升级试验区“十四五”规划的通知》	2021－11	河北省人民政府办公厅	食品冷链物流	饮品饮料、休闲食品、生物基制品、天然色素等特色产品，推动中央厨房、食品冷链物流、餐饮服务等一体化发展
97	《河北省人民政府办公厅关于印发河北省建设全国现代商贸物流重要基地“十四五”规划的通知》	2021－11	河北省人民政府办公厅	冷链物流标准	港口、铁路一体化运营主体成功组建，京津冀共同制定发布 8 项冷链物流协同标准，海关通关一体化改革持续推进

续　表

序号	标题	发文时间	发文部门	关键词	内容摘要
98	《吉林省药品监督管理局关于印发吉林省药品安全及促进高质量发展“十四五”规划的通知》	2021 - 09	吉林省药品监督管理局	疫苗冷链	
99	《黑龙江省人民政府办公厅关于印发黑龙江省供销合作社“十四五”发展规划和二〇三五年远景目标的通知》	2021 - 11	黑龙江省人民政府办公厅	农批市场冷链物流升级改造	推进农产品市场提档升级。围绕全省农产品市场体系建设规划，加快市场升级改造，完善服务功能，增强仓储运输、冷链物流、检验检测、电子交易、信息服务能力
100	《省政府办公厅关于印发江苏省“十四五”铁路发展暨中长期路网布局规划的通知》	2021 - 09	江苏省人民政府办公厅	铁路冷链物流	开展闲置和能力富余的专支线利用研究，开发城市客运、城市配送、冷链等功能，推进功能提升及转型
101	《江西省工业和信息化厅关于印发江西省“十四五”产业技术创新发展规划的通知》	2021 - 12	江西省工业和信息化厅	冷链物流信息平台	开发新型果蔬保鲜剂、保鲜材料，果蔬质量与安全快速检测技术，发展果蔬冷链储运系统，建立果蔬物流信息平台，大力发展果蔬物联网，提高果蔬物流水平
102	《江西省人民政府办公厅关于印发江西省“十四五”新型基础设施建设规划的通知》	2021 - 10	江西省人民政府办公厅	冷链物流信息平台	鼓励城乡配送、冷链物流、药品物流等大数据平台发展

续 表

序号	标题	发文时间	发文部门	关键词	内容摘要
103	《关于印发〈江西省内贸流通发展“十四五”规划〉的通知》	2021－11	江西省商务厅	冷链物流	创新驱动的商贸流通发展机制基本形成，电子商务、连锁经营、冷链物流、商贸供应链等现代流通方式快速发展
104	《江西省人民政府关于印发江西省“十四五”科技创新规划的通知》	2021－10	江西省人民政府	冷链物流技术	重点部署传统特色食品加工技术、名优特色药食同源农副产品功能性食品开发与营养精准设计、装备研发与智能制造、安全监测与控制、生鲜农产品产后供应链绿色保鲜与减损等领域的关键技术研究，为做强我省农产品高值化加工、冷链储运等关键环节提供科技支撑
105	《关于印发〈江西省商贸物流“十四五”发展规划〉的通知》	2021－10	江西省商务厅	国家骨干冷链物流基地建设	推动农产品物流、冷链物流、港口物流、空港物流、制造业物流、电子商务物流加快发展，建设区域性进口冷冻食品集散地和国家骨干冷链物流基地
106	《江西省人民政府办公厅关于印发江西省“十四五”消费升级发展规划的通知》	2021－09	江西省人民政府办公厅	冷链物流基础设施建设	推动新型城镇化发展，加快重点县城农贸市场、乡镇商贸综合体、配送投递、冷链物流等公共服务设施建设
107	《陕西省人民政府办公厅关于印发“十四五”深度融合共建“一带一路”大格局、建设内陆开放高地规划的通知》	2021－11	陕西省人民政府办公厅	国家骨干冷链物流基地建设	推进延安、宝鸡等国家物流枢纽、骨干冷链物流基地及国家示范物流园区等重大物流基础设施建设，整合优化存量物流设施，深化枢纽干支配仓等功能集成

续　表

序号	标题	发文时间	发文部门	关键词	内容摘要
108	《甘肃省人民政府办公厅关于印发〈“十四五”兰州经济圈发展规划〉等3项省级区域规划的通知》	2021－10	甘肃省人民政府办公厅	区域冷链物流基地建设	强化农产品分拣、加工、包装、预冷等一体化集配设施建设，大力建设区域冷链物流基地
109	《甘肃省人民政府办公厅关于印发〈甘肃省“十四五”市场体系建设规划〉和〈甘肃省“十四五”就业促进规划〉的通知》	2021－10	甘肃省人民政府办公厅	冷链物流网络体系建设	鼓励农产品生产加工、冷链物流、商贸流通企业建设预冷、贮藏保鲜等初加工冷链设施，加强先进冷链设备应用，加快补齐农产品、肉制品、蔬菜“最先一公里”短板，加强面向城市消费的低温加工处理中心和冷链配送设施建设，提升“最后一公里”低温配送能力
110	《青海省人民政府办公厅关于印发青海省“十四五”商务发展规划的通知》	2021－12	青海省人民政府办公厅	冷链物流	构建“互联网＋物联网＋冷链物流”新型流通体系
111	《青海省人民政府办公厅关于印发青海省“十四五”循环经济发展行动方案的通知》	2021－12	青海省人民政府办公厅	国家骨干冷链物流基地建设	推动青藏高原农副产品二期建设，开辟农特产品上行通道，打造国家骨干冷链物流基地
112	《青海省人民政府办公厅关于印发青海省“十四五”工业和信息化发展规划的通知》	2021－11	青海省人民政府办公厅	冷链车辆技术	发展电动和混合动力的城市公交、乘用汽车、环卫车、厢式货车及冷链物流车、旅游车辆等系列汽车产品

资料来源：中物联冷链委。

第三节　2021 年冷链物流标准目录汇总

一、农副产品、食品冷链物流基础标准汇总（见表 8－4）

表 8－4　　农副产品、食品冷链物流基础标准汇总

序号	标准编号	标准名称	发布日期	实施日期	规定范围
1	GB 7718—2011	食品安全国家标准 预包装食品标签通则	2011－04－20	2012－04－20	本标准适用于直接提供给消费者的预包装食品标签和非直接提供给消费者的预包装食品标签。本标准不适用于为预包装食品在储藏运输过程中提供保护的食品储运包装标签、散装食品和现制现售食品的标识
2	GB/T 14440—1993	低温作业分级	1993－06－10	1994－01－01	本标准规定了低温作业环境冷强度大小及其对人体机能影响程度的级别。本标准适用于对低温作业实施劳动保护分级管理
3	GB/T 18706—2008	液体食品保鲜包装用纸基复合材料	2008－06－25	2008－12－01	本标准规定了液体食品包装用纸及复合材料的分类、要求、试验方法、检验规则、标志、包装、运输和贮存。本标准适用于以原纸为基体，与塑料经复合而成，供液体食品保鲜包装用的复合材料。本标准也适用于以原纸为基体，与塑料、铝箔或其他阻隔材料等经复合而成，供液体食品热灌装用的复合材料

续　表

序号	标准编号	标准名称	发布日期	实施日期	规定范围
4	GB/T 19480—2009	肉与肉制品术语	2009-04-27	2009-10-01	本标准适用于肉与肉制品的加工、贸易和管理
5	GB/T 26604—2011	肉制品分类	2011-06-16	2011-12-01	本标准规定了肉制品分类的原则及其分类。本标准适用于肉制品的生产、销售和检验
6	GB/T 18517—2012	制冷术语	2012-11-05	2013-03-01	本标准界定了制冷术语。本标准适用于制冷专业的产品制造、工程设计、施工、维护管理、科研、教育等领域
7	GB/T 30590—2014	冷冻饮品分类	2014-09-30	2015-02-01	本标准规定了冷冻饮品的术语、定义和分类。本标准适用于冷冻饮品的生产、检验和销售
8	GB/T 21001.1—2015	制冷陈列柜 第1部分：术语	2015-09-11	2016-04-01	本部分规定了用于销售和陈列食品的制冷陈列柜的术语和定义。本部分不适用于制冷自动售货机和拟用于餐饮的非零售用的制冷陈列柜
9	GB/T 32950—2016	鲜活农产品标签标识	2016-08-29	2017-03-01	本标准规定了鲜活农产品标签标识的基本要求、内容、方式等。本标准适用于鲜活农产品的标签标识，包括预包装、散装、裸装、储运包装以及现制现售的可食用鲜活农产品和非食用鲜活农产品的标签标识

续 表

序号	标准编号	标准名称	发布日期	实施日期	规定范围
10	GB/T 34262—2017	蛋与蛋制品术语和分类	2017－09－07	2018－04－01	本标准规定了蛋与蛋制品的术语及其定义，分类原则和分类。本标准适用于蛋与蛋制品的加工、检验、物流和销售
11	GB/T 34343—2017	农产品物流包装容器通用技术要求	2017－10－14	2018－05－01	本标准规定了农产品物流包装容器的基本要求、质量要求、标志要求等内容。本标准适用于农产品物流包装容器的设计、制造、销售和检测
12	GB/T 34344—2017	农产品物流包装材料通用技术要求	2017－10－14	2018－05－01	本标准规定了农产品物流包装材料的基本要求、质量要求等内容。本标准适用于农产品物流过程相关包装材料的制造、销售和检测
13	GB/T 36193—2018	水产品加工术语	2018－05－14	2018－12－01	本标准规定了水产品加工领域常用的基本术语，适用于水产品加工业的生产、流通、科研、教学及管理等相关领域
14	GB/T 24358—2019	物流中心分类与规划基本要求	2019－05－10	2019－12－01	本标准规定了物流中心分类、总体规划要求，以及仓库、道路、堆场、停车场、铁路专用线、专用码头、信息化平台等设施的规划要求。本标准适用于对物流中心的界定和物流中心的规划设计

续　表

序号	标准编号	标准名称	发布日期	实施日期	规定范围
15	GB/T 37710—2019	粮食物流名词术语	2019－06－04	2020－01－01	本标准界定了粮食物流活动中的基础术语和粮食物流技术、设施设备、信息、经济与管理的术语及其定义。本标准适用于与粮食物流相关的生产、运营、贸易、管理、科研、教学等领域
16	GB/T 28577—2021	冷链物流分类与基本要求	2021－11－26	2022－06－01	本标准规定了冷链物流的分类，以及设施设备、信息系统、温度控制、物品保护、质量管理、人员要求、安全管理、环境保护等方面的基本要求。本标准适用于冷链物流及相关领域的管理与运作
17	JB/T 7249—1994	制冷设备术语	1994－07－18	1995－07－01	本标准规定了制冷设备中使用的主要术语及其含义
18	JT/T 1348—2020	冷链货物空陆联运通用要求	2020－12－30	2021－04－01	本标准规定了冷链货物空陆联运的基本要求及温度监测、设施设备、交接转运、信息采集与追溯、异常情况处理等要求。本标准适用于国内冷链货物航空和道路的联运
19	NY/T 1431—2007	农产品追溯编码导则	2007－09－14	2007－12－01	本标准规定了农产品追溯编码的术语和定义、编码原则和编码对象
20	QB/T 5284—2018	冷冻食品术语与分类	2018－07－04	2019－01－01	本标准规定了冷冻食品的术语、分类。本标准适用于冷冻食品工业管理、生产、科研、教学及其他有关领域

续 表

序号	标准编号	标准名称	发布日期	实施日期	规定范围
21	SB/T 10794.1—2012	商用冷柜 第1部分：术语	2012－09－19	2012－12－01	本部分规定了用于销售和储存食品的商用冷柜的术语和定义
22	SB/T 11073—2013	速冻食品术语	2014－04－06	2014－12－01	本标准规定了速冻食品的通用术语、产品术语与定义。本标准适用于速冻食品的生产、检验、物流和销售服务
23	SC/T 3035—2018	水产品包装、标识通则	2018－12－19	2019－06－01	本标准规定了水产品的包装和标识要求。本标准适用于水产品的包装和标识
24	WB/T 1055—2015	物流从业人员职业能力要求 第1部分：仓储 配送作业与作业管理	2015－10－21	2016－02－01	《物流从业人员职业能力要求》的本部分对物流从业人员仓储、配送作业与作业管理的职业能力提出了规范性要求，适用于各类物流企业在仓储、配送的作业和作业管理，生产、商贸流通等企业的物流相关部门可参照使用
25	WB/T 1055—2015	物流从业人员职业能力要求 第2部分：运输 运输作业与作业管理	2015－10－21	2012－02－01	《物流从业人员职业能力要求》的本部分规定了物流从业人员运输、运输代理作业与作业管理的职业能力要求。本部分适用于公路运输、铁路运输、航空运输、水路运输和运输代理等各类物流企业的运输、运输代理作业和作业管理，生产、商贸流通等企业的物流相关部门可参照使用

二、农副产品、食品冷链物流设施设备相关标准（见表8－5）

表8－5　农副产品、食品冷链物流设施设备相关标准

序号	分类	标准编号	标准名称	发布日期	实施日期	规定范围
1	冷库	GB 28009—2011	冷库安全规程	2011－12－30	2012－12－01	本标准规定了冷库设计、施工、运行管理及制冷系统长时间停机时的安全要求。本标准适用于以氨、卤代烃等为制冷剂的直接制冷系统及间接制冷系统的冷库。其他类型的冷库和制冷系统可参照执行。本标准不适用于作为产品出售的室内装配式冷库
2	冷库	GB 50072—2021	冷库设计标准	2021－06－28	2021－12－01	本标准适用于采用氢、卤代烃及其混合物、二氧化碳为制冷剂的亚临界蒸汽压缩直接式制冷系统和采用二氧化碳、盐水等为载令剂的间接式制冷系统的新建、扩建和改建食品冷库
3	冷库	GB 51440—2021	冷库施工及验收标准	2021－06－28	2021－12－01	本标准适用于采用氨、卤代烃及其混合物、二氧化碳为制冷剂的亚临界蒸气压缩直接式制冷系统和采用二氧化碳、盐水等为载令剂的间接式制冷系统的新建、扩建、改建食品冷库施工及验收
4	冷库	GB/T 15912.1—2009	制冷机组及供制冷系统节能测试 第1部分：冷库	2009－10－30	2010－05－01	本部分规定了采用制冷压缩机（机组）、冷凝器、蒸发器及附件、管路等独立零部件在用户现场安装的制冷系统的节能监测内容和节能测试方法。本部分适用于储存空间大于500m^3的冷冻、冷藏库（以下简称冷库）

续 表

序号	分类	标准编号	标准名称	发布日期	实施日期	规定范围
5	冷库	GB/T 24400—2009	食品冷库 HACCP 应用规范	2009-09-30	2010-03-01	本标准规定了食品冷库建立和实施 HACCP 体系的总要求以及文件、良好操作规范（GMP）、卫生标准操作程序（SSOP）、标准操作规程（SOP）、有害微生物检验和 HACCP 体系的建立规程等要求。本标准适用于食品冷库企业 HACCP 体系的建立、实施和相关的评价活动
6		GB/T 29372—2012	食用农产品保鲜贮藏管理规范	2012-12-31	2013-07-14	本标准规定了食用农产品保鲜贮藏基本要求、贮藏前的准备、贮藏及运输要求。本标准适用于果蔬、肉类等的保鲜贮藏
7		GB/T 30103.1—2013	冷库热工性能试验方法 第1部分：温度和湿度检测	2013-12-17	2014-11-01	GB/T 30103 的本部分规定了各种类型冷库主要性能参数温度和湿度的检测方法。本部分适用于各型冷库的所有冷间及制冷系统中温度和湿度分布、表面温度、环境温度、制冷剂温度、冷风机入出口温度和湿度的测定
8		GB/T 30103.2—2013	冷库热工性能试验方法 第2部分：风速检测	2013-12-17	2014-11-01	GB/T 30103 的本部分规定了各种类型冷库主要热工性能的风速参数检测方法。本部分适用于各种类型冷库的所有冷间内有关风速分布的测定
9		GB/T 30103.3—2013	冷库热工性能试验方法 第3部分：围护结构热流量检测	2013-12-17	2014-11-01	GB/T 30103 的本部分规定了土建冷库及装配式冷库保温性能中围护结构热流量和传热系数的检测方法。本部分适用于各种类型新旧冷库冷间隔热性能和对能耗影响的计算
10		GB/T 30134—2013	冷库管理规范	2013-12-07	2014-12-01	本标准规定了冷库制冷、电气、给排水系统，库房建筑及相应的设备设施运行管理、维护保养要求和食品贮存管理要求。本标准适用于贮存肉、禽、蛋、水产及果蔬类的食品冷库，贮存其他货物的冷库可参照执行

续　表

序号	分类	标准编号	标准名称	发布日期	实施日期	规定范围
11	冷库	GB/T 31078—2014	低温仓储作业规范	2014-12-22	2015-07-01	本标准规定了低温仓储的入库作业、储存作业、出库作业、环境控制、安全控制及信息处理的要求。本标准适用于公共低温仓库的仓储作业活动，自营低温仓库的仓储作业活动可参照执行。本标准不适用于人工调控气体成分的低温仓库、仓储作业自动化的低温仓库、储存危险品或有毒有害物品的低温仓库，以及国家相关部门有特殊要求的低温仓库的仓储作业活动
12		GB/T 38375—2019	食品低温配送中心规划设计指南	2019-12-31	2020-07-01	本标准给出了食品低温配送中心规划设计的总体原则，并就规划设计、主体建筑、核心功能区、道路及动线、作业设备选用、信息化管理等提出了设计和规划参考的标准和方法。本标准适用于食品低温配送中心的新建、改建或扩建
13		CB/T 4266—2014	船用食品冷库	2014-05-06	2014-10-01	本标准规定了以硬质聚氨酯泡沫为隔热层组合而成的船用食品冷库（以下简称冷库）的分类和标记、要求、试验方法、检验规则、标志、包装、运输及储存。本标准适用于冷库的制造和验收
14		JB/T 9061—2018	组合冷库	2018-04-30	2018-12-01	本标准规定了组合冷库的术语和定义、型式、型号与基本参数、技术要求、试验方法、检验规则以及标志、包装、运输和贮存。本标准适用于在工厂生产、可部分或整体发运的冷库
15		SBJ 11—2000	冷藏库建筑工程施工及验收规范（附条文说明）	2000-06-21	2000-08-01	本规范共分为十章三个附录。其主要内容为：总则、材料、砌体工程、模板工程、钢筋工程、混凝土工程、隔汽工程、隔热工程、冷藏门制作安装工程、抹灰工程

续 表

序号	分类	标准编号	标准名称	发布日期	实施日期	规定范围
16	冷库	SB/T 10569—2010	冷藏库门	2010－10－09	2011－06－01	本标准规定了冷藏库门的术语和定义、分类、规格、型号、各项要求、试验方法、检验规则和标志、包装、运输、贮存。本标准适用于主要以建筑钢材、铝合金建筑型材及玻璃钢制作的冷藏库门。本标准仅适用于冷藏库门产品标准。不适用于卷帘门、防火门、防辐射屏蔽门等特种门
17		SB/T 10797—2012	室内装配式冷库	2012－09－19	2012－12－01	本标准规定了室内装配式冷库的产品分类技术要求、试验方法和检验规则。本标准适用于由隔热夹芯板组装公称容积不大于 $500m^3$ 库内温度范围为－60～15℃的，主要用于食品储藏的室内装配式冷库（以下简称冷库）
18		SB/T 10870.1—2012	农产品产地集配中心建设规范	2013－01－04	2013－07－01	本标准规定了农产品产地集配中心的场地环境要求、设施设备要求和管理要求。本标准适用于以果蔬为主的农产品产地集配中心建设与评价，其他农产品产地集配中心可参照执行
19		SB/T 10873—2012	生鲜农产品配送中心管理技术规范	2013－01－04	2013－07－01	本标准规定了生鲜农产品配送中心的基本要求、场地环境要求、经营设施设备要求、供应商管理要求和经营管理要求。本标准适用于生鲜农产品配送中心的运营管理
20		SB/T 11091—2014	冷库节能运行技术规范	2014－07－30	2015－03－01	本标准规定了冷库节能运行技术规范的基本要求、冷库建筑的节能要求、制冷系统运行中的节能操作条件、制冷设备运行中的节能条件和制冷系统与设备维护的节能操作等要求。本标准适用于 $500m^3$ 以上的冷库

续　表

序号	分类	标准编号	标准名称	发布日期	实施日期	规定范围
21	冷藏车	GB 29753—2013	道路运输 食品与生物制品冷藏车 安全要求及试验方法	2013－09－18	2014－07－01	本标准规定了冷藏车的术语和定义、分类、要求及试验方法。本标准适用于采用已定型汽车整车或二类、三类底盘上改装的装备机械制冷机组的道路运输易腐食品与生物制品的冷藏车和冷藏半挂车
22		GB 1589—2016	汽车、挂车及汽车列车外廓尺寸、轴荷及质量限值	2016－07－26	2016－07－26	本标准规定了汽车、挂车及汽车列车的外廓尺寸、轴荷及质量的限值。本标准适用于在道路上使用的汽车（最大设计总质量超过 26000kg 的汽车起重机除外）、挂车及汽车列车。不适用于军队装备的专用车辆
23		GB/T 22918—2008	易腐食品控温运输技术要求	2008－12－31	2009－08－01	本标准规定了易腐食品控温运输的相关术语和定义、运输基本要求、装载要求、运输途中要求、卸货要求和转运接驳要求。本标准适用于易腐食品的公路、铁路、水路及上述各种运输方式的多式联运的运输管理
24		GB/T 26774—2016	车辆运输车通用技术条件	2016－07－26	2016－07－26	本标准规定了车辆运输车的定义、技术要求、试验方法、检验规则、标志、随车文件、运输、贮存等。适用于在道路上行驶的专门为运输汽车设计的货车、挂车及列车，运载其他类车辆的专用车可参照执行
25		GB/T 40475—2021	冷藏保温车选型技术要求	2021－08－20	2022－03－01	本标准确立了冷藏保温车的分类、整车要求、车厢要求、专用配置要求、车辆选型与车体标识要求。本标准适用于道路运输冷藏保温车的选用

续 表

序号	分类	标准编号	标准名称	发布日期	实施日期	规定范围
26	冷藏车	JB/T 4783—2007	低温液体汽车罐车（已废止）	2007－08－28	2008－02－01	本标准规定了低温液体汽车罐车罐体的技术要求、试验方法、检验规则、包装、标志和标识等要求
27		JT/T 650—2006	冷藏保温厢式挂车通用技术条件（已废止）	2006－02－20	2006－05－01	本标准规定了冷藏保温厢式挂车的术语和定义、技术要求及试验方法。本标准适用于在道路上使用的冷藏保温厢式挂车
28		QC/T 449—2010	保温车、冷藏车技术条件及试验方法	2010－08－16	2010－12－01	本标准规定了保温车、冷藏车的技术要求、试验方法、检验规则、标志、使用说明书、随车文件、运输、贮存。本标准适用于采用定型汽车底盘改装的保温车、冷藏车和保温半挂车、冷藏半挂车，其他型式的保温车、冷藏车亦可参照执行
29		QC/T 23—2014	鲜奶运输车辆	2014－10－14	2015－04－01	本标准规定了奶罐车的术语、产品分类、技术要求、试验方法、检验规则和标准、运输、贮存等。本标准适用于定型汽车底盘改装的装运生鲜奶的罐式汽车及罐式半挂汽车列车
30		SB/T 11092—2014	多温冷藏运输装备技术要求及测试方法	2014－07－30	2015－03－01	本标准规定了多温冷藏运输装备的分类和标记、技术要求、测试方法和检验规则等。本标准适用于多温冷藏汽车、多温冷藏集装箱等各类多温冷藏运输装备。其他的多温多空间冷藏运输装备可参照标准执行
31		WB/T 1060—2016	道路运输 食品冷藏车功能选用技术规范	2016－10－24	2017－01－01	本标准规定了食品冷藏车的一般要求、其他要求、产品标识、功能选用。本标准适用于道路运输食品冷藏车
32	冷藏保温箱（厢）	GB/T 20154—2014	低温保存箱	2014－12－05	2015－12－01	本标准规定了低温保存箱的术语与定义、分类与命名、要求、试验方法、检验规则、标志、包装、运输、贮存。本标准适用于封闭式电动机驱动压缩式低温保存箱（以下简称低温箱）

续　表

序号	分类	标准编号	标准名称	发布日期	实施日期	规定范围
33	冷藏保温箱（厢）	GB/T 31550—2015	冷链运输包装用低温瓦楞纸箱	2015－05－15	2016－01－01	本标准规定了冷链运输包装用低温瓦楞纸箱（以下简称为纸箱）产品的分类、要求、试验方法、检验规则、标志、包装、运输和贮存。本标准适用于冷链运输与贮存商品包装用低温单瓦楞纸箱、双瓦楞纸箱的设计、生产及检验
34		GB/T 13145—2018	冷藏集装箱堆场技术管理要求	2018－03－15	2018－10－01	本标准规定了机械式冷藏集装箱堆场应具备的技术管理要求，适用于港口及中转站所设置的冷藏集装箱专用堆场。其他类型冷藏集装箱专用堆场可参照使用。本标准所规定的堆场适于堆存1EEE、1EE、1AAA、1AA、1A、1CC和1C型机械式冷藏集装箱，但不适用于装载危险货物的机械式冷藏集装箱
35		JB/T 4784—2007	低温液体罐式集装箱（已废止）	2007－08－28	2008－02－01	本标准规定了低温液体罐式集装箱的技术要求、试验方法、检验规则、包装、标志和标识等要求
36		JB/T 6898—2015	低温液体贮运设备 使用安全规则	2015－04－30	2015－10－01	本标准规定了低温液体贮运设备的安全要求和措施、事故处理等要求。本标准适用于贮存液氧、液氮、液氩的固定式低温液体容器，运输液氧、液氮、液氩的汽车罐车及罐式集装箱。二氧化碳、氪、氙等非易燃低温液体贮运设备可参照使用本标准贮运氧、氮、氩类低温液体的条款
37		JT/T 1288—2020	冷藏集装箱多式联运技术要求	2020－02－28	2020－04－01	本标准规定了冷藏集装箱多式联运的设施设备要求、联运作业要求、联运信息要求。本标准适用于冷藏集装箱的多式联运

续 表

序号	分类	标准编号	标准名称	发布日期	实施日期	规定范围
38	冷藏保温箱（厢）	QB/T 4498—2013	桶装啤酒冷藏箱	2013-07-22	2013-12-01	本标准规定了家用和类似用途桶装啤酒冷藏箱的术语和定义、产品分类与型号命名、要求、试验方法、检验规则、标志、包装、运输和贮存。本标准适用于200L以下的桶装啤酒冷藏箱
39		SN/T 1995—2007	进出口食品冷藏、冷冻集装箱卫生规范	2007-12-24	2008-07-01	本标准规定了进出口食品冷藏、冷冻集装箱卫生规范。本标准适用于进出口食品冷藏、冷冻集装箱检验
40	其他	GB/T 21001.2—2015	制冷陈列柜 第2部分：分类、要求和试验条件	2015-09-11	2016-04-01	GB/T 21001的本部分规定了用于销售和陈列食品的制冷陈列柜的结构、特性和性能的要求，同时也规定了制冷陈列柜的试验条件、试验方法、分类方法、分级方法和由制造商提供的产品标志及产品特性信息。本部分不适用于制冷自动售货机和拟用于餐饮的非零售用的制冷柜；也不适用于陈列柜内所展示食品类型的选择
41		GB/T 21001.3—2015	制冷陈列柜 第3部分：试验评定	2015-09-11	2016-04-01	GB/T 21001的部分在GB/T 21001.2的基础上，补充规定了用于销售和陈列食品的制冷陈列柜的安全和性能的试验评定方法，以及评定依据标准
42		GB/T 35145—2017	冷链温度记录仪	2017-12-29	2018-07-01	本标准规定了冷链温度记录仪的产品分类和基本参数、技术要求、试验方法、检验规则及标志、包装、贮藏要求。本标准适用于电子式冷链温度记录仪，不适用于机械走纸式记录仪
43		GB/T 10942—2017	散装乳冷藏罐	2017-09-29	2018-04-01	本标准规定了散装乳冷藏罐（以下简称乳罐）的范围、术语、技术要求、试验方法、试验报告。本标准适用于农场、乳收集点的二次挤乳量（24 h）和四次挤乳量（48 h）自动控制的固定式或移动式散装乳冷藏罐

续　表

序号	分类	标准编号	标准名称	发布日期	实施日期	规定范围
44	其他	GB/T 39907—2021	果蔬类周转箱尺寸系列及技术要求	2021-08-20	2022-03-01	本标准规定了果蔬类产品用周转箱的尺寸系列、技术要求和试验方法。本标准适用于塑料制成的果蔬类产品周转箱的设计与生产
45		GB/T 40065—2021	果蔬类周转箱循环共用管理规范	2021-08-20	2022-03-01	本标准规定了果蔬类产品周转箱循环共用的总体要求、参与方的要求、作业管理要求、信息管理要求，以及评价与改进。本标准适用于用塑料制成的果蔬类产品周转箱循环共用的管理
46		JB/T 12908—2016	冷链物流用蓄冷超导箱式转运设备 技术条件	2016-10-22	2017-04-01	本标准规定了冷链物流用蓄冷超导箱式转运设备的术语和定义、分类、基本要求、试验方法、检验规则、标志、包装、运输和贮存等。本标准适用于不同类型、规格的冷链物流用蓄冷超导箱式转运设备
47		JB/T 7244—2018	冷柜	2018-04-30	2018-12-01	本标准规定了冷柜的术语和定义、型式与型号、技术要求、试验方法、检验规则以及标志、包装、运输和贮存。本标准适用于电动机驱动压缩机的自携式冷柜
48		SN/T 0890—2000	（出口商品）冷藏舱检验规程	2000-06-22	2000-11-01	本标准规定了装运出口肉食、水产品等货物的船舶冷藏舱（室）清洁卫生与冷藏效能检验的技术要求及检验方法
49		SN/T 1995—2007	进出口食品冷藏、冷冻集装箱卫生规范	2007-12-24	2008-07-01	本标准规定了进出口食品冷藏、冷冻集装箱卫生规范。本标准适用于进出口食品冷藏、冷冻集装箱检验

三、农副产品、食品冷链物流技术与管理标准（见表8－6）

表8－6　农副产品、食品冷链物流技术与管理标准

序号	分类	标准编号	标准名称	发布日期	实施日期	规定范围
1	综合	GB 14881—2013	食品安全国家标准 食品生产通用卫生规范	2013－05－24	2014－06－01	本标准规定了食品生产过程中原料采购、加工、包装、贮存和运输等环节的场所、设施、人员的基本要求和管理准则。本标准适用于各类食品的生产，如确有必要制定某类食品生产的专项卫生规范，应当以本标准作为基础
2		GB 31621—2014	食品安全国家标准 食品经营过程卫生规范	2014－12－24	2015－05－24	本标准规定了食品采购、运输、验收、贮存、分装与包装、销售等经营过程中的食品安全要求。本标准适用于各种类型的食品经营活动
3		GB 31605—2020	食品安全国家标准 食品冷链物流卫生规范	2020－09－11	2021－03－11	本标准规定了食品冷链物流过程中的基本要求、交接、运输配送、储存、人员和管理制度、追溯及召回、文件管理等方面的要求和管理准则，适用于各类食品出厂后到销售前需要温度控制的物流过程
4		GB 31654—2021	食品安全国家标准 餐饮服务通用卫生规范	2021－02－22	2022－02－22	本标准规定了餐饮服务活动中食品采购、贮存、加工、供应、配送和餐（饮）具、食品容器及工具清洗、消毒等环节场所、设施、设备、人员的食品安全基本要求和管理准则。本标准适用于餐饮服务经营者和集中用餐单位的食堂从事的各类餐饮服务活动，如有必要制定某类餐饮服务活动的专项卫生规范，应当以本标准作为基础

续　表

序号	分类	标准编号	标准名称	发布日期	实施日期	规定范围
5	综合	GB/T 19220—2003	农副产品绿色批发市场	2003－06－23	2003－12－01	本标准规定了农副产品绿色批发市场管理使用的术语和应遵循的原则，以及对农副产品绿色批发市场场地环境、设施设备、商品质量、商品管理、交易管理、市场管理、市场信用的要求。本标准适用于综合农副产品批发市场和蔬菜、水果、肉禽蛋及水产品等专业农副产品批发市场
6		GB/T 19221—2003	农副产品绿色零售市场	2003－06－23	2003－12－01	本标准规定了绿色零售市场管理使用的术语和遵循的原则，以及对农副产品绿色零售市场场地环境、设施设备、商品质量、商品管理、现场食品加工、定牌食品生产、市场管理、市场信用的要求。本标准适用于经营农副产品的零售场所
7		GB/T 19575—2004	农产品批发市场管理技术规范	2004－08－13	2004－11－01	本标准规定了农产品批发市场的经营环境、经营设施设备和经营管理的技术要求。本标准适用于申请设立和运营中的农产品批发市场，也适用于包含农产品批发交易活动的其他类型的批发市场，大宗农产品电子交易市场除外
8		GB/T 21720—2008	农贸市场管理技术规范	2008－05－04	2008－10－01	本标准规定了农贸市场经营环境要求、经营设施设备要求和经营管理要求。本标准适用于申请开业和运营中的农贸市场
9		GB/T 22502—2008	超市销售生鲜农产品基本要求	2008－11－04	2009－01－20	本标准规定了超市销售生鲜农产品的环境要求、基础设施设备要求、工具容器及包装材料要求、从业人员要求、供应商要求和交易技术要求。本标准适用于经营生鲜农产品的超市
10		GB/T 28843—2012	食品冷链物流追溯管理要求	2012－11－05	2012－12－01	本标准规定了食品冷链物流的追溯管理总则，以及建立追溯体系、温度信息采集、追溯信息管理和实施追溯的管理要求。本标准适用于预包装食品从生产结束到销售之前的运输、仓储、装卸等冷链物流环节中的追溯管理

续　表

序号	分类	标准编号	标准名称	发布日期	实施日期	规定范围
11	综合	GB/T 31086—2014	物流企业冷链服务要求与能力评估指标	2014－12－22	2015－07－01	本标准规定了物流企业从事农产品、食品冷链服务所应满足的基本要求，以及物流企业冷链服务类型、能力级别划分及评估指标。本标准适用于物流企业的农产品、食品冷链服务及管理
12		GB/T 33305—2016	易腐食品加工储运过程信息采集与工艺优化指南	2016－12－13	2017－07－01	本标准规定了易腐食品加工储运过程质量安全信息的采集要求，以及依据过程信息进行工艺优化与评审的流程和内容。本标准适用于易腐食品加工储运过程的信息采集和工艺优化
13		GB/T 36080—2018	条码技术在农产品冷链物流过程中的应用规范	2018－03－15	2018－10－01	本标准规定了条码技术在农产品冷链物流过程中的编码规则、符号表示、检测与质量评价。本标准适用于农产品获取、加工、冷的贮藏、冷链运输及配送、冷藏销售等关键冷链物流环节条码技术的应用
14		GB/T 36088—2018	冷链物流信息管理要求	2018－03－15	2018－10－01	本标准规定了冷链物流信息管理原则、信息内容和信息管理要求。本标准适用于冷链物流各环节信息的记录和应用
15		GB/T 37060—2018	农产品流通信息管理技术通则	2018－12－28	2019－07－01	本标准规定了农产品流通信息管理的一般要求、信息内容、采集要求、存储要求、交换要求、使用要求和归档要求。本标准适用于农产品流通过程中收购、初加工、交易、储运等环节信息的管理
16		GB/T 24616—2019	冷藏、冷冻食品物流包装、标志、运输和储存	2019－08－30	2020－03－01	本标准标准规定了冷藏、冷冻食品在物流过程中的包装、标志、运输、储存和追溯要求，适用于冷藏、冷冻食品的物流作业与管理

续　表

序号	分类	标准编号	标准名称	发布日期	实施日期	规定范围
17	综合	GB/T 39058—2020	农产品电子商务供应链质量管理规范	2020－09－29	2021－04－01	本标准规定了电子商务交易环境下食用农产品的采购和供应、初加工处理与包装、贮存与运输、销售、配送等环节的质量管理要求。本标准适用于电子商务交易环境下食用农产品供应链各环节的相关方在主体资质、设施设备、作业环境过程控制、检验检测、信息记录等方面的质量管理
18		GB/T 39664—2020	电子商务冷链物流配送服务管理规范	2020－12－14	2021－07－01	本标准规定了电子商务冷链物流配送的基本要求、管理要求、作业流程及要求和评审及改进。本标准适用于电子商务冷链物流配送服务提供方对配送作业服务的管理，本标准不适用于医药冷链物流配送
19		GB/T 40956—2021	食品冷链物流交接规范	2021－11－26	2022－06－01	本标准规定了食品冷链物流交接作业的总体要求和入库、出库、配送交接要求。本标准适用于食品冷链物流过程中的交接管理
20		GH/T 1311—2020	鲜（冻）食用农产品社区配送服务规范	2020－12－07	2021－03－01	本标准规定了鲜（冻）食用农产品服务的术语和定义、基本要求、配送流程、投诉处理、评价与改进等。本标准适用于从配送机构到社区终端的鲜（冻）食用农产品配送服务
21		JT/T 1234—2019	道路冷链运输服务规则	2019－01－02	2019－03－01	本标准规定了道路冷链运输服务的企业、人员、设施设备、作业、文件和记录等要求。本标准适用于道路运输企业从事的普通货物道路冷链运输业务，不适用于危险货物道路冷链运输业务

续　表

序号	分类	标准编号	标准名称	发布日期	实施日期	规定范围
22	综合	JT/T 1313—2020	城市配送服务规范	2020－07－31	2020－11－01	本标准规定了城市配送服务的一般要求、单证管理、装卸作业、配送运输、信息服务和服务质量保障。本标准适用于提供城市配送服务的企业，企业内部配送业务可参照使用
23		NY/T 1761—2009	农产品质量安全追溯操作规程 通则	2009－04－23	2009－05－20	本标准规定了农产品质量安全追溯的术语与定义、实施原则与要求、体系实施、信息管理、体系运行自查、质量安全问题处置。本标准适用于农产品质量安全追溯体系的建立与实施
24		NY/T 419—2021	绿色食品 稻米	2021－05－07	2021－11－01	本标准规定了绿色食品稻米的术语和定义要求、检验规则标签包装、运输和储存。本标准适用于绿色食品稻米包括大米（含糯米）米、胚芽米、蒸谷米、紫（黑）米、红米以及作为绿色食品稻米原料的稻谷，不适用于加入添加剂的稻米
25		NY/T 421—2021	绿色食品 小麦及小麦粉	2021－05－07	2021－11－01	本标准规定了绿色食品小麦及小麦粉的术语和定义要求检验规则标签包装、运输和储存。本标准适用于绿色食品小麦小麦粉和全麦粉
26		NY/T 893—2021	绿色食品 粟、黍、稷及其制品	2021－05－07	2021－11－01	本标准规定了绿色食品粟、黍、稷及其制品的术语和定义、要求、检验规则、标签、包装、运输和储存。本标准适用于绿色食品粟、黍、稷及其制品
27		NY/T 1512—2021	绿色食品 生面食、米粉制品	2021－05－07	2021－11－01	本标准规定了绿色食品生面食、米粉制品的术语和定义、要求、检验规则、标签、包装、运输和储存。本标准适用于绿色食品生面食制品，米粉制品。生面食制品包括生干面制品（挂面、面叶、通心粉等）和生湿面制品（面条、切面、饺子皮、馄饨皮、烧卖皮等）；米粉制品包括米粉干制品和湿制品

续 表

序号	分类	标准编号	标准名称	发布日期	实施日期	规定范围
28	综合	NY/T 1890—2021	绿色食品 蒸制类糕点	2021－05－07	2021－11－01	本标准规定了绿色食品蒸制类糕点的术语和定义。本标准绿色食品蒸制类糕点，也适用于绿色食品馒头和花卷
29		NY/T 2108—2021	绿色食品 熟粉及熟米制糕点	2021－05－07	2021－11－01	本标准规定了绿色食品熟粉及熟米制糕点的术语和定义要求、检验规则、标签、包装、运输和储存。本标准适用于绿色食品熟粉及熟米制糕点
30		NY/T 2111—2021	绿色食品 调味油	2021－05－07	2021－11－01	本标准规定了绿色食品调味油的术语和定义、要求、检验规则、标签、包装、运输和储存。本标准适用于绿色食品调味油
31		SB/T 10428—2007	初级生鲜食品配送良好操作规范	2007－07－24	2007－12－01	本标准规定了初级生鲜食品配送组织的质量管理体系、资源管理、配送过程控制和产品召回等方面的要求。本标准适用于初级生鲜食品配送组织
32		SB/T 10512.4—2008	零售业基层岗位技能要求 生鲜工	2008－12－29	2009－08－01	本标准规定了零售卖场生鲜从业人员应具备的知识和技能。本标准适用于零售卖场对生鲜从业人员技能的鉴定和职业培训
33		SB/T 10678—2012	主食冷链配送良好操作规范	2012－03－15	2012－06－01	本标准规定了主食冷链配送企业的质量管理体系、资源管理、配送过程控制、产品追溯与召回等方面的要求。本标准适用于主食加工配送、冷链物流等企业
34		SB/T 10648—2012	冷藏调制食品	2012－03－15	2012－06－01	本标准规定了冷藏调制食品的术语和定义、分类、技术要求、检验方法、检验规则、标签和标志、包装、贮存、运输、销售及召回的要求。本标准适用于3.1定义产品的生产、检验和销售

续 表

序号	分类	标准编号	标准名称	发布日期	实施日期	规定范围
35	综合	SB/T 10828—2012	豆制品良好流通规范	2012－12－20	2013－06－01	本标准规定了豆制品良好流通规范的要求。本标准适用于豆制品销售链中采购、流通加工、贮存、运输、销售等流通环节中的任何组织
36		SB/T 10928—2012	易腐食品冷藏链温度检测方法	2013－01－23	2013－09－01	本标准规定了易腐食品冷藏链各环节中环境空气温度和食品温度的检测要求和方法。本标准适用于易腐食品在冷藏链加工、贮藏、运输、销售各环节及环节间的环境空气温度、食品或其包装的表面温度和食品中心温度的测量。通过冷藏链流通的其他货物，其有关温度测量方法可参照本标准执行
37		SB/T 11151—2015	冷链配送低碳化评估标准	2015－11－09	2016－09－01	本标准规定了冷链配送低碳化的定义与适用环节，以及我国冷链配送的低碳化评估指标。本标准适用于冷链配送作业规范与管理
38		SN/T 1881.2—2007	进出口易腐食品货架贮存卫生规范 第2部分：新鲜果蔬	2007－04－06	2007－10－16	本部分规定了进出口新鲜水果和蔬菜的包装、货架贮存的卫生要求。本部分适用于新鲜水果和蔬菜的货架贮存，包括水果及叶菜类、茎菜类、根菜类、花菜类、茄果类、瓜菜类、豆菜类和新鲜食用菌类货架贮存
39		SN/T 1881.3—2007	进出口易腐食品货架贮存卫生规范 第3部分：糕点类食品	2007－04－06	2007－10－16	本部分规定了进出口糕点类食品运输与货架贮存的卫生规范。本部分适用于进出口糕点类食品的运输和货架贮存

续　表

序号	分类	标准编号	标准名称	发布日期	实施日期	规定范围
40	综合	SN/T 4529.3—2016	供港食品全程 RFID 溯源规程 第3部分：冷冻食品	2016-06-28	2017-02-01	本部分规定了供港冷冻食品 RFID 全程溯源体系的实施原则、实施要求、溯源系统模型、信息记录和处理、体系运行自查、溯源管理和产品召回。本部分适用于供港冷冻食品全程 RFID 溯源体系的构建和实施
41	综合	WB/T 1054—2015	餐饮冷链物流服务规范	2015-10-21	2016-02-01	本标准规定了餐饮冷链物流服务的基本要求、包装、储存、分拣、装卸搬运、运输配送、交接、服务质量的主要评价指标。本标准适用于餐饮食材在流通过程中的冷链物流服务及管理
42	综合	WB/T 1103—2020	食品冷链末端配送作业规范	2020-05-11	2020-06-01	本标准规定了食品冷链末端配送的基本要求和作业要求。本标准适用于食品冷链末端配送作业和管理
43	综合	YZ/T 0162—2017	冷链快递服务	2017-12-20	2018-03-01	本标准规定了冷链快递服务的服务分类、基本要求、服务条件、服务环节、服务质量评价与改进等内容。本标准适用于提供冷链快递服务的组织和人员，药品冷链快递除外
44	速冻食品	GB 31646—2018	食品安全国家标准 速冻食品生产和经营卫生规范	2018-06-21	2019-06-21	本标准规定了速冻食品原料采购、加工、包装、贮存、运输和销售等环节的场所、设施与设备、人员的基本要求和管理准则。本标准适用于速冻食品，不适用于冷冻饮品
45	速冻食品	GB 19295—2021	食品安全国家标准 速冻面米与调制食品	2021-09-07	2022-03-07	本标准适用于速冻面米和速冻调制食品，不适用于速冻动物性水产制品

续 表

序号	分类	标准编号	标准名称	发布日期	实施日期	规定范围
46	速冻食品	GB/T 31273—2014	速冻水果和速冻蔬菜生产管理规范	2014－10－10	2015－03－11	本标准规定了速冻水果和速冻蔬菜生产管理规范的术语和定义、总则、文件要求、原料要求、厂房、设施和设备、人员要求、卫生管理、生产过程的控制和质量管理等的要求。本标准适用于速冻水果和蔬菜的生产管理
47		GB/T 34317—2017	食用菌速冻品流通规范	2017－09－07	2018－04－01	本标准规定了食用菌速冻品流通的基本要求、包装、贮存、运输、销售、召回等内容。本标准适用于食用菌速冻品
48		LY/T 3096—2019	速冻山野菜	2019－10－23	2020－04－01	本标准规定了速冻山野菜的要求、试验方法、检验规则及标志、标签、包装、运输和贮存。本标准适用于以山野菜鲜品为原料，经漂烫、速冻加工制成的速冻山野菜产品
49		SB/T 10379—2012	速冻调制食品	2012－12－20	2013－06－01	本标准规定了速冻调制食品的术语和定义、分类、原料和辅料、技术要求、检验方法、判定规则、标签、标志、包装、运输和贮存以及销售和召回的要求。本标准适用于3.1定义产品的生产、检验和销售
50		SB/T 10699—2012	速冻食品生产管理规范	2012－03－15	2012－06－01	本标准规定了速冻食品生产管理规范的术语和定义、总则、文件要求、原辅料及食品添加剂要求、厂房和设施、人员要求及管理、卫生管理、生产过程的关键控制、质量管理和标识的要求。本标准适用于3.3产品的生产、检验、运输和售后服务
51		SB/T 10824—2012	速冻食品二维条码识别追溯技术规范	2012－12－20	2013－06－01	本标准规定了速冻食品二维条码识别追溯规范的术语和定义、追溯的原则和目标、系统功能、追溯信息的要求。本标准适用于对速冻食品原辅料选用、加工、储运、配送及销售过程信息的可追溯管理

续　表

序号	分类	标准编号	标准名称	发布日期	实施日期	规定范围
52	速冻食品	SB/T 10827—2012	速冻食品物流规范	2012 - 12 - 20	2013 - 06 - 01	本标准规定了速冻食品物流规范的术语和定义、速冻食品物流流程、速冻食品品质要求、包装、标签与标志、运输和储藏、配送、销售和召回的要求。本标准适用于速冻食品的流通环节
53	乳制品	GB 12693—2010	食品安全国家标准 乳制品良好生产规范	2010 - 03 - 26	2010 - 12 - 01	本标准适用于以牛乳（或羊乳）及其加工制品等为主要原料加工各类乳制品的生产企业
54		NY/T 1172—2006	生鲜牛乳质量管理规范	2006 - 07 - 10	2006 - 10 - 01	本标准规定了生鲜牛乳的质量标准、生产要求、销售、收乳、检验方法、检验规则和法律责任。本标准适用于所有奶牛养殖场、生鲜牛乳收购站、乳制品加工企业、第三方质检机构
55		NY/T 2362—2013	生乳贮运技术规范	2013 - 05 - 20	2013 - 08 - 01	本标准规定了生乳贮存和运输的术语和定义、贮运工具、贮运工具的清洗消毒、生乳贮存和生乳运输。本标准适用于生鲜乳收购站、牧场、奶牛养殖合作社和生乳运输部门
56		NY/T 3818—2020	农产品质量安全追溯操作规程 乳与乳制品	2020 - 11 - 12	2021 - 04 - 01	本标准规定了乳与乳制品质量安全追溯术语和定义、要求、追溯码编码、追溯精度、信息采集、信息管理、追溯标识、体系运行自查和质量安全问题处置。本标准适用于乳与乳制品质量安全追溯操作和管理
57		SN/T 1881.1—2007	进出口易腐食品货架贮存卫生规范 第 1 部分：液态乳制品	2007 - 04 - 06	2007 - 10 - 16	本部分适用于以鲜乳或乳粉、植物蛋白乳（粉）、果蔬汁或糖类为原料，添加或不添加食品添加剂与辅料，经杀菌、冷却、接种乳酸菌发酵剂、培养发酵、稀释而制成的活性或非活性饮料运输和货架贮存

续 表

序号	分类	标准编号	标准名称	发布日期	实施日期	规定范围
58	水产品	GB 20941—2016	食品安全国家标准 水产制品生产卫生规范	2016－12－23	2017－12－23	本标准规定了水产制品生产过程中原料采购、验收、加工、包装、贮存和运输等环节的场所、设施、人员的基本要求和管理准则。本标准适用于水产制品的生产
59		GB/T 23498—2009	海产品餐饮加工操作规范	2009－04－27	2009－12－01	本标准规定了海产品餐饮加工操作的原料和辅料要求及加工经营场所、加工过程管理、卫生管理要求。本标准适用于大中型餐饮企业、集体食堂或集体用餐配送单位的海产品餐饮加工操作。其他加工海产品的餐饮企业可参照执行
60		GB/T 24861—2010	水产品流通管理技术规范	2010－06－30	2011－01－01	本标准规定了对水产品流通过程采购、运输、贮存、批发、销售环节和对相关从业人员的要求。本标准适用于鲜、活和冷冻动物性水产品的流通
61		GB/T 26544—2011	水产品航空运输包装通用要求	2011－06－16	2012－01－01	本标准规定了航空运输水产品包装的基本要求、包装材料、包装容器和包装方法。本标准适用于水产品航空运输包装，不适用于有特殊要求的水产品包装
62		GB/T 27638—2011	活鱼运输技术规范	2011－12－30	2012－04－01	本标准规定了活鱼运输的术语和定义、基本要求以及充氧水运输、保湿无水运输、活水舱运输和暂养管理技术的要求。本标准适用于商品鱼的活体流通运输，亲鱼、鱼种和鱼苗的运输可参照执行
63		GB/T 29568—2013	农产品追溯要求 水产品	2013－07－19	2013－12－06	本标准规定了水产品供应链可追溯体系的构建和追溯信息的记录要求。本标准适用于水产品供应链中各组织可追溯体系的设计和实施

续　表

序号	分类	标准编号	标准名称	发布日期	实施日期	规定范围
64	水产品	GB/T 31080—2014	水产品冷链物流服务规范	2014－12－22	2015－07－01	本标准规定了水产品冷链物流服务的基本要求、接收地作业、运输、仓储作业、加工与配送、货物交接、包装与标志要求和服务质量的主要评价指标。本标准适用于鲜、活、冷冻和超低温动物性水产品流通过程中的冷链物流服务。水产品生产过程中涉及的水产品冷链物流服务可参照执行
65		GB/T 34767—2017	水产品销售与配送良好操作规范	2017－11－01	2018－05－01	本标准规定了水产品销售操作的基本要求、批发要求、配送要求、零售要求和人员管理。本标准适用于水产品销售与配送活动的质量控制
66		GB/T 34770—2017	水产品批发市场交易技术规范	2017－11－01	2018－05－01	本标准规定了水产品批发市场交易环境要求、交易设施设备、交易要求、人员管理要求和记录管理。本标准适用于专业水产品批发市场交易，农产品批发市场中的水产品交易
67		GB/T 36192—2018	活水产品运输技术规范	2018－05－14	2018－12－01	本标准规定了活水产品运输的基本要求、运输工具、运输管理和暂养，适用于活鱼、活虾、活贝、活蟹的运输，其他活水产品可参照执行
68		GB/T 40745—2021	冷冻水产品包冰规范	2021－10－11	2022－05－01	本标准规定了冷冻水产品的产品规格分类、包冰技术要求、生产过程中冰衣含量的监控及生产记录。本标准适用于鱼、虾、贝、蟹、头足类等冷冻水产品及其制品的包冰

续　表

序号	分类	标准编号	标准名称	发布日期	实施日期	规定范围
69	水产品	NY/T 2976—2016	绿色食品 冷藏、速冻调制水产品	2016-10-26	2017-04-01	本标准规定了绿色食品冷藏、速冻调制水产品的术语和定义、分类、要求、检验规则、标签、包装、运输和储存。本标准适用于冷藏或速冻条件下的绿色食品调制水产品。本标准不适用于绿色食品鱼糜制品、海参制品、海蜇制品、蛙类制品、藻类制品、干制水产品、水产调味品、软体动物休闲食品、水产品罐头；也不适用于生食调制水产品，包括生食的酒渍水产品（如醉虾、醉蟹）和生食的腌制水产品（如生食的腌制虾、蟹、贝和泥螺）
70		NY/T 840—2020	绿色食品 虾	2020-08-26	2021-01-01	本标准规定了绿色食品虾的要求、检验规则、标签、包装、运输与储存。本标准适用于绿色食品对虾科、长额虾科、褐虾科、长臂虾科和鳌虾科的活虾、鲜虾、速冻生虾，速冻熟虾。冻虾的产品形式可以是冻全虾、去头虾、带尾虾和虾仁，不包括虾干制品
71		NY/T 1514—2020	绿色食品 海参及制品	2020-08-26	2021-01-01	本标准规定了绿色食品海参及制品的术语和定义、要求，检验规则，标签、包装、运输和储存。本标准适用于绿色食品海参及制品，包括活海参、盐渍海参、干海参、冻干海参和即食海参
72		NY/T 1515—2020	绿色食品 海蜇制品	2020-08-26	2021-01-01	本标准规定了绿色食品海蜇制品的要求、检验规则、标签、包装、运输和储存。本标准适用于绿色食品海蜇制品，包括盐渍海蜇皮、盐渍海蜇头和即食海蜇

续 表

序号	分类	标准编号	标准名称	发布日期	实施日期	规定范围
73	水产品	NY/T 1516—2020	绿色食品 蛙类及制品	2020-08-26	2021-01-01	本标准规定了绿色食品蛙类及制品的术语和定义、要求、检验规则、标签、包装、运输和储存。本标准适用于活蛙（包括牛蛙、虎纹蛙、棘胸蛙、林蛙、美国青蛙等可供人们安全食用的养殖蛙类）鲜蛙体、干制品、冷冻制品
74		NY/T 1710—2020	绿色食品 水产调味品	2020-08-26	2021-01-01	本标准规定了绿色食品水产调味品的术语和定义、要求、检验规则、标签、包装、运输和储存。本标准适用于绿色食品水产调味品
75		NY/T 841—2021	绿色食品 蟹	2021-05-07	2021-11-01	本标准规定了绿色食品蟹的要求，检验规则、标签、包装、运输和储存。本标准适用于绿色食品蟹，包括淡水蟹活品，海水蟹活品及其初加工冻品
76		NY/T 842—2021	绿色食品 鱼	2021-05-07	2021-11-01	本标准规定了绿色食品鱼的要求、检验规则、标签、包装、运输和储存。本标准适用于绿色食品活鱼，鲜鱼及仅去内脏或者分割加工后进行冷冻的初加工鱼产品
77		NY/T 1709—2021	绿色食品 藻类及其制品	2021-05-07	2021-11-01	本标准规定了绿色食品藻类及其制品的术语和定义、分类、要求、检验规则、标签、包装、运输和储存。本标准适用于绿色食品可食用藻类及其制品
78		NY/T 3899—2021	绿色食品 可食用鱼副产品及其制品	2021-05-07	2021-11-01	本标准规定了绿色食品可食用鱼副产品及其制品的术语和定义、要求、检验规则、标签、包装、运输和储存。本标准适用除鱼肉以外的可食用副产品及其加工品

续 表

序号	分类	标准编号	标准名称	发布日期	实施日期	规定范围
79	水产品	SC/T 9020—2006	水产品低温冷藏设备和低温运输设备技术条件	2006－07－10	2006－10－01	本标准规定了水产品低温（－70～－30℃）冷藏、运输设备的技术条件。本标准适用于水产品低温（－70～－30℃）冷藏、运输设备的设计、制造以及产品检验
80		SC/T 6041—2007	水产品保鲜储运设备安全技术条件	2007－12－18	2008－03－01	本标准规定了冷冻、冰鲜、活体水产品储运装备在设计、制造、安装及操作等的安全技术条件。本标准适用于冷库、冻结机、输送机、制冰机、冰柜、海上收鲜船、活鱼运输箱、活鱼运输车船，以及增氧装置、杀菌装置等水产品保鲜储运设备
81		SN/T 1885. 1—2007	进出口水产品储运卫生规范 第 1 部分：水产品保藏	2007－04－06	2007－10－16	本部分规定进出口水产品保藏过程中的卫生要求。本部分适用于进出口淡水或咸水的鱼类、软体的贝类动物、甲壳类等水产品的保藏过程
82		SN/T 1885. 2—2007	进出口水产品储运卫生规范 第 2 部分：水产品运输	2007－04－06	2007－10－16	本部分规定进出口水产品运输过程中的卫生要求。本部分适用于进出口水产品的运输过程
83		SB/T 10523—2009	水产品批发交易规程	2009－04－02	2009－12－01	本标准规定了水产品批发交易的总体要求，以及车（船）入场、产品检测、产品陈列与贮存、交易、结算和货物交割、车（船）出厂等方面基本要求
84		SB/T 10877—2012	冷冻对虾购销规范	2013－01－04	2013－07－01	本标准规定了冷冻对虾购销过程中的商品要求、包装与标识、贮藏与保鲜、产地采购要求、批发、销售、购销风险管理和购销管理要求。本标准适用于批发市场和零售市场的冷冻对虾购销

续　表

序号	分类	标准编号	标准名称	发布日期	实施日期	规定范围
85	水产品	SB/T 11032—2013	冷冻水产品购销技术规范	2013－06－14	2014－03－01	本标准规定了冷冻水产品购销过程中的商品质量基本要求、包装与标识、加工、贮藏与保鲜、产地采购要求、运输、批发与零售以及购销管理要求。本标准适用于冷冻水产品（如冻带鱼、冻大黄鱼、冻罗非鱼等）的批发与零售
86		WB/T 1100—2018	活体海产品冷链物流作业规范	2018－07－16	2018－08－01	本标准规定了鲜活甲壳类海产品冷链运输规范的定义、基本要求、包装材料、暂养、包装、装载、运输配送、货物交接、服务质量的主要评价指标。本标准适用于鲜活海产品在活体运输过程中的第三方冷链物流服务及管理
87		YZ/T 0175—2020	鲜活水产品快递服务要求	2020－12－18	2021－03－01	本标准规定了鲜活水产品快递服务的基本要求、服务条件、服务环节以及服务质量评价与改进等内容。本标准适用于提供鲜活水产品快递服务的组织和人员。鲜活水产品邮政服务可参照执行
88	肉制品	GB 12694—2016	食品安全国家标准 畜禽屠宰加工卫生规范	2016－12－23	2017－12－23	本标准规定了畜禽屠宰加工过程中畜禽验收、屠宰、分割、包装、贮存和运输等环节的场所、设施设备、人员的基本要求和卫生控制操作的管理准则。本标准适用于规模以上畜禽屠宰加工企业
89		GB 20799—2016	食品安全国家标准 肉和肉制品经营卫生规范	2016－12－23	2017－06－23	本标准规定了肉和肉制品采购、运输、验收、贮存、销售等经营过程中的食品安全要求。本标准适用于肉和肉制品经营活动。本标准的肉包括鲜肉、冷却肉、冻肉和食用副产品等。本标准不适用于网络食品交易、餐饮服务、现制现售的肉和肉制品经营活动

续　表

序号	分类	标准编号	标准名称	发布日期	实施日期	规定范围
90	肉制品	GB/T 17996—1999	生猪屠宰产品品质检验规程	1999-11-10	1999-12-01	本标准规定了生猪屠宰加工过程中产品品质检验的程序、方法及处理。本标准适用于中华人民共和国境内的生猪屠宰加工厂（场）
91		GB/T 20809—2006	肉制品生产 HACCP 应用规范	2006-12-29	2007-06-01	本标准规定了肉制品生产企业建立和实施 HACCP 体系的总要求以及文件、良好操作规范（GMP）、卫生标准操作程序（SSOP）、标准操作规程（SOP）、有害微生物检验和 HACCP 体系的建立规程方面的要求、提出了肉制品 HACCP 计划模式表。本标准适用于肉制品生产企业 HACCP 体系的建立、实施，可作为相关评价活动的参考依据
92		GB/T 9959. 2—2008	分割鲜、冻猪瘦肉	2008-08-12	2008-12-01	本标准规定了分割鲜、冻猪瘦肉的相关术语和定义、技术要求、检验方法、检验规则、标识、贮存和运输。本标准适用于以鲜、冻片猪肉按部位分割后，加工成的冷却（鲜）或冷冻的猪瘦肉
93		GB/T 21735—2008	肉与肉制品物流规范	2008-05-07	2008-12-01	本标准规定了肉与肉制品在商业的物流环节及其与食品安全有关的技术要求。本标准适用于肉与肉制品在商业物流环节全过程的质量控制
94		GB/T 22289—2008	冷却猪肉加工技术要求（已废止）	2008-08-12	2008-10-01	本标准规定了冷却猪肉的相关术语和定义、加工技术要求、标志、标签、包装、贮存和运输要求。本标准适用于冷却猪肉的生产与加工

续　表

序号	分类	标准编号	标准名称	发布日期	实施日期	规定范围
95	肉制品	GB/T 28640—2012	畜禽肉冷链运输管理技术规范	2012-07-31	2012-11-01	本标准规定了畜禽肉的冷却冷冻处理、包装及标识、贮存、装卸载、运输、节能要求以及人员的基本要求。本标准适用于生鲜畜禽肉从运输准备到实现最终消费前的全过程冷链运输管理
96		GB/T 29342—2012	肉制品生产管理规范	2012-12-31	2013-08-01	本标准规定了肉制品加工的术语和定义、总则、文件要求、原料、辅料、食品添加剂和包装、厂房和设施、设备、人员的要求及管理、卫生管理、生产过程管理、质量管理和标识的要求。本标准适用于肉制品加工企业产品生产过程的质量管理
97		GB/T 30958—2014	生猪屠宰成套设备技术条件	2014-07-08	2015-01-10	本标准规定了生猪屠宰设备制造企业生猪屠宰成套设备配置基本要求和三类生猪屠宰企业工艺装备基本配置要求。本标准适用于新建、扩建和技术改造不同类型的生猪屠宰企业
98		GB/T 34769—2017	肉类批发市场交易技术规范	2017-11-01	2018-02-01	本标准规定了肉类批发市场的交易环境、交易设施设备、交易管理要求、人员管理和记录管理。本标准适用于肉类批发市场交易和农产品批发市场内的肉类交易
99		GB/T 20575—2019	鲜、冻肉生产良好操作规范	2019-03-25	2019-10-01	本标准规定了鲜、冻肉生产的选址及厂区环境、厂房和车间、设施与设备、生产原料要求、检验检疫、生产过程控制、包装、贮存与运输、产品标识、产品追溯与召回管理、卫生管理及控制、记录和文件管理。本标准适用于供人类消费的鲜、冻猪、牛、羊、家禽等产品（包括直接或经进一步加工后供食用的鲜、冻猪、牛、羊、家禽等产品）的生产

续 表

序号	分类	标准编号	标准名称	发布日期	实施日期	规定范围
100	肉制品	GB/T 19479—2019	畜禽屠宰良好操作规范 生猪	2019－03－25	2019－10－01	本标准规定了生猪屠宰加工的选址及厂区环境、厂房和车间、设施设备、检验检疫、屠宰加工的卫生控制、包装、贮存和运输、产品追溯与召回管理、人员要求、卫生管理、记录和文件的管理要求。本标准适用于生猪屠宰加工企业
101		GB/T 17236—2019	畜禽屠宰操作规程 生猪	2019－03－25	2019－10－01	本标准规定了生猪屠宰的术语和定义、宰前要求、屠宰操作程序及要求、包装、标签、标志和贮存以及其他要求。本标准适用于生猪定点屠宰加工厂（场）的屠宰操作
102		GB/T 13214—2021	牛肉类、羊肉类罐头质量通则	2021－08－20	2022－09－01	本标准规定了牛肉类、羊肉类罐头的术语和定义、产品分类及代号、要求、试验方法、检验规则及包装、标志、运输、贮存。本标准适用于以牛肉或羊肉（带骨或不带骨）为主要原料，经预处理、装罐、密封、杀菌、冷却制成的罐头食品
103		GB/T 40464—2021	冷却肉加工技术要求	2021－08－20	2022－03－01	本标准规定了冷却肉的屠宰、冷却加工、包装、标识、贮存、运输、记录、追溯和召回等要求。本标准适用于冷却肉生产的屠宰、冷却、分割等初加工
104		GB/T 40465—2021	畜禽肉追溯要求	2021－08－20	2022－03－01	本标准规定了畜禽肉追溯体系目标、要求、实施、评价与改进的要求。本标准适用于畜禽肉在生产、贮存及出厂等环节的追溯体系建设
105		GB/T 40466—2021	畜禽肉分割技术规程 猪肉	2021－08－20	2022－03－01	本标准规定了猪肉分割的术语和定义、原料要求、分割车间基本要求、分割方式、分割程序及要求、标识、包装、贮存和运输要求。本标准适用于鲜、冻猪肉的分割加工

续　表

序号	分类	标准编号	标准名称	发布日期	实施日期	规定范围
106	肉制品	NY/T 1764—2009	农产品质量安全追溯操作规程 畜肉	2009-04-23	2009-05-20	本标准规定了畜肉质量追溯术语和定义、要求、信息采集、信息管理、编码方法、追溯标识、体系运行自查和质量安全问题处置。本标准适用于猪、牛、羊等畜肉质量安全追溯
107		NY/T 2534—2013	生鲜畜禽肉冷链物流技术规范	2013-12-12	2014-04-01	本标准规定了生鲜畜禽肉冷链物流过程的术语和定义、冷加工、包装、贮存、运输、批发及零售的要求。本标准适用于生鲜畜禽肉从冷加工到零售终端的整个冷链物流过程中的质量控制
108		NY/T 753—2021	绿色食品 禽肉	2021-05-07	2021-11-01	本标准规定了绿色食品禽肉的术语和定义、要求，检验规则、标签，包装、运输和储存。本标准适用于绿色食品鲜禽肉、冷却禽肉及冷冻禽肉
109		SB/T 10481—2008	低温肉制品质量安全要求	2008-09-27	2009-03-01	本标准规定了低温肉制品原辅料和包装材料的要求、质量指标、生产加工过程的卫生要求、检验方法、检验规则、包装、标识、贮藏、运输、销售和产品质量检验
110		SB/T 10730—2012	易腐食品冷藏链技术要求 禽畜肉	2012-08-01	2012-11-01	本标准规定了猪、牛、羊和鸡、鸭、鹅等肉类食品（以下简称畜禽肉）在冷藏链中的加工、贮藏、运输、销售各环节及环节间的技术要求。本标准适用于供人类食用的冷却、冷冻畜禽肉。本标准不适用于肉类制品
111		SB/T 10731—2012	易腐食品冷藏链操作规范 畜禽肉	2012-08-01	2012-11-01	本标准规定了猪、牛、羊和鸡、鸭、鹅等肉类食品在冷藏链中的加工、贮藏、运输、销售各环节及环节间的操作要求。本标准适用于供人类食用的冷却、冷冻畜禽肉。本标准不适用于肉类制品

续 表

序号	分类	标准编号	标准名称	发布日期	实施日期	规定范围
112	肉制品	SB/T 10408—2013	中央储备肉冻肉储存冷库资质条件	2014－04－06	2014－12－01	本标准规定了中央储备冻肉储存冷库的质量管理体系、环境、设施设备、管理、安全、人员、资信、出入库管理及其他方面的要求。本标准适用于中央储备冻肉储存冷库的确立、管理和公检
113	肉制品	SN/T 1881.4—2007	进出口易腐食品货架贮存卫生规范 第4部分：熟肉制品	2007－04－06	2007－10－16	本部分规定了进出口熟肉制品运输与货架贮存的要求。本部分适用于进出口熟肉制品的运输和贮存
114	肉制品	SN/T 0396—2011	进出口冷冻畜禽肉检验规程	2011－09－09	2012－04－01	本标准规定了进出口冷冻畜禽肉的抽样、检验、贮存和运输要求，检验结果的判定和处置，检验有效期。本标准适用于进出口冷冻畜禽肉的检验。鲜（冷藏）畜、禽肉和野生畜、禽经屠宰、分割加工的冷冻肉类产品的检验可参照本标准进行
115	肉制品	WB/T 1059—2016	肉与肉制品冷链物流作业规范	2016－10－24	2017－01－01	本标准规定了肉与肉制品冷链物流的基本原则、基本要求、冷链作业、包装与标识等。本标准适用于肉与肉制品冷链物流过程中的控温与作业管理
116	果蔬	GB 31652—2021	食品安全国家标准 即食鲜切果蔬加工卫生规范	2021－02－22	2022－02－22	本标准规定了即食鲜切果蔬生产过程中原料采购、验收、加工、包装、贮存和运输等环节的场所、设施与设备、人员的基本要求和管理准则等。本标准适用于即食鲜切果蔬企业的生产
117	果蔬	GB/T 8867—2001	蒜苔简易气调冷藏技术	2001－07－20	2001－12－01	本标准规定了蒜台（应作蒜薹）简易气调冷藏中所必需的技术条件和操作方法。本标准适用于蒜薹的冷库简易气调冷藏

续 表

序号	分类	标准编号	标准名称	发布日期	实施日期	规定范围
118	果蔬	GB/T 18518—2001	黄瓜 贮藏和冷藏运输	2001 - 11 - 12	2002 - 05 - 01	本标准规定了专供鲜销或加工用黄瓜的贮藏及远距离运输的条件。本标准适用于黄瓜贮藏和冷藏运输
119		GB/T 20372—2006	花椰菜 冷藏和冷藏运输指南	2006 - 06 - 30	2006 - 10 - 01	本标准规定了鲜销或加工用的不同种类花椰菜的冷藏和远距离冷藏运输的方法
120		GB/T 16862—2008	鲜食葡萄冷藏技术	2008 - 08 - 07	2008 - 12 - 01	本标准规定了各品种鲜食葡萄冷藏的采前要求、采收要求、质量要求、包装与运输要求、防腐保鲜剂处理、贮前准备、入库堆码和冷藏管理等内容。本标准适用于我国生产的各类鲜食葡萄果实的冷藏
121		GB/T 23244—2009	水果和蔬菜 气调贮藏技术规范	2009 - 03 - 28	2009 - 08 - 01	本标准规定了水果和蔬菜气调贮藏的规程与技术。本标准适用于各种果蔬，特别适用于呼吸跃变型水果、蔬菜，如苹果、梨、香蕉和蒜薹等的气调贮藏
122		GB/T 16870—2009	芦笋 贮藏指南	2009 - 11 - 15	2009 - 12 - 01	本标准规定了保存芦笋的条件及达到条件的办法。本标准适用于贮藏后的芦笋直接消费、生产加工
123		GB/T 25867—2010	根菜类 冷藏和冷藏运输	2011 - 01 - 10	2011 - 06 - 01	本标准规定了新鲜根菜类蔬菜的冷藏和冷藏运输的技术条件。本标准适用于无茎的根菜类蔬菜在大容量的贮藏库中进行长期冷藏和冷藏运输。本标准不适用于带叶的根菜类蔬菜，其只能做短期贮藏。适用于萝卜、菊牛蒡、胡萝卜、辣根、根用香芹、根甜菜和类似的根菜类作物

续 表

序号	分类	标准编号	标准名称	发布日期	实施日期	规定范围
124	果蔬	GB/T 25868—2010	早熟马铃薯 预冷和冷藏运输指南	2011－01－10	2011－06－01	本标准给出了用于直接食用或者用于加工的早熟马铃薯的预冷和冷藏运输的指南。本标准适用于采后直接销售的早熟马铃薯，一般是在完全成熟前采收，且外皮易除去
125		GB/T 25869—2010	洋葱 贮藏指南	2011－01－10	2011－06－01	本标准给出了洋葱在使用或者不使用人工制冷条件下的贮藏指南，目的是使其长期贮藏并在新鲜状态下销售。本标准适用的范围参见附录 A
126		GB/T 25870—2010	甜瓜 冷藏和冷藏运输	2011－01－10	2011－06－01	本标准规定了甜瓜在冷藏和冷藏运输前的处理，以及冷藏和冷藏运输的技术条件。本标准适用于早、中、晚熟甜瓜的栽培品种
127		GB/T 25871—2010	结球生菜 预冷和冷藏运输指南	2011－01－10	2011－06－01	本标准给出了结球生菜预冷和冷藏运输的指南。本标准适用于结球生菜的预冷和冷藏运输
128		GB/T 25872—2010	马铃薯 通风库贮藏指南	2011－01－10	2011－06－01	本标准给出了种用、食用或加工用马铃薯在通风贮藏库中的贮藏指南。本标准给出的贮藏方法有利于种用马铃薯的生长潜力和出芽率，以及食用马铃薯的良好烹饪品质。本标准的贮藏方法适用于温带地区
129		GB/T 25873—2010	结球甘蓝 冷藏和冷藏运输指南	2011－01－10	2011－06－01	本标准规定了结球甘蓝在冷藏和冷藏运输前的操作，以及冷藏和冷藏运输的指南。本标准适用于结球的食用甘蓝
130		GB/T 26432—2010	新鲜蔬菜贮藏与运输准则	2011－01－14	2011－06－01	本标准规定了新鲜蔬菜贮藏与运输前的准备、贮藏与运输的方式和条件、贮藏与运输的管理等准则。本标准适用于新鲜蔬菜的贮藏与运输，包括加工配送的新鲜蔬菜

续 表

序号	分类	标准编号	标准名称	发布日期	实施日期	规定范围
131	果蔬	GB/T 26901—2020	李贮藏技术规程（原标准已被代替）	2020－11－19	2021－06－01	本标准规定了李的采收与质量要求、贮藏前准备、采后处理与入库、贮藏方式与贮藏条件、贮藏管理、贮藏期限、出库、包装与运输等的技术要求。本标准适用于李果实的商业贮藏
132	果蔬	GB/T 26904—2020	桃贮藏技术规程（原标准已被代替）	2012－12－31	2013－07－01	本标准规定了桃的采收与质量要求、贮藏前准备、采后处理与入库、贮藏方式与贮藏条件、贮藏管理、贮藏期限、出库、包装与运输等技术要求。本标准适用于桃果实的商业贮藏
133	果蔬	GB/T 29373—2012	农产品追溯要求 果蔬	2013－07－01	2012－12－31	本标准规定了果蔬供应链可追溯体系的构建和追溯信息的记录要求。本标准适用于果蔬供应链中各组织可追溯体系的设计和实施
134	果蔬	GB/T 31273—2014	速冻水果和速冻蔬菜生产管理规范	2014－10－10	2015－03－11	本标准规定了速冻水果和速冻蔬菜生产管理规范的术语和定义、总则、文件要求、原料要求、厂房、设施和设备、人员要求、卫生管理、生产过程的控制和质量管理等的要求。本标准适用于速冻水果和蔬菜的生产管理
135	果蔬	GB/T 33129—2016	新鲜水果、蔬菜包装和冷链运输通用操作规程	2016－10－13	2017－05－01	本标准规定了新鲜水果、蔬菜包装、预冷、冷链运输的通用操作规程。本标准适用于新鲜水果、蔬菜的包装、预冷和冷链运输操作
136	果蔬	GB/T 34768—2017	果蔬批发市场交易技术规范	2017－11－01	2018－02－01	本标准规定了果蔬批发市场的交易环境、市场设施设备、交易管理要求、人员管理和记录管理。本标准适用于果蔬批发市场交易和农产品批发市场的果蔬交易

续 表

序号	分类	标准编号	标准名称	发布日期	实施日期	规定范围
137	果蔬	GB/T 35105—2017	鲜食果蔬城市配送中心服务规范	2017-12-29	2018-07-01	本标准规定了鲜食果蔬城市配送中心的术语和定义、总则、一般要求、服务流程及要求、产品追溯、投诉处理、评价与改进等。本标准适用于鲜食果蔬城市配送中心的服务与管理
138		GB/T 40960—2021	苹果冷链流通技术规程	2021-11-26	2022-06-01	本标准规定了苹果采收、分级、预冷、贮藏、出库、包装、标识、运输、销售等冷链流通环节技术要求。本标准适用于鲜食苹果的冷链流通
139		GB/T 40964—2021	桃冷链流通技术操作规程	2021-11-26	2022-06-01	本标准规定了桃采收、分级、预冷、贮藏、出库、包装、标识、运输、销售等冷链流通环节技术要求。本标准适用于鲜桃的冷链流通
140		BB/T 0079—2018	热带水果包装通用技术要求	2018-12-21	2019-07-01	本标准规定了热带水果包装的分类、技术要求、标识、运输和贮存等。本标准适用于热带水果包装的设计、生产及流通环节
141		GH/T 1129—2017	青椒冷链物流保鲜技术规程	2017-02-28	2017-07-01	本标准规定了青椒采收、产品质量、分级、预冷、包装与标识、冷藏、出库、运输和销售等要求。本标准适用于青椒的冷链物流
142		GH/T 1130—2017	蒜薹冷链物流保鲜技术规程	2017-02-28	2017-07-01	本标准规定了蒜薹产品质量、采收、分拣整理、贮前准备、预冷、保鲜处理、包装、贮藏、出库、运输、销售等要求。本标准适用于鲜蒜薹的冷链物流
143		GH/T 1131—2017	油菜冷链物流保鲜技术规程	2017-02-28	2017-07-01	本标准规定了油菜采收、产品质量、预冷、包装与标识、冷藏、出库、运输和销售等要求。本标准适用于叶用油菜的冷链物流

续 表

序号	分类	标准编号	标准名称	发布日期	实施日期	规定范围
144	果蔬	GH/T 1228—2018	蓝莓冷链流通技术操作规程	2018-06-20	2018-10-01	本标准规定了蓝莓采收、分级、预冷、贮藏、出库、包装，运输、销售等冷链流通环节的技术要求。本标准适用于新鲜蓝莓的冷链流通
145		GH/T 1238—2019	甜樱桃冷链流通技术规程	2019-03-21	2019-10-01	本标准规定了甜樱桃采收、分级、预冷、包装、贮藏、出库、标识、运输、销售冷链流通环节技术要求。本标准适用于鲜食甜樱桃的冷链流通
146		GH/T 1272—2019	枇杷冷链流通技术规程	2019-11-28	2020-03-01	本标准规定了枇杷采收、预冷、分级、包装、贮藏、运输、销售等冷链流通环节的技术要求。本标准适用于鲜食枇杷的冷链流通
147		GH/T 1140—2021	速冻黄瓜	2021-03-11	2021-05-01	本标准规定了速冻黄瓜的术语和定义、产品分级、质量要求、检验方法、检验规则、标志、包装、运输和贮藏等要求。本标准适用于以成熟的新鲜黄瓜为原料，采用速冻装置生产的速冻黄瓜
148		GH/T 1141—2021	速冻甜椒	2021-03-11	2021-05-01	本标准规定了速冻甜椒的术语和定义、产品分级、质量要求、检验规则、标志、包装、贮藏及运输等要求。本标准适用于以成熟的甜椒为原料，采用速冻装置生产的速冻甜椒
149		GH/T 1336—2021	宽皮柑橘采后贮藏物流操作规程	2021-03-11	2021-05-01	本标准规定了宽皮柑橘库房与容器消毒、果实采收与质量要求、贮前处理、贮藏、出库与商品化处理、物流和销售等技术要求。本标准适用于鲜食宽皮柑橘的贮藏流通，其他柑橘种类可参照使用

续 表

序号	分类	标准编号	标准名称	发布日期	实施日期	规定范围
150	果蔬	GH/T 1341—2021	鲜切果蔬	2021-07-07	2021-10-01	本标准规定了鲜切果蔬的术语和定义、要求、检验规则、包装、标识、标签、运输和贮存。本标准适用于以新鲜果蔬为原料生产的鲜切果蔬
151		GH/T 1342—2021	百香果冷链流通技术规程	2021-07-09	2021-10-03	本标准规定了百香果采收、分级、预冷、包装、贮藏、出库、标识、运输、销售等冷链流通环节技术要求。本标准适用于鲜食百香果的冷链流通
152		LY/T 1651—2019	松口蘑采收及保鲜技术规程（原标准已被代替）	2019-10-23	2020-04-01	本标准规定了松口蘑（松茸）的术语和定义、生境条件、采收和保鲜要求。本标准适用于松口蘑的采收和保鲜
153		LY/T 1674—2006	板栗贮藏保鲜技术规程	2006-08-31	2006-12-01	本标准规定了贮藏板栗的采收与质量要求、贮藏前准备与采后处理、贮藏方式与贮藏条件、贮藏管理、贮藏期限、出库、包装与运输以及检验的技术要求。本标准适用于壳斗科栗属植物的板栗
154		LY/T 1841—2009	猕猴桃贮藏技术规程	2009-06-18	2009-10-01	本标准规定了猕猴桃的采收与质量要求、贮藏前准备、采后处理与入库、贮藏方式与贮藏条件、贮藏管理、贮藏期限、出库、包装与运输等
155		LY/T 1833—2009	黄毛笋在地保鲜技术	2009-06-18	2009-10-01	本标准规定了黄毛笋和黄毛笋在地保鲜的术语和定义、在地保鲜技术、采收、分级、包装。本标准适用于黄毛笋在地保鲜
156		NY/T 1198—2006	梨贮运技术规范	2006-12-06	2007-02-01	本标准规定了贮运对梨果实的质量要求、采收成熟度、采收要求、冷藏条件、气调贮藏、库房管理、检测方法、贮运注意事项及运输要求

续　表

序号	分类	标准编号	标准名称	发布日期	实施日期	规定范围
157	果蔬	NY/T 1202—2020	豆类蔬菜贮藏保鲜技术规程（原标准已被代替）	2020－07－27	2020－11－01	本标准规定了豆类蔬菜贮藏保鲜的采收和质量要求、贮藏前库房准备、预冷、包装、入库、堆码、贮藏、运输及出库等技术要求。本标准适用于菜豆、豇豆、豌豆和毛豆新鲜豆类蔬菜的贮藏
158	果蔬	NY/T 1203—2020	茄果类蔬菜贮藏保鲜技术规程（原标准已被代替）	2020－07－27	2020－11－01	本标准规定了茄果类蔬菜贮藏保鲜的采收和质量要求、贮藏前库房准备、预冷、包装、入库、堆码、贮藏、运输及出库等技术要求。本标准适用于辣椒、甜椒、茄子、番茄等新鲜茄果类蔬菜的非制冷贮藏和机械冷藏
159	果蔬	NY/T 1394—2007	浆果贮运技术条件	2007－06－14	2007－09－01	本标准规定了浆果贮藏和运输的术语和定义、贮运用果的要求，贮运前的处理、贮藏技术条件、包装运输方式和条件。本标准适用于浆果的贮藏和运输
160	果蔬	NY/T 1401—2007	荔枝冰温贮藏	2007－06－14	2007－09－01	本标准规定了荔枝果实的术语和定义、采收要求、采后处理、冰温贮藏要求、贮藏期限及出库指标。本标准适用于妃子笑、黑叶、白腊、淮枝等荔枝品种，其他品种可参照执行
161	果蔬	NY/T 1530—2007	龙眼、荔枝产后贮运保鲜技术规程	2007－12－18	2008－03－01	本标准规定了龙眼和荔枝果实的采收、采后处理保鲜工艺条件、贮藏运输要求、贮藏期限指标。本标准适用于储良、石硖、古山二号、东壁、乌龙岭等龙眼品种和妃子笑、黑叶、白腊、玉荷包、桂味、糯米糍、淮枝等荔枝品种，其他品种可参照执行
162	果蔬	NY/T 1762—2009	农产品质量安全追溯操作规程 水果	2009－04－23	2009－05－22	本标准规定了水果质量安全追溯的术语和定义、要求、编码方法、信息采集、信息管理、追溯标识、体系运行自检、质量安全问题处置。本标准适用于水果质量安全追溯体系的实施

续 表

序号	分类	标准编号	标准名称	发布日期	实施日期	规定范围
163	果蔬	NY/T 1939—2010	热带水果包装、标识通则	2010－09－21	2010－12－01	本标准规定了热带水果包装标识、运输、贮存的要求。本标准适用于热带水果的包装和销售
164		NY/T 1993—2011	农产品质量安全追溯操作规程 蔬菜	2011－09－01	2011－12－01	本标准规定了蔬菜质量安全追溯的术语和定义、要求、编码、关键控制点、信息采集、信息管理、追溯标识、体系运行自查和质量安全问题处置。本标准适用于蔬菜质量安全追溯体系的实施
165		NY/T 2117—2012	双孢蘑菇冷藏及冷链运输技术规范	2012－02－21	2012－05－01	本标准规定了鲜销或加工用的双孢蘑菇采收后的冷藏及冷链运输技术规范。本标准适用于人工栽培的新鲜双孢蘑菇、双环蘑菇的冷藏及冷链运输
166		NY/T 2315—2013	杨梅低温物流技术规范	2013－05－20	2013－08－01	本标准规定杨梅鲜果的采收和质量要求、分级、预冷、贮藏、包装、运输以及销售等低温物流技术。本标准适用于东魁和荸荠种等杨梅品种的低温物流，其他品种可参照本标准执行
167		NY/T 2380—2013	李贮运技术规范	2013－09－10	2014－01－01	本标准规定了鲜李贮运的贮前质量与采收要求、库房与入库要求、冷藏条件、出库与贮后质量、运输和检验。本标准适用于鲜李的贮藏和运输
168		NY/T 2381—2013	杏贮运技术规范	2013－09－10	2014－01－01	本标准规定了鲜杏贮运的贮前质量与采收要求、库房与入库要求、冷藏条件、出库与贮后质量、运输和检验。本标准适用于鲜杏的贮藏和运输
169		NY/T 3026—2016	鲜食浆果类水果采后预冷保鲜技术规程	2016－12－23	2017－04－01	本标准规定了鲜食浆果类果品的术语和定义、基本要求、预冷和储藏。本标准适用于葡萄、猕猴桃、草莓、蓝莓、树莓、蔓越莓、无花果、石榴、番石榴、醋栗、穗醋栗、阳桃、番木瓜、人心果等鲜食浆果类果品的采后预冷和储藏保鲜

续　表

序号	分类	标准编号	标准名称	发布日期	实施日期	规定范围
170	果蔬	NY/T 654—2020	绿色食品 白菜类蔬菜	2020-08-26	2021-01-01	本标准规定了绿色食品白菜类蔬菜的要求、检验规则、标签、包装、运输和储存。本标准适用于绿色食品白菜类蔬菜，包括普通白菜、乌塌菜、紫菜薹、菜薹、薹菜等
171	果蔬	NY/T 655—2020	绿色食品 茄果类蔬菜	2020-08-26	2021-01-01	本标准规定了绿色食品茄果类蔬菜的要求，检验规则、标签、包装、运输和储存。本标准适用于绿色食品茄果类蔬菜，包括番茄、茄子、辣椒、甜椒、酸浆、香瓜茄等
172	果蔬	NY/T 743—2020	绿色食品 绿叶类蔬菜	2020-08-26	2021-01-01	本标准规定了绿色食品绿叶类蔬菜的要求、检验规则、标签、包装、运输和储存。本标准适用于绿色食品绿叶类蔬菜，包括菠菜、芹菜、落葵、莴苣（包括结球莴苣、莴笋、油麦菜、皱叶莴苣等）、蕹菜、茴香（包括小茴香、球茎茴香）、苋菜、青葙、芫荽、茼蒿（包括大叶茼蒿、小叶茼蒿、蒿子秆）、荠菜、冬寒菜、番杏、菜苜蓿、紫背天葵、榆钱菠菜，菊苣、鸭儿芹、苦苣、苦荬菜、菊花脑、酸模、珍珠菜、芝麻菜、白花菜、香芹菜、罗勒、薄荷、紫苏、莳萝、马齿苋、蕺菜、蒲公英、马兰等。各蔬菜的英文名、学名、别名参见附录 A
173	果蔬	NY/T 744—2020	绿色食品 葱蒜类蔬菜	2020-08-26	2021-01-01	本标准规定了绿色食品葱蒜类蔬菜的要求、检验规则、标签、包装、运输和储存等。本标准适用于绿色食品葱蒜类蔬菜，包括韭菜、韭黄、韭薹、韭花、大葱、洋葱、大蒜、蒜苗、蒜薹、薤、韭葱、细香葱、分葱、胡葱、楼葱等

续 表

序号	分类	标准编号	标准名称	发布日期	实施日期	规定范围
174	果蔬	NY/T 745—2020	绿色食品 根菜类蔬菜	2020－08－26	2021－01－01	本标准规定了绿色食品根菜类蔬菜的要求、检验规则、标签、包装、运输和储存等。本标准适用于绿色食品根菜类蔬菜，包括萝卜、胡萝卜、芜菁、芜菁甘蓝、美洲防风、婆罗门参、黑婆罗门参、牛蒡、山葵、根芹菜等
175	果蔬	NY/T 746—2020	绿色食品 甘蓝类蔬菜	2020－08－26	2021－01－01	本标准规定了绿色食品甘蓝类蔬菜的要求、检验规则、标签、包装、运输和储存。本标准适用于绿色食品甘蓝类蔬菜，包括结球甘蓝、赤球甘蓝、抱子甘蓝、皱叶甘蓝、羽衣甘蓝、花椰菜、青花菜、球茎甘蓝、芥蓝等
176	果蔬	NY/T 747—2020	绿色食品 瓜类蔬菜	2020－08－26	2021－01－01	本标准规定了绿色食品瓜类蔬菜的要求、检验规则、标签、包装、运输和储存。本标准适用于绿色食品瓜类蔬菜，包括黄瓜、冬瓜、节瓜、南瓜、笋瓜、西葫芦、越瓜、菜瓜、丝瓜、苦瓜、瓠瓜、蛇瓜、佛手瓜等
177	果蔬	NY/T 748—2020	绿色食品 豆类蔬菜	2020－08－26	2021－01－01	本标准规定了绿色食品豆类蔬菜的要求、检验规则、标签、包装、运输和储存。本标准适用于绿色食品豆类蔬菜，包括菜豆、多花菜豆、长豇豆、扁豆、莱豆、蚕豆、刀豆、豌豆、食荚豌豆、四棱豆、菜用大豆、黎豆等
178	果蔬	NY/T 750—2020	绿色食品 热带、亚热带水果	2020－08－26	2021－01－01	本标准规定了绿色食品热带、亚热带水果的术语和定义、要求、检验规则、标签、包装、运输和储存。本标准适用于绿色食品热带和亚热带水果，包括荔枝、龙眼、香蕉、菠萝、杧果、枇杷、黄皮、番木瓜、番石榴、杨梅、阳桃、橄榄、红毛丹、毛叶枣、莲雾、人心果、西番莲、山竹、火龙果、菠萝蜜、番荔枝和青梅

续 表

序号	分类	标准编号	标准名称	发布日期	实施日期	规定范围
179	果蔬	NY/T 752—2020	绿色食品 蜂产品	2020-08-26	2021-01-01	本标准规定了绿色食品蜂产品的分类、要求、检验规则、标签、包装、运输和储存。本标准适用于绿色食品蜂蜜，蜂王浆（包括蜂王浆冻干粉）蜂花粉。本标准不适用于巢蜜、蜂胶、蜂蜡及其制品
180		NY/T 1044—2020	绿色食品 藕及其制品	2020-08-26	2021-01-01	本标准规定了绿色食品藕及藕粉的术语和定义、要求、检验规则、标签、包装、运输和储存。本标准适用于绿色食品藕及藕粉。本标准不适用于泡藕带、卤藕和藕罐头
181		NY/T 1711—2020	绿色食品 辣椒制品	2020-08-26	2021-01-01	本标准规定了绿色食品辣椒制品的术语和定义、要求、检验规则、标签、包装、运输和储存。本标准适用于绿色食品辣椒制品。本标准不适用于辣椒油
182		NY/T 3569—2020	山药、芋头贮藏保鲜技术规程	2020-03-20	2020-07-01	本标准规定了山药、芋头储藏保鲜的采收要求、质量要求、储藏设施要求、预处理、分级与包装、堆码、储藏、出库（窖）与运输。本标准适用于山药、芋头的储藏保鲜
183		NY/T 3570—2020	多年生蔬菜贮藏保鲜技术规程	2020-03-20	2020-07-01	本标准规定了多年生蔬菜储藏保鲜的采收和质量要求、储藏设施、预冷、分级与包装、堆码、储藏、出库及运输等技术要求。本标准适用于芦笋、黄秋葵、食用百合、香椿的储藏保鲜
184		NY/T 426—2021	绿色食品 柑橘类水果	2021-05-07	2021-11-01	本标准规定了绿色食品柑橘类水果的术语和定义、要求、检验规则、标签、包装、运输和储存。本标准适用于绿色食品宽皮柑橘类甜橙类、柚类、柠檬类、金柑类和杂交柑橘类等柑橘类水果的鲜果柑橘类水果类

续 表

序号	分类	标准编号	标准名称	发布日期	实施日期	规定范围
185	果蔬	NY/T 435—2021	绿色食品 水果、蔬菜脆片	2021-05-07	2021-11-01	本标准规定了绿色食品水果、蔬菜脆片的术语和定义、产品分类、要求、检验规则、标签、包装、运输和储存。本标准适用于绿色食品水果、蔬菜（含食用菌）脆片
186		NY/T 657—2021	绿色食品 乳与乳制品	2021-05-07	2021-11-01	本标准规定了绿色食品乳与乳制品的要求，检验规则，标签、包装、运输和储存。本标准适用于绿色食品牛羊乳及其制品，包括生乳、巴氏杀菌乳、灭菌乳、调制乳、发酵乳、炼乳、乳粉、干酪、再制干酪和奶油
187		NY/T 751—2021	绿色食品 食用植物油	2021-05-07	2021-11-01	本标准规定了绿色食品食用植物油的术语和定义、要求、检验规则、标签、包装、运输和储存。本标准适用于绿色食品食用植物油，包括菜籽油、大豆油、花生油、芝麻油、亚麻籽油、葵花籽（仁）油、玉米油、油茶籽油、茶叶籽油、米糠油、核桃油、红花籽油、葡萄籽油、橄榄油、牡丹籽油、棕榈（仁）油、沙棘籽油、紫苏籽油、精炼椰子油、秋葵籽油、南瓜籽油及食用植物调和油
188		NY/T 1047—2021	绿色食品 水果、蔬菜罐头	2021-05-07	2021-11-01	本标准规定了绿色食品水果、蔬菜罐头的术语和定义、要求、检验规则、标签、包装、运输和储存。本标准适用于绿色食品水果、蔬菜罐头，不适用于果酱类、果汁类、蔬菜汁（酱）类罐头和盐渍（酱渍）蔬菜罐头
189		NY/T 1048—2021	绿色食品 笋及笋制品	2021-05-07	2021-11-01	本标准规定了绿色食品笋及笋制品的术语和定义、要求、检验规则、标签、包装、运输和储存。本标准适用于绿色食品笋及笋制品（包括鲜竹笋、竹笋罐头、即食竹笋及竹笋干等）

续　表

序号	分类	标准编号	标准名称	发布日期	实施日期	规定范围
190	果蔬	NY/T 3910—2021	非浓缩还原果蔬汁冷链物流技术规程	2021-05-07	2021-11-01	本标准规定了非浓缩还原果蔬汁冷链物流的基本要求、设施要求、物流包装及标识、储存、运输、销售、人员管理和质量管理。本标准适用于采用超高压等非热杀菌或巴氏杀菌制成的或其他对储藏运输有冷链需求的非浓缩还原果蔬汁制品
191		QB/T 5436—2020	坚果与籽类食品贮存技术规范	2020-04-16	2020-10-01	本标准规定了坚果与籽类食品贮存的术语和定义、总体要求、仓储设施与设备的基本要求、原料贮存要求、半成品贮存要求、成品贮存要求、流通贮存要求、贮存技术、有害生物控制等。本标准适用于坚果与籽类食品的贮存
192		SB/T 10091—1992	桃冷藏技术	1992-12-30	1993-06-01	本标准规定了鲜桃冷藏的技术要求、检验方法、检验规则、包装和运输。本标准适用于鲜桃中、晚熟品种的冷藏
193		SB/T 10285—1997	花椰菜冷藏技术	1997-04-09	1997-12-01	本标准规定了花椰菜冷藏的收购与质量、冷藏前的准备、冷藏条件与管理的一般技术要求。本标准适用于我国直接消费的新鲜花椰菜的冷藏
194		SB/T 10286—1997	洋葱贮藏技术（已废止）	1997-04-09	1997-12-01	本标准规定了洋葱通风库和冷库贮藏的采收与质量、贮藏前准备、贮藏条件及管理的一般技术要求。本标准适用于我国直接消费的新鲜洋葱的贮藏
195		SB/T 10447—2007	水果和蔬菜 气调贮藏原则与技术	2007-12-28	2008-05-01	本标准规定了水果和蔬菜的气调贮藏原则与技术。本标准适用于各种水果和蔬菜（尤其是苹果、梨和香蕉）。气调贮藏具体应用到每种产品时，除了保持最佳的温度和相对湿度，氧气含量也低于正常水平的21%（体积分数），气体的分压也会降低。气调贮藏时氧气的含量不能低于1.5%（体积分数），因为在缺氧状态下，水果和蔬菜会进行无氧呼吸，产生发酵作用，果实表面也会褐变。二氧化碳含量的增加会导致二氧化碳含量过高8%~10%（体积分数），引发各种生理病害（二氧化碳伤害），从而导致产品质量的下降和重量的减少

续 表

序号	分类	标准编号	标准名称	发布日期	实施日期	规定范围
196	果蔬	SB/T 10448—2007	热带水果和蔬菜包装与运输操作规程	2007－12－28	2008－05－01	本标准规定了热带新鲜水果和蔬菜的包装与运输操作方法，目的是使产品在运输和销售过程中能保持其质量
197		SB/T 10449—2007	番茄 冷藏和冷藏运输指南	2007－12－28	2008－05－01	本标准规定了番茄冷藏和冷藏运输之前的操作以及冷藏和冷藏运输过程中的技术条件。本标准不适用于加工用番茄
198		SB/T 10572—2010	黄瓜流通规范	2010－12－21	2011－03－01	本标准规定了黄瓜的术语和定义、商品质量基本要求、等级、包装、标识和流通过程要求。本标准适用于密刺型黄瓜流通的经营和管理，其他类型黄瓜的流通可参照执行
199		SB/T 10573—2010	青椒流通规范	2010－12－21	2011－03－01	本标准规定了青椒的术语和定义、商品质量基本要求、商品等级、包装、标识和流通过程要求。本标准适用于鲜食灯笼形青椒和粗牛角椒的经营和管理，其他品种青椒的流通可参照执行
200		SB/T 10574—2010	番茄流通规范	2010－12－21	2011－03－01	本标准规定了番茄的术语和定义、商品质量基本要求、商品等级、包装、标识和流通过程要求。本标准适用于毛粉番茄的经营和管理，其他品种番茄的流通可参照执行
201		SB/T 10575—2010	豇豆流通规范	2010－12－21	2011－03－01	本标准规定了豇豆的术语和定义、商品质量基本要求、商品等级、包装、标识和流通过程要求。本标准适用于青皮、白皮豇豆流通的经营和管理，紫皮豇豆可参照执行
202		SB/T 10576—2010	冬瓜流通规范	2010－12－21	2011－03－01	本标准规定了冬瓜的术语和定义、商品质量基本要求、商品等级、包装、标识和流通过程要求。本标准适用于黑皮冬瓜流通的经营和管理，其他种类的冬瓜可参照执行

续 表

序号	分类	标准编号	标准名称	发布日期	实施日期	规定范围
203	果蔬	SB/T 10577—2010	鲜食马铃薯流通规范	2010-12-21	2011-03-01	本标准规定了鲜食马铃薯（简称马铃薯）的术语和定义、商品质量基本要求、商品等级、包装、标识和流通过程要求。本标准适用于马铃薯流通的经营和管理。种薯、加工用薯、彩色马铃薯不适用于本标准
204		SB/T 10890—2012	预包装水果流通规范	2013-01-04	2013-07-01	本标准规定了预包装水果的商品质量基本要求、商品等级、包装、标识和流通过程要求。本标准适用于预包装水果的经营和管理
205		SB/T 10714—2012	芹菜流通规范	2012-08-01	2012-11-01	本标准规定了芹菜流通的商品质量基本要求、商品等级、包装、标识和流通过程要求。本标准适用于叶用芹菜（不含香芹）流通的经营和管理。本标准不适用于根芹
206		SB/T 10715—2012	胡萝卜贮藏指南	2012-08-01	2012-11-01	本标准规定了胡萝卜在使用或不使用人工制冷条件下达到最佳贮藏效果的贮藏方法。本标准适用于胡萝卜的冬季贮藏
207		SB/T 10716—2012	甜椒冷藏和运输指南	2012-08-01	2012-11-01	本标准给出了鲜食甜椒在短期存放、冷藏和冷藏运输过程中的贮藏方法。本标准适用于加工用甜椒
208		SB/T 10717—2012	栽培蘑菇冷藏和冷藏运输指南	2012-08-01	2012-11-01	本标准给出了鲜食或加工用栽培蘑菇（双孢菇）的冷藏和长距离冷藏运输的技术条件
209		SB/T 10728—2012	易腐食品冷藏链技术要求 果蔬类	2012-08-01	2012-11-01	本标准规定了水果蔬菜类易腐食品（以下简称果蔬）在预冷、冷藏、运输、销售等环节及环节间的技术要求和包装标识要求。本标准适用于未经加工或经初级加工，供人类食用的新鲜蔬菜（包括食用菌）、水果等。本标准不适用于速冻果蔬类易腐食品

续 表

序号	分类	标准编号	标准名称	发布日期	实施日期	规定范围
210	果蔬	SB/T 10729—2012	易腐食品冷藏链操作规范 果蔬类	2012－08－06	2012－11－01	本标准规定了水果蔬菜类易腐食品在采后、预冷、冷藏、运输和销售等环节及环节间的操作规范。本标准适用于未经加工或经初级加工，供人类食用的新鲜蔬菜（包括食用菌）、水果等。本标准不适用于速冻果蔬类易腐食品
211		SB/T 10889—2012	预包装蔬菜流通规范	2013－01－04	2013－07－01	本标准规定了预包装蔬菜的商品质量基本要求、商品等级、商品规格、包装、标识和流通过程的要求。本标准适用于预包装蔬菜的经营和管理
212		SB/T 10966—2013	芦笋流通规范	2013－04－16	2013－11－01	本标准规定了芦笋的商品质量基本要求、商品等级、包装、标识和流通过程要求。本标准适用于白芦笋和绿芦笋的流通经营和管理，其他类型的芦笋可参照执行
213		SB/T 11031—2013	块茎类蔬菜流通规范	2013－06－14	2014－03－01	本标准规定了块茎类蔬菜的商品质量基本要求、商品等级、包装、标识和流通过程要求。本标准适用于马铃薯、姜、莲藕等块茎类蔬菜的流通，其他块茎类蔬菜的流通可参照执行
214		SB/T 11029—2013	瓜类蔬菜流通规范	2013－06－14	2014－03－01	本标准规定了瓜类蔬菜的商品质量基本要求、商品等级、包装、标识和流通过程要求。本标准适用于黄瓜、苦瓜、丝瓜等瓜类蔬菜的流通，其他瓜类蔬菜的流通可参照执行
215		SN/T 1884. 1—2007	进出口水果储运卫生规范 第 1 部分：水果储藏	2007－04－06	2007－10－16	本部分规定了进出口新鲜水果在采后保护，储藏过程中的卫生要求。本部分适用于新鲜水果的保护储藏
216		SN/T 1884. 2—2007	进出口水果储运卫生规范 第 2 部分：水果运输	2007－12－24	2008－07－01	本部分规定了进出口新鲜水果包装运输过程中的卫生要求。本部分适用于进出口新鲜水果运输

续　表

序号	分类	标准编号	标准名称	发布日期	实施日期	规定范围
217	果蔬	SN/T 1886—2007	进出口水果和蔬菜预包装指南	2007-04-06	2007-10-16	本标准规定了进出口水果和蔬菜预包装的卫生要求。本标准适用于水果和蔬菜的预包装
218	冷冻饮品	GB 2759—2015	食品安全国家标准 冷冻饮品和制作料	2015-11-13	2016-11-13	本标准适用于冷冻饮品和制作料。本标准不适用于现制现售的冷冻饮品
219		GB/T 30800—2014	冷冻饮品生产管理要求	2014-07-08	2014-11-01	本标准界定了冷冻饮品生产的术语和定义，规定了原料、辅料、食品添加剂及包装材料、厂区、厂房及设备、人员、卫生管理、生产过程、产品出厂检验和产品储存、运输的要求。本标准适用于从事冷冻饮品生产的企业
220	蛋制品	GB 2749—2015	食品安全国家标准 蛋与蛋制品	2015-11-13	2016-11-13	本标准适用于鲜蛋与蛋制品
221		GB 21710—2016	食品安全国家标准 蛋与蛋制品生产卫生规范	2016-12-23	2017-12-23	本标准规定了蛋与蛋制品的生产过程中原料采购、加工、包装、贮存和运输等环节的场所、设施、人员的基本要求和管理准则。本标准适用于蛋与蛋制品的生产
222		GB/T 39438—2020	包装鸡蛋	2020-11-19	2021-06-01	本标准规定了包装鸡蛋的术语和定义、分级、检测方法、检验规则、包装、标签与标识、贮存、运输和销售
223		NY/T 3817—2020	农产品质量安全追溯操作规程 蛋与蛋制品	2020-11-12	2021-04-01	本标准规定了蛋与蛋制品质量安全追溯的术语和定义、要求、追溯码编码、追溯精度、信息采集、信息管理、追溯标识、体系运行自查和质量安全问题处置。本标准适用于蛋与蛋制品质量安全追溯操作和管理

续 表

序号	分类	标准编号	标准名称	发布日期	实施日期	规定范围
224	蛋制品	NY/T 754—2021	绿色食品 蛋及蛋制品	2021-05-07	2021-11-01	本文件规定了绿色食品蛋及蛋制品的术语和定义、要求、检验规则、标签、包装、运输和储存。本文件适用于绿色食品禽蛋（鸡蛋、鸭蛋、鹅蛋、鸽子蛋、鹌鹑蛋等）、液态蛋（巴氏杀菌冰全蛋、冰蛋黄、冰蛋白、巴氏杀菌全蛋液、鲜全蛋液、巴氏杀菌蛋白液、鲜蛋白液、巴氏杀菌蛋黄液、鲜蛋黄液）、蛋粉和蛋片（巴氏杀菌全蛋粉、蛋黄粉、蛋白片）、皮蛋、肉蛋、咸蛋、咸蛋黄、糟蛋等蛋制品

第四节　冷链物流企业星级评估工作介绍

一、冷链物流企业星级评估概述

为了推动我国冷链物流发展，加快推进冷链物流产业标准化服务体系建设，促进冷链服务的量化管理与评价，进一步提升居民食品安全保障，中国物流与采购联合会（以下简称中物联）按照自愿、公开、公平、公正的原则，依据《物流企业冷链服务要求与能力评估指标》（GB/T 31086—2014），在行业内开展冷链物流企业星级评估工作。

按照国家标准的要求，冷链物流企业分为运输型、仓储型、综合服务型 3 种类型，从组织、设施设备、信息化、人员、管理制度、应急预案、冷链物流辅助服务功能等方面对物流企业的冷链服务能力提出要求。

中国物流与采购联合会根据《物流企业冷链服务要求与能力评估指标》（GB/T 31086—2014），自 2015 年以来，共开展 13 批冷链物流企业星级评估工作，截至 2022 年 3 月，共有星级冷链物流企业 109 家。从设施设备、信息化、管理与服务 3 个方面，40 多项指标及项目，按照规范、标准的流程进行冷链物流企业综合评估认证。按照运输型、仓储型、综合服务型 3 种类型，依据各自的评估指标体系，综合评估出从☆级到☆☆☆☆☆级 5 个等级的冷链物流企业，☆☆☆☆☆级为最高级。

1. 冷链物流企业星级评估依据

中华人民共和国国家标准《物流企业冷链服务要求与能力评估指标》（GB/T 31086—2014）。

2. 冷链物流企业星级评估对象

凡在中华人民共和国境内注册的物流企业（含外商独资企业、合资企业）。

3. 冷链物流企业星级评估类型

运输型冷链物流企业、仓储型冷链物流企业和综合服务型冷链物流企业。

4. 冷链物流企业星级评估级别

依据评估指标体系，各类型物流企业的综合评估分别为 ☆☆☆☆☆级、

☆☆☆☆级、☆☆☆级、☆☆级、☆级5个等级。☆☆☆☆☆级为最高级。

5. 冷链物流企业星级评估时间

冷链物流企业星级评估随时接受企业申报，每年授牌分两个批次，上、下半年各一次。

6. 申报联系方式

（1）中国物流与采购联合会冷链与医药评估工作办公室。

联系人：王晓晓、刘洋、崔爽

电话：15911188972、18401600052、13717745770

E－mail：standard@ lenglian. org. cn

（2）中国物流与采购联合会物流企业评估工作办公室。

联系人：尹斐洁、安菲

电话：010－83775630、83775631

E－mail：zwlpgb@ vip. 163. com

（3）全国其他评估机构。

查阅 http：//qypg. chinawuliu. com. cn/pgjg/

二、冷链物流企业星级评估指标

1. 运输型冷链物流企业评估指标（见表8－7）

表8－7　运输型冷链物流企业评估指标

评估指标		级别				
项目	类别	五星	四星	三星	二星	一星
设施设备	1. 自有冷藏（冻）车数量*/辆（或总载重量*/t）	≥400（≥2000）	≥200（≥1000）	≥100（≥500）	≥50（≥250）	≥20（≥100）
	2. 租用冷藏（冻）车数量/辆（或总载重量/t）	≥150（≥750）	≥90（≥450）	≥60（≥300）	≥30（≥150）	≥10（≥50）
	3. 冷藏（冻）车厢（箱）*	干净整洁，符合 QC/T 449 中对冷藏（冻）车厢（箱）的要求				
	4. 数据采集终端*	冷藏（冻）车（厢、箱）内、外有必要的温度数据采集终端，并有定期检查校正记录				

续　表

<table>
<tr><th colspan="3">评估指标</th><th colspan="5">级别</th></tr>
<tr><th>项目</th><th colspan="2">类别</th><th>五星</th><th>四星</th><th>三星</th><th>二星</th><th>一星</th></tr>
<tr><td rowspan="4">信息化</td><td colspan="2">5. 温度监测系统*</td><td colspan="2">冷藏（冻）车（厢、箱）内测温点分布均匀，温度实时监测并记录</td><td colspan="3">冷藏（冻）车（厢、箱）内测温点分布均匀，温度定时监测、记录</td></tr>
<tr><td colspan="2">6. 温度数据*</td><td colspan="5">自物品交与委托方之日起应保存不低于6个月的温度数据，且数据应保存完整，可查询</td></tr>
<tr><td colspan="2">7. 运输管理系统（TMS）*</td><td colspan="2">有运输管理系统及相关温控模块</td><td colspan="3">—</td></tr>
<tr><td colspan="2">8. 货物跟踪*</td><td colspan="5">自有/租用车辆100%装有冷链运输跟踪设备</td></tr>
<tr><td rowspan="8">管理与服务</td><td colspan="2">9. 客户投诉率（或客户满意度）</td><td>≤0.05%（≥98%）</td><td colspan="2">≤0.1%（≥95%）</td><td colspan="2">≤0.5%（≥90%）</td></tr>
<tr><td colspan="2">10. 管理制度*</td><td colspan="5">有健全的物品交接制度、清洁卫生制度、冷链通用流程关键点控制操作规范制度，有效运行</td></tr>
<tr><td colspan="2">11. 应急预案*</td><td colspan="5">包括但不局限于：冷机故障预案，在途车辆故障预案</td></tr>
<tr><td rowspan="4">12. 冷链操作人员</td><td>人员结构*</td><td>60%以上具有中等以上学历或专业资格</td><td colspan="2">50%以上具有中等以上学历或专业资格</td><td colspan="2">30%以上具有中等以上学历或专业资格</td></tr>
<tr><td>培训</td><td colspan="5">全员经过上岗专业培训，有培训计划及定期培训记录</td></tr>
<tr><td>健康要求</td><td colspan="5">农产品、食品的装卸、搬运等作业人员应持有相关部门发放的健康证明</td></tr>
<tr><td>执证上岗率*</td><td colspan="5">制冷工、叉车工、电工、驾驶员等应执证上岗，执证上岗率100%</td></tr>
<tr><td colspan="2">13. 冷链物流辅助服务功能</td><td colspan="2">可为委托方优化冷链业务流程，制订冷链物流综合解决方案，提供增值服务</td><td colspan="3">—</td></tr>
</table>

注：标注*的指标为企业必备指标，其他为参考指标。

2. 仓储型冷链物流企业评估指标（见表8－8）

表8－8　　　　　仓储型冷链物流企业评估指标

<table>
<tr><th colspan="3">评估指标</th><th colspan="5">级别</th></tr>
<tr><th>项目</th><th colspan="2">类别</th><th>五星</th><th>四星</th><th>三星</th><th>二星</th><th>一星</th></tr>
<tr><td rowspan="8">设施设备</td><td colspan="2" rowspan="2">1. 自有冷库标准及容积*/m^3</td><td colspan="5">冷库建设应按 GB 50072 执行</td></tr>
<tr><td>≥300000</td><td>≥120000</td><td>≥60000</td><td>≥30000</td><td>≥15000</td></tr>
<tr><td colspan="2">2. 租用冷库标准及容积/m^3</td><td>≥200000</td><td>≥80000</td><td>≥40000</td><td>≥20000</td><td>≥15000</td></tr>
<tr><td colspan="2">3. 冷库功能区*</td><td colspan="4">建有满足物品时空温度要求的功能区，包括但不限于低温穿堂或封闭月台、预冷间或复冻间</td><td>—</td></tr>
<tr><td colspan="2" rowspan="2">4. 冷库门气密性</td><td colspan="3">作业时冷库门完全开启时间大于5s的应设置冷风幕和耐低温透明门帘</td><td colspan="2">有必要的密封装置</td></tr>
<tr><td colspan="3">配备有与运输车辆对接的密封装置</td><td colspan="2">—</td></tr>
<tr><td colspan="2">5. 搬运装卸设备*/台</td><td>≥15</td><td colspan="2">≥8</td><td colspan="2">≥3</td></tr>
<tr><td colspan="2">6. 数据采集终端*</td><td colspan="5">冷库内、外有必要的温度数据采集终端，并有定期检查校正记录</td></tr>
<tr><td rowspan="4">信息化</td><td colspan="2">7. 温度监测系统*</td><td colspan="5">冷库内测温点分布均匀，温度实时监测并记录</td></tr>
<tr><td colspan="2">8. 温度数据*</td><td colspan="5">自物品交与委托方之日起应保存不低于6个月的温度数据，且数据应保存完整、可查询</td></tr>
<tr><td rowspan="2">9. 仓库管理系统（WMS）*</td><td>系统</td><td colspan="2">有仓库管理系统，冷链业务进销存实现信息化管理，对库内温度数据实时掌握</td><td colspan="3">库内有温度测量装置，温度记录完善</td></tr>
<tr><td>库区监控</td><td colspan="5">具备对库区主通道、货物交接区的监控能力，影像资料保存6个月</td></tr>
<tr><td rowspan="5">管理与服务</td><td colspan="2">10. 客户投诉率（或客户满意度）</td><td>≤0.05%（≥98%）</td><td colspan="2">≤0.1%（≥95%）</td><td colspan="2">≤0.5%（≥90%）</td></tr>
<tr><td colspan="2">11. 管理制度*</td><td colspan="5">有健全的物品交接制度、清洁卫生制度、冷链通用流程关键点控制操作规范制度，落实到位</td></tr>
<tr><td colspan="2">12. 节能制度</td><td colspan="5">有节能降耗措施及改进计划，有效运行</td></tr>
<tr><td colspan="2">13. 应急预案*</td><td colspan="5">包括但不局限于：水灾、火灾、虫害、鼠害预案，断电应急预案，冷机故障预案；凡是用氨制冷的企业，建立液氨突发泄露的应急预案</td></tr>
<tr><td>14. 冷链操作人员</td><td>人员结构*</td><td>60%以上具有中等以上学历或专业资格</td><td colspan="2">50%以上具有中等以上学历或专业资格</td><td colspan="2">30%以上具有中等以上学历或专业资格</td></tr>
</table>

续　表

<table>
<tr><th colspan="3">评估指标</th><th colspan="5">级别</th></tr>
<tr><th>项目</th><th colspan="2">类别</th><th>五星</th><th>四星</th><th>三星</th><th>二星</th><th>一星</th></tr>
<tr><td rowspan="4">管理与服务</td><td rowspan="3">14. 冷链操作人员</td><td>培训</td><td colspan="5">全员经过上岗专业培训，有培训计划及定期培训记录</td></tr>
<tr><td>健康要求</td><td colspan="5">农产品、食品的装卸、搬运等作业人员应持有相关部门发放的健康证明</td></tr>
<tr><td>执证上岗率*</td><td colspan="5">制冷工、叉车工、电工、驾驶员等应执证上岗的，100%执证上岗</td></tr>
<tr><td colspan="2">15. 冷链物流辅助服务功能</td><td colspan="3">可为委托方优化冷链业务流程，制订冷链物流综合解决方案，提供增值服务</td><td colspan="2">—</td></tr>
</table>

注1：标注*的指标为企业必备指标，其他为参考指标。

注2：冷库包括冷藏库、冷冻库等低温仓库。

注3：4~5星必须为封闭月台。

3. 综合服务型冷链物流企业评估指标（见表8-9）

表8-9　　综合服务型冷链物流企业评估指标

<table>
<tr><th colspan="3">评估指标</th><th colspan="5">级别</th></tr>
<tr><th>项目</th><th colspan="2">类别</th><th>五星</th><th>四星</th><th>三星</th><th>二星</th><th>一星</th></tr>
<tr><td rowspan="10">设施设备</td><td colspan="2" rowspan="2">1. 自有/租用冷库标准及容积/m³*</td><td colspan="5">冷库建设应按GB 50072执行</td></tr>
<tr><td>≥300000</td><td>≥150000</td><td>≥50000</td><td>≥20000</td><td>≥10000</td></tr>
<tr><td colspan="2">2. 自有/租用冷藏（冻）车数量/台*（或总载重量/吨）*</td><td>≥400
（≥2000）</td><td>≥200
（≥1000）</td><td>≥80
（≥400）</td><td>≥50
（≥250）</td><td>≥20
（≥100）</td></tr>
<tr><td colspan="2">3. 冷库功能区*</td><td colspan="4">建有满足物品时空温度要求的功能区，包括但不限于低温穿堂或封闭月台、预冷间或复冻间</td><td>—</td></tr>
<tr><td rowspan="3">4. 气密性*</td><td rowspan="2">冷库门</td><td colspan="3">作业时冷库门完全开启时间大于5秒的，应设置冷风幕和耐低温透明门帘</td><td colspan="2">—</td></tr>
<tr><td colspan="2">配备有与运输车辆对接的密封装置</td><td colspan="3">—</td></tr>
<tr><td>冷藏（冻）车厢（箱）</td><td colspan="5">干净整洁，符合QC/T 449中对冷藏（冻）车厢（箱）的要求</td></tr>
<tr><td colspan="2">5. 装卸搬运设备/台*</td><td>≥12</td><td colspan="2">≥6</td><td colspan="2">≥2</td></tr>
<tr><td colspan="2">6. 数据采集终端*</td><td colspan="5">冷库、冷藏（冻）车（厢、箱）内外有必要的温度数据采集终端，并有定期检查校正记录</td></tr>
</table>

续　表

<table>
<tr><th colspan="3">评估指标</th><th colspan="5">级别</th></tr>
<tr><th>项目</th><th colspan="2">类别</th><th>五星</th><th>四星</th><th>三星</th><th>二星</th><th>一星</th></tr>
<tr><td rowspan="6">信息化</td><td colspan="2">7. 温度监测系统*</td><td colspan="3">冷库、冷藏（冻）车（厢、箱）内测温点分布均匀，温度实时监测并记录</td><td colspan="2">冷库、冷藏（冻）车（厢、箱）内测温点分布均匀，冷库内温度实时监测并记录，冷藏（冻）车（厢、箱）内温度定时监测、记录</td></tr>
<tr><td colspan="2">8. 温度数据*</td><td colspan="5">自物品交与委托方之日起应保存不低于6个月的温度数据，且数据应保存完整，可查询</td></tr>
<tr><td rowspan="2">9. 仓库管理系统（WMS）*</td><td>系统</td><td colspan="3">冷链业务进销存实现信息化管理，对库内温度数据实时掌握</td><td colspan="2">库内有温度测量装置，温度记录完善</td></tr>
<tr><td>库区监控</td><td colspan="5">具备对库区主通道、货物交接区的监控能力，影像资料保存6个月</td></tr>
<tr><td rowspan="2">10. 运输管理系统（TMS）*</td><td rowspan="2">货物跟踪</td><td colspan="2">有运输管理系统</td><td colspan="3">—</td></tr>
<tr><td colspan="5">自有涉冷车辆100%以上装有冷链运输跟踪设备</td></tr>
<tr><td rowspan="8">管理与服务</td><td colspan="2">11. 客户投诉率（或客户满意度）</td><td>≤0.05%（≥98%）</td><td colspan="2">≤0.1%（≥95%）</td><td colspan="2">≤0.5%（≥90%）</td></tr>
<tr><td colspan="2">12. 节能制度</td><td colspan="5">有节能降耗措施及改进计划，有效运行</td></tr>
<tr><td colspan="2">13. 管理制度*</td><td colspan="5">有健全的物品交接制度、清洁卫生制度、冷链通用流程关键点控制操作规范制度，有效运行</td></tr>
<tr><td colspan="2">14. 应急预案*</td><td colspan="5">包括但不局限于：水灾、火灾、虫害、鼠害预案，断电应急预案，冷机故障预案，在途车辆故障预案；凡是用氨制冷的企业，建立液氨突发泄漏的应急预案</td></tr>
<tr><td rowspan="4">15. 冷链操作人员</td><td>人员结构*</td><td>60%以上具有中等以上学历或专业资格</td><td colspan="2">50%以上具有中等以上学历或专业资格</td><td colspan="2">40%以上具有中等以上学历或专业资格</td></tr>
<tr><td>培训</td><td colspan="5">全员经过上岗专业培训，有培训计划及定期培训记录</td></tr>
<tr><td>健康要求</td><td colspan="5">农产品、食品的装卸、搬运等作业人员应持有相关部门发放的健康证明</td></tr>
<tr><td>执证上岗率*</td><td colspan="5">制冷工、叉车工、电工、驾驶员等应执证上岗，执证上岗率为100%</td></tr>
</table>

续　表

评估指标		级别				
项目	类别	五星	四星	三星	二星	一星
管理与服务	16. 冷链物流辅助服务功能*	可为委托方优化冷链业务流程，制订冷链物流综合解决方案，提供增值服务			—	

注1：标注＊的指标为企业必备指标，其他为参考指标。

注2：冷库包括冷藏库、冷冻库等低温仓库。

注3：4～5星必须为封闭月台。

注4：4星要求自有营运网点达到5个及以上，5星要求自有营运网点达到10个及以上（自有营运网点指有运输、仓储等独立运营团体功能的分公司或是配送中心，不包括小型的配送门店、站点及合作伙伴）。

三、冷链物流企业星级评估流程

自检—申报—审核—评估—审定—公示—通告—授牌。

（1）自检。

冷链物流企业申报首先对照《物流企业冷链服务要求与能力评估指标》（GB/T 31086—2014）中的具体指标进行自检，符合标准者可准备申报，根据自检结果申报相应评估的类型和等级。

（2）申报。

冷链物流企业星级评估全部实行网上申报，请登录中国物流与采购联合会冷链企业网上申报系统（http：//ll. chinawuliu. com. cn），按照要求进行注册和申报。

（3）审核。

企业按要求将申报材料报送中国物流与采购联合会冷链与医药评估工作办公室初审，初审通过的申报材料由中国物流与采购联合会物流企业评估工作办公室进行复审。复审通过后，等待进行现场评估。

对已评定等级的冷链物流企业实行复核制度，复核工作由评委会统一安排，所有等级每三年复核一次。

（4）评估。

所有通过复审的企业，均由中国物流与采购联合会物流企业评估工作办公室按异地评估原则组成现场评估组进行现场评估。评估组依据评估计划、评估流程要求对照标准实施评估，对企业申报材料逐项进行核实，评估结束后将现场形成评估报告，由评估组组长填写，并由评估组所有成员及企业负责人签字盖章。评估组作为现场评估的第一责任人，必须保证评估的真实性。

（5）审定。

所有完成现场评估的申报材料，最后均由中国物流与采购联合会物流企业评估工作办公室提交中物联评估委员会进行审定。

（6）公示。

公示期限为 7 个工作日。

（7）通告。

中国物流与采购联合会统一发文公布名单，并在相关媒体通告，接受社会监督。

（8）授牌。

中国物流与采购联合会统一向获评企业颁发评估等级牌匾及证书。

四、全国星级冷链物流企业扶持政策（见表 8－10）

表 8－10　　全国星级冷链物流企业扶持政策

序号	地区	文件名	文件号	文件内容
1	赣州市	《赣州市本级物流发展专项资金管理暂行办法》	赣市财建字〔2016〕38 号	获得中国物流与采购联合会认定为国家 1A（星）、2A（星）、3A（星）、4A（星）、5A（星）级的市本级物流企业，在评选当年分别给予 5 万元、10 万元、20 万元、30 万元、40 万元奖励。以上奖励以最高奖励档次计算，不累加。从低级别奖励档次提升至高级别奖励档次的，只追补奖励档次差

续　表

序号	地区	文件名	文件号	文件内容
2	泉州市	《泉州市人民政府办公室关于促进冷链物流加快发展的实施意见》	泉政办〔2017〕1号	积极鼓励冷链物流企业纳入上市后备企业，积极参评星级企业。对新建低温物流园区、集中区和中转基地，市商务局按不高于投资额20%、最高500万元并按进度予以补助；对在园区内建设冷库的，由市商务局按不高于投资额20%、最高150万元予以补助
3	山东省	《山东省人民政府办公厅关于促进内贸流通供给侧结构性改革的意见》	鲁政办字〔2017〕108号	支持企业开展“星级”冷链物流企业创建，鼓励国内外大型冷链物流企业在山东省布局。2019年年底前，对注册地在山东省的新获三星以上星级认定的冷链物流企业，有条件的地方可分档给予奖励，培育壮大一批冷链物流主体
4	大连市	《大连市港口与口岸局 大连市财政局关于印发〈大连市物流业发展专项资金暂行管理办法〉的通知》	大港口发〔2017〕159号	根据相关国家标准评定的3A、4A、5A级的物流企业分别给予10万元、20万元、30万元奖励。星级冷链物流企业专项资金等同A级物流企业
5	济南市	《济南市人民政府关于调整补充济南市加快物流业发展若干政策的通知》	济政字〔2017〕68号	新评为国家三星、四星、五星级的冷链物流企业，分别给予10万元、50万元和100万元一次性补助
6	焦作市	《焦作市人民政府办公室关于印发焦作市物流业转型发展三个工作方案的通知》	焦政办〔2017〕153号	积极引导冷链物流企业参加国家冷链物流企业星级评估、A级物流企业综合评估、物流企业信用评价等项工作
7	云南省	《云南省人民政府办公厅关于印发云南省加快推进现代物流产业发展10条措施的通知》	云政办发〔2018〕10号	鼓励大型制造企业、商贸企业整体剥离物流业务，面向社会提供公共物流服务。支持我省大型物流企业申评国家5A级物流企业及五星级冷链物流企业资质

续 表

序号	地区	文件名	文件号	文件内容
8	胶州市	《胶州市人民政府关于加快现代物流产业发展的意见》	胶政发〔2018〕66 号	被评为国家三星、四星、五星级且纳入规模以上服务业统计的冷链物流企业，分别奖励 20 万元、30 万元、50 万元。由三星升四星、四星升五星的，补差计奖
9	宜昌市	《宜昌市人民政府办公室关于进一步推进现代物流业转型升级促进实体经济发展的实施意见》	宜府办发〔2018〕77 号	评定为国家 5A、4A、3A、2A 级物流企业或者星级冷链物流企业的，分别一次性给予不高于 50 万元、20 万元、10 万元、5 万元的资金奖励
10	广州市	《广州市商务委员会关于印发促进食品冷链物流发展若干措施的函》	穗商务函〔2019〕57 号	按照有关标准，通过鼓励、引导和扶持等手段，推动企业开展质量认证、信用等级评定和国家 A 级物流企业、星级冷链物流企业评估
11	龙岩市	《龙岩市人民政府关于加快现代服务业发展十五条政策措施（修订）的通知》	龙政综〔2019〕21 号	首次获评国家三星、四星、五星级的冷链物流企业，分别给予 10 万元、20 万元、30 万元奖励，等级提升企业给予补差奖励
12	合肥市	《合肥市人民政府办公室关于印发 2020 年合肥市培育新动能促进产业转型升级推动经济高质量发展若干政策实施细则的通知》	合政办〔2020〕6 号	对新晋升国家 5A 和 4A 级的物流企业，分别给予 100 万元、50 万元一次性奖补。对首次评为国家五星、四星级的冷链物流企业，分别给予 100 万元、50 万元一次性奖补
13	湖南省	《湖南省人民政府办公厅印发〈关于促进冷链物流业高质量发展的若干政策措施〉的通知》	湘政办发〔2020〕13 号	对注册地在湖南省且首次获评或复核通过的国家五星级冷链物流企业，以及全国冷链物流业 100 强企业，由省财政给予一次性奖励 50 万元。对注册地在湖南省且首次获评或复核通过的国家三星、四星级冷链物流企业，各地可分档给予奖励

续　表

序号	地区	文件名	文件号	文件内容
14	漯河市	《漯河市人民政府关于印发漯河市扶持和促进冷链物流业高质量发展若干政策措施的通知》	漯政〔2021〕3号	对在漯河市设立独立法人且在漯河市连续3年以上申报纳税的冷链物流企业，被评定为国家3A、4A、5A级冷链物流企业或三星、四星、五星级冷链物流企业的，分别给予20万元、30万元、50万元一次性奖励，等级提升企业给予补差奖励；被评为全国冷链物流业100强企业的，给予10万元一次性奖励
15	福州市	《福州市人民政府办公厅关于印发促进现代物流业加快发展八条措施的通知》	榕政办〔2021〕90号	支持物流企业参加国家A级物流企业、网络货运企业以及星级冷链物流企业评定，对新评为国家3A、4A、5A级的物流企业、网络货运企业以及三星、四星、五星级的冷链物流企业，分别给予10万元、30万元、50万元一次性奖励，升级予以补差奖励

五、全国星级冷链物流企业名单汇总（截至第13批）（见表8－11）

表8－11　　全国星级冷链物流企业名单汇总（截至第13批）

省份	名称	级别
山东省（21家）		
1	济南维尔康实业集团有限公司	五星仓储型
2	靖海集团有限公司	五星运输型
3	山东大舜医药物流有限公司	四星综合服务型
4	济南瑞丰物流有限公司	四星综合服务型
5	山东汇宝医药物流有限公司	四星综合服务型
6	山东东方海洋科技股份有限公司	四星综合服务型
7	福兴祥物流集团有限公司	四星仓储型
8	荣成市鑫汇水产有限公司	四星仓储型

续　表

省份	名称	级别
9	山东喜地实业有限公司	四星仓储型
10	山东家家悦物流有限公司	四星仓储型
11	赤山集团有限公司	四星仓储型
12	山东美佳集团有限公司	四星仓储型
13	山东荣信水产食品集团股份有限公司	四星仓储型
14	山东海洋爱通物流有限公司	三星综合服务型
15	山东大鹏物流有限公司	三星综合服务型
16	瑞康医药（山东）有限公司	三星综合服务型
17	荣成广润水产食品有限公司	三星仓储型
18	德州飞马冷链物流有限公司	三星仓储型
19	青岛冠宇生态农业有限公司	三星仓储型
20	山东海派冷链物流有限公司	三星仓储型
21	山东先锋物流有限公司	三星运输型
上海市（12 家）		
22	上海郑明现代物流有限公司	五星综合服务型
23	上海光明领鲜物流有限公司	五星综合服务型
24	荣庆物流供应链有限公司	五星综合服务型
25	夏晖物流有限公司	五星综合服务型
26	上海广德物流有限公司	五星综合服务型
27	上海安鲜达物流科技有限公司	五星综合服务型
28	宇培供应链管理集团有限公司	五星仓储型
29	辉源（上海）供应链管理有限公司	四星综合服务型
30	上海中外运冷链运输有限公司	四星综合服务型
31	上海世权物流有限公司	四星综合服务型
32	上海恒孚物流有限公司	四星综合服务型
33	上海快行天下供应链管理有限公司	四星综合服务型
辽宁省（10 家）		
34	獐子岛锦达（大连）冷链物流有限公司	五星综合服务型
35	中铁铁龙冷链发展有限公司	五星仓储型
36	大连獐子岛中央冷藏物流有限公司	五星仓储型
37	大连港毅都冷链有限公司	五星仓储型
38	大连天宝绿色食品股份有限公司	四星综合服务型
39	大连瑞驰冷链物流有限公司	四星仓储型

续　表

省份	名称	级别
40	沈阳鲜天顺供应链管理有限公司	四星运输型
41	沈阳鑫运物流有限公司	三星综合服务型
42	大连鲜悦达冷链物流有限公司	三星运输型
43	沈阳唯晟通医疗冷链运输有限公司	一星综合服务型
河南省（10家）		
44	河南鲜易供应链有限公司	五星综合服务型
45	漯河双汇物流投资有限公司	五星运输型
46	河南大象物流有限公司	四星综合服务型
47	河南藏金源仓储有限公司	四星仓储型
48	河南中原四季水产物流港股份有限公司	四星仓储型
49	漯河双汇物流运输有限公司	四星运输型
50	漯河市顺安运输有限责任公司	四星运输型
51	河南港新冷链物流有限公司	四星仓储型
52	河南华鼎供应链管理有限公司	四星综合服务型
53	南阳市东森医药物流有限公司	三星仓储型
湖南省（8家）		
54	云通物流服务有限公司	五星综合服务型
55	华润湖南医药有限公司	五星综合服务型
56	红星冷链（湖南）股份有限公司	五星仓储型
57	郴州凯程医药有限公司	四星综合服务型
58	国药控股湖南有限公司	四星综合服务型
59	郴州市义捷现代物流有限公司	四星仓储型
60	资兴市达达农产品冷链物流有限公司	三星综合服务型
61	湖南北极冷链有限公司	三星综合服务型
福建省（8家）		
62	福州易鲜冷链物流有限公司	四星综合型
63	福建省羊程冷链物流有限公司	四星运输型
64	福建信运冷藏物流有限公司	四星运输型
65	福建浩嘉冷链物流股份有限公司	四星运输型
66	厦门万翔物流管理有限公司	四星仓储型
67	福建栢合冷链仓储管理有限公司	三星综合服务型
68	厦门正旸物流有限公司	三星综合服务型
69	中盛统一粮油工业（厦门）有限公司	二星综合服务型

续　表

省份	名称	级别
北京市（5 家）		
70	北京京邦达贸易有限公司	五星综合服务型
71	北京首农东方食品供应链管理集团有限公司	四星综合服务型
72	北京博华物流有限公司	四星运输型
73	北京澳德物流有限责任公司	三星综合服务型
74	北京京粮物流有限公司	三星综合服务型
江西省（5 家）		
75	九江市新雪域置业有限公司	四星仓储型
76	国营南昌肉类联合加工厂	四星仓储型
77	江西龙泰安食品链有限公司	四星仓储型
78	九江凯瑞生态农业开发有限公司	三星综合服务型
79	江西煌兴冷链物流有限公司	三星仓储型
湖北省（5 家）		
80	武汉中百物流配送有限公司	四星综合服务型
81	湖北三峡银岭冷链物流股份有限公司	三星综合服务型
82	当阳市万里运输有限责任公司	三星运输型
83	武汉汉欧国际物流有限公司	三星运输型
84	宜昌三峡物流园有限公司	三星仓储型
广西（4 家）		
85	广西南宁华晨物流有限公司	四星综合服务型
86	南宁震洋物流有限公司	四星运输型
87	广西五洲金桥农产品有限公司	四星仓储型
88	南宁壮宁食品冷藏有限责任公司	三星仓储型
广东省（2 家）		
89	顺丰速运有限公司	五星综合服务型
90	佛山市鼎昊冷链物流有限公司	四星仓储型
浙江省（2 家）		
91	浙江统冠物流发展有限公司	五星综合服务型
92	舟山陆港物流有限公司	四星仓储型
安徽省（2 家）		
93	合肥周谷堆大兴农产品国际物流园有限责任公司	四星仓储型
94	安徽谷之润食品有限公司	三星综合服务型

续　表

省份	名称	级别
江苏省（2 家）		
95	江苏汇鸿冷链物流有限公司	三星综合服务型
96	苏州工业园区航港物流有限公司	二星仓储型
山西省（2 家）		
97	太原万鑫物流有限公司	三星综合服务型
98	国药集团山西有限公司	三星综合服务型
河北省（2 家）		
99	石家庄冰峰冷藏物流有限公司	三星综合服务型
100	河北宝信物流有限公司	三星仓储型
黑龙江省（2 家）		
101	黑龙江昊锐物流有限公司	四星运输型
102	哈尔滨市鹏瑞货物运输有限公司	三星运输型
吉林省（2 家）		
103	松原市瑞禾仓储物流服务有限公司	四星仓储型
104	抚松县成达仓储物流有限公司	二星仓储型
四川省（2 家）		
105	成都鲜生活冷链物流有限公司	四星综合服务型
106	成都银犁冷藏物流股份有限公司	四星仓储型
云南省（2 家）		
107	云南营家优鲜供应链有限公司	四星综合服务型
108	云南众而沃实业有限责任公司	四星仓储型
重庆市（1 家）		
109	重庆得盛物流有限公司	三星综合服务型

参考文献

［1］娄丙录，孙宇．冷链食品监管的法律问题［J］．华南理工大学学报（社会科学版），2021，23（6）：68－78.

［2］罗星娜，张青松，王雪铮，等．冷链货物陆空联运标准化对比研究［J］．中国标准化，2021（4）：117－124.

［3］李思聪，叶静，李冉．德国食品冷链物流行业管理与实践及经验启示［J］．综合运输，2020，42（8）：108－113.

［4］刘雨之．国外冷链物流理论和对策研究［J］．物流科技，2020，43（6）：144－146.

［5］魏然，陈晓宇．典型发达国家冷链物流发展现状与经验借鉴［J］．物流技术，2020，39（7）：1－4，16.

［6］魏然，李慧，王乔博．典型发达国家陆空冷链物流标准建设分析与经验借鉴［J］．物流技术，2020，39（10）：1－5，22.

［7］陈丙成，李艳华，魏然，等．构建我国冷链物流标准体系的思考［J］．物流技术，2020，39（5）：21－25.

［8］喜崇彬．日本冷链物流发展及对中国的启示——访北京物资学院物流学院院长姜旭［J］．物流技术与应用，2020，25（S2）：40－43.

［9］旷健玲，谢如鹤．发达国家农产品冷链物流发展情况对我国发展农产品冷链物流的启示［J］．山西农经，2020（11）：38－40.

［10］金晓平，景传峰，何远新，等．铁路冷链运输装备发展研究与思考［J］．铁道车辆，2020，58（8）：9－12，5.

［11］王军，荣朝和，李红昌．美国铁路冷藏运输业发展历程及中美对比的启示［J］．综合运输，2020，42（7）：121－126.

［12］王欢，马庭瑞．中国与新加坡冷链物流标准对比研究［J］．标准科学，2015（11）：22－25.

［13］张瑞夫．冷链物流运输技术标准研究［J］．铁道运输与经济，

2013，35（6）：84－88.

［14］杨富强，陈怡心．“十四五”推动能源转型实现碳排放达峰［J］．阅江学刊，2021，13（4）：73－85，124.

［15］辛修瑞，牛继开，白鑫源，等．冷库发展现状以及节能与环保［J］．家电科技，2018（3）：22－23.

［16］曹兴中．大型物流冷库制冷系统技术研究［D］．大连：大连理工大学，2017.

［17］李林，申江，孙欢．关于二氧化碳作为低温载冷剂的探讨［J］．制冷与空调，2008（4）：24－27.

［18］徐佩玉．《“十四五”冷链物流发展规划》发布 2035 年全面建成现代冷链物流体系［J］．中国食品工业，2021（24）：6－7.

［19］李忠国．加快产地冷库建设 从源头解决农产品出村进城“最初1km”［J］．蔬菜，2021（2）：1－8.

［20］秦昊，刘田青．北京市农贸批发市场冷链物流的现状、问题与对策研究［J］．中国市场，2013（2）：27－28，31.

［21］刘炳城．我国港口冷链物流的发展态势及对策［J］．物流技术，2018，37（2）：13－15.

11AN·食品安全数智化服务商

深圳市食易安科技有限公司（简称“食易安科技”）是食品安全数智化服务商，是易流科技的全资子公司。食易安科技及其品牌“11AN”以“数智化构筑食品安全防火墙”为愿景，致力于构建从工厂到卖场、从农田到餐桌的食品安全保障体系，让每一个人吃得放心、吃得健康、吃得愉悦。

食易安科技现已积累了10000余家企业客户，拥有覆盖仓、车、店、箱全场景的冷链IoT硬件产品和冷链物流数字化平台产品，具备专业的全链条数字化能力。

食易安科技秉持专业、专注、专精的“三专精神”，从食品安全视角持续创新，为行业客户提供全场景监测和全链条追溯的“食品安全数智化”服务。

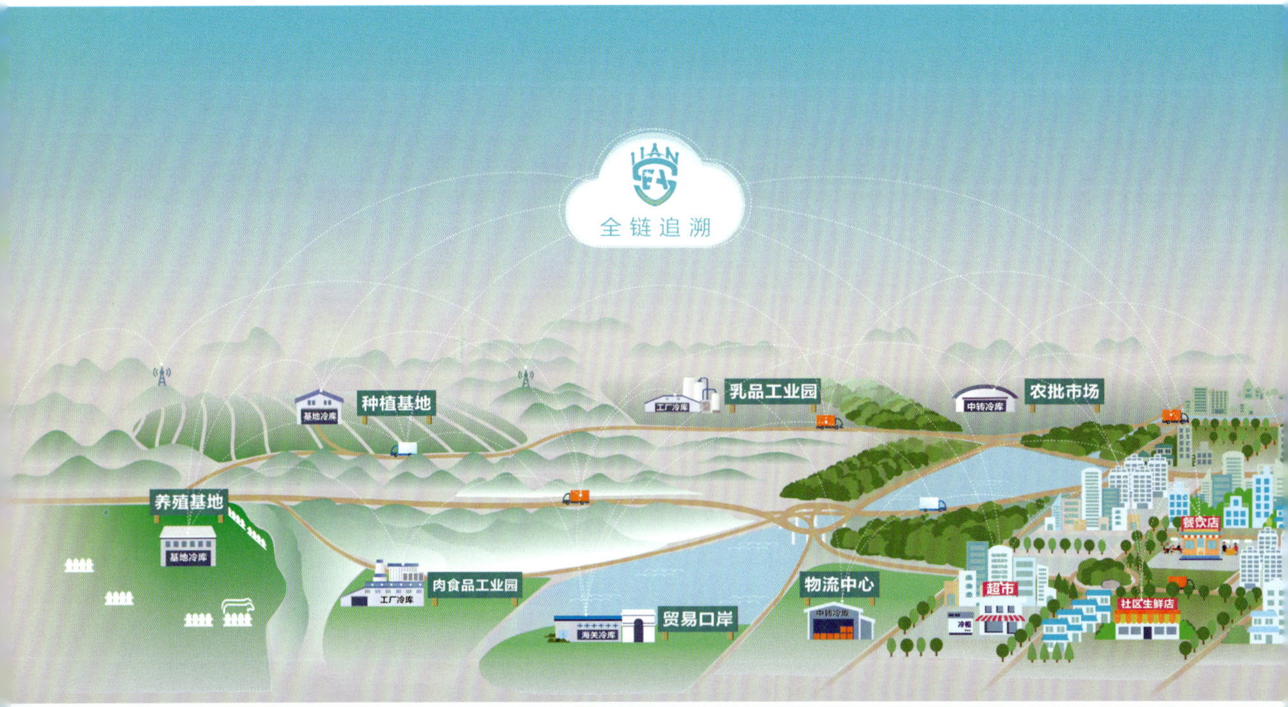

全链追溯

种植基地 基地冷库
乳品工业园 工厂冷库
农批市场 中转冷库
养殖基地 基地冷库
肉食品工业园 工厂冷库
贸易口岸 海关冷库
物流中心 中转冷库
超市 冷柜
餐饮店
社区生鲜店

一心一意，专注食品安全数智化

多温区综合物流解决方案服务商

万纬冷链解决方案

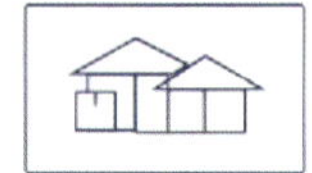
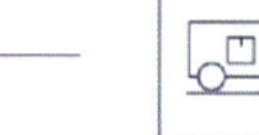

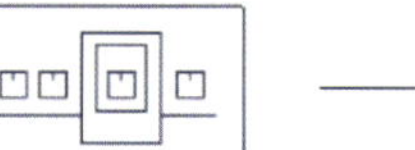

多温仓储 —— 干线运输 —— 增值服务 —— 定制化

万纬物流是万科集团旗下成员企业。2015年成立以来，经过快速发展，已成为国内出色的多温区综合物流解决方案服务商，可为客户提供高标准的仓储设施及多元化的冷链物流服务。

万纬物流2017年进军冷链业务，公司采用国际先进的仓库设计及制冷工程技术，致力于为客户提供最高标准的冷链物流保障。

一站式仓储、干线、配送等专业服务，

全国范围内运营管理28个冷链物流园

冷链配套解决方案

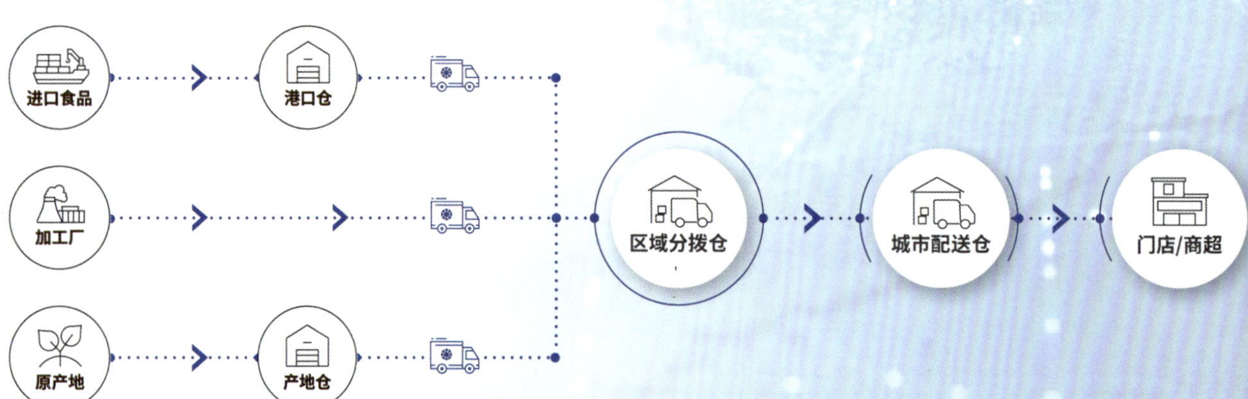

2017年至今

全国**24**个城市

布局**39**个冷链物流园

可运营面积超过 **100**万平方米

托盘数超过 **100**万托

未来三年

万纬将在全国布局近 **100**个冷链物流园

运营面积将达 **300**万平方米

28个

运营冷链物流园

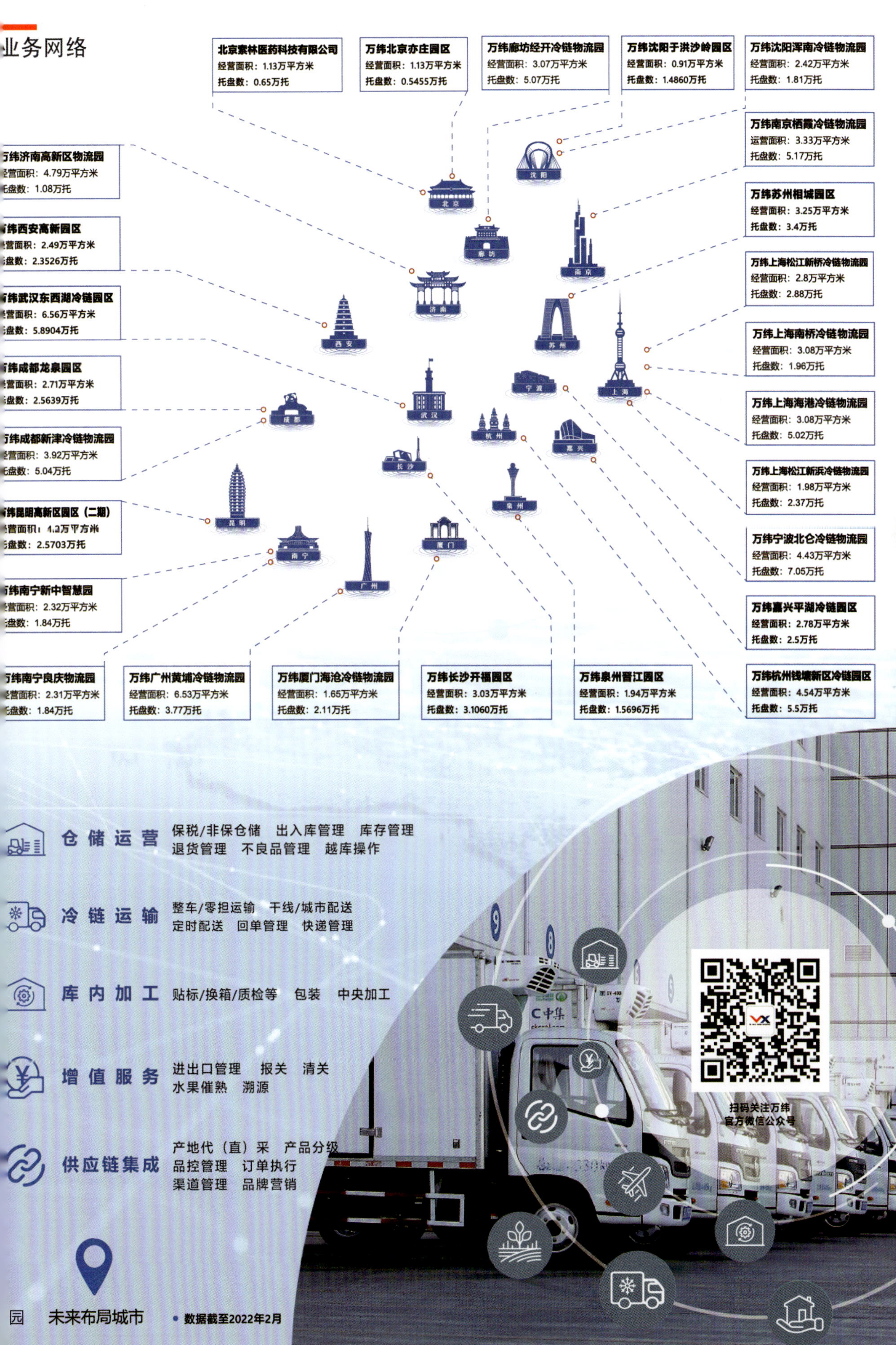
业务网络
北京素林医药科技有限公司
经营面积：1.13万平方米
托盘数：0.65万托
万纬北京亦庄园区
经营面积：1.13万平方米
托盘数：0.5455万托
万纬廊坊经开冷链物流园
经营面积：3.07万平方米
托盘数：5.07万托
万纬沈阳于洪沙岭园区
经营面积：0.91万平方米
托盘数：1.4860万托
万纬沈阳浑南冷链物流园
经营面积：2.42万平方米
托盘数：1.81万托
万纬南京栖霞冷链物流园
运营面积：3.33万平方米
托盘数：5.17万托
万纬苏州相城园区
经营面积：3.25万平方米
托盘数：3.4万托
万纬上海松江新桥冷链物流园
经营面积：2.8万平方米
托盘数：2.88万托
万纬上海南桥冷链物流园
经营面积：3.08万平方米
托盘数：1.96万托
万纬上海海港冷链物流园
经营面积：3.08万平方米
托盘数：5.02万托
万纬上海松江新浜冷链物流园
经营面积：1.98万平方米
托盘数：2.37万托
万纬宁波北仑冷链物流园
经营面积：4.43万平方米
托盘数：7.05万托
万纬嘉兴平湖冷链园区
经营面积：2.78万平方米
托盘数：2.5万托
万纬杭州钱塘新区冷链园区
经营面积：4.54万平方米
托盘数：5.5万托
万纬济南高新区物流园
经营面积：4.79万平方米
托盘数：1.08万托
纬西安高新园区
营面积：2.49万平方米
盘数：2.3526万托
纬武汉东西湖冷链园区
营面积：6.56万平方米
盘数：5.8904万托
纬成都龙泉园区
营面积：2.71万平方米
盘数：2.5639万托
万纬成都新津冷链物流园
经营面积：3.92万平方米
盘数：5.04万托
纬昆明高新区园区（二期）
营面积：4.3万平方米
盘数：2.5703万托
纬南宁新中智慧园
营面积：2.32万平方米
盘数：1.84万托
万纬南宁良庆物流园
营面积：2.31万平方米
盘数：1.84万托
万纬广州黄埔冷链物流园
经营面积：6.53万平方米
托盘数：3.77万托
万纬厦门海沧冷链物流园
经营面积：1.65万平方米
托盘数：2.11万托
万纬长沙开福园区
经营面积：3.03万平方米
托盘数：3.1060万托
万纬泉州晋江园区
经营面积：1.94万平方米
托盘数：1.5696万托
沈阳
北京
廊坊
南京
济南
西安
苏州
上海
宁波
武汉
成都
杭州
嘉兴
长沙
泉州
昆明
南宁
厦门
广州
仓储运营 保税/非保仓储 出入库管理 库存管理
退货管理 不良品管理 越库操作
冷链运输 整车/零担运输 干线/城市配送
定时配送 回单管理 快递管理
库内加工 贴标/换箱/质检等 包装 中央加工
增值服务 进出口管理 报关 清关
水果催熟 溯源
供应链集成 产地代（直）采 产品分级
品控管理 订单执行
渠道管理 品牌营销
扫码关注万纬
官方微信公众号
园 未来布局城市
• 数据截至2022年2月

开利运输冷冻（中国）专业生产和销售冷藏运输制冷机组。我们的产品包括适用于小型货车的CITIMAX、XARIOS、NEOS和PULSOR系列，适用于大中型冷藏车的SUPRA和OASIS系列，以及适用于半挂冷藏车的X4和VECTOR系列。

非独立机组

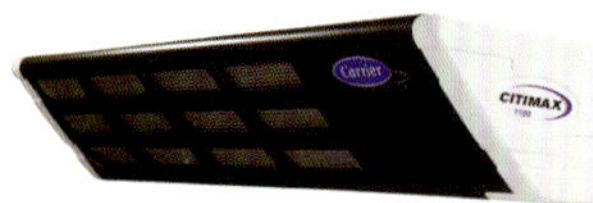

独立机组

SUPR
A系列
全新上

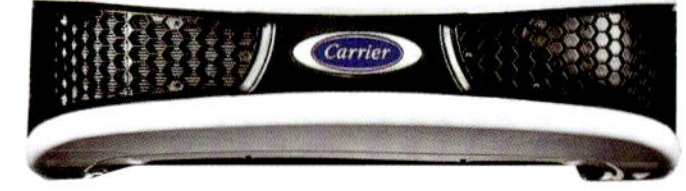

高标准品质管理

光明领鲜借鉴、融合国内外先进标准，不断健全光明“五星”冷链管理系统。提出了多项行业独创、可量化、科学的冷链评估系统。

科学的绩效目标

- 1 项核心目标
- 3 项关键指标
- 8 项聚焦数据

量化的评价数据

- 冷库温度合格率
- 配送温度合格率
- 终端温度合格率

无盲点的监控系统

- GPS 监控系统
- 冷库视频监控
- 超温抓拍系统

信息化的数据平台

- WMS 仓储管理系统
- DPS 拣货系统
- TMS 运输管理系统

高标准的硬件设施

- 1000 辆 F 级冷藏车
- 26 座现代化物流中心
- 0~2℃的全程冷链保障

第六届中国国际食品安全与创新技术展览会

“光明五星冷链质量管理系统”获得
2018—2019年度食品安全示范项目奖

- ✓《食品冷链物流追溯管理要求》国家标准试点企业
- ✓《餐饮冷链物流服务规范》行业标准达标企业
- ✓ ISO 9001质量管理体系认证
- ✓ BRC-S&D 食品安全全球标准认证
- ✓ IFS 国际食品标准认证

智慧物流一码追溯

- 工厂出库
- 中转仓入库
- 中转仓出库
- 分仓入库
- 配送终端

低温产品

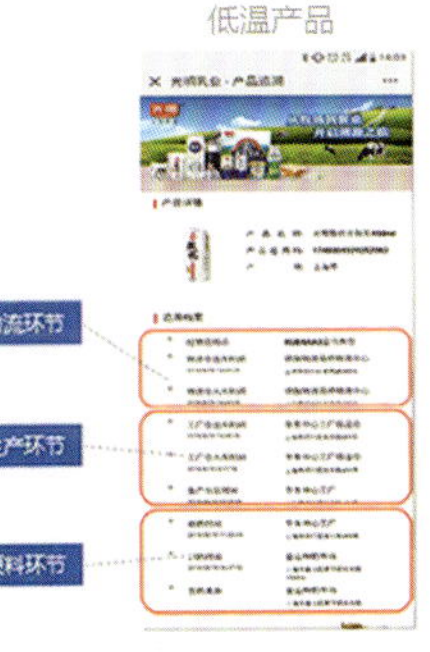

常温产品

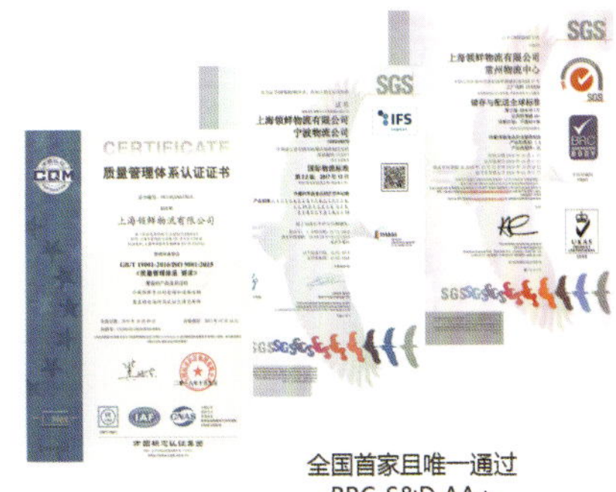

全国首家且唯一通过
BRC-S&D AA+
最高级别认证的冷链物流企业

完善的物流网络

全国范围布局物流中心，形成华东、华北、华南、华中、西南五大物流圈，并通过 300 条以上干线，实现以华东为纽带的各物流圈间的联动。

- 物流网可延伸至各县级城市及乡镇
- 每日始发干线线路 100 余条
- 客户下单 24 小时送达
- 城配规模全国第一

65 座综合物流中心

1008 辆冷藏配送车辆

17.3 万平方米库区面积

1500 条城市配送线路

50000 家终端站点

期待与您合作！

让更多人感受美味和健康的快乐！

最新动态
请关注微信公众号

中建三局第三建设工程有限责任公司

公司概况 COMPANY PROFILE

中建三局第三建设工程有限责任公司是经住房和城乡建设部核准的中建系统内号码公司第一家取得“三特三甲”资质的企业，注册资本15亿元，隶属世界500强企业“中国建筑（601668）”的全资子公司。公司具有房屋建筑工程施工、石油化工工程施工、市政公用工程施工、机电工程施工、电力工程施工总承包和钢结构工程、地基与基础、消防设施工程、建筑装修装饰工程、电子与智能化工程、桥梁工程、隧道工程、建筑幕墙、建筑机电安装等专业承包综合施工能力，同时具备建筑装饰、幕墙、钢结构、建筑智能化、照明和消防工程的甲级专项设计资质。

冷链物流项目典型案例 TYPICAL CASE

中建三局第三建设工程有限责任公司在工业厂房及物流仓储项目方面有着丰富的总承包施工及管理经验，近年来，积极响应国家关于发展冷链物流产业的政策号召，在原有长期合作伙伴的基础上，主动寻求与大型冷链物流企业的合作，如菜鸟、盒马、优合、国药集团、第一产业集团等，建成一批具有重要市场地位的冷链物流项目。

盒马鲜生产业基地项目

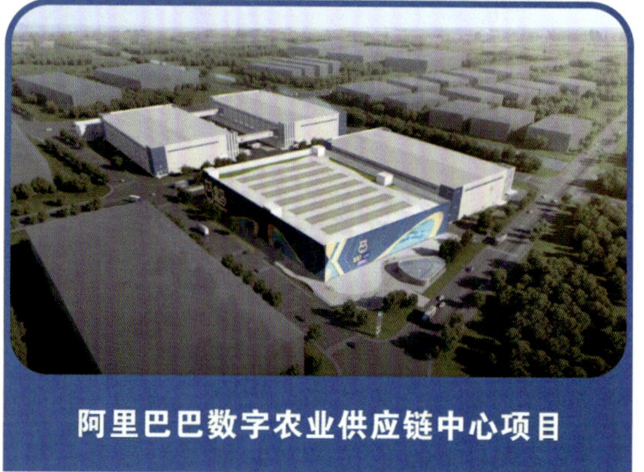

阿里巴巴数字农业供应链中心项目

优合天津智能云仓冷链一体化基地项目

武汉生物制品研究所有限责任公司
储运大楼建设项目

运荔枝：冷链物流效率引领者

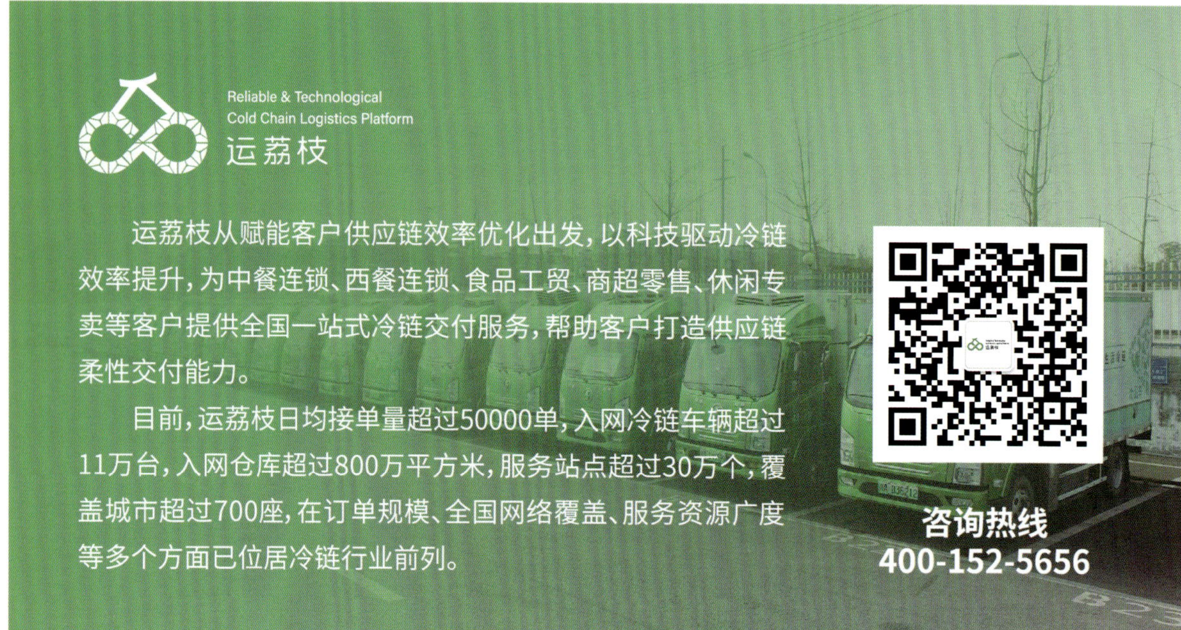

服务案例

一体化冷链供应链服务

客户需求

仓储管理场景		城市配送场景			干线运输场景		数字化升级转型场景					
储存	操作	仓配一体	区域专车	城市配送	整车	零担	交易	库存	调度	履约	监控	支付

标准服务

仓储服务　干线服务　配送服务　系统服务　结算服务

解决方案

食品工贸　休闲专卖　中餐连锁　西餐连锁　零售电商

数智产品

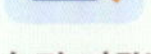

运力推荐　电子回单　智慧订存　智能排线　干线组网　仓可视化　仓网优化　食安溯源　自动对账

防串货　冻品绿码　履约驾驶舱　AI 预警　共配拟合　荔枝付　商圈画像　货翼云　佣金任务

履约能力

31省 700城市 服务范围覆盖全国

50000余单 日均订单

30余万个 服务门店

11万辆 合作冷链车

800余万平方米 冷链云仓

科技能力

系统赋能	OMS	WMS	TMS	App
	BMS	FMS	CRM	
数据变现	货主	司机	车辆	商品
	站点	计划	路网	行为
算法优化	GBST	ARIMA	K-means	
	Dynamic programing	Logistic regression	Collaborative filtering	
	Trajectory data mining			

微信公众号

电子样本

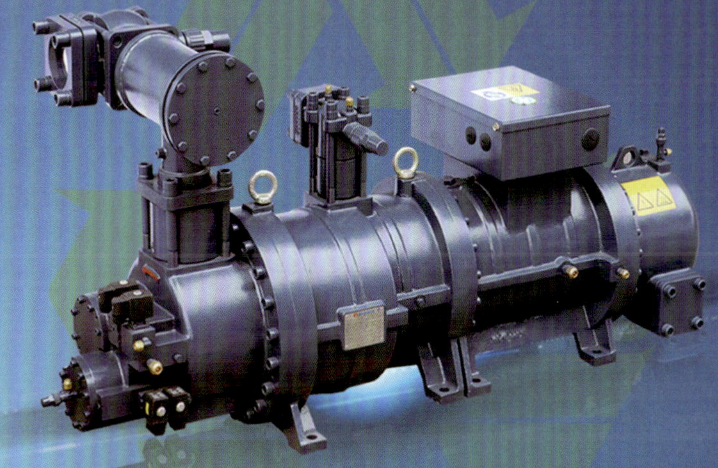

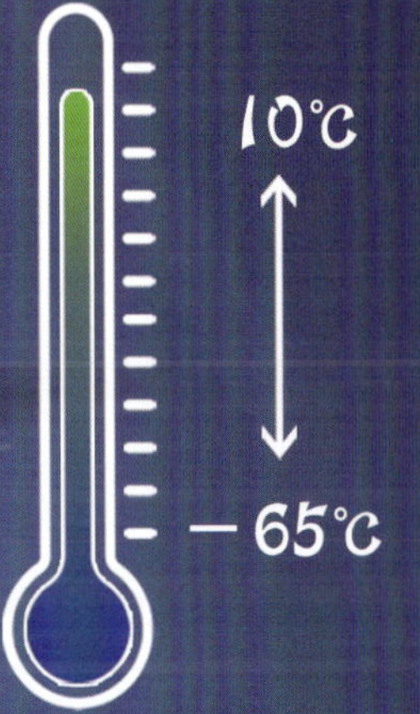

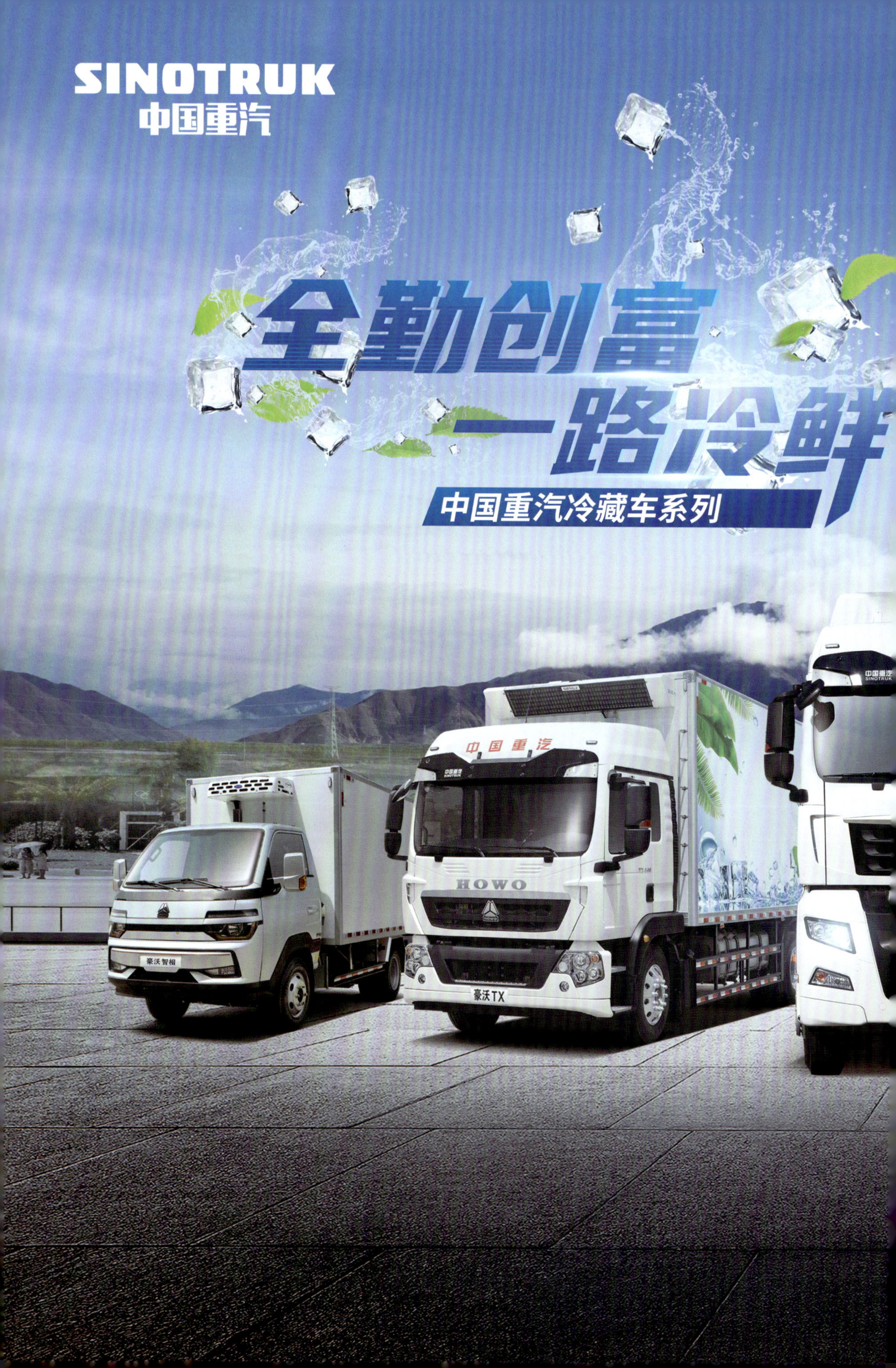

SINOTRUK
中国重汽
全勤创富
一路冷鲜
中国重汽冷藏车系列
中国重汽
HOWO
豪沃TX
豪沃智相

上海虹桥

上海奉贤

北京顺义

济南历城

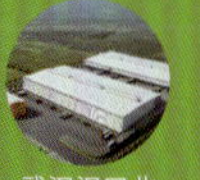
南京雨花

武汉汉口北

武汉东西湖

成都双流南

成都双流北

逗号科技（广东）有限公司

逗号科技成立于2016年，是一家致力于人工智能和决策优化技术赋能物流数字化与智能化的尖端科技公司，可提供业内领先的数智城配算法。曾获平安系、联想创投、盈峰资本、中集集团等知名机构投资。

公司创始团队由香港大学黄国全教授作为首席科学家，以及5名香港大学工业工程专业博士组成。该团队在供应链优化、制造与物流联动等领域拥有深厚的学术积淀，研究成果在国际学术界获得高度认可。

依托于独特的“硬件+软件+算法”一体化的技术架构，逗号科技以智慧物流决策优化算法为核心，集成IoT、运筹优化、云计算、人工智能与机器学习等前沿技术，推出了C-LINK物流数字运营平台、C-ROS物流智能决策平台，为企业提供“一站式、可落地”的智慧物流整体解决方案，实现企业数智化转型。

覆盖行业

冷链物流

跨境物流

智能制造

汽车配件

医药物流

快消零售

3C电子

C-LINK.
物流数字运营平台

基于逗号科技自主研发的智能算法，通过运筹优化、机器学习等技术，优化车辆装载与路径规划，解决了调度耗时长、车辆利用率低、对人工经验依赖性强等普遍存在的痛点，最终实现降本增效。

C-ROS.
物流智能决策平台

围绕第三方物流企业多项目、多场景、长链条、跨层级等特点而打造，支持企业全生命周期管理和流程柔性配置。集OMS/TMS/WMS/BMS于一身，改变了以往各个模块以信息孤岛存在的模式，解决了系统割裂的问题，可打造“乐高积木式”供应链中台服务，把订单、运输、仓储、结算管理进行有机组合，实现业财一体。

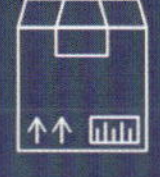

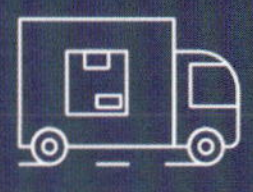
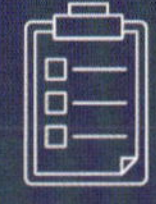

物流成本 **下降10%**　路线规划用时 **缩短95%**　车辆满载率 **提升15%**　订单履约率 **提升20%**

逗号科技（广东）有限公司
深圳市南山区清华信息港科研楼610
0755-26906593
Email：Sales@smartcomma.com

运筹优化决策 决胜数智物流

中外运冷链物流有限公司
SINOTRANS COLD CHAIN LOGISTICS CO., LTD.
电话：0755-26801788
网址：http://coldchain.sinotrans.com/
地址：深圳市南山区海上世界太子路1号新时代广场18楼1802室

合作客户 Cooperative clients

连锁餐饮 生产制造 商场便利 进出口

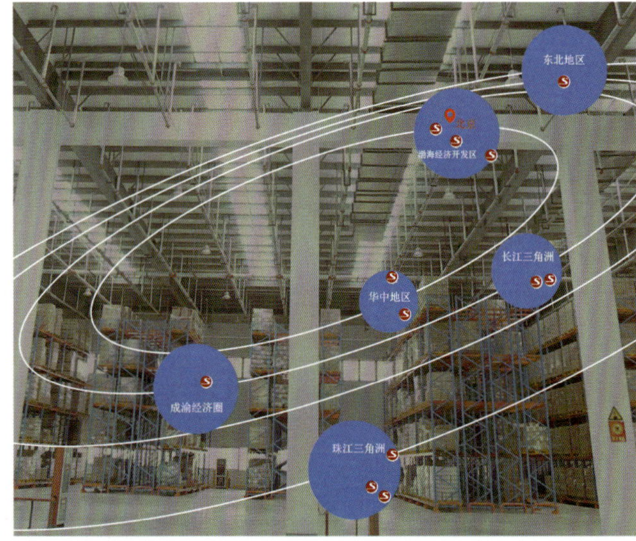

简介 Brief introduction

中外运冷链物流有限公司，属招商局集团直属三级公司，系中外运股份有限公司全资子公司，是集团冷链板块的统一品牌和平台。

在招商局集团“打造世界一流综合物流产业”和股份公司“打世界一流智慧物流平台企业”的战略指引下，通过重组集中合并招美冷、中外运上海冷链两大行业内具有代表性和影响力的企业品牌整合后的外运冷链平台，集战略规划、业务、管理、文化、资本、营于一体，拥有强大的资源实力和平台实力，行业知名度与影响力品牌形象也进一步得到强化，致力于打造国内领先的安全可靠的第方冷链运营商。

目前外运冷链在北京、上海、广州、深圳、苏州、武汉、成都郑州、青岛、天津、哈尔滨等地设有恒温、冷藏、冷冻、深冷等多区的冷链服务设施。面积逾40万平方米，可容储位近30万板，并配封闭式温控装卸平台、驶入式双进深货架、红外感应式快速开闭门电子标签拣货系统、高层电动叉车等先进设备。公司整合多种不同格且搭载GPS定位的专业冷藏冷冻配送车辆5000余台，凭借先进的流信息系统，客户可对仓储、配送等冷链环节进行全程跟踪监控。

外运冷链依托整合后的全国性运作网点、资源规模、运营能力供应链一体等竞争优势，涵盖物流方案设计、仓储、分拣、再加工运输配送、租船订仓、出口代理、报关、配套金融等多元化物流务，形成基于城市生活保障的冷链仓配一体化业务、基于进口生鲜链的国际供应链综合业务、基于食品制造商和农产品生鲜干线运输网络货运三大主营业务格局，与百胜、恒天然、蓝威斯顿、蒙牛、黎贝甜、千味央厨、雀巢、哈根达斯、沃尔玛、喜士多、华润万家国联水产等众多知名企业建立了物流战略合作关系。

上海快行天下供应链管理有限公司

快行天下是一家集多温层仓储、冷链物流运输、食品流通加工、供应链方案设计一体的综合性多温层供应链服务公司，以打造“中国领先的端到端一站式供应链物流服务商”为企业愿景。公司总部设立在中国上海，为连锁渠道商以及品牌生产商提供从产地端到渠道端的线上线下“一盘货”的供应链物流服务，拥有华东、华南、华北、东北、华中、西南、西北7个区域运营中心，运营网络辐射全国超过260个城市。

业务介绍

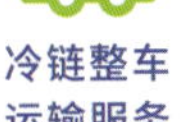
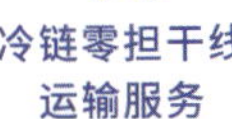

冷链整车运输服务　　冷链零担干线运输服务　　冷链市配运输服务　　全程温湿度GPS监控

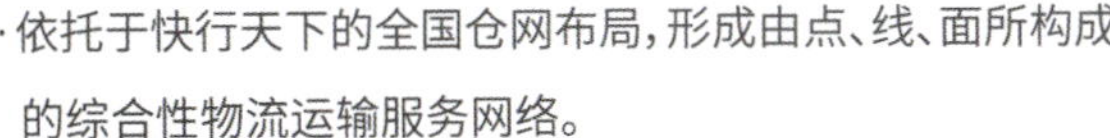

- 依托于快行天下的全国仓网布局，形成由点、线、面所构成的综合性物流运输服务网络。
- 提供专业的冷链整车、零担干线、城市配送等运输服务，满足客户个性化运输需求。
- 自行研发的运输管理系统，可实现路径优化、智能调度。提高服务效率，降低物流成本。
- 全程GPS定位及温湿度监测，为客户的货物安全保驾护航。

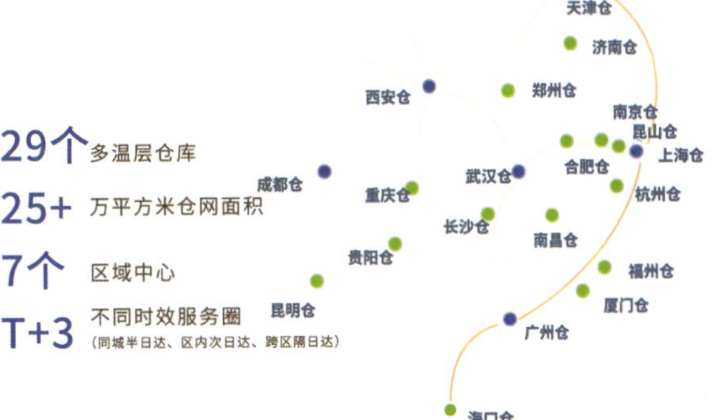

服务客户

上海市普陀区绥德路470弄128号　　400-8287-667　　www.kxtxlogistic.com

公司介绍 Group Introduction

北方工程设计研究院有限公司隶属于中国兵器工业集团公司，是国家级综合勘察设计机构。

公司现有国家级设计大师1人，河北省建筑、勘察、工程设计大师8人，中国兵器科技带头人4人，各类国家注册师380余人。

公司具有国家授予的军工、建筑、市政等多个行业甲级咨询、设计资质以及风景园林设计、建筑智能化系统设计等多项专业甲级资质，工程勘察综合甲级资质，建筑智能化工程、电子工程、地基与基础工程等专业承包一级资质、工程监理资质以及施工图设计文件审查资质。公司享有国家对外经济贸易部门授予的独立对外经营权，是国际咨询工程师联合会(FIDIC)的成员协会会员。

在新的发展战略转型期，公司将逐步发展成为集咨询、勘察、设计、建造、检测、监理、项目管理、工程总承包以及具有投融资能力的工程建设全过程一体化的高科技国际工程集团。

物流专业介绍 Logistics Specialty Introduction

专业化能力：国内知名的物流建筑规划、设计、服务机构，具备各种规模、多种业态的全物流行业建筑的设计能力。

业绩：200余项物流园区及冷链物流建筑咨询、规划、设计。

荣誉：中国建筑业协会、中国工程机械工业协会、中国兵器工业建设协会等部门颁发的优秀设计奖。

参与协会：深圳市建筑产业化协会、深圳市物流与供应链管理协会、中国物流与采购联合会冷链物流专业委员会、深圳市勘察设计行业协会、深圳市建筑信息模型产业创新发展促进会理事单位。

合作客户 Clients

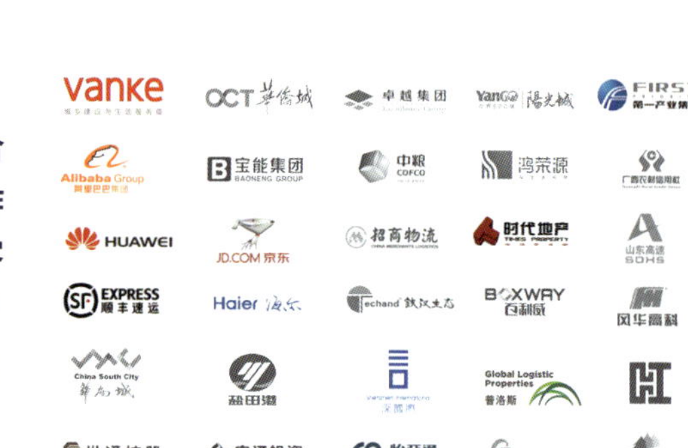

* 以上客户排列不分先后。

中外运深圳平湖物流中心

南油集团前海湾 W6 号仓库

万纬有信达供应链智能仓

罗湖区物流转运中心

时代宝湾国际物流园

顺丰上海浦江镇项目

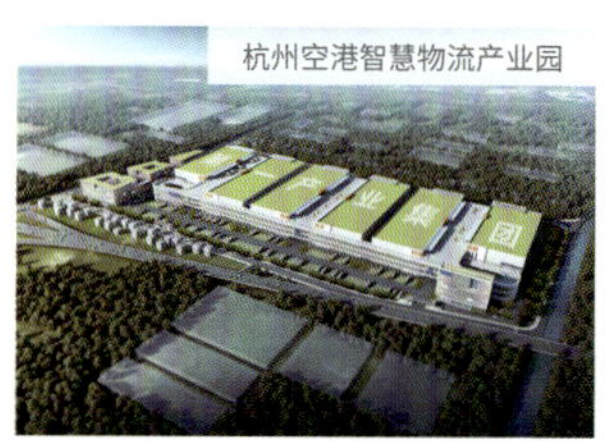
杭州空港智慧物流产业园

骏星国际物流中心

总公司地址：河北省石家庄市裕华东路 55 号
深圳公司地址：深圳市南山区高新中区麻雀岭工业区 M6 栋一层四区 A
联系人：王静
手　机：13798234639

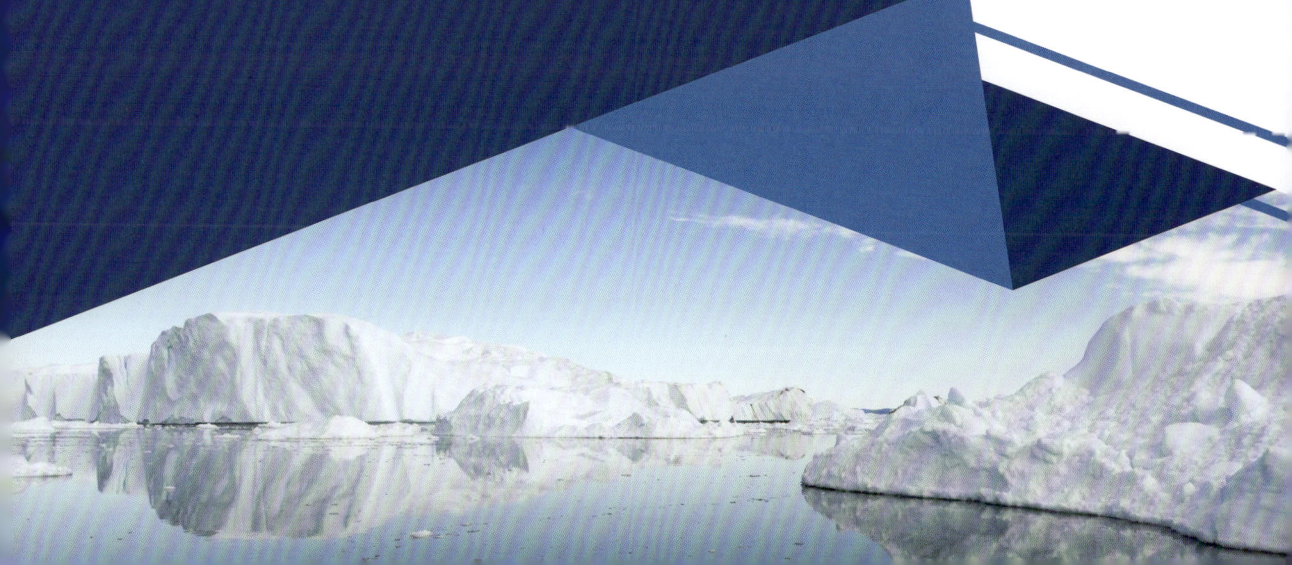

家家送·冷链物流有限公司

公司成立于2010年，是一家集生鲜食品配送、仓储及专业冷链车物流的大型企业，拥有0~5℃保鲜库2万平方米、-18℃冷冻库1万平方米，拥有4.2~15米全系列冷链运输车辆。提供物流在途GPS温度出监控24小时实时跟踪服务。具备每年百万吨的冷藏货物运输能力，目前在北京、上海、广州、深圳、武汉、西安、成都、重庆、沈阳 大连、长春、哈尔滨、青岛、济南、太原、呼和浩特等地区设有 多个分公司或办事处，覆盖范围广，与国内多家知名餐饮企业、食品企业及知名连锁超市等合作，以标准化、个性化的物流解决方案，为广大客户提供仓储、运输、配送等综合服务。

家家送冷链　　冷的是温度　　暖的是服务

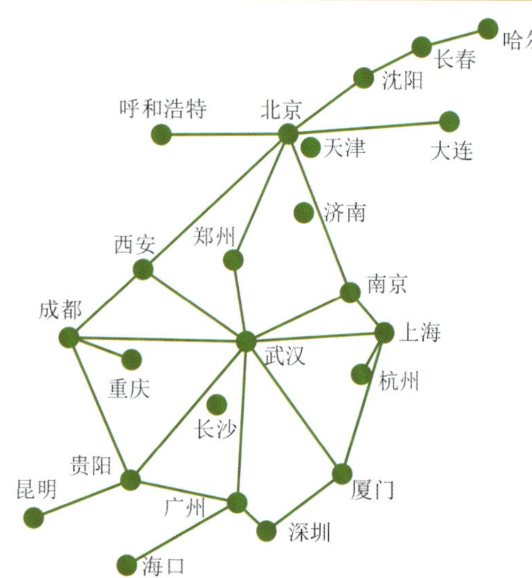

全国冷链卡班网络

卡班线路：30多条

仓库：北京、郑州、武汉、长沙、广州、合肥、南昌、福州、厦门、西安、成都、重庆、沈阳、长春、大连

配送城市：40多个

覆盖省份：30多个

冷藏车：3000多辆

全国冷链一件代发

订单量：日均50000单

北京、上海、武汉、广州、重庆、沈阳均有三温仓，均可实现一件代发

北京仓库	成都仓库	武汉仓库	广州仓库	上海仓库	西安仓库	沈阳仓库
1000平方米冷藏	900平方米冷藏	1200平方米冷藏	3000平方米冷藏	3500平方米冷藏	3200平方米冷藏	1200平方米冷
1200平方米冷冻	1000平方米冷冻	900平方米冷冻	5000平方米冷冻	8000平方米冷冻	7000平方米冷冻	3000平方米冷

公司拥有0~5℃保鲜库2万平方米、-18℃冷冻库1万平方米

010-83778888　13121210077　13121215500　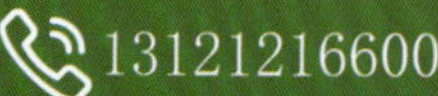13121216600

laiao

专业冷链产业学习平台

机遇已来·冷链物流行业踏步新征程

随着《"十四五"冷链物流发展规划》等重磅政策发布，冷链物流行业迎来了不断利好的发展契机。如何抓住冷链物流高质量发展机遇窗口、部署下一阶段工作、积极主动融入新发展阶段，成为行业内的重要议题。

把握当下·培训助力企业高质量发展

温度学院定制化内部培训，以企业需求为原点，结合企业所处发展阶段特点，通过课前"诊断"、课程内容"对症下药"等方式帮助企业高效提高能力水平及竞争力，并且与客户的发展战略和组织文化紧密结合，以达到培训的最佳效果。

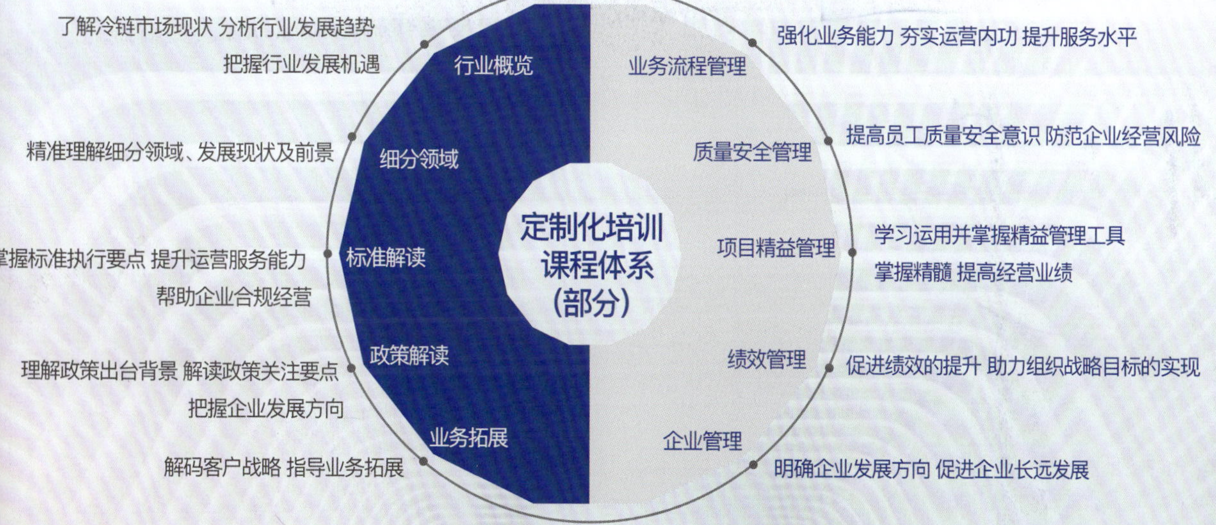

关于温度学院

温度学院是由中国物流与采购联合会冷链物流专业委员会推出的专业冷链产业学习平台,秉持"在一米的宽度,做出一百米的深度"的理念,以至真的服务精神和强大的专家团队支持,为客户提供从理论到实践、从国内到国际、从线上到线下的匠心产品,经过数年的积累与沉淀,获得了行业内企业和专家的广泛认可。

学 习 有 态 度　培 训 有 温 度

关于链库App

链库App可直接线上一键租赁包含冷冻库、冷藏库等仓库。并且可以通过选择租赁时间段，然后根据地点或者冷库名称进行 或者精准搜索。根据条件筛选出来的冷库会按照链库的智能算法帮您按最优等级进行排序，当然也支持用租库价格、评分、 距离等其他冷库属性进行排序，帮您快速找到心仪的冷库。当您看到一个心仪的冷库后，可以点击冷库查看该冷库详细信息， 园区概况、不同出租模式租赁价格、其他租户评价、疑问答解以及园区可提供的服务等。

链库App不仅可以租赁仓库，还可以查看行业最新政策、发现行业时事热点，顺便收藏自己感兴趣的资讯文章。我们会持续 带来最新的市场行情和行情统计信息，助您在行业消息上快人一步，获得第一手资讯。

链库｜平台资源

覆盖城市	每月新增面积	在线可租面积	在线冷库总面积
327 个	**370000** 多平方米	**7050000** 多平方米	**66500000** 多平

链库拥有注册用户	链库拥有冷库资源	链库平台日活量约
13300 多个	**16000** 多个	**750** 人次
冷库供需信息条数	撮合交易成功合作	冷库专家
29500 多条	**400** 多次	**100** 多名

链库｜移动端操作系统

辐射全国、打造极具现代化冷链物流综合服务圈

冷库集群

热门仓库、新库推荐
好评榜、星级库

合作品牌

优质、大型现代化
综合冷库园区

推荐指南

冷库洞察、达标
冷库、专家顾问

冷链物

仓配一体、
网络、品牌

地址：上海闵行区长三角电商中心4号楼10层

电话：400-853-5606　邮箱：lianku@lianku.or

网址：www.lianku.org.cn